인재집

이 책은 2021~2022년도 정부(교육부)의 재원으로 한국고전번역원의 지원을 받아 수행된 '권역별거점연구소협동번역사업'의 결과물임.

This work was supported by Institute for the Translation of Korean Classics - Grant funded by the Korean Government.

한국고전번역원 한국문집번역총서 / 경북대학교 영남문화연구원

인재집 1

최현 지음 김영옥 옮김
崔晛

訒齋集

일러두기

1. 이 책의 번역 대본은 한국고전번역원에서 간행한 한국문집총간 제67집에 실린 《인재집(訒齋集)》으로 하였다. 번역 대본의 원문 텍스트와 원문 이미지는 한국고전종합DB(http://db.itkc.or.kr)에서 확인할 수 있다.
2. 내용이 간단한 역주는 간주(間註)로, 긴 역주는 각주(脚註)로 처리하였다.
3. 한자는 필요한 경우 이해를 돕기 위하여 넣었으며, 운문(韻文)은 원문을 병기하였다.
4. 맞춤법과 띄어쓰기는 한글 맞춤법과 표준어 규정을 따랐다.
5. 이 책에서 사용한 부호는 다음과 같다.

   ( ) : 번역문과 음이 같은 한자를 묶는다.

   〔 〕 : 번역문과 뜻은 같으나 음이 다른 한자를 묶는다.

   " " : 대화 등의 인용문을 묶는다.

   ' ' : " " 안의 재인용 또는 강조 문구를 묶는다.

   「 」 : ' ' 안의 재인용을 묶는다.

   『 』 : 「 」 안의 재인용을 묶는다.

   《 》 : 책명 및 각주의 전거(典據)를 묶는다.

   〈 〉 : 책의 편명 및 운문·산문의 제목을 묶는다.

   □ : 글자의 자리를 비워둠을 나타낸다.

   ▨ : 마멸 또는 삭제된 원문 글자의 자리를 나타낸다.

차례

인재집 서序

인재집 제1권

시詩

교문敎文

인재집 제2권

소疏

인재집 제3권

소疏

나라와 백성만을 생각한 개명 관료 최현의 《인재집(訒齋集)》

박인호 | 금오공과대학교 교양교직과정부 교수

1. 인재 최현의 생애[1]

1) 가계

해평 솔뫼〔松山〕마을에는 전주 최씨 문파 중 안렴사공파(按廉使公派)의 일부가 이곳에 정착해 일문을 이루었다. 전주 최씨의 문파 시조는 고려 때 문하시중을 지내고 시호가 문성(文成)인 최아(崔阿)에서부터 시작한다.[2] 다음 대 용생(龍生)이 처음으로 경남 사천(泗川)에 이거한 것으로 족보에 전한다. 그로부터 5대 후인 7세 수지(水智)가 문과에 급제해 벼슬이 비안 현감(比安縣監)에 이르렀는데, 해평에 세거한 전주 최씨의 입향조이다. 최수지는 후에 손자 응룡(應龍)이 귀하게 됨으로 인해 도승지(都承旨)에 추

1 본 해제는 해제자의 기존 논문을 크게 이용했다. 이 경우 따로 인용 표시를 하지 않았다.
박인호, 〈선산 읍지 일선지의 편찬과 편찬정신〉, 《역사학연구》 64, 호남사학회, 2016.
박인호, 〈인재 최현의 서북 지역 인식과 관리책〉, 《선주논총》 23, 금오공과대학교, 2020.
박인호, 《인재 최현 : 오직 나라와 백성만을 생각하다》, 애드게이트, 2021.
박인호, 〈15세기 초반~17세기 중반 선산 지역 지식인들의 향현 추숭 활동〉, 《선주논총》 24, 금오공과대학교, 2021.
박인호, 《구미 지역사 연구》, 보고사, 2022.

2 《全州崔氏海平派譜》, 전주최씨인재공파종회, 2019.

증되었으며 그 후손은 검재공파(해평파)를 이룬다.

최수지는 비안 현감으로 부임하면서 해평 하리(下里)를 지나게 되었는데 이곳의 지세를 보고서 '갈마음수지(渴馬飮水地)'라고 하면서 정착의 뜻을 품었다고 전한다. 풍수지리에 밝았던 최수지가 이 지역 마을의 아름다움과 글을 숭상하는 유풍을 좋아해 터를 정해 살기 시작했다. 그러나 그것보다 부인이 해평 김씨로 처가 쪽에서 이 지역에 어느 정도의 부를 축적했으며 부인은 조선 전기의 상속 관례에 따라 자녀 균분 상속으로 일정한 지분을 가졌으므로, 이러한 해평 김씨와의 혼인 관계가 최수지가 해평에 정착하고 또한 이 지역에서 유력한 세가로 성장할 수 있었던 배경이 된 것으로 보인다.

문중에서는 "낙동강에 다니는 배의 돛대가 집안의 마루에서 보이면 문중의 운세가 다한 것이니 더 살지 말고 출향하라."라는 말이 전한다. 낙동강이 마을 북쪽에서 흘러들어 남쪽으로 휘감아 돌아가는 지형을 가졌는데 조선 시기 낙동강을 드나들던 소금 배들이 해평 문량리 남쪽의 염막(鹽幕)에 짐을 부렸다. 광(光) 자 항렬 6형제 집안이 각자 번성하고 특히 쌍암고택의 최광익이 소금무역을 통해 부를 일군 18세기 후반에 전주 최씨의 가세가 가장 번성했다. 문중의 운세를 운운한 것은 한말 소금무역의 형태가 변모하고 지주제가 붕괴하면서 전주 최씨에게 불어닥친 어려운 상황을 표현한 것으로 보인다.

최수지와 함평 모씨 소생으로 이식(以湜)이 있다. 이식은 함안으로 이거하고 그 후손들은 고성으로 옮겨 세거했다. 최수지는 함평 모씨가 죽자 해평 김씨(海平金氏)와 혼인했다. 해평 김씨는 고려 때 벽상공신(壁上功臣)인 훤술(萱述)의 후손이며 교도(教導) 유사(由舍)의 딸이었다. 해평 김씨 소생으로 이회(以淮), 이하(以河), 이한(以漢)이 있다.

이회는 음직으로 사복시 주부(司僕寺主簿)에 보임되었다. 증손인 현이 귀하게 됨으로 인해 증 통훈대부 통례원 좌통례가 되었으며, 성산 이씨(星山李氏) 중공(仲恭)의 딸에게 장가들어 치운(致雲)을 낳았다. 치운은 장사랑(將仕郞) 순릉 참봉(順陵參奉)을 역임했다. 손자인 현이 귀하게 됨으로 인해 증 통정대부 승정원 좌승지가 되었다. 치운은 김해 허씨(金海許氏) 생원(生員) 유(裕)의 딸에게 장가들어 세 아들을 낳았으니, 장자는 해(海), 둘째는 심(深), 셋째는 잠(潛)이다. 장자 해의 호는 송호(松湖)로 진사에 급제했고, 송당 박영의 문인으로 가르침에 근면했다. 둘째는 심(深)이고 호는 송암(松庵)이다. 셋째는 잠(潛)으로, 학문에 특출했으나 요절했다.

이한의 아들 응룡(應龍)은 자가 견숙(見叔), 호가 송정(松亭)이다. 학문에 능했으며, 중종 대 생원과 진사 양시에 입격했다. 이어 문과에도 장원 급제했다. 진주 목사를 역임했다. 신천 강씨와 혼인했으며, 용암 박운 등과 교유했다. 전주 최씨 송정공파를 이루었다.

최심(崔深, 1512~1589)은 최현의 부친이다.[3] 솔뫼에 집터를 정해 스스로 송암(松庵)이라고 호를 지었다. 후일 아들 현의 귀(貴)와 손자인 산휘의 훈공(勳功)으로 증 자헌대부 의정부 좌참찬 겸 지의금부사가 되었다.

3 《訒齋集》 卷12, 〈先考贈資憲大夫議政府左參贊府君言行錄〉.

[표] 전주 최씨 가계도

- 水智
  - 以湜
  - 以淮
    - 致雲
      - 海 - 魯 - 山立 - 德吉 - 象乾 - 斗興(우암공파)
      - 深 - 晛
        - 山輝
          - 爾博
            - 應乾 - 斗瞻 - 壽頤(인재공파)
            - 體乾 - 斗樞
              - 壽泰 - 光玉
              - 壽仁
                - 光岳
                - 光璧
                - 光翊
                - 光稷
                - 光迪
          - 爾厚 - 大乾 - 斗極
        - 山屹 - 爾宗 - 致乾 - 斗俊
      - 潛 - 旭 - 山老 - 爾選(월담공파)
    - 致雨 - 灌 - 晃
      - 山根(선무랑공파)
      - 山孝(봉사공파)
  - 以河 - 希碩 - 準(학생공파)
  - 以漢
    - 應秀(참봉공파)
    - 應瑞
    - 應鰲
    - 應龍(송정공파)

최심은 어릴 때 백씨인 최해(崔海)와 당숙인 최응룡(崔應龍)을 좇아 학문에 뜻을 두었다. 백씨와 함께 송당 박영에게 학문을 수학했다. 장현광의 자형이자 지역의 큰 선비였던 노수함(盧守諴)으로부터 〈성리잠명(性理箴銘)〉 한 책을 받아서 공부를 시작했다. 최심은 학문을 널리 익히기보다 사서(四書) 공부에 전념했다. 그러나 지나친 의욕이 병이 되어 두 번 향시에 합격했으나 과거를 그만두고 향촌에서 요양을 하면서 보내게 되었다. 향촌에 있으면서 당시 성주, 인동, 선산, 김천 등지의 학자들과 사귀었다. 그 가운데 길면지(吉勉之), 김범(金範), 노수함(盧守諴), 박호(朴灝), 김순(金珣), 박붕거(朴鵬擧) 등과 더불어 깊이 벗했다.

최심은 책 보기를 좋아했으며 아이들을 위해서 성현의 격언과 선유(先儒)의 잠경(箴儆)을 도설(圖說)로 만들어 사방 벽에 써 붙여 자제들에게 아침저녁으로 익히고 외우게 했다. 성품은 자상하고 편안하며 세속의 재미에 담박했다. 항상 공손하고 신중해 혹 종일토록 사람을 대해도 이야기하는 것을 기뻐하지 않았다. 또한 다른 사람의 과실에 대해 말하기를 즐겨 하지 않았으며 사람들이 다른 사람의 과실을 이야기해도 듣지 않으려 했다.

일찍이 장남 흔(昕)과 차남 현(晛)에 대해 지적하기를 "장남은 말이 어눌하나 바탕은 순박하니 욕은 면할 만하다. 그러나 일어나는 기상이 적으니 아마도 스스로를 굳건하게 세우지는 못할 듯하다. 작은아들은 매우 총명하나 가볍고 얕은 기운이 날카로우니 아마 말로 인한 과실로 치욕을 입을 수 있다. 너희들은 부족한 부분을 경계하고 모자란 부분을 면려해야만 할 것이다."라고 했다. 최현이 사마시에 합격하자 친척과 친우들이 모두 몰려와 축하했지만 기뻐하는 안색을 띠지 않았다. 최심은 족인들에게 "이 일은 선비가 자신을 발양(發揚)하는 사다리이다. 쇠퇴한 우리 문중으로서는 다행한 일이나 내가 우리 아이에게 기대하는 것이 어찌 여기에 그치겠는가. 오히려 나는 우리 아이가 작은 성취에 안주할까 두렵다."라고 말했다.

최현은 아들과 제자들에게 선군이신 송암이 남긴 유훈인 "거처공(居處恭), 집사경(執事敬), 여인충(與人忠)"을 전하면서 종신토록 준수하라고 유언을 남겼다.[4] 이는 《논어》의 자로편에 나오는 말로 "생활에서는 언행을 공손히 하고, 공사의 일에서는 신중하게 하며, 남과 사귐에서는 성실을 다하라."라는 가르침이었다. 이에 송암의 뜻이 대대로 이어져 전주 최씨의 가훈이 되었다.

최심은 먼저 동래 정씨(東萊鄭氏) 정희좌(鄭熙佐)의 딸에게 장가들었는데 일찍 사별했고, 이어 양덕 기씨(德陽奇氏) 기우(奇遇)의 딸에게 장가들었다. 기씨 또한 일찍 사별하자 지역에서 지조로 저명한 생육신인 경은(耕隱) 이맹전(李孟專)의 증손녀인 벽진 이씨(碧珍李氏)와 혼인을 했다. 벽진 이씨의 부친은 이지원(李智源)이다. 이씨 부인은 자상하고 인자해 비록 종들이라도 함부로 꾸짖거나 욕하지 아니했으며, 어려운 이웃을 진심을 다해 구휼했다. 1571년(선조4) 나이 48세로 별세했다. 최심의 2남 1녀는 모두 이씨 부인의 소생이다.

장남 최흔(崔昕)은 일찍 죽었고 차남 최현(崔晛)이 집안을 이었다. 딸은 광주 이씨 이극배(李克培)의 현손인 충의위(忠義衛) 이경록(李景祿)에게 출가했다. 이경록에게는 원근(遠根), 원수(遠樹), 원지(遠枝) 세 아들이 있었으나 큰아들과 막내아들은 요절했다. 원수는 안동 고씨(安東高氏)에게 장가들어 네 아들을 낳았다.

최심의 묘소는 처음에 묵어평(默語坪)에 있었으며 이씨 부인의 묘소는 오리동(梧里洞)에 있었는데, 1615년 상림산(上林山) 계좌정향(癸坐丁向)의 언덕(현 구미시 장천면 상림리 산72)에 함께

4 《訒齋集》 卷12, 〈屬纊遺戒〉.

옮겨 장례했다. 1590년 최현은 참찬공의 묘갈명을 장현광에게 청해 받았다.[5] 여헌 장현광이 편찬하고 최광벽이 적어 1790년 입비한 묘갈명의 탁본이 국립중앙도서관에 소장되어 있다.[6]

2) 유년 시절의 학문 수학[7]

최현(崔晛, 1563~1640)의 자는 계승(季昇), 호는 인재(訒齋), 시호는 정간(定簡), 본관은 전주(全州)이다. 1570년 8살이 되자 최현은 동향의 두곡(杜谷) 고응척(高應陟)의 문하에 입문했다. 후일 최현은 두곡의 유집 편찬을 주관했으며, 언행을 정리한 〈두곡선생고공언행록〉을 지어 스승의 은혜를 추모했다.[8] 1575년 13세 되던 해에는 금오서원에 나아가 공부하기도 했다. 당시 경상 감사가 백일장을 열어 성리에 대해 물었는데 단숨에 붓을 들어 답을 써내어 과장에서 최고 점수를 받았다. 최현은 가학과 고응척 그리고 지역 서원에서의 유년기 교육을 통해 차츰 학문 연마의 길에 들어서게 되었다.

청년 시절에는 학봉(鶴峯) 김성일(金誠一)에게서 학문을 본격적으로 수학했다. 1581년 임하(臨河)의 김성일 문하에 들어갔는

5 《旅軒集》 卷12, 〈處士崔公墓碣銘〉.

6 《松菴公墓碣》, 국립중앙도서관, 고4468-145.

7 인재의 생애는 《인재선생연보(訒齋先生年譜)》와 《인재집(訒齋集)》 부록에 이상정(李象靖)이 지은 〈행장(行狀)〉, 권두인(權斗寅)이 지은 〈묘갈명(墓碣銘)〉, 채제공(蔡濟恭)이 지은 〈신도비명(神道碑銘)〉, 정범조(丁範祖)가 지은 〈묘지명(墓誌銘)〉 등을 참조해 정리했다.

8 《訒齋集》 卷12, 〈杜谷先生高公言行錄〉.

데 후일 최현은 〈학봉선생언행록〉을 지어 스승의 가르침에 감사의 마음을 표현했다.[9] 그리고 이 인연으로 김성일의 동생인 남악 김복일(金復一)의 딸과 혼인해 장남 산휘(山揮)를 낳았다. 그러나 1587년 2월 바로 김씨 부인을 여의었다. 12월에는 팔공산에 있는 동화사(桐華寺)에서 독서했는데 당시 초간 권문해(權文海)가 대구부에 있었으므로 가서 뵙고 거기에 머물면서 공부했다. 1588년 생원시에 입격하고 창녕 조씨와 혼인해 안정되었으나 1589년 부친 참찬공 상으로 관직에는 나가지 않았다.

최현은 학봉의 학문을 계승했으며 그 연원은 퇴계의 학문으로까지 거슬러 올라간다. 최현의 공부는 부친인 최심에게서 시작했겠지만 학문적 기초는 두곡 고응척과 퇴계학의 적전인 학봉 김성일에게서 출발했으며, 또한 초간 권문해에게서 수학했다. 따라서 최현의 학문은 퇴계학에서 시작했다고 해도 과언이 아니다.

3) 선조 대 의병과 구국 활동[10]

1592년 임진왜란이 일어나 선산에서 노경임(盧景任, 1569~1620)을 중심으로 향병이 결성되었을 때 최현은 장서(掌書)로 참가했다. 대외적인 교섭 업무도 최현이 주관한 것으로 보인다. 최현의 의병 활동은 주로 의병 관련 문건을 작성하는 데 장점을 보였다.

최현의 문집에는 1592년 향병이 결성된 후 작성한 〈선산향병약

9 《訒齋集》 卷13, 〈鶴峯先生言行錄〉.

10 박인호, 〈임진왜란기 구미 지역의 사족 동향과 의병 활동〉, 《국학연구》 30, 한국국학진흥원, 2016; 《구미 지역사 연구》, 보고사, 2022, 206~210쪽.

속문(善山鄕兵約束文)〉과 〈통개령의병문(通開寧義兵文)〉 등의 격문도 전한다. 격문의 발표는 의병장인 노경임의 이름으로 이루어졌지만 실제 작성은 최현이 했던 것으로 보인다. 선산향병장 노경임의 이름으로 발표된 선산에서의 의병 창의를 권유한 격문인 〈선산향병약속문〉에서는 대의를 위해 설욕하고자 하는 의분을 보이면서 한마음과 한 몸이 될 것을 권했다.[11] 이어서 개령에서의 의병 창의를 청하는 격문인 〈통개령의병문(通開寧義兵文)〉을 작성했다. 최현은 이 격문에서 방어 책임을 맡은 장수와 수령의 무책임함을 추궁하기도 하고 선산 주둔 왜군의 취약점을 분석하면서 요새지인 금오산의 장점과 곽재우, 송원기 등의 인근 지역 의병 상황을 강조함으로써 이에 호응해 의병을 일으킬 것을 요청했다.[12] 군사전략가로서 뛰어난 정세 분석과 의병 창의의 당위성을 주장하는 글의 설득력이 돋보인다.

한편 노경임이 1593년 봄 승문정자로 임명되어 떠나면서 뒤를 이어 의병을 이끈 것은 최현이었다. 최현은 전황이 매우 고조되었던 시기에 병사와 순찰사 등 지휘부에게 적을 치거나 군사 사무를 논하는 서간을 보냈다. 1592년 8월 의성에 있으면서 병사 박진(朴晉)에게 풍산에 있는 적을 토벌할 것을 건의했다.[13] 최현은 풍산의 적을 토벌함으로써 영남의 목구멍인 안동을 굳건히 지키게 될 것이며 이를 바탕으로 강역을 회복하는 것이 중요하다는 방안을 제

11 《訒齋集》 卷9, 〈善山鄕兵約束文〉.

12 《訒齋集》 卷9, 〈通開寧義兵文〉.

13 《訒齋集》 卷8, 〈與兵使朴晉請先討豐山賊書 壬辰八月在義城〉.

시했다. 적이 유리한 지형을 선점하면 우리 군대가 힘을 쓸 땅이 없게 된다는 점을 강조해 군사적 요충지의 중요성을 강조했다. 1592년 9월 우순찰사 김성일에게 서간을 보내 우리의 군대가 적을 제압하는 데 실패한 실수로 규율을 엄하게 다스리지 못하고 형세를 살피지 못한 잘못이 있음을 들고서 안동과 상주를 거점으로 조령과 죽령으로 진격하는 전략을 구사할 것을 건의했다.[14]

1592년 10월에는 선산 향병을 결성하면서 무기가 부족했으므로 좌순찰사 한효순(韓孝純)에게 군기를 청하는 서한을 발송했다.[15] 최현은 6월 이래 의병의 거의 양상과 부왜배들의 모습을 소개하고서 관할 지역과는 상관이 없이 충의(忠義)로 면려하고 병기와 식량의 도움을 주어 나라를 수복하는 계책을 함께 도모해 줄 것을 간청했다. 12월에는 순찰사 한효순에게 다시 편지를 보내 군사를 세 등급으로 나누어 뽑게 하려는 계획을 비판하고 여러 고을에서 병사를 널리 모집하되 정밀하게 선발해야 한다고 건의했다.[16] 특히 적개(敵愾)의 뜻을 분명히 하며 스스로 병졸 모집에 응한 이를 선발해 특별히 훈련을 더하여 적을 만남에 두 마음이 없게 해야 한다고 주장했다.

또한 1593년 1월에는 우순찰사 김성일에게 서간을 보내 유민들의 참상과 왜적이 오히려 흥하는 양상을 전하면서 경상좌도는 장졸이 해체되어 버렸지만 경상우도는 기율이 살아 있다고는 하나

14 《訒齋集》 卷7, 〈上右巡察使鶴峯先生書 壬辰九月〉.

15 《訒齋集》 卷9, 〈善山鄕兵呈左巡察乞軍器書 壬辰〉.

16 《訒齋集》 卷8, 〈又與韓巡察使書 壬辰十二月〉.

아직 승전을 이루었다는 소식이 없음을 지적하고 더욱 분발해 항전해야 함을 강조했다.[17]

1594년 1월 상지(上枝)에 있으면서 김석량(金錫良)과 함께 순찰사 한효순에게 보낸 서간에서는 이전의 서간에서 논한 장수와 병기 외에 군량 조달책에 대해 건의했다.[18] 둔전을 용궁에 설치한다는 소문에 대해 선산이 곡창 지대인 점과 산성 방어지인 점을 들어 둔전지로서의 장점을 열거해 선산 둔전(屯田)의 필요성을 강조했다. 이와 같이 최현은 전란으로 황폐화된 선산의 재생을 위해 백방으로 노력했다.

1596년 정월에는 도체찰사 이원익(李元翼)에게 기강의 확립과 인심의 화합을 도모해야 함을 강조하면서 9개 조목에 걸친 전시 개혁안을 올렸다.[19] 개혁안의 요점은 기강(紀綱)을 진작해야 하며 현능(賢能)을 권장해야 하며 군정(軍政)을 잘 닦아야 한다는 것이다. 이를 위한 상벌을 명확히 해 게으름을 방지할 것, 절의를 숭상해 원기(元氣)를 북돋울 것, 뇌물을 엄히 다스려 사사로운 문로(門路)를 막을 것, 준재를 찾아 계책을 넓힐 것, 맡은 일에 전념하도록 해 성공과 효과를 책임지게 할 것, 재능 있는 관리를 선발해 근본을 두텁게 할 것, 일관된 호령을 내려 군령의 위엄을 무겁게 할 것, 장수를 잘 선택해 기세를 권장할 것, 형세를 잘 살펴 요충지를 통제할 것을 건의했다. 최현은 이러한 생각을 시각적으

17 《訒齋集》 卷8, 〈上右巡察使鶴峯先生書 癸巳正月〉.

18 《訒齋集》 卷8, 〈與韓巡察使孝純請設善山屯田書 甲午正月〉.

19 《訒齋集》 卷8, 〈上都體察使完平李相公書 丙申正月〉.

로 쉽게 이해할 수 있도록 그림으로 그려 보였다. 최현은 이러한 개혁안이 제대로 작동할 경우 당시 전쟁 상황이 다소 느슨해지면서 장수는 해이해지고 지사의 의기가 막힌 현실을 타개할 수 있음을 강조했다. 이에 대해 이원익은 재야에 있으면서 나라를 근심해 진술하니 자못 장려할 만하다고 말했다.[20]

2월 예천에서 산성의 형세와 군현의 합병을 논한 글을 지었다. 문경, 함창, 선산, 인동 등 지역의 상황과 산성의 형세를 소개하면서 비록 산성의 설치가 오랑캐를 방비하는 상책은 아닐지라도 좋은 형세를 차지하고 잘 지키면 쉽게 적을 방비할 수 있음을 역설했다.[21] 당시 정경세가 어사로 내려와 영남 지역을 살피다가 축성의 일까지 담당하고 있었는데[22] 이와 관련된 활동으로 보인다.[23]

정유재란이 일어난 1597년에는 체부종사관(體府從事官) 김용(金涌)에게 편지를 보내 군사적 측면에서의 대응책으로 산성에 목책을 설치하고 백성들을 편하게 하는 계책을 써 보냈다.[24] 최현이 제시한 시급한 4가지 계책으로 장군의 선택이 중요하다고 전제하고 곽재우를 편장의 반열에 둘 것이 아니라 통제의 임무를 맡기어 모든 군기(軍機)를 다 위임하고 김응서와 홍계남 등으로 하여금 모두 그의 명령을 듣게 한다면 반드시 효과를 볼 수 있으

20 《訒齋集》, 〈訒齋先生年譜〉, '二十四年 丙申 先生三十四歲' 조.

21 《訒齋集》 卷10, 〈論山城形勢郡縣合幷 丙申二月在醴泉〉.

22 《선조실록》 권73, 선조 29년 3월 25일 임진.

23 《訒齋集》 卷1, 〈次鄭景任 經世 韻〉.

24 《訒齋集》 卷10, 〈與書金道源論擇定山城將設柵便民之策 丁酉○時金公涌爲體府從事官〉.

며, 사람들이 모두 고통을 싫어해 산성을 쌓는 것을 원망하지만 산성을 견고하게 지켜야 적으로 하여금 두려워 피하게 할 수 있다고 전제하고 경상좌도의 팔공산성, 천생산성과 경상우도의 금오산성 외에도 성을 살펴 전력을 완비해야 하며, 산성의 밖에 있는 청야(淸野)의 지대는 지금 버려둘 것이 아니라 산성에 의지하는 예에 따라 백성들을 산성으로 철수시키고 산에 목책을 설치해 모여 있게 해야 하며, 어부(漁夫)·염한(鹽干)·역졸(驛卒)은 산성에 들게 하는 것보다 각기 자기 직업에 안주하게 해야 한다고 역설했다.

1598년 2월 임진왜란 때의 공적으로 건원릉 참봉(健元陵參奉)에 임명되었다. 경세가로서의 모습은 이해 8월 건원릉 참봉을 그만 두고 남쪽으로 내려온 후에 올린 시무 9조에 잘 드러난다.[25] 최현은 인재(人才)가 나오지 않는 것은 편당의 설로 무너뜨렸기 때문이며, 기강이 진작되지 않는 것은 장상(將相)에게 권한이 주어지지 않았기 때문이며, 인심이 해이한 것은 상벌이 분명하지 않기 때문이며, 선비들의 기풍이 떨어진 것은 장려를 하지 않았기 때문이며, 현준(賢俊)이 모이지 않은 것은 성신(誠信)이 미덥지 못하기 때문이며, 서관(庶官)이 직분을 다하지 않은 것은 위임을 완전하게 하지 않았기 때문이며, 군용(軍容)이 진작되지 않은 것은 이끄는 장수가 방략이 없기 때문이며, 민생이 곤궁한 것은 수령을 잘 택해 보내지 않았기 때문이며, 나라의 살림이 날로 위축되는 것은 제도가 마땅치 않았기 때문이라고 진단했다. 최현은 9

25 《訒齋集》 卷2, 〈陳時務九條疏〉.

조의 각 사안에 대해 구체적인 사례를 예로 들면서 해결책을 제시하고 있다. 그리고 무엇보다 실질에 힘쓰고 성(誠)을 보존함이 문제의 해결에서 가장 중요하다고 역설했다. 최현의 실무적인 경세론의 특징이 잘 드러난 상소문이라고 할 수 있다.

전쟁이 끝난 후 1600년에는 병사로 취임했던 곽재우에게 서간을 보내 적을 막아 내는 방략에 대해 논했다. 영남 지역의 병폐에 대해 1613년 신임으로 임명된 경상 감사 권반(權盼)에게 해결책을 건의했다.[26] 이는 임진왜란으로 인해 피폐해진 영남의 회복을 위한 대책문이라고 할 수 있다. 최현은 감사에게 이미 비변사에 조사보고서를 올렸는데 일부 사람들의 반대에 부딪쳐 개혁안이 제대로 진척되지 못하고 있다면서 그 전후 사정을 설명하고 개혁을 지속시켜 나가 줄 것을 요청하고 있다. 여기서 최현은 12가지 조목에 걸쳐 영남 각 지역의 방어상 장단(長短)에 대해 논했다. 요새지인 부산·동래와 죽령·조령 등은 순시 전에 수리 보수하도록 할 것, 좌수영을 설치할 위치가 마땅치 않으므로 왜관을 초량항(草梁項)으로 옮기고 대신 수사가 부산 병영을 지키도록 할 것, 동래(東萊) 지형은 수비할 만한 곳이 아니므로 양산(梁山)을 전과 같이 동래와 합해 물력(物力)을 넉넉하게 할 것, 양산(梁山)의 구법곡성(仇法谷城)과 김해(金海)의 죽도성(竹島城)은 지형상 유리한 점이 많으니 성보를 수리하고 두 진영 사이는 둔전에 소속시켜 백성으로 하여금 경작하도록 할 것, 문경·함창(咸昌)·산양(山陽)·용궁 네 현을 합해 부(府)를 설치하고 산성을 수축할

26 《訒齋集》 卷10, 〈答監司權仲明 盼 問嶺南弊瘼十二條〉.

것, 해안을 따라 소모진(召募陣)을 설치하고 소모군에게는 별도로 신역(身役)을 면제해 안정되게 종사하도록 할 것, 전답을 측량하는 데 경상좌도는 너무 헐렁하고 경상우도는 너무 준엄해 공평하지 못하니 다시 전답을 측량하도록 신칙(申飭)할 것, 순강(巡講)·순제(巡製)·서도(書徒)·삭강(朔講) 등을 거행해 교육을 새롭게 진작할 것, 강무(講武)의 일은 완전히 폐기하지 말고 방법을 조절하도록 할 것, 열읍(列邑)의 속오군(束伍軍)의 명부는 친히 검열해 공도(公道)에 맡기며 속오군은 일제 사환되지 않도록 할 것, 백성에게 베를 거둘 때 정해 놓은 법식을 따르지 않는 수령이나 색리(色吏)는 엄히 다스릴 것, 미곡 등의 암거래를 금지하도록 할 것 등의 대책을 강구할 것을 건의했다.

한편 최현은 임진왜란 후 전란에 따른 곤고한 민생에 대한 애긍과 우국의 충정을 보인 〈용사음(龍蛇吟)〉과 민심을 노래한 〈명월음(明月吟)〉 가사를 지었다. 또한 임진왜란에 참여해 순절한 곽준(郭䞭)을 위해서는 〈곽의사록〉을 지어 그 충절을 추모했다.[27] 그리고 임란 후 조사보고서인 《난중잡록(亂中雜錄)》을 편찬했다. 최현은 1603년 조정의 명에 의해 영남 지역 인사들의 공적에 대한 조사를 직접 담당하기도 했다. 임란 후 조사보고서인 《난중잡록》은 1603년 이원익의 건의에 의해 편찬이 이루어졌다. 연보의 기록에 의하면 당시 이원익의 건의에 의해 감사가 좌우 도청 및 열읍 유사를 차출했는데 최현은 우도 도청(右道都廳), 송원기(宋遠器)는 좌도 도청(左道都廳)이 되었다. 문집에는 최현이 도내에

27 《訒齋集》 卷9, 〈郭義士錄〉.

보낸 통문인 〈난후사적찬집시통도내문(亂後事蹟撰集時通道內文)〉이 있다.[28] 이에서 최현은 각자가 보고 들은 바를 빠짐없도록 기록해 줄 것을 부탁했다. 또한 자신은 공과를 공정하게 처리할 것을 약속했다. 그런데 최현의 연보와 묘갈명에는 저술로 《난중잡록》이 집에 소장되어 있다고 적었다. 이 책은 이때 작성한 보고서의 초고본인 것으로 보인다. 한편 이 일에는 최현의 이종사촌인 성은(成隱) 신흘(申仡)도 같이 참여했다.

최근 이종사촌인 신흘의 후손가에 소장된 영남 지역 임란 조사보고서인 《난적휘찬(亂蹟彙撰)》이 보고되었다.[29] 최현의 《난중잡록》과 《난적휘찬》의 관계에 대해서는 잘 알 수 없으나 최현과 신흘의 관계, 《난적휘찬》이 영남 지역의 임란 관련 조사보고서의 형태를 지니고 있는 것으로 보아 최현의 《난중잡록》과 일정하게 관련이 있는 것으로 추정된다.

일본군의 진격 통로에 있었던 선산에서 임진왜란을 경험했던 최현은 왜란의 참상을 직접 눈으로 보고 참담한 현실을 겪었다. 의병을 일으키고 의병대장을 역임하면서 관군과 의병의 관계, 의병의 성과와 한계 등 당시 조선의 일반적인 선비와는 다른 경험치를 가지게 되었다. 최현이 후일 평안도와 삼남 지역의 방어진지에 대한 염찰이나 이괄의 난을 진압하는 과정에서 중요한 군사적 역할을 수행하게 된 것도 이러한 경험에서 연유했다. 이는 이후 관계에 진출했던 최현이 실무적 관료로서 제도의 개선과 실용적

28 《訒齋集》 卷9, 〈亂後事蹟撰集時通道內文〉.

29 신흘 원저, 신해진 역주, 《역주 난적휘찬》, 역락, 2010.

인 목표를 설정하고 이를 달성하는 데 있어 중요한 자산이 되었다. 최현의 문집에 성리학적 논의보다 실무적인 제도 개선에 대한 내용이 다수 차지한 것도 이러한 이유에서 나온 것이다.

4) 광해군 대 관료 생활

최현은 1588년(선조21) 식년시에서 생원에 입격했다. 그리고 44세 때인 1606년(선조39) 증광시 문과에 급제했다. 임진왜란의 고난을 겪으면서 관계 진출이 늦어졌다. 문과 급제자들은 임금이 하사한 어사화를 머리에 꽂고 말을 타고 3일 동안 유가(遊街)를 할 수 있도록 허락했다. 집안에 어사화가 전해져 그 영예스러움을 볼 수 있다.

문과에 급제해 관계에 입문하면서 예문관 검열, 예문관 대교, 시강원 설서, 사간원 정언의 관직을 역임했다. 1608년(선조41) 4월에는 보덕(輔德) 이경전(李慶全)과 함께 설서(說書)로서 입시(入侍)해 《효경》으로 서연 강의를 행했다.[30]

1608년 동지사(冬至使)의 서장관(書狀官)으로 중국에 갔다가 이듬해 3월 복명했다. 이때 작성한 중국으로의 사행 기록인 〈조천일록(朝天日錄)〉과 각종 복명 서류가 남아 있다.[31] 사행 기록으로는 문견사견과 각종 장계, 서계 등이 같이 남아 있어 조천 행적을 파악하는 데 유용하게 활용할 수 있다.

1610년(광해군2) 5월에는 평안도 암행어사로 파견되어 북쪽의

30 《訒齋集》 卷8, 〈書筵講義 戊申〉.

31 《訒齋續集》 卷1~卷5, 〈朝天日錄〉.

국경지대를 살펴보았는데 복명 기록을 편집한 〈관서록(關西錄)〉이 남아 있다.[32] 〈관서록〉의 군정개혁론은 고전적인 유교적 제도 개혁의 수준을 크게 벗어나지는 못했으나 관료로 복무하면서 실제적 상황에 근거를 둔 군정의 개혁안을 제시하고 있어 당시 개혁적 관료층이 지행했던 개혁론의 일단을 보여 주고 있다.

1610년 12월 당시 고향인 선산에 낙향해 있던 최현에게 남방을 돌아보면서 양남(兩南) 바다에 인접한 각처의 백성을 모집하고 둔전을 설치하는 일을 주관하도록 했다. 최현은 당시 영남에 있었는데 본도의 사정을 잘 알고 또 정성스러움이 많아 이 일을 맡기에 적당하다는 추천으로 주사구관사 당상(舟師句管司堂上) 장만(張晩)의 종사관으로 있으면서 영남에 파견되었다.[33] 최현은 종사관으로 통영, 사천, 진주 등 해안 지역의 형세를 답사한 후 수군의 현실을 조사해 1611년 2월 그 개선책을 제시했다.[34] 최현은 수군 모집의 어려움에 따른 해결책으로 연해의 각 관을 떼어 주사에 소속시키고 전결로써 격군을 세우며, 그 다소에 따라 전선을 건조해 공급하도록 하되 주사가 있는 고을은 공부(貢賦)와 요역(徭役)을 감해 주는 것을 상책으로 제시했다. 그 외 주사가 있는 각 고을의 기·보군(騎步軍)과 각 관청 내의 노비를 모두 격군에 소속시키는 중책과 고기잡이 어부들을 격군으로 충당해 어염(漁鹽)의 이익을 그들 스스로 취하게 맡겨 두고 그 부세와 요역을

32 《訒齋別集》 卷1, 〈關西錄〉.

33 《광해군일기》(정초본) 권36, 광해군 2년 12월 22일 계사.

34 《訒齋集》 卷3, 〈元帥從事時陳弊疏 辛亥〉.

면제하는 하책을 차례로 제시했다. 그리고 무엇보다도 급하지 않은 일은 정지해 낭비를 줄이고 변방을 견고히 하는 데 힘을 쏟을 것을 청했다. 이해 9월 경성 판관(鏡城判官)으로 제수되었다가 다시 본직으로 교체해 종사관에 계속 근무하도록 했다.[35]

1612년(광해군4) 2월에는 지난해의 일 처리가 자못 체계가 있었기 때문에 이번에 다시 파견해 그 일을 완성하게 하되 낭청 직위로는 호령을 내릴 때 불편한 염려가 있으므로 순무어사(巡撫御史)라는 칭호를 내려 줄 것을 비변사에서 청했다.[36] 3월 주사종사관 겸 양남 순무어사(舟師從事官兼兩南巡撫御史)에 임명되었다. 최현은 양남의 지리와 형세를 살핀 후 울산의 병영을 폐지하고 대신 경주에 설치할 것과 진주의 병영은 함안과 의령의 중간 지대에 곁의 고을과 합해 부로 승격시켜 옮겨 설치할 것을 건의했다. 또한 진영을 설치할 곳은 먼저 형세(形勢)의 요해처(要害處)를 살피고 그다음은 지리(地利)의 험이(險夷)를 살펴 방어 전략을 세워야 하는데 왜적이 왔을 때 진주와 밀양의 방어에 실패한 것은 그러한 점이 부족했기 때문이라고 논했다.[37]

1612년 윤11월에는 조령 주흘산성 순심어사(鳥嶺主屹山城巡審御史)로 임명되었다. 문경(聞慶) 등 몇 주(州)를 합해서 큰 부(府)를 만들고 성을 수선해 위급할 때에 요새지로 삼자는 상소가

35 《광해군일기》(정초본) 권46, 광해군 3년 10월 28일 갑오.

36 《광해군일기》(정초본) 권50, 광해군 4년 2월 28일 계사.

37 문집에 따로 작성 날짜가 없지만 〈정품비변사(呈稟備邊司)〉(《인재집(訒齋集)》 권10)는 이때 순무 후 품의한 것이다.

있었는데 최현이 계략이 있고 또 형세를 잘 알고 있으니 그를 보내어 살펴보게 하자는 비변사의 계가 있었기 때문이다.[38]

최현은 문사 출신이지만 일 처리와 군사적인 대비책을 마련하는 데 탁월한 능력을 보여 계속 그를 군사 요충지에 파견해 방어책을 강구하도록 했다. 최현이 실제 수행한 일을 보면 간쟁, 군사 행정, 감찰에 대한 일을 주로 담당했다. 임진왜란에서 의병을 경험하면서 군사와 행정에 대한 문제의식과 혁신적 사고를 체득했던 최현은 이러한 부분에 특장을 발휘했다. 게다가 최현의 개혁안을 보면 각 지역을 순시해 현실을 파악하고서 지역 현실에 맞는 실현 가능한 정책을 수립했다. 최현의 각종 개선책은 실현 가능성이 있고 실제로 공효를 볼 수 있는 구체적인 정책을 제안하고 있는 점에 특징이 있다.

그런데 중앙 정치 무대는 광해군의 폭정이 심해지고 있었다. 홍문관 수찬으로 근무하던 1612년 교하 천도 논의가 나와 천도를 반대하는 의견을 극력 개진했다. 문집에는 당시 옥당에서 제출했던 차자(箚子) 4건이 수록되었다.[39] 이해 12월에는 위훈을 추록하지 말 것을 건의했다.[40] 홍문관 부교리로 근무하던 1613년(광해군 5) 광해군의 생모인 공빈 김씨의 봉자전(奉慈殿) 향사 건을 중국에 고명주청(誥命奏請)하라는 하교에 반대하고,[41] 또한 사간원 정

38 《광해군일기》(정초본) 권60, 광해군 4년 윤11월 11일 경오.

39 《訒齋集》 卷4, 〈玉堂箚 壬子〉, 〈再箚〉, 〈三箚 癸丑〉, 〈五箚〉.

40 《訒齋集》 卷4, 〈論僞勳箚 壬子〉.

41 《訒齋集》 卷4, 〈奉慈殿追崇後請寢誥命奏請箚 癸丑〉.

언에 있으면서 간원으로서 영창대군를 논죄하는 여론에 동참해야 했으나 핑계를 대고 불참했다.[42] 이러한 의견 개진과 논죄 불참으로 광해군과 대북정권의 미움을 받게 되어 결국 낙향하게 되었다.

1613년 7월 고향으로 돌아온 최현은 지역 선현들의 문집을 편찬하고 여러 친우들과 종유하면서 지냈다. 이 시기 금릉과 전라도 무장의 심원(尋源)에도 서재를 마련하고 잠시 지내기도 했다. 최현은 이때 자신의 심정을 율시에 담아 보였는데 현실 문제를 꿈에 서애 선생을 만나서 나눈 대화로 풀이하고 있다. 이 시에서 북방 오랑캐의 준동과 동서분당의 화를 지적하기도 하고[43] 백성들의 가난한 삶을 보고 어진 태수를 만나 조세라도 가볍게 되기를 기원했다. 1613년 12월 금계(金溪)에서 스승인 학봉 선생의 《학봉선생언행록》을 편찬했으며, 1614년에는 학봉 선생이 남긴 글을 모은 《학봉선생유집》을 교열했다. 1614년 11월에는 선산 지역의 유현인 길재와 고응척의 글을 모은 《야은선생행록》과 《두곡선생유집》을 교열했다.

한편 이 시기 최현은 지역 선현들의 원사 중수와 창립에 크게 노력했다. 1618년 11월에는 지역의 여러 선비들과 금오서원의 규정을 의정해 서원 운영체계를 정교하게 했으며, 이듬해 2월에는 금오서원 원장 노경임과 함께 금오서원 원규를 새로 정했다. 1619년에는 선산부사 김용, 여헌 장현광과 함께 금오서원의 강당과 서재를 중수하고 4현을 다시 봉안했다.

42 《광해군일기》(정초본) 권66, 광해군 5년 5월 8일 을축.

43 《訒齋集》 卷1, 〈記夢見西厓先生 因詠一律〉.

금오서원의 배향에 제외된 향현에 대해 사적을 정리해 지역에서 이들을 추숭하는 여론을 조성하려고 했다. 1619년에는 지역의 선비들과 함께 월암서당을 돌아보고 삼인묘(三仁廟)의 창건을 논의했다. 이러한 최현의 향현 추숭 노력으로 후일 1636년 김주, 하위지, 이맹전을 모시는 도개 삼인묘(후일 월암서원)의 창건과 1646년 김숙자, 김취성, 박운, 김취문, 고응척을 모시는 해평 낙봉서원의 창건이 있게 되었다.

5) 인조 대 현달과 낙망의 계절

1623년(인조1) 인조반정 후 절의를 지킨 사람으로 평가되어 홍문관 수찬으로 다시 관계에 나갔다. 홍문관 수찬으로 근무하면서 왕의 경연 석상에서 다양한 경세 논의를 펼쳤다.[44] 경연강의에서는 임금은 천하의 부를 가지고 있고 만민의 위에 있으며 교만하고 안일하기 쉬우므로 항상 경계해야 함을 강조했다. 그리고 사의(私意)가 본원을 넘지 않도록 해야 하며 사욕(私慾)이 번성하지 않도록 해야 함을 지적했다. 대체로 유교 경전을 중심으로 강연을 하되 성경(誠敬) 공부를 강조함에 특징이 있다.

1623년 10월부터는 성균관 사예, 사도시 정, 의정부 사인, 사헌부 집의, 홍문관 응교, 성균관 사성, 시강원 보덕 등을 차례로 역임했다. 인조 대 최현은 스스로 시골뜨기를 자처했다. 강직한 성품으로 일을 처리해 나갔으며 부정한 일에는 조금도 연관되지 않았다. 후반기 관료 생활에서는 격앙되고 강개(慷慨)한 자세로

44 《訒齋集》 卷6, 〈經筵講義 癸亥〉, 卷7, 〈經筵講義 甲子〉.

직서직언을 숨기지 않았으며, 고금의 성패와 득실을 논하면서 현실에 쓰임이 있는 개혁적인 해결안을 제시했다.

1624년(인조2) 1월 이괄이 반란을 일으키자 토벌군 도원수 장만 휘하에서 독전어사(督戰御史)로 근무했다. 장만은 이괄이 파죽지세로 내려오자 신중론으로 대처했다. 그러나 최현은 결전을 서두를 것을 종용했다. 장만은 임진강 전투에서 패배해 왕은 천도할 수밖에 없는 상황으로 전개되었다. 이괄난이 평정되고 나서 독전어사로서 토벌군에 대한 논공행상을 조사해 보고했다. 문집에 있는 〈서정장사근만공죄실적(西征將士勤慢功罪實蹟)〉이 그 보고서이다.[45] 3월 이괄난 토벌의 공으로 진무원종(振武原從) 1등공신으로 책록되고 부호군에 제수되었으며 첨지중추에 승직했다.

1624년(인조2) 4월부터 중앙 관직으로 지제교, 병조 참지, 동부 승지, 대사간 등을 역임했다. 동부 승지로 근무하던 1624년 비위를 범해 문초를 받던 인목대비(仁穆大妃)의 궁노(宮奴)를 석방하라는 명에 대해 불가함으로 아뢰어 관철시켰다. 대사간으로 있으면서 공신들의 횡포를 비판하면서 반정공신의 수를 줄이고 위훈(僞勳)을 삭제할 것을 주장했다. 파주 목사 박효립(朴孝立)의 경우 임진강 방어 작전에서 이탈해 도망했으므로 공신임에도 불구하고 군율을 범했다 하여 처형을 관철시켰다. 이러한 강직한 일처리는 인조로부터 충심이 깊은 인물로 각인되었다. 대사간으로 재직 시에는 〈인천재진시폐차(因天災陳時弊箚)〉를 올려[46] 천재와

45 《訒齋集》 卷10, 〈西征將士勤慢功罪實蹟〉.

46 《訒齋集》 卷5, 〈大司諫時因天災陳時弊箚 甲子〉.

시변이 일어나면 주장과 군신이 모두 반성해 이를 해결하기 위해 노력해야 하는데 그 도리를 잘못하고 있다고 비판했다. 특히 훈신과 군관들이 자기 집에 숙위병을 두는 폐단도 있음을 지적했다.

1625년(인조3)에는 형조 참의, 예조 참의, 성균관 대사성, 홍문관 부제학, 대사성 겸 승문원 부제조, 1626년(인조4)에는 우부승지, 좌부승지 등을 역임했다. 1625년 홍문관 부제학으로 있으면서 올린 〈홍문관조진팔무차(弘文館條陳八務箚)〉[47]에서는 심학(心學)을 밝혀 다스리는 근본으로 삼을 것, 사령(辭令)을 삼가고 아랫사람들의 실정을 살필 것, 궁에 근무하는 인원을 엄격히 제한하고 쓸데없는 말이 오가는 것을 끊을 것, 상신(相臣)을 중히 여겨 치평(治平)의 효과를 이끌어 낼 것, 기량이 있고 유능한 사람을 잘 헤아려 일대의 인재를 구할 것, 자리를 자주 옮겨 다니지 않도록 해 돈독하고 질박한 풍조를 존속할 것, 공론을 세워 붕당의 폐단을 없앨 것, 유학을 숭상해 풍화의 근원을 북돋울 것을 건의했다.

1626년(인조 4) 8월 강원도 관찰사에 임명되었다. 1627년(인조 5) 정묘호란이 일어나자 의병을 일으키는 격문인 〈관동방백시격의병제군자(關東方伯時檄義兵諸君子)〉를 내기도 했다.[48] 이 글은 문장이 모두 우국충정에 가득 차 있어 글자 하나하나에 의분을 불러일으킨다.

또한 1627년 용골산성 수호 의병장(龍骨山城守護義兵將) 정봉수(鄭鳳壽)에게 군기와 식량을 지원했다. 강원도 감사 때 올린 소

47 《訒齋集》 卷4, 〈弘文館條陳八務箚 乙丑〉.

48 《訒齋集》 卷9, 〈關東方伯時檄義兵諸君子 丁卯胡亂時〉.

인 〈강원감사시소〉[49]에서는 나라가 대동법을 시행하는 것은 백성들을 토지에 안착시키고 공부를 공정하게 부과하려는 것에 뜻이 있음을 상기하면서 세수의 약탈적인 징수 대신에 실제 전결의 토지대장에 의해 조세를 부과할 것을 건의했다. 한편 강원도는 산지가 많아 난리 중에 피난한 백성들도 많으므로 이들은 조사해 명부에 올려 민생을 안정시켜 나갈 것이라고 했다.

그런데 1627년(인조5) 이인거(李仁居)가 후금과의 강화를 비난하면서 변란을 도모했다가 9월 30일 체포되었는데, 최현은 관찰사로서 이인거의 변란을 이미 알고 있었다는 혐의로 10월 체포되었다. 최현은 횡성에 살던 이인거가 창의를 일으켜 상경숙배한 후 강화를 주창했던 주화파를 처단하고 향후 서쪽으로 가고자 한다는 말을 면담 과정에서 들어 알고 있었음에도 불구하고 이인거의 행동을 우려해 동석했던 원주 목사 홍보(洪寶)에게 그의 행동을 주시하라고 했을 뿐 그 이상의 조치를 취하지 않았다는 것이다. 국문 과정에 최현은 역모하는 정상을 사전에 파악해 다스리지 못했고 제때 군사를 거느리고 가서 체포하지 못한 죄는 달게 받겠지만 상소의 초안을 받아 보았을 때 소의 내용에서는 현저히 패역한 말이 없었으며, 장계의 보고는 시기의 전후와 완급의 형세상 불가피했음을 역설했다.[50] 그럼에도 금부에서 사죄로 결단하자 인조는 사형을 감해 유배를 명했으나 최현을 처벌해야 한다는 대신들의 거듭된 상소가 이어졌다.

49 《訒齋集》 卷4, 〈江原監司時疏〉.

50 《인조실록》 권17, 인조 5년 10월 5일 무술.

후일 이 사건에 대해 실록의 사관은 다음과 같은 사평을 남겼다.

> 예로부터 난신적자가 어떤 한정된 모양이 있겠는가만 이인거의 역모에는 소위 도당이라는 것이 20명도 못 되었고 또 임금 곁의 악인을 제거하겠다고 방백에게 스스로 말하기도 했다. 생각건대 이인거의 행위는 자신이 난역의 죄에 빠진 것도 몰랐던 듯하니 참으로 한 번의 웃음거리에 지나지 않는다. 그런데 홍보는 적병의 형세를 장황하게 치계하고, 이어서 진격해 소탕한다는 말을 하여 생판으로 임금을 속이고, 조정의 대신은 덩달아 그 계책을 도와 끝내 녹훈하기에 이르렀으니, 어찌 나라에 사람이 있다고 말할 수 있겠는가.[51]

채제공도 역모라고 하지만 관청의 병기를 빼앗아 미친 소리를 한 것에 불과한데 이를 진압한 자들에게 책훈을 과도하게 했다고 평가했다.

그때 최현이 계속 옥에 갇혀 있게 되자 최산휘는 거듭 억울함을 호소하면서 풀어 줄 것을 호소했다. 겨울 내내 의금부 옥 옆에서 부친을 봉양했다. 1628년 1월 3일 우연히 의금부 서리가 최산휘에게 내일 어른이 밝은 세상을 맞이하게 될 것이라며 유효립(柳孝立)이 조정을 전복하고 인성군을 옹립할 준비를 마쳐 내일 거사할 것이라고 말했다. 이에 최산휘가 고향 친구인 김경(金褧)에게 그 전말을 전하면서 거사 정보가 심명세(沈命世)에게 전달

51 《인조실록》 권17, 인조 5년 10월 1일 갑오.

되었다. 심명세를 비롯해 여러 경로로부터 정보를 입수한 김류는 사건의 전모를 밝혀내고 주동자를 처벌했다.[52] 최산휘는 그 공으로 영사공신에 책록되었다.[53]

최현은 1628년(인조6) 유배령이 내려져 회령으로 갔으나 공신으로 책봉되었던 아들 최산휘의 간청에 의해 그해 9월 왕의 특명으로 유배에서 방면되었다. 이에 이듬해 1629년 고향으로 돌아와 은거생활에 들어갔다.

1631년 권대진(權大進)·양천식(楊天植) 등의 무뢰한이 역모를 꾀하고 있다는 고변이 있었다. 국문 과정에서 영남에서는 최현이 모의를 주도했다는 공초에 따라 다시 서울에 압송되었다. 의금부의 보고를 받은 인조는 최현이 충량한 자임을 의심치 않는다고 말하고 방면할 것을 명했다.[54] 이에 다시 고향으로 돌아오게 되었다.

이후 최현은 계속 고향과 인근 지역에서 생활하게 되었다. 1633년에는 낙동강 서안의 초곡(草谷)에 풍천정(楓川亭)을 지었다. 1636년 병자호란 때는 고향에서 의병을 일으켰다. 이해 겨울 청의 공격이 있자 왕은 급히 남한산성으로 피신했다. 이듬해 정월 3일 최현은 의병대장이 되고 김녕(金寧)은 부장(副將), 이경절(李景節)·김공(金玒)·박진경(朴晉慶)·김훤(金翧) 등은 참모가 되어 의병진을 갖추었다. 선산 부사가 70여 명의 인원을 지원해 주었으며, 조총 등 군기를 보급해 주었다. 와유당(臥遊堂) 박진경

52 《洛南集》 卷2, 〈附青雲君沈命世原情〉.

53 《洛南集》 卷2, 〈錄勳教書〉〔李埈製進〕.

54 《인조실록》 권24, 인조 9년 2월 3일 정미.

(朴晉慶)은 격문을 작성했다. 청송 부사를 갓 퇴임했던 최산휘도 가세했으며 손서였던 창녕 현감 박황(朴榥)도 합류해 왔다. 주력부대는 조령에 주둔하고 선봉부대는 남한산성으로 진군할 것을 논의했다. 그러나 폭설로 출발이 늦어졌는데 이미 왕이 항복을 했다는 소식이 전해졌다. 최현은 최산휘에게 상주문을 써서 서울로 가도록 하고 의병진을 해체했다. 최산휘는 서울에서 돌아오던 길에 역질로 풍천의 한 객사에서 사망했다.

최현은 장자의 장례를 마치자 김산의 봉계(鳳溪) 별서로 거처를 옮겼다. 1640년 죽음을 앞두고 문생 조준남(曺俊南)을 불러서 유언을 남겼다.

만력(萬曆) 기축년(1589, 선조22) 6월 25일은 나의 선친〔崔深〕께서 돌아가신 날이다. 선친께서는 불초자인 나를 가르칠 만하지 못하다는 것을 알지 못하시고, 임종 때 정성껏 가르치고 경계하여 영세토록 남는 유서(遺書)를 남기셨다. 지금 나는 선친께서 나에게 바라던 것으로 재차 너희들에게 고하노니, 이와 같이 한 이후에 거의 구천(九泉)에 계시는 선친의 뜻을 저버림이 없게 된다. 매양 생각이 여기에 미치니 비통함이 끝이 없다. 너희들은 자식의 정을 조금이라도 안다면 여기가 마음을 감동시킬 곳이 아닌가. 선군께서 임종할 때 나를 불러 경계하기를 "'집에 거처하기를 공손히 하고, 일을 행하기를 조심스럽게 하며, 남을 대할 때 성의를 다해야 한다. 이 세 가지는 비록 오랑캐의 땅에 가더라도 버려서는 안 된다.'라 하니 이것은 내가 한 말이 아니고 공성(孔聖)의 말씀이니, 너는 마땅히 종신토록 복

응하여라."라고 말씀하셨다.[55]

그리고 1640년 6월 4일 봉계 별서에서 고종했다.

6) 역사적 평가

실록에서는 최현이 죽자 사관이 다음과 같은 졸기를 수록했다.

> 전 강원 감사 최현이 죽었다. 최현은 영남 사람으로 문예가 있고 단아하기로 이름이 높았다. 반정 후에 청현직(淸顯職)을 두루 지내고 강원 감사로 나갔다가 이인거(李仁居)의 모반 사건에 연좌되어 폐치(廢置)되었는데, 이때에 이르러 죽었다.[56]

인조는 부음을 듣자 예조 좌랑 장응일(張應一)을 내려보내 김세렴(金世濂)이 지은 사제문(賜祭文)을 읽도록 했다.

최현이 사망한 후 아들 최산휘의 훈공으로 1640년 증 순충보조공신 자헌대부 예조 판서 겸 지경연 의금부 춘추관사 동지 성균관사 홍문관 제학(贈純忠補祚功臣資憲大夫禮曹判書兼知經筵義禁府春秋館事同知成均館事弘文館提學) 완성군(完城君)에 증직되었다. 9월에는 선산의 묵어평으로 반장했다. 공을 추모하는 여론이 조정에서 있어서 1852년(철종3) 증좌찬성 교지가 내려왔다. 이어 청시를 위한 청원이 줄을 이었으며 1871년(고종8) 정간공(定簡公)에

55 《訒齋集》 卷10, 〈臨終遺書 庚辰五月〉.

56 《인조실록》 권41, 인조 18년 7월 8일 정해.

봉해졌다.

최현에 대한 당대의 학자들의 평가를 보면 최현의 아름다운 자질을 높이 평가하고 있다. 여헌 장현광은 최현에 대해 "일선(一善) 사람인데 글재주가 있고 아름다운 자질이 있어 선비들이 많이 그를 취했다."라고 했다.[57] 친우였던 이준은 최현이 강원도 관찰사로 떠나게 되자 송서(送序)를 적어 주면서 "내 친구 최계승은 바탕이 순수해 잡되지 않으며, 기운이 화평해 함부로 하지 않는다. 사람을 대하면서는 원만해 모난 것이 없으면서도 꿋꿋해 함부로 할 수 없는 것이 그 가운데에 있다."라고 했다.[58] 1718년 《인재집》의 발문을 적은 권두경도 최현을 "시무를 아는 준걸"이라고 했다.[59]

한편 문집을 편찬하는 과정에서 묘도문자를 지으면서 최현의 업적이 본격적으로 정리되었다. 1716년(숙종42) 하당(荷塘) 권두인(權斗寅)은 묘갈을 지으면서 최현의 업적을 다음과 같이 적고 있다.

> 공은 타고난 자질이 뛰어나고 국량이 너그럽고 넓었다. 바라보면 공이 큰 인물이고 훌륭한 덕이 있음을 알아 사람들이 원대한 인물로 기대하지 않음이 없었고 공도 경세제민으로 자임하였다. 항상 격앙하고 강개하여 고금의 성패와 득실을 논하면

57 《旅軒續集》 卷4, 〈海說〉.

58 《蒼石續集》 卷5, 〈送江原道觀察使崔季昇序〉.

59 《訒齋集》, 〈跋〉〔權斗經〕.

마치 황하의 물줄기를 터트려 바다로 흘러 들어가게 하는 것과 같았고, 변방을 방어하는 응변(應變)의 계책에 더욱 뛰어났다. (중략) 공은 총명하고 박문강기(博聞强記)하여 천문, 지리, 병법, 산수에 통하지 않음이 없었다. 문장을 지음에 까다롭고 교묘한 것을 일삼지 않았고, 여유롭고 호방하면서도 전적으로 이치를 표달(表達)하는 것을 위주로 하였다.[60]

1775년 《인재집》의 서문을 쓴 정범조는 최현의 일생을 다음과 같이 평했다.

공 같은 경우는 일에 말할 만한 점이 있으면 말하지 않음을 부끄러워하였고, 의리에 합당하지 않은 점이 있으면 구차히 부합함을 부끄러워하였으며, 이익과 해로움을 아랑곳하지 않고 국가에 대한 곧은 충심과 바른 도(道)가 있음만 알았다. 무슨 까닭으로 이렇게 일부러 여러 사람의 노여움을 사고 위험한 재앙에 떨어지면서도 후회하지 않았던가. 비록 경세제민에 대한 본디의 뜻을 밝은 시대에 한 번 펼쳐 보고 싶기는 하였지만, 스스로를 굽혀 쓰이기를 구하기보다는 차라리 바른 도리를 지키다가 내쳐지는 것이 나아서였으니, 오호라, 남보다 훌륭하지 않고서 이렇게 할 수 있겠는가. 공 같은 이는 참으로 의(義)를 편안히 여기고 천명에 순응한 군자이다.[61]

60 《訒齋集》, 〈墓碣銘〉〔權斗寅〕.

61 《訒齋集》, 〈訒齋先生文集序〉〔丁範祖〕.

1776년(영조32) 대산 이상정은 행장에서 최현의 일생을 다음과 같이 평했다.

> 공은 타고난 자질이 빼어나고 기품이 너그럽고 의연하였으며, 충성과 신의를 마음에 간직하고 청렴과 근신으로 처신하였다. 총명이 남달랐고 박문강기(博聞强記)하였으며, 더욱 경전 공부에 힘을 써서 깊은 조예로 자득한 공부가 있었다. 천문과 지리, 병진(兵陣)과 주수(籌數)의 법에 이르기까지 모두 정통하였고, 글을 지을 때는 이치에 맞고 뜻이 잘 통하는 것을 위주로 하여 험하고 날카로운 말은 하지 않았다. 남이 잘한 것을 보면 칭찬하기를 마치 못 미치는 듯이 하였고 남이 잘못한 것을 들으면 그것을 입에 올린 적이 없었다. 다른 사람과 이야기할 때는 정성스럽고 간절하였으나, 일에 임하여 시비를 가릴 때는 의연하여 지조를 빼앗을 수 없었다. 공은 젊어서부터 경세제민(經世濟民)의 일에 관심을 두어, 평소에 거함에 격앙되고 강개한 어조로 고금의 성패와 득실을 논하였으니, 얽히고 뒤섞인 것을 다스리고 긴요한 곳을 꿰뚫어 시조(施措)와 운용(運用)에 적용하고자 한 것이지 빈말을 하는 것이 아니었다.[62]

위의 글들에서 공통적으로 언급하고 있는 것은 최현이 경세제민(經世濟民)의 일에 관심을 두었다는 것이다. 최현은 현실 속에서 가능한 일부터 개선해 나가려 했다. 현실에 맞는 실현 가능한 정

62 《訒齋集》, 〈行狀〉〔李象靖〕.

책을 통해 실제로 공효를 볼 수 있도록 했다. 최현은 전통 시대 고전적인 유교개혁론자이지만 실제적 상황에 따라 개선책을 제시해 당시 고식적으로 과거를 묵수하려던 관료와는 다른 개혁적 관료의 입장을 잘 보여 주고 있다.

한편 인재 최현에 대한 추모 설비로는 구미시 장천면 묵어리에 묘소가 있으며, 묘소 앞에는 1789년 입비한 신도비(神道碑)가 있다. 신도비의 전(篆)은 강세황(姜世晃)이 적었다. 비문은 채제공이 지었으며, 글씨는 후손인 최광벽이 적었다. 송산서원 앞에 있었으나 1983년 후손들이 묘소 앞으로 옮겼다. 1789년 입비한 신도비의 탁본이 국립중앙도서관에 소장되어 있다.[63] 한편 해평의 생가지이자 옛 송산사가 있던 자리에는 유허비가 있다.

최현의 존모소로 해평에는 송산서원(松山書院)이 있었다. 연보에 의하면 1707년(숙종33) 지역민들이 송산사를 세워 인재(訒齋) 최현(崔晛)의 위판을 봉안하고 송정(松亭) 최응룡(崔應龍)을 병향했다고 전한다. 1776년(영조52) 송산사를 창림동으로 옮기면서 서원으로 승호했으며, 송정(松亭) 최응룡(崔應龍)과 인재(訒齋) 최현(崔晛) 외에 병암(屛庵) 김응기(金應箕), 신재(新齋) 김진종(金振宗), 주천(舟川) 강유선(康惟善), 경암(敬庵) 노경임(盧景任)을 추향해 6현을 제향하기에 이르렀다. 추향된 4현은 지역에서 향현사 설립을 통한 추모 논의가 계속 진행되었던 인물들이었다. 혈연적으로는 이 지역의 대표하는 전주 최씨, 일선 김씨, 신천 강씨, 안강 노씨의 가문적 유대 관계가 크게 작동했다. 1868년

63 《訒齋公神道碑銘》, 국립중앙도서관, 고4468-156.

(고종5) 서원 철폐령에 따라 훼철되자 송산서당으로 이름을 바꾸었다. 현재 서당은 퇴락하여 정면 4칸, 측면 1칸 반 규모의 강당만이 남아 있다.

한편 최현에 대한 현대 연구는 국문학계에서 임진왜란의 국가적 위기 속에 나온 가사의 우국적 현실의식에 주목하면서 시작했다.[64] 1980년대와 1990년대 여러 출판사와 기관에서 《인재집》을 영인하면서 최현을 연구하기 위한 기초 자료를 확보하게 되었다. 집안에서도 문집 간행 준비위원회와 기념회를 구성하고 최현의 생애에 대한 기초적인 조사와 자료 간행을 시도했다.[65]

2000년에 들어와 동방한문학회에서 인재 최현에 대한 특집호를 기획하면서 정치 사상, 문학관, 한시 문학, 가사 문학 등 여러 방면에서 인물과 사상을 다루어 학계에 그 위상을 본격적으로 드러내었다. 이때를 전후해서는 주로 가사와 이문록(異聞錄)을 중심으로 연구가 이어졌다.

1608년 동지사 서장관으로 북경을 다녀와서 남긴 《조천일록(朝天日錄)》은 명청 교체기의 혼란한 상황 속에서 명나라 말기의 정보가 조선의 입장에서 기술되어 있다는 점에서 중요한 자료였다. 그러나 《인재선생속집》에 수록되어 있어 기존의 조천록 연구에서 제대로 주목되지 못했다. 그러나 그 기록성에 주목한 숭실대학교

64 인재에 대한 연구 동향은 박인호, 〈부록 인재 최현 연구 논문 목록〉, 《인재 최현》, 애드게이트, 2021, 244~249쪽 참조.

65 최동헌, 《인재문집해제-저작과 생애》, 인재 문집 영인간행 준비회, 1981.
최세훈 편, 《나라와 선산을 사랑한 우국·애민의 삶》, 인재 최현선생 기념사업회, 2019.

한국문학과예술연구소에서 여러 학자들이 모여 《조천일록》을 완역했다.[66] 번역서의 자매편으로 공역자들이 발표한 논문을 모아 간행하면서 최현의 조천이 가지는 의의를 여러 방면에서 평가하게 되었다.[67]

2. 《인재집》의 간행 경위

1) 원집의 간행

최현의 글은 반 이상이 흩어지고 몇 권 남았던 수고(手稿)도 화재로 소실되었다. 이에 증손자(曾孫子)인 최상건(崔象乾)과 그의 아들인 최두남(崔斗南)이 대를 이어서 유고를 모았으나 완전한 편찬에 이르지는 못했다. 그 후 5대손인 최상(崔𢡊)과 최수이(崔壽頤)가 다시 여러 곳에 소장된 유고를 모아 초고를 만들었다. 그리고 권두인(權斗寅)과 권두경(權斗經)에게 교정을 청하고 권두인에게 묘갈명을, 권두경에게는 발문까지 받았으나 간행에 이르지는 못했다. 최수인(崔壽仁)도 간행 사업에 힘을 보태었으나 완료하지는 못했다. 이러한 노력이 경주된 시기는 권두경의 발문이 1718년(숙종44) 작성되었으므로 이즈음에 해당할 것으로 추정된다.

한편 6대손 최광악(崔光岳)과 최광벽(崔光璧) 등이 다시 간행을 도모해 원고를 정사한 다음 이상정(李象靖), 채제공(蔡濟恭),

66 조규익 외 공역, 《역주 조천일록》, 학고방, 2020.

67 조규익 외 공저, 《최현의 조천일록 세밀히 읽기》, 학고방, 2020.

정범조(丁範祖)에게 질정을 청했다. 이상정(李象靖)에게 행장을, 채제공(蔡濟恭)에게 신도비명과 서문을, 정범조(丁範祖)에게 묘지명과 서문을 받았다. 간행된 권수에는 1775년에 쓴 정범조(丁範祖)의 서(序)와 1778년에 쓴 채제공(蔡濟恭)의 서(序)가 실려 있어 대체로 이 시기에 간행을 준비한 것으로 보인다.

최광벽(崔光璧)은 1766년 사관으로 있으면서 본원 일기 가운데 선대와 관련된 부분을 정리해 초장(草狀)에 첨입하여 여러 사람이 참고하도록 했다. 또 선조의 수본일기(手本日記)를 찾고, 경연강의(經筵講義)와 연보(年譜)를 만들고, 관서록(關西錄) 1권, 일고(逸稿) 2권을 편성해 이상정(李象靖)과 박손경(朴孫慶)에게 질정을 구했다. 그리하여 최종적으로 편찬을 완성해 원집(原集) 13권, 별집(別集) 2권, 습유(拾遺) 1권, 연보(年譜) 1권, 부록(附錄) 1권, 합(合) 18권으로 만들었다.

1778년(정조2)에 삼치당(三治堂)에서 목판으로 개간(開刊)하는데 인근 사림들의 도움을 받아 4개월 만에 완료했다. 본집의 판목은 선산(善山)의 송산서원(松山書院)에 보관해 두었다.[68] 18권 9책의 이 책은 규장각과 국립중앙도서관 등에 소장되어 있다. 1991년 간행한 문집총간 수록본도 원집과 별집은 규장각본, 연보·부록은 국립중앙도서관본을 이용해 영인한 것이다.

68 《선산부소재책판기(善山府所在冊板記)》(한국학중앙연구원 장서각, B16C8)에 의하면 《인재집》 9권의 책이 송산서원에 보존되어 있었으며 판본 371매가 남아 있었던 것으로 보고하고 있다. 현재 서원의 퇴락과 함께 판본은 전해지지 않는다.

총간 수록본의 목차

原集 13卷, 別集 2卷, 拾遺 1卷, 年譜 1卷, 附錄 1卷, 合 18卷 9冊

冊1 : 序(丁範祖, 蔡濟恭). 卷1, 詩, 教文. 卷2, 疏.

冊2 : 卷3, 疏. 卷4 疏, 箚子.

冊3 : 卷5, 箚, 啓, 書啓, 狀啓. 卷6, 講義.

冊4 : 卷7, 講義, 書. 卷8, 書.

冊5 : 卷9, 書, 雜著. 卷10, 雜著, 序, 記.

冊6 : 卷11, 跋, 箴, 銘, 箋, 祝文, 祭文. 卷12, 祭文, 墓碣, 墓誌, 行錄.

冊7 : 卷13, 言行錄.

冊8 : 別集-卷1, 關西錄. 卷2, 書啓, 狀啓. 拾遺, 跋(權斗經), 後識(崔光璧).

冊9 : 年譜, 附錄-行狀(李象靖), 墓碣銘(權斗寅), 神道碑銘(蔡濟恭), 墓誌銘(丁範祖), 賜祭文(金世濂), 祭文, 輓詞, 崇德祠常享文.

2) 속집의 간행

1785년(정조9)에는 최광벽(崔光璧)이 조천록(朝天錄)과 누락되었던 시문(詩文)을 모아 속집(續集) 7권 3책을 간행했다. 속집의 서문은 이헌경(李獻慶)에게 받았다.

속집 수록본의 목차

冊1 : 續集-續集序(李獻慶 撰). 卷1, 朝天日錄. 卷2, 朝天日錄.

冊2 : 續集-卷3, 朝天日錄. 卷4, 朝天日錄. 卷5, 朝天日錄.

冊3 : 續集-卷6, 呈文, 狀啓, 附. 卷7, 拾遺.

한편 북애고택에는 별도로 《인재선생속집》의 필사본이 3책이 있는데 그중 인(人)에는 목판본에 없는 〈용시음〉과 〈명월음〉 가사를 수록했다. 이 필사본은 최광벽이 《인재선생속집》을 편찬하기 위해 정리한 것으로 후일 목판본으로 간행하기 위한 원고본이다. 그런데 목판본으로 간행하면서 필사본에 수록되었던 가사를 삭제했다. 북애고택에서 간행한 영인본 《북애가사》에 해당 부분을 영인하여 첨부해 대략의 모습을 볼 수 있다.[69]

이때 간행한 속집을 원집과 합하면 24권 12책이 된다. 이에 각 기관에 따라서는 원집과 속집을 합한 24권 12책을 소장하게 되었다. 현재 한국국학진흥원, 계명대, 성균관대 등에 소장되어 있다. 경인문화사에서 1994년 간행한 한국역대문집총서(930~933)는 속집이 포함된 24권 12책을 영인했다. 합 24권 12책의 구성은 다음과 같다.

총서 수록본의 목차

原集 13卷, 續集 7卷, 別集 2卷, 拾遺 1卷, 年譜 1卷, 合 24卷 12冊

冊1 : 序(丁範祖, 蔡濟恭). 卷1, 詩, 敎文. 卷2, 疏.

冊2 : 卷3, 疏. 卷4, 疏, 箚子.

冊3 : 卷5, 箚, 啓, 書啓, 狀啓. 卷6, 講義.

69 《인재속집》 인; 홍재휴, 《역주 북애가사》, 전주최씨해평파북애고택 영인, 2006.

冊4：卷7, 講義, 書. 卷8, 書.

冊5：卷9, 書, 雜著. 卷10, 雜著, 序, 記.

冊6：卷11, 跋, 箴, 銘, 箋, 祝文, 祭文. 卷12, 祭文, 墓碣, 墓誌, 行錄.

冊7：卷13, 言行錄.

冊8：續集-續集序(李獻慶 撰). 卷1, 朝天日錄. 卷2, 朝天日錄.

冊9：續集-卷3, 朝天日錄. 卷4, 朝天日錄. 卷5, 朝天日錄.

冊10：續集-卷6, 呈文, 狀啓, 附. 卷7, 拾遺.

冊11：別集-卷1, 關西錄. 卷2, 書啓, 狀啓. 拾遺, 跋(權斗經), 後識(崔光璧).

冊12：年譜, 附錄-行狀(李象靖), 墓碣銘(權斗寅), 神道碑銘(蔡濟恭), 墓誌銘(丁範祖), 賜祭文(金世濂), 祭文, 輓詞, 崇德祠常享文.

3. 한국고전번역원 수록 《인재집》의 내용

번역의 저본이 된 한국고전번역원에 수록된 《인재집》의 내용을 소개하면 다음과 같다.

권1은 시 128제 138수와 교서 4편이 수록되어 있다. 시는 차운시(次韻詩)와 만시(輓詩)가 대부분이다. 친분이 있던 이들과 교유하면서 지은 교유시와 1608년 조천하면서 소회를 적은 시가 일부 수록되어 있다. 형식적으로는 자신의 정서를 좀 더 사실적으로 기술할 수 있는 7언율시가 다수를 차지한다. 교유시에서 대상이 된 인물은 대체로 학봉 문하의 동문 제자, 임진왜란 때 의병 활동을 통해 관련을 맺은 동료, 광해군과 인조 대 관직 생활에서의 동료, 인근 성주, 선산, 인동, 칠곡 등지의 저명한 학자가 다수를 차지한다. 특히 인근 지역 출신의 이언영, 이윤우, 이준, 박수일, 노경임, 조정 등과는 교의가 각별했다.

교유시가 있는 명단 가운데 장현광(張顯光), 황유일(黃有一), 황여일(黃汝一), 이민성(李民宬), 이광일(李光一), 전식(全湜), 김윤안(金允安), 정경세(鄭經世), 신민일(申敏一), 이준(李埈), 승려 성은(僧性㥳), 신응윤(申應允), 정온(鄭蘊), 이원수(李遠樹), 김구정(金九鼎), 최산립(崔山立), 김응서(金應瑞), 박홍장(朴弘長), 유석(柳碩), 김상준(金尙寯), 장흥효(張興孝), 이정백(李庭柏), 정인함(鄭仁涵), 이유홍(李惟弘), 심희수(沈熹壽), 노경임(盧景任) 등은 당대 저명한 유현과 관료였는데 최현의 교유 관계를 보여 준다.

시의 특징 가운데 하나는 다수의 만시가 수록되어 있다는 점이다. 이에는 정종명(鄭宗溟), 이민선(李敏善), 강산수(康山叟), 정담(鄭湛), 정경세(鄭經世), 조윤지(曺胤祉), 최산휘(崔山輝), 박성일(朴成一), 김윤안(金允安), 길이술(吉而述), 권태일(權泰一), 조정(趙靖), 신달도(申達道), 노경임(盧景任), 최대방(崔大防), 오익승(吳翼承), 이정백(李庭柏), 김지선(金止善), 최시량(崔始量), 이천봉(李天封), 정기룡(鄭起龍), 김륵(金玏), 황진룡(黃震龍), 권진경(權晉慶), 학봉 선생 부인 권씨(權氏), 조윤신(曺胤申), 장현광(張顯光), 심희수(沈喜壽), 이민성(李民宬), 임숙영(任叔英), 고응척(高應陟), 고빙운(高騁雲), 신흘(申仡), 정구(鄭逑), 이윤우(李潤雨), 최산립(崔山立), 강복성(康復誠), 최강(崔

堈), 김집(金潗), 강응철(康應哲), 박홍장(朴弘長), 송시보(宋時保), 이준(李埈) 등 다양한 형태로 인연이 있던 사람에 대한 만시가 수록되어 있다.

교서는 1610년 지제교, 1623년 사인, 1624년 병조참지에 있으면서 지어 올린 것이다.

권2의 소(疏)는 1598년 2월 건원릉 참봉에 임명되었으나 8월 그만두면서 대신 장문의 〈진시무구조소(陳時務九條疏)〉를 올렸다. 임진왜란으로 피폐해진 현실에서 기강 진작과 민력 회복을 강조했다. 권3의 소(疏) 5편은 1598년 이후 1622년까지 중앙 부처에 근무하면서 올린 각종 소문을 수록한 것이다.

권4는 소(疏) 9편, 차자(箚子) 6편이 수록되어 있다. 소는 인조반정 후 다시 관계에 나가 근무하면서 올린 소문이다. 차자(箚子)의 앞 4편은 홍문관 수찬으로 재직했던 1612년과 1613년 교하(交河) 천도(遷都)를 반대하며 올린 옥당차(玉堂箚)이다. 그리고 1612년 작성한 〈논위훈차(論僞勳箚)〉는 광해군 초기 훈작 수여의 문란상을 지적한 것이다. 1613년 작성한 〈봉자전추숭후청침고명주청차(奉慈殿追崇後請寢誥命奏請箚)〉는 광해군의 생모인 공빈 김씨의 봉자전(奉慈殿) 향사 건을 중국에 고명주청(誥命奏請)하라는 하교에 예가 과분함을 지적한 것이다.

권5에는 차(箚) 3편, 계(啓) 8편, 서계(書啓) 1편, 장계(狀啓) 4편이 수록되어 있다. 차는 사간원 시절 시폐 지적과 대책에 대해 올린 차자이다. 계는 1613년 정언과 승지로 근무할 때 올린 계사이다. 서계는 1608년 동지사 서장관으로 중국에 갔을 때 목도한 폐단을 보고 별도의 보고서로 정리한 별단인 〈조경시별단서계(朝京時別單書啓)〉이다. 장계는 1627년 강원도관찰사 때 정묘호란을 당해 올린 군병 대책과 원정을 위한 보고이다.

권6에서 권7 앞부분은 강의(講義)이다. 1608년(선조41) 4월부터 5월 사이에 있었던 서연강의(書筵講義)와 1623년(인조1) 4월에서 10월과 1624년 7월에서 9월 사이에 있었던 경연강의(經筵講義)에 대한 내용을 일기 형식으로 정리한 글이다.

권7 일부와 권9 앞부분의 서간은 모두 28편이 수록되어 있다. 권7에는 1592년 우순찰사(右巡察使) 김성일(金誠一)과 1600년 병사(兵使) 곽재우(郭再祐), 종사(從事) 황호(黃戾)에게 보낸 편지가 있다. 권8에는 김성일(金誠一), 곽재우(郭再祐), 황호(黃戾), 박진(朴晉), 한효순(韓孝純), 이원익(李元翼), 조우인(曺友仁), 노경임(盧景任), 정인홍(鄭仁弘), 윤문거(尹文擧), 이시발(李時發)에게 보낸 편지가 있다. 대체로 임진왜란을 전후한 시기의 서간을 모아놓았다. 권9에는 정온(鄭蘊), 박성(朴惺), 김집(金潗), 김장생(金長生), 정경세(鄭經世), 김용(金涌), 권별(權鼈), 문비연(文斐然) 등에게 보낸 편지와 정구(鄭逑)에게 올린 문목(問目)을 수록했다. 시기적으로 광해군과 인조 대 주로 작성한 것이다. 한강에게 올린 문목은 복상 기일, 신주, 예법 등에 대해 질의했으며 이에 대한 한강의 답변을 수록했다.

권9에서 권10 앞부분의 잡저는 모두 18편이 수록되어 있다. 권9의 잡저에는 1603년 임진왜란이 끝난 후 당시의 일들을 정리하려고 할 때 도내에 통문한 〈난후사적찬집시통도내문(亂後事蹟撰集時通道內文)〉과 1604년 월암사(月巖祠) 건립을 위해 선산(善山)에 통문한 〈통일향문(通一鄕文)〉, 임진왜란 때 개령에 의병을 일으키도록 효유한 통문인 〈통개령의병문(通開寧義兵文)〉, 1592년 선산에서 의병을 일으켰을 때 좌순찰사 한효순에게 군기(軍器)를 청한 문서인 〈선산향병정좌순찰걸군기서(善山鄕兵呈左巡察乞軍器書)〉, 선산에서 의병 거의 때 발표한 의병의 규약인 〈선산향병약속(善山鄕兵約束)〉, 정묘호란 때 강원도 관찰사로 재직하면서 의병에 참여해 줄 것을 효유하는 격문인 〈관동방백시격의병제군자(關東方伯時檄義兵諸君子)〉, 임진왜란 때 황석산성에서 순절한 곽준(郭䞭)을 위한 〈곽의사록(郭義士錄)〉, 관찰사 민성휘(閔聖徽)의 당호를 설명한 〈용졸당설(用拙堂說)〉이 있다.

권10의 잡저에는 1596년 예천에 있을 때 경상도 지역 산성의 형세와 군현의 합병에 대해 논한 〈논산성형세군현합병(論山城形勢郡縣合幷)〉, 1597년 김용(金涌, 1557~1620)이 체찰부 종사관이 되었을 때 산성을 택해 목책을 설치하기를 권유했던 〈여서김도원논택정산성장설책편민지책(與書金道源論擇定山城將設柵便民之策)〉, 1613년 경상 감사 권반(權盼)에게 올린 영남의 병폐 12조목에 대한 대책인 〈답감사권중명반문영남병폐막십이조(答監司權仲明盼問嶺南弊瘼十二條)〉, 1612년 낭청으로 영남 지역의 병영과 수영을 돌아보고서 개선책을 비변사에 올려 품의한 〈정품비변사(呈稟備邊司)〉, 1610년 평안도 암행어사로 나갔다가 체찰사에 품의한 〈관서어사환조후정품체찰사(關西御史還朝後呈稟體察使)〉, 신곡 유생을 대신해 월암사 사당의 기공식 진행을 선산부사에게 알리는 〈대신곡유생정지주서(代新谷儒生呈地主書)〉, 유생을 대신해 순상에게 월암사 준공을 위해 도움을 청하는 〈대유생정순상서(代儒生呈巡相書)〉, 1624년 이괄의 난을 정벌할 때 장수들의 공과를 정리한 〈서

정장사근만공죄실적(西征將士勤慢功罪實蹟)〉, 1628년 비망기를 써서 자손들에게 보여 면려하려는 뜻을 전하는 〈열록비망기후유(列錄備忘記後遺)〉, 1640년의 임종 당시 유서인 〈임종유서(臨終遺書)〉가 있다.

권10의 서(序) 4편은 이진(李軫)·이보(李輔), 박홍장(朴弘長), 권태일(權泰一), 우익(禹益)을 전송하는 글이다. 기(記) 7편은 〈기로재기(棄老齋記)〉, 〈금릉관중건기(金陵館重建記)〉, 〈김산향사당기(金山鄕射堂記)〉, 〈낙산산수병기(洛山山水屛記)〉, 〈문소현동목기(聞韶縣桐木記)〉, 〈적상산보경사향로봉기(赤裳山寶鏡寺香爐峯記)〉, 〈만취당기(晩翠堂記)〉 등 기문이다.

권11에는 발(跋) 5편, 잠(箴) 1편, 명(銘) 1편, 전(箋) 2편, 축문(祝文) 2편, 제문(祭文) 20편이 수록되어 있다. 발(跋)은 《한강선생문집(寒岡先生文集)》, 《경은선생사적(耕隱先生事績)》, 《두곡선생문집(杜谷先生文集)》, 《완산최씨별보(完山崔氏別譜)》의 발과 〈제차원부설원기(題車原頫雪冤記)〉의 후(後)이다. 제문(祭文)은 단산서원(丹山書院) 묵은 봉안문, 월암서원(月巖書院) 3선생 봉안문, 백암산 기우제문, 제기문(祭旗文) 등과 김성일(金誠一), 정구(鄭逑), 고응척(高應陟), 박수일(朴遂一), 노경필(盧景佖), 박홍장(朴弘長), 조종도(趙宗道), 이정백(李庭柏), 김용(金涌), 정종명(鄭宗溟), 고빙운(高騁雲), 박성일(朴成一), 임숙영(任叔英), 최산립(崔山立), 망실 이씨(亡室李氏), 최산휘(崔山輝)를 추모하는 글이다.

권12에는 제문(祭文) 6편, 묘갈(墓碣) 4편, 묘지(墓誌) 6편, 행록(行錄) 3편이 수록되어 있다. 제문은 장현광(張顯光), 신흠(申

仡), 신달도(申達道), 노경임(盧景任), 박수일(朴遂一), 이민성(李民宬)을 추모하는 글이다. 묘갈은 길회(吉誨), 조사우(曺士虞), 허국필(許國弼), 강오복(姜五福)을 위한 것이다. 묘지는 선고선비합장(先考先妣合葬), 최이박(崔爾博), 신원록(申元祿), 신흘(申仡), 이시청(李時晴), 최안(崔安)을 위한 것이다. 행록은 선고(先考)의 언행록과 속광유계(屬纊遺戒), 고응척(高應陟)의 언행록을 수록했다. 권13의 행록은 김성일(金誠一)의 언행록(言行錄)이 단독으로 수록되어 있다.

별집은 2권으로 앞에 별도의 목록(目錄)이 있다. 내용 구성은 권1에 관서록 1편, 권2에 서계 1편, 장계 2편이 실려 있다. 권1의 관서록은 1610년(광해군2) 평안도(平安道) 암행어사(暗行御史) 시절 지은 장계(狀啓), 서계(書啓), 별책서계(別冊書啓) 등 보고 자료를 모은 것이다. 권2의 서계(書啓)와 장계(狀啓)는 원집에서 누락되었던 것을 수록한 것인데 1612년 순심어사(巡審御史)로서 적상산성(赤裳山城)을 살피고 나서 올린 〈적상산성고계(赤裳山城考啓)〉, 1608년 동지사 서장관으로 갔을 때의 〈조경시장계(朝京時狀啓)〉와 1624년 이괄(李适)의 난을 평정하고 올린 〈토평괄적후장계(討平适賊後狀啓)〉이다.

별집의 끝에 별도의 습유(拾遺)가 있다. 원집을 편찬하면서 누락되었던 글을 모은 것인데 습유에도 목록이 있다. 구성은 시(詩) 3수, 서(書) 2편, 사적(事蹟) 1편이다. 시와 서간에서 정인홍(鄭仁弘)에 대해 비판적인 입장을 취했다. 〈삼인사적(三仁事蹟)〉은 농암(籠巖) 김주(金澍), 단계(丹溪) 하위지(河緯地), 경은(耕隱) 이맹전(李孟專)을 다룬 것으로 후일 월암서원(月巖書院)에 봉안

된 세 선생의 사적(事蹟)을 정리한 것이다. 뒤에 이상일이 《삼인록》을 저술하는 데 기초가 되었을 뿐만 아니라 최현의 글이 이상일의 《삼인록》에도 수록되었다. 별집의 끝에는 1718년(숙종44)가 작성한 권두경(權斗經)의 발문(跋文)과 1778년 후손인 최광벽이 쓴 후지가 있다.

이와 별도의 부록 책이 있다. 구성은 연보와 부록으로 나누어진다. 부록은 이상정(李象靖)이 쓴 행장, 권두인(權斗寅)이 쓴 묘갈명, 채제공(蔡濟恭)이 쓴 신도비명, 정범조(丁範祖)가 쓴 묘지명, 김세렴(金世濂)이 쓴 인조의 사제문(賜祭文), 그리고 인근에서 보내 온 제문(祭文) 6편, 만사(輓詞) 14편, 숭덕사상향문(崇德祠常享文) 1편 등이 수록되어 있다.

최현이 사망했을 때 인근에서 보내온 제문(祭文)을 보면 교유관계를 엿볼 수 있다. 문집의 본집에는 김세렴(金世濂)이 지어 인조의 이름으로 보낸 사제문과 향교 유생 김정일(金挺一) 등, 금오원생 김영좌(金英佐) 등, 월암서원 생도 김시준(金是瓍) 등 향교와 서원의 원생 이름으로 온 제문이 있다. 그리고 김응조(金應祖), 장응일(張應一), 김양(金瀁), 박진경(朴晉慶)이 보낸 제문과 김세렴(金世濂), 이식(李植), 김수현(金壽賢), 김응조(金應祖), 박수홍(朴守弘), 신민일(申敏一), 장응일(張應一), 이도장(李道長), 목장흠(睦長欽), 이경의(李景義), 이시명(李時明), 권산립(權山立), 김양(金瀁), 김공(金玒)이 보낸 만사가 있다.

만시와 만사를 지어 준 인물을 보면 김응조, 권산립 등 동문수학한 인물과 장응일, 김양, 박진경, 박수홍, 이도장, 김공, 강대수, 이시명 등 인근 지역의 명사와 후학들이 대부분을 차지하지만 김세렴, 김수현, 목장흠, 이경의, 이식, 신민일 등 중앙 관료 생활 때 친분이 있었던 인물들도 있다.

한편 속집은 7권 3책으로 앞에 별도의 목록이 있다. 속집은 최광벽이 1785년(정조9) 조천록(朝天錄)과 누락되었던 시문(詩文)을 모아 7권 3책으로 간행했다. 속집의 서문은 이헌경(李獻慶)에게서 받았다. 권1에서 권5는 1608년 동지사의 서장관으로 북경에 간 〈조천일록〉이다. 출발했을 때부터 도착해 복명할 때까지의 일정에 따라 일기체로 기록하고 사일기에 공적인 문견사건을 첨부해 만든 것이다. 권6은 정문(呈文) 6편, 장계(狀啓) 12편, 부록(附錄)으로 구성되어 있는데 모두 조천(朝天) 관련 문서들이다. 권7은 습유(拾遺)로 원집과 별집에서 누락되었던 것을 수록한 것으로 시(詩) 7수, 서(書) 6편, 서(序) 2편, 잡저 3편, 제문 4편, 부록으로 구성되어 있다. 부록에는 강대수(姜大遂), 조익(曺瀷), 조호(曺浩)가 지어 준 만(輓), 월암서원 생도 김개(金鍇) 등, 신열도(申悅道), 박진경(朴晉慶), 김하영(金廈楹)이 지어 준 제문(祭文)과 청시시제문적(請諡時諸文籍), 그리고 고응척이 지은 준제쇄연정(題灑然亭) 시와 쇄연정기(灑然亭記)가 수록되어 있다.

4. 《인재집》의 번역

본 번역서는 경북대학교 영남문화연구원이 한국고전번역원 거점번역사업으로 진행한 결과물이다. 영남문화연구원은 이 사업에서 홍여하의 《목재집(木齋集)》을 시작으로 정종로의 《입재집(立齋

集)》, 김낙행의 《구사당집(九思堂集)》, 이준의 《창석집(蒼石集)》 등 영남 지역의 선현 문집을 집중적으로 번역해 왔다. 본 번역서는 영남문화연구원의 번역팀이 3년에 걸쳐 진행한 사업으로 최현의 《인재집》에 대한 최초의 완역이다. 인물 연구에서 필수적이면서 기초적인 완역서를 가지게 되었으므로 향후 인재 최현에 대한 연구에서 본 번역서가 큰 역할을 하게 될 것으로 기대된다.

이 번역서의 저본은 한국고전번역원에서 간행한 한국문집총간 67에 수록된 문집과 별집을 번역 대상으로 하고 있다. 그런데 최현의 남은 유문을 추가로 모아 간행한 속집이 있다. 한국문집총간본을 저본으로 번역을 진행하다 보니 속집이 번역본에서는 제외되었다. 속집 가운데 1608년 동지사 서장관으로 북경을 다녀와 남긴 《조천일록(朝天日錄)》이 이미 번역되어 있으므로 같이 참조하면 최현 연구에 크게 도움이 될 것이다.

인재집

序서

인재 선생 문집 서 訒齋先生文集序

선비는 항상 재주가 당세에 쓰이기에 부족할까 근심하지만 이미 그런 재주를 지녔고, 임금이 나를 알아주지 않을까 근심하지만 이미 나를 알아준다. 이와 같은데도 오히려 종종 재주와 뜻을 펼치지 못하고 불우하게 일생을 마치는 것은 현실과 잘 맞지 않은 점이 있기 때문이다. 맹자가 말하기를, "장씨(臧氏)의 자식이 어떻게 나로 하여금 만나지 못하게 하겠는가."[1]라고 하였으니, 천명이 있어서임을 알겠다.

인재(訒齋) 최공(崔公)은 영특하고 드넓은 식견을 갖고서 사우(師友)들과 강론하고 질문한 학문으로 보충하였다. 경술(經術)에 근본을 두고 조치하여 임금을 높이고 백성을 사랑하는 계책으로 삼은 것이 정확하게 기무(機務)에 적중하였으니, 재목이라 말하지 않을 수 있겠는가. 인조반정 초기에 정밀하고 분명하게 갈고닦아 오롯한 정성으로 임금의 마음을 감동시켰다. 그래서 임금께 의견을 진술함에는 곧 여러 번 받아들여졌고, 국정이 문란할 때

1 장씨(臧氏)의……하겠는가 : 《맹자》 〈양혜왕 하(梁惠王下)〉에 "내가 노나라 군주를 만나지 못한 것은 하늘의 뜻이 있어서이니, 장씨의 자식이 어떻게 나로 하여금 만나지 못하게 하겠는가.〔吾之不遇魯侯天也, 臧氏之子, 焉能使予不遇哉.〕"라고 한 데서 가져왔다.

는 곧 문득 선임을 받았으니, 임금에게 알아줌을 받았다고 말하지 않을 수 있겠는가. 비록 그렇지만, 필경 자신이 함정에 빠짐이 하석(下石)[2]을 거의 면하지 못하고, 전야(田野)로 물러나 지낸 지 십여 년 반에 세상을 떠났다. 그래서 일에 앞서 염려하며 미리 치밀하게 대비[3]하도록 했던 큰 계책은 한둘도 채택하여 시행되지 않았으니, 이는 참으로 충신 지사(志士)가 당시에 한스럽게 여긴 것이고, 여기에서 공이 보통 사람보다 월등히 나았다는 것을 알 수 있다.

옛날 소자첨(蘇子瞻)[4]은 가생(賈生)[5]이 강・관(絳灌)[6]의 사이에서 여유롭게 처신하다가 뜻을 얻지 못하였고 문득 이 때문에 통

2 하석(下石) : 어려움에 처한 사람을 거듭 괴롭힌다는 말이다. 한유(韓愈)의 〈유자후묘지명(柳子厚墓誌銘)〉에 "어느 날 작은 이해에 관련이 되면, 그것이 하찮은 것일지라도 언제 보았느냐는 듯 눈길을 돌리고, 함정에 빠졌어도 손을 내밀어 구해 주기보다는 오히려 뒤로 밀치면서 돌멩이를 내리 던진다.〔一旦臨小利害, 僅如毛髮比, 反眼若不相識, 落陷穽, 不一引手救, 反擠之, 又下石焉.〕"라고 한 데서 가져왔다.

3 미리 치밀하게 대비 : 《시경》 〈치효(鴟鴞)〉에, "음우가 내리기 전에, 저 뽕나무 뿌리를 벗겨 문을 얽어 두라.〔迨天之未陰雨, 徹彼桑土, 綢繆牖戶.〕"라고 한 데서 가져왔으니, 일이 일어나기 전에 대비한다는 말이다.

4 소자첨(蘇子瞻) : 소식(蘇軾, 1037~1101)으로, 자첨은 그의 자이다. 북송(北宋)의 문학가・서화가이다. 호는 동파(東坡)이다.

5 가생(賈生) : 장사왕(長沙王)의 태부(太傅)를 지낸 한(漢)나라 가의(賈誼)를 가리킨다. 가의는 글을 잘 지었는데, 문제(文帝) 때 박사(博士)가 되어 정삭(正朔)을 고치고, 복색(服色)을 바꾸고, 법도(法度)를 제정하고, 예악(禮樂)을 일으켰다. 장사왕 태부가 되었을 때, 문예를 잘 모르는 강후(絳侯)와 관영(灌嬰) 등 대신들이 이를 시기하여 조정에서 쫓아냈다. 《史記 卷84 賈生傳》

6 강・관(絳灌) : 가의를 쫓아낸 강후 주발(周勃)과 영음후(潁陰侯) 관영의 병칭이다.

곡하며 눈물을 흘렸다[7]고 하였으니, 사리에 맞는 말이 아니다. 그것은 또한 전장(典章)을 바꾸어 예악(禮樂)을 계승하며 삼고(三古)를 참작하여 일왕(一王)의 제도를 일으킴이었으니, 이 도(道)를 어찌 강·관 등과 더불어 구차히 함께할 수 있었겠는가. 함께했다면 가생이 아니다.

바야흐로 계해년(癸亥年 인조반정을 말함)에 훈귀(勳貴)가 사직(社稷)을 부지하고 난을 평정한 중함을 자부하면서 한 시대를 마음대로 독단할 때, 하나라도 어긋나는 것이 있으면 곧바로 꺼꾸러져 넘어지는 것을 어리석은 사내라도 알 수 있었다. 하지만 공 같은 경우는 일에 말할 만한 점이 있으면 말하지 않음을 부끄러워하였고, 의리에 합당하지 않은 점이 있으면 구차히 부합함을 부끄러워하였으며, 이익과 해로움을 아랑곳하지 않고 국가에 대한 곧은 충심과 바른 도(道)가 있음만 알았다. 무슨 까닭으로 이렇게 일부러 여러 사람의 노여움을 사고 위험한 재앙에 떨어지면서도 후회하지 않았던가. 비록 경세제민에 대한 본디의 뜻을 밝은 시대에 한 번 펼쳐 보고 싶기는 하였지만, 스스로를 굽혀 쓰이기를 구하기보다는 차라리 바른 도리를 지키다가 내쳐지는 것이 나아서

7 소자첨(蘇子瞻)은……흘렸다 : 소동파가 가의에 대해 논한 글에 "강후와 관영 같은 무리와 오랫동안 교유하고 서서히 친하여 깊이 맺어서 천자가 의심하지 않고 대신이 꺼리지 않도록 한, 그런 뒤에 온 천하의 일을 오직 자신이 하고자 하는 바대로 하였다면 10년을 지나지 않아 뜻을 얻을 수 있었을 것이다. 어찌 당장 말하는 사이에 문득 남을 위하여 통곡한단 말인가.〔如絳灌之屬, 優游浸漬而深交之, 使天子不疑, 大臣不忌, 然後擧天下而唯吾之所欲爲, 不過十年, 可以得志, 安有立談之間, 而遽爲人痛哭哉.〕"라고 한 말이 있다.《唐宋八大家文鈔 蘇軾 卷14 賈誼論》

였으니, 오호라, 남보다 훌륭하지 않고서 이렇게 할 수 있겠는가. 공 같은 이는 참으로 의(義)를 편안히 여기고 천명에 순응한 군자이다.

그리고 불녕(不佞)한 나는 공이 남긴 글을 읽고 가만히 세상의 도를 위하여 다행이라고 생각한다. 공의 문장(文章)은 넉넉하면서도 질박한 면이 있어서 들뜨고 늘어지며 까칠하고 어두운 면이 있지 않고, 말한 바가 모두 평소 쌓은 학문이 드러난 것이었다. 그래서 경연(經筵) 강의와 봉사(封事)[8]에서 군덕(君德)에 힘쓰도록 경계한 언사는 논할 것도 없고, 기타도 모두 정치의 교화와 흥망에 관계되었다. 관제(官制)를 논함에는 쓸데없는 관리는 걸러내고 유능한 이를 선발하여 출척(黜陟)의 법을 밝히고자 하였고, 백성의 생업을 논함에는 비용을 절약하고 거두는 세금을 줄여 혈구(絜矩)의 도(道)[9]를 얻고자 하였으며, 군정(軍政)을 논함에는 요새를 설치하고 병사를 훈련시켜 미리 대비하는 의(義)에 합당히 하고자 하였다. 그리고 천문(天文), 지리(地理), 주수(籌數)의 학문에 이르기까지 통하고 깨닫지 않음이 없었다. 이것이 어찌 편협한 시골 선비로 하나의 재주만 오로지 일삼는 자가 바랄 수 있는

8 봉사(封事) : 임금에게 올리는 글로, 승정원(承政院)에서 뜯어보지 않고 봉해진 그대로 상달하는 것을 말한다.

9 혈구(絜矩)의 도(道) : 내 마음의 법도로 남을 헤아리는 것. 《대학장구》 전(傳) 10장에 "이른바 평천하가 치국에 달려 있다는 것은, 윗사람이 노인을 노인으로 봉양하면 백성들이 효행을 일으키고, 윗사람이 어른을 어른으로 대우하면 백성들이 공순한 마음을 일으키며, 윗사람이 고아를 돌보아 주면 백성들이 서로 저버리지 않으니, 이 때문에 군자는 혈구의 도〔絜矩之道〕가 있는 것이다."라는 말이 나온다.

것이겠는가.

그 말한 것이 첫째는 불행하게 정묘년(1627 정묘호란을 말함) 이전에 시행되지 못하고, 둘째는 불행하게 병자년(1636 병자호란을 말함) 이전에 시행되지 못하여 끝내 북쪽 오랑캐의 난리에서 구제하지 못하였다. 하지만 적국으로 인한 외환(外患)은 어느 시대나 있지 않은 때가 없고, 여론의 좋아하고 싫어함은 시대와 더불어 변하니, 당시에 굽혀지게 되었던 것이 후세에 크게 시행되어 끝내는 국가의 이익이 되지 않을 줄 어찌 알겠는가. 그렇다면 이 글이 없어지지 않았음은 실로 세상의 도를 위하여 다행인 것이다.

공의 6세손 광벽(光璧)[10] 씨가 장차 책으로 간행하여 널리 배포하려고 하면서 불녕한 나에게 한마디 말을 부탁하기에 삼가 이를 위해 서술하고서 기다린다.

주상〔영조〕 51년 을미년(1775) 통정대부 전 행승정원 동부승지(通政大夫前行承政院同副承旨) 금성(錦城) 정범조(丁範祖)[11]는 쓰다.

10 광벽(光璧) : 최광벽(崔光璧, 1728~1791)을 가리킨다. 자는 공헌(公獻), 호는 이우정(二友亭)이고, 생원 최수인(崔壽仁)의 아들이다. 1759년(영조35)에 문과에 급제하였고, 풍천 부사(豐川府使) · 병조 참판 등을 역임하였다.

11 정범조(丁範祖) : 1723~1801. 본관은 나주(羅州), 자는 법세(法世), 호는 해좌(海左), 시호는 문헌(文憲)이다. 1763년(영조39) 문과에 급제하였고, 대사성 · 형조 참판 등을 지냈다. 저서로는 《해좌집(海左集)》이 있다.

인재 선생 문집 서 訒齋先生文集序

대개 인조(仁祖)께서 난리를 다스리고 즉위한 시대에, 물고기 비늘처럼 많은 이들이 섞여서 몰려들어 정사훈(靖社勳)을 맡은 이가 있었고, 맑은 의론을 견지하며 세도(世道)의 책무를 담당한 이가 있었으니, 이 두 부류에 국가가 의지하여 보존되는 바가 있었다. 하지만 맑은 의론을 견지한 사람은 꼿꼿한 지조로 자중하면서 구차히 훈귀(勳貴)들의 뜻에 동조함을 기꺼워하지 않았고 종종 죄에 걸려 배척을 당한 채 그 몸을 마치는 경우가 있음을 면하지 못하였다. 뒷날 옛일을 논하는 선비가 가의(賈誼)가 장사 태부(長沙太傅)로 좌천된 것이 훌륭한 군주가 없어서가 아님[12]에 한스러움이 있지 않을 수 없었다.

영남 지역에 인재(訒齋) 최공(崔公)이 있으니, 곧 인조 때 명신 중의 한 사람에 해당한다. 그 사우(師友)는 학봉(鶴峯 김성일(金誠一)), 한강(寒岡 정구(鄭逑)), 여헌(旅軒 장현광(張顯光)) 선생 등과 같은 이들이다. 천거하여 막부(幕府)로 이끌어 아침저녁 도모하고

12 가의(賈誼)가……아님 : 가의는 한 문제 때 소년으로 중용(重用)되어 한 해에 태중대부(太中大夫)에까지 올랐고, 심지어는 천자가 그를 공경(公卿)의 지위에까지 올리려고 했으나, 끝내 훈구들의 참소에 의해 장사 태부(長沙太傅)로 쫓겨났다. 문제는 일찍이 장사 태부로 내보냈던 가의가 보고 싶어 그를 선실(宣室)로 불러 접견하기도 하였다.

계책을 낸 이는 오·한(鰲漢)[13] 등과 같은 이름난 공들이었다.

공은 태평 시대를 만나 임금의 알아줌에 감격하여 의젓한 태도로 경세제민을 자임(自任)하였다. 내직에 들어와서 경연의 자리에서 말씀드림에는 곧 천덕(天德)과 왕도(王道)가 아니면 말하지 않았고, 외직으로 나가서 부지런하고 정성스럽게 장주(章奏)를 올리는 사이에는 곧 더욱 군대를 잘 다스리고 성(城)과 지(池)를 수리함을 국가를 위한 계책의 급무로 삼았다.

당시에 건로(建虜 청(淸)의 비칭)가 날로 우리나라를 넘보아 두렵게 조석으로 우리를 침탈함에도 조정에서는 근심하지 않고 희희낙락하며 연작처당(燕雀處堂)[14]하였다. 공은 크게 한숨을 쉬고 눈물을 흘리는 애통한 심정으로 거듭 말하고 반복해서 언급하여 나라 있음만 알고 자신의 몸이 있음은 알지 못하며, 도를 지킬 줄만 알고 부엌 귀신에게 아첨할[15] 줄 몰랐으니, 거연히 나라의 권병

13 오·한(鰲漢) : 오성(鰲城) 이항복(李恒福)과 한음(漢陰) 이덕형(李德馨)을 가리킨다. 이항복(1556~1618)은 본관 경주(慶州), 자 자상(子常), 호 백사(白沙), 시호는 문충(文忠)으로, 이조 판서·홍문관 대제학 등을 역임했고, 저서로는 《사례훈몽(四禮訓蒙)》, 《주소계의(奏疏啓議)》 등이 있다. 이덕형(1566~1645)은 본관 한산(韓山), 자 원백(遠伯), 호 죽천(竹泉)으로, 한성부 판윤·예조 판서·우찬성 등을 역임했고, 저서로는 《죽창한화(竹窓閑話)》, 《송도기이(松都記異)》 등이 있다.

14 연작처당(燕雀處堂) : 《공총자(孔叢子)》 〈논세(論勢)〉에 "굴뚝에 불길이 치솟아 동우가 불타려 하는데 제비와 참새는 안색이 변하지 않은 채 화가 장차 미치려 한다는 것도 모른다.〔竈突炎上, 棟宇將焚, 燕雀顔色不變, 不知禍之將及也.〕"라고 한 데서 가져와, 화가 임박하였는데도 자신은 알아채지 못하는 것을 비유할 때 쓴다. 《공총자》는 공자(孔子) 및 자사(子思)·자상(子上)·자고(子高)·자순(子順)·자어(子魚) 등의 언행을 기록한 책이다.

(權柄)을 맡은 이들로 하여금 눈을 흘겨보도록 하였다. 이익고 무고가 끝이 없음에도 그 사이에 나아가, 충성에 대한 상을 받지 못하고 몸은 재앙의 기틀에 빠졌으니, 가령 인조께서 공의 충직한 말을 생각하여 곡진하게 온전히 보호해 주지 않았다면 호랑이에게 물어뜯기는 것처럼 됨을 면할 수 있었겠는가. 그러나 공은 끝내 배척되었고, 그 10년 뒤에 오랑캐가 크게 침입하였다.

공은 타고난 자질이 총명하여 천문, 주수(籌數), 군려(軍旅)의 학문에 환히 꿰뚫지 않음이 없었으니, 문장이야 족히 공에게 자랑거리가 되지 못하였다. 하지만 그 글이 여유롭고 넉넉하면서도 곱게 꾸미기를 일삼지 않았으며, 오직 이치가 통하면 그쳤으니, 이를 읽음에 군자의 말이 되는 줄 알 수 있다. 일에 앞서 정성스럽게 환히 조감하고 헤아렸던[16] 장주(章奏)는 살아생전에는 세상에 버려져서 비록 백 가지 중에 한둘도 시행해 보지 못하였지만, 만약 후세 군자가 그 글을 읽고 그 언어를 좋아하여 이로써 천하 국가를 이롭게 할 수 있게 한다면, 비록 백세 뒤에라도 반드시 대우를 받지 못하지는 않으리라.

15 부엌 귀신에게 아첨할 : 원문은 '미조(媚竈)'로, 집권자에게 잘 보이려고 애쓰는 것을 비유한 말이다. 위(衛)나라의 실권자인 왕손가(王孫賈)가 "아랫목 귀신과 같은 왕에게 잘 보이려 하기보다는, 차라리 부엌 귀신처럼 실력이 있는 나에게 잘 보이라.〔與其媚於奧, 寧媚於竈.〕"라는 뜻으로 공자에게 말하니, 공자가 "하늘에 죄를 지으면 빌 곳이 없다."라고 대답한 데서 가져왔다. 《論語 八佾》

16 환히 조감하고 헤아렸던 : 원문은 '촉조수계(燭照數計)'로, 당나라 한유(韓愈)의 〈송석홍처사서(送石洪處士序)〉에서 가져온 것이니, 도리와 고금의 일의 당부(當否)에 대해 논하고, 사후(事後)에 그 성패가 어떻게 될 것인지 등에 대해 논할 때의 정밀함이 마치 점이 들어맞듯 정확하고 분명하다는 말이다.

공의 6세손 전 지헌(前持憲) 광벽(光璧) 씨가 공의 유집(遺集)을 판각하고 나에게 서문 써 주기를 청하였다. 보잘것없는 나는 감개하기를 오래 하다가 이 글을 써서 보내니, 한편으로는 옛일을 논하는 자의 유감을 풀어 주고, 한편으로는 천하 국가에 뜻을 지닌 우리 당의 사람에게 알리는 바이다.

성상(聖上) 2년 무술년(1778, 정조2) 보국숭록대부(輔國崇祿大夫) 행 판중추부사 원임(行判中樞府事原任) 겸 병조판서 판의금부사(兼兵曹判書判義禁府事) 겸 지경연춘추관사(兼知經筵春秋館事) 홍문관제학(弘文館提學) 예문관제학(藝文館提學) 세손좌빈객(世孫左賓客) 규장각제학(奎章閣提學) 평강(平康) 채제공(蔡濟恭)[17]은 삼가 쓰다.

17 채제공(蔡濟恭) : 1720~1799. 본관은 평강(平康), 자는 백규(伯規), 호는 번옹(樊翁), 시호는 문숙(文肅)이다. 평안도 관찰사・호조 판서・영의정 등을 역임하였고, 저서로는 《번암집(樊巖集)》이 있다.

인재집

제1권

시 詩

교문 教文

시 詩

징심대[1] 회재 선생[2] 유택에 있다. 갑오년(1594, 선조27)에 이곳을 방문하였다.

澄心臺 晦齋先生遺宅 甲午過此

못의 물은 맑으면서도 깊고	潭水淸無底
기이한 바위는 옥을 새겨 이루었네	奇巖玉刻成
일찍이 선생이 거처하셨던 이곳	曾經杖舃處
슬픈 마음이 일어 떠날 수가 없네	惆悵不堪行

1 징심대(澄心臺) : 이언적(李彦迪)이 지은 독락당(獨樂堂) 윗쪽에 위치한 바위이다. 독락당은 이언적이 1530년 귀향한 뒤 자옥산에 건립하여 학문에 열중했던 곳으로, 현 소재지는 경주시 안강읍 옥산면이다.

2 회재(晦齋) 선생 : 이언적(李彦迪, 1491~1553)으로, 본관은 여주(驪州), 자는 복고(復古), 호는 회재이며, 시호는 문원(文元)이다. 1514년(중종9) 문과에 급제하고, 이조 판서·좌찬성 등을 역임하였다. 1610년(광해군2)에 문묘에 종사되었다. 저서로는 《중용구경연의(中庸九經衍義)》, 《회재집(晦齋集)》 등이 있다.

장 여헌[3]의 시에 차운함 정사년(1617, 광해군9) 부지암[4]에 이르러 여헌께 인사드리고 이어서 차운하다.

次張旅軒韻 丁巳 到不知巖 拜旅軒因次

맑은 강에 물고기 뛰어노는 저녁	魚躍淸江暮
금오산에 구름이 걷히는 새벽을	雲收烏岳曉
바라보매 둘 다 싫지 않으니	相看兩不厭
지음[5]이 적다고 한스러워 마오	莫恨知音少

3 장 여헌(張旅軒) : 장현광(張顯光, 1554~1637)으로, 본관은 인동(仁同), 자는 덕회(德晦), 호는 여헌, 시호는 문강(文康)이다. 조정의 부름을 받았으나 사양하고 산림에서 학문에 정진하였다. 저서로는 《여헌집(旅軒集)》, 《역학도설(易學圖說)》 등이 있다.

4 부지암(不知巖) : 경상북도 구미시 임수동 동락서원(東洛書院) 근처의 낙동강 가에 있는 바위이다. 장현광이 1610년(광해군2)에 부지암정사(不知巖精舍)를 세워 강학하던 곳이다. 처음에는 부지암정사였다가 1655년(효종6)에 부지암서원으로 이름을 바꾸어 장현광의 위패를 모셨다. 1676년(숙종2)에 동락서원으로 사액을 받았다.

5 지음(知音) : 자신의 마음을 알아주는 벗을 말한다. 춘추 시대 초(楚)나라의 백아(伯牙)가 거문고를 잘 연주하였는데, 그의 벗 종자기(鍾子期)가 거문고 소리를 들으면 백아가 생각하는 바를 알아차렸다.〔知音〕 그런데 종자기가 죽은 뒤에는 백아가 거문고 줄을 끊고 연주하지 않았으니, 음을 알아주는 자가 없기 때문이었다고 한 고사에서 유래하였다. 《列子 湯問》

황 진보[6]의 시에 차운함

次黃眞寶韻

-황 진보(眞寶)는 장자(長者)이다. 이름은 응청(應淸)이고 자는 청지(淸之)로, 망우(亡友)인 유일(有一)의 엄군(嚴君)이고 회원(會元)[7]의 백부이다. 나이는 팔십 살에 가깝고 수염과 눈썹이 하얗고 기우(氣宇)는 훤칠하며 학행과 고도(高蹈 : 세속을 떠나 몸을 맑게 보전함)로 수령에 천거되어 진성〔眞寶〕을 맡아 다스린다. 내가 고향을 왕래할 적에 진성 아래를 지난 것이 세 번이었지만 찾아뵙고 인사를 드리지 못했다. 그래서 시에 이를 언급하였다.-

황공[8]과의 약속 세 번 어긋나고	圯上違三約
어느덧 이미 두 번 가을이 지났네	居然已再秋
맑은 물결은 황숙도[9]와 같아서	澄波黃叔度

6 황 진보 : 황응청(黃應淸, 1524~1605)으로, 본관은 평해(平海), 자는 청지(淸之), 호는 대해(大海)이다. 1552년(명종7) 사마시에 합격하고, 천거로 예빈시 참봉(禮賓寺參奉)에 임명되었으나 취임하지 않았다. 네 가지 시폐(時弊)를 개진(開陳)하여 왕에게 받아들여지고, 진보 현감(眞寶縣監)에 임명되어 민정을 잘 수행하였다. 저서로는 《대해집(大海集)》이 있다.

7 회원(會元) : 황여일(黃汝一, 1556~1622)의 자이다. 본관은 평해, 호는 해월헌(海月軒) 또는 매월헌(梅月軒)이다. 1585년(선조18) 문과 급제하여, 예천 군수·길주 목사·병마첨절제사 등을 역임하였다. 저서로는 《해월집(海月集)》이 있다.

8 황공 : 원문은 '이상(圯上)'으로, 흙다리 위란 뜻이다. 한(漢)나라 장량(張良)이 하비(下邳) 땅 흙다리 위에서 황석공(黃石公)을 만나 그에게 태공망(太公望)의 병서(兵書)를 받아 대업(大業)을 이룰 수 있었다는 일에서 가져온 것으로, 황석공(黃石公)을 가리키는 말이다. 여기서는 황 씨인 황 진보에게 빗대어 한 말이다.

9 황숙도(黃叔度) : 숙도는 후한(後漢) 때 황헌(黃憲)의 자이다. 학행(學行)으로 당시에 추중을 받았고, 안회(顏回)에게 비유되기도 하였다. 곽태(郭泰)가 황헌을 평

내 마음속의 시름을 씻어 주네 洗我腹中愁

가하여 "숙도는 너무나 드넓어 마치 천 이랑의 물결과 같은 사람이라, 맑게 하려 해도 맑아지지 않고 흐리게 하려 해도 흐려지지 않으니, 참으로 헤아릴 수 없다.〔叔度汪汪如千頃波, 澄之不清, 淆之不濁, 不可量也.〕"라고 한 말이 있다. 《後漢書 卷83 黃憲列傳》

강가 정자에서 우연히 읊음

江亭偶吟

밝은 달빛 별 그림자가 비치는	月明星影倒
하늘 먼 곳에 큰 강이 흐르네	天遠大江流
가을바람 불 제 기러기 떼 지어	秋風吹鴈陣
서로 좇아 모래섬에 내려앉네	相逐下汀洲

날은 춥고 초가집은 가난함
天寒白屋貧

눈 가득 쌓인 황량한 마을 길에	雪滿荒村路
모진 바람이 땅을 때려 차갑네	獰飈捲地寒
쓸쓸한 마을 밥 짓는 연기 싸늘하고	蕭條烟火冷
적막한 우물 거리는 허물어졌네	索寞井閭殘
일 년 힘들게 농사를 지었건만	一歲耕桑苦
석 달 겨울 나기가[10] 어려워라	三冬桂玉難
만약 어진 태수를 만나게 되면	如逢賢太守
조세를 혹 너그럽게 해 줄는지	租稅倘能寬

10 나기가 : 원문은 '계옥(桂玉)'으로, 전국 시대 소진(蘇秦)이 초(楚)나라를 떠나려고 하면서 "식량은 옥보다도 구하기 어렵고, 땔감은 계수나무보다도 구하기 어렵다.〔食貴于玉, 薪貴于桂.〕"라고 말하였다는 데서 유래하였다. 《戰國策 楚策3》

심원정사를 지으려 하며 심원은 무장에 있다.

擬搆尋源精舍 尋源在茂長

선경 구름 낀 기슭에 와서 묵으며	來寄仙雲麓
이 골짜기의 기이함을 생각하노라	懷玆洞壑奇
바다를 보려고 무성한 가시 베었고	望洋芟翳棘
폭포를 보려고 늘어진 가지 잘랐네	看瀑斫垂枝
첩첩의 돌로 돌계단 만들 요량이요	累石量成砌
꽃 심으려 먼저 못을 가까이하였지	栽花先近池
잠시 머물며 원대한 계획 세운다고	暫留爲遠計
동천의 신령이여 기롱하지 마시라	毋作洞靈譏

황해월 여일 에게 드림

贈黃海月 汝一

문득 뜻이 좋기가 어렵다 느끼니	便覺意難好
황 생을 본 지 얼마나 되었던가	黃生見幾時
호방함을 그대 유독 취하였음에	疎狂君獨取
탁월함을 나는 의심하지 않았네	卓犖我無疑
밝은 달이 구름바다에 막혔지만	明月隔雲海
맑은 광채가 뱃속에 흐르누나	淸光流肺脾
언제쯤 망양정[11] 물가에서	何時望洋畔
한 번 취해 희이[12]와 섞일까	一醉混希夷

11 망양정(望洋亭) : 관동(關東) 팔경(八景)의 하나로 울진에 있다. 관동 팔경은 간성(杆城)의 청간정(淸澗亭), 강릉(江陵)의 경포대(鏡浦臺), 고성의 삼일포(三日浦), 삼척(三陟)의 죽서루(竹西樓), 양양(襄陽)의 낙산사(洛山寺), 통천의 총석정(叢石亭), 평해(平海)의 월송정(越松亭), 울진의 망양정이다.

12 희이(希夷) : 보이지도 들리지도 않는 것으로, 현묘한 우주의 이치를 가리킨다. 《노자(老子)》에 "보아도 보이지 않음을 '이'라 하고, 들어도 들리지 않음을 '희'라 한다.〔視之不見名曰夷, 聽之不聞名曰希.〕"라고 한 데서 유래하였다.

노포에서 관보 이민성[13]의 시에 차운함

蘆浦次李寬甫 民宬

말 타고 읊조리며 멀리 가리키는 곳	吟鞭遙指處
노포가 저 앞마을이라는 걸 알겠네	蘆浦認前村
매양 국화가 피는 시절이 될 때는	每値菊花節
자주 밝은 달빛에 술잔을 기울였지	頻傾明月樽
찾아와 보매 꿈속의 기억과 같나니	尋來如記夢
지난 일은 꼭 말할 필요가 없어라	往事不須言
누가 산양 젓대 소리[14]에 화답하나	誰和山陽笛
가을 바람에 혼이 끊어지려 하누나	秋風欲斷魂

13 노포에서 관보(寬甫) 이민성(李民宬) : 이민성(1570~1629)은 본관은 영천(永川), 자는 관보, 호는 경정(敬亭)이다. 예조 좌랑·병조 정랑 등을 지냈고, 1627년(인조5) 정묘호란 때 장현광의 추천으로 경상좌도 의병대장이 되었다. 저서로는 《경정집(敬亭集)》이 있다. 노포는 경북 예천군 노포리를 말한다.

14 산양 젓대 소리 : 원문은 '산양적(山陽笛)'으로, 죽은 벗을 그리워함을 뜻한다. 진(晉)나라 상수(向秀)가 전에 살던 산양 땅을 지나다가 이웃 사람이 부는 젓대 소리를 듣고 죽은 벗 혜강(嵇康)과 여안(呂安)을 그리는 마음을 금할 수 없어 〈사구부(思舊賦)〉를 지었다는 데서 유래하였다. 《晉書 卷49 向秀列傳》

이택중 광일 에게 주는 증별시

贈別李擇仲 光一

-3월 3일 욕정(浴井)에서 무료하게 지내는데, 기성(箕城 : 울진군에 있음) 수령이 시냇가에 초청하여 이야기하였다. 나는 이택중과 소를 타고 갔고, 월송(月松)·고성(高城)의 두 만호(萬戶)와 강릉의 진사 김경호(金景虎)[15]가 좌석에 있었다. 이튿날 택중과 이별하였다.-

두건 젖혀 쓰고 누런 소 타고 가 岸幘騎黃犢
술병을 들고 푸른 이끼에 앉았네 提壺坐綠苔
구름은 푸른 바다에 이어 합하고 雲連滄海合
시냇물은 흰 바위에서 흘러오누나 川自白巖來
시내 버들은 바람결에 하늘거리고 溪柳含風嫩
산 꽃은 태양을 향해 활짝 피었네 山花向日開
이별이 가까이 있는 줄은 아노니 離期知在近
답청[16]을 하고 돌아감은 아니네 非爲踏青廻

15 김경호(金景虎) : 1554~1593. 본관은 안동(安東), 자는 문보(文甫)이다.

16 답청(踏青) : 산수가 빼어난 곳에서 경치를 즐기는 삼령절(三令節) 중 하나로, 3월 3일에 들판에서 노니는 것을 말한다.

입추 뒤에 기탄 임정에 올라 계축년(1613, 광해군5)에 부평에 있을 때

立秋後登歧灘林亭 癸丑 在富平

더위가 두려워서 숲으로 달려가	畏暑趨林下
해를 피해 자주 옮기며 머물렀네	頻移避日棲
한선[17]은 높은 나무 잎에서 울고	寒蟬高葉裏
저녁놀은 먼 봉우리 서쪽에 지네	斜景遠峰西
천지는 가을이 올 기약 가까운데	天地秋期近
풍광은 나그네 마음 처량케 하네	風光客意凄
봉래산을 지척에서 바라보노라니	蓬萊瞻咫尺
화악[18]이 구름에 싸여 희미하네	華岳入雲迷

17 한선(寒蟬) : 백로(白露) 이후 가을바람이 서늘할 때 우는 매미를 말한다.

18 화악(華岳) : 서울의 진산(鎭山)인 삼각산을 말한다.

전정원[19] 식 이 연경으로 감에 지어 줌
贈全淨遠 湜 赴京

내가 동경의 벗[20]을 전송하나니	我送同庚友
명 받고[21] 왕의 서울로 들어가네	乘槎入帝京
천지에 두 눈이 활짝 열리고	乾坤雙眼濶
푸른 바다 일엽편주 가볍게 떠가네	滄海片帆輕
제나라 음악 들리니 소호[22] 소리이고	韶濩聞齊樂
노나라 성 가까우니 현가[23] 소리 나네	絃歌近魯城

19 전정원(全淨遠) : 전식(全湜, 1563~1642)으로, 본관은 옥천(沃川), 자는 정원, 호는 사서(沙西), 시호는 충간(忠簡)이다. 유성룡(柳成龍), 장현광(張顯光)의 문인이다. 대사헌, 대사성 등을 역임하였다. 저서로는 《사서집(沙西集)》이 있다.

20 동경의 벗 : 동갑(同甲)의 뜻, 또는 과거에 급제하여 방목(榜目)에 같이 오른 사람을 가리킨다.

21 명 받고 : 원문은 '승사(乘槎)'로, 임금의 명을 받들고 해외에 사신으로 나가는 것을 말한다. 한(漢)나라 장건(張騫)이 무제(武帝)의 명을 받들고 황하(黃河)의 근원을 찾으러 배를 타고 갔다가 은하수 위로 올라 하늘 궁궐을 구경했다는 전설에서 유래하였다. 《天中記 卷2》 전식은 을축년(1625, 인조3)에 형조 참의가 되어 조경사(朝京使)로 차출되어 중국에 갔다 왔으니, 〈묘갈명〉에 "을축년에……봉사로 연경에 조회 감에 바다 만 리 길을 건너갔는데 기미를 얼굴에 드러내지 않았다.〔乙丑……奉使朝京, 涉海萬里, 而無幾微見色.〕"라고 하였다. 《沙西集 附錄 卷1 行狀》

22 소호(韶濩) : 소(韶)는 순(舜)임금의 음악이고 호(濩)는 탕(湯)임금의 음악이다. 《禮記注疏 樂記》

23 현가(絃歌) : 금슬(琴瑟)을 타고 시가를 노래하는 것을 말하는데, 공자의 제자 자유(子游)가 일찍이 노나라 무성(武城)의 재(宰)로 있을 적에 그곳 백성들이 모두

어찌 늙어 이별함을 상심할까 보냐	胡爲傷老別
만 리 길을 오히려 거침없이 가네	萬里尙橫行

거문고를 타고 시가를 노래했다는 데서 온 말로, 전하여 예악으로 백성들을 잘 교화시키는 것을 의미한다. 《論語 陽貨》

수양산[24]을 지나며 느낌이 있어 무신년(1608, 선조41) 8월 서장관으로 연경에 갔다.

過首陽山有感 戊申八月 以書狀官赴京

서쪽으로 난하의 언덕을 가리키니	西指灤河岸
외로운 봉우리가 수양산이라 하네	孤峯號首陽
산은 높은 의리로 인해 중해지고	山因高義重
물은 큰 이름과 함께 장구하다네	水共大名長
오랜 세월 동안 천지를 부지했고	萬古扶天地
천년 세월 동안 기강을 떨치었네	千秋振紀綱
지나는 사람들 모두 우러러보니[25]	行人皆仰止
조막돌에도 꽃다움이 흐르누나	拳石亦流芳

24 수양산(首陽山) : 중국 산서성(山西省) 서남쪽에 있는 산이다. 은(殷)나라 고죽군(孤竹君)의 아들 백이(伯夷)와 숙제(叔齊)가 주 무왕(周武王)이 은나라를 정벌하려 하자, 간하였으나 듣지 않아서, 의리상 주나라 곡식을 먹을 수 없다며 수양산에 들어가 고사리를 캐 먹다가 굶어 죽었다는 고사가 있다. 《史記 61卷 伯夷傳》

25 우러러보니 : 원문은 '앙지(仰止)'로, 《시경》 〈거할(車舝)〉에 "저 높은 산봉우리 우러러보며, 큰길을 향해 나아가노라.〔高山仰止, 景行行止.〕"라는 말에서 가져왔다.

십삼산[26]에 올라 유생에게 지어 줌

登十三山贈儒生

-동지사로 갔다가 돌아올 때 십삼산에 오르니, 산 중에 서실이 하나 있었다. 서실에는 독서하는 유생이 있었는데, 다투어 지필을 가지고 나에게 시를 지어 주기를 요청하기에, 마침내 율시 한 수를 지어서 주었다.-

동남쪽으로 육지가 다한 곳에	地盡東南處
신선 산이 하늘 떠받치는 기세라	仙峯勢柱天
무양[27]에 하나의 봉우리를 더했고	巫陽添一嶂
계북 지역[28]이 세 변방을 당기네	薊北控三邊
눈 내린 천산-요양에 있다-에 기운 상쾌하고	爽氣千山-在遼陽-雪
안개 낀 십도-해중에 있다-에 바람 상서롭네	祥風十島-在海中-烟
총총히 돌아가고 난 뒤에	忽忽歸去後
머리 돌려 보면 문득 아득하리라	回首却茫然

26 십삼산(十三山) : 요동성 광녕(廣寧)과 소릉하(小凌河) 사이에 있는 산으로, 우리나라 사신이 연경에 갈 때 경유하던 역(驛)의 하나가 십삼산보(十三山堡)에 있다. 이 산에 산봉우리가 13개이므로 이런 이름이 붙었다고 한다. 《讀史方輿紀要 卷37》

27 무양(巫陽) : 무산십이봉(巫山十二峯)을 말하는 듯하다. 평안남도 성천(成川) 서북쪽에 있는 흘골산(紇骨山)의 열두 봉우리로, 열두 개의 봉우리가 옹기종기 모여 있는 모습이 중국의 무산십이봉(巫山十二峯)과 똑같다고 한다.

28 계북(薊北) 지역 : 계주(薊州)의 북쪽 지역을 이르는 말로, 자세히는 연경(燕京) 덕승문(德勝門)의 서북쪽에 위치한 계문(薊門)을 가리킨다.

도리사[29]에서 성주의 시에 차운함

桃李寺次城主韻

도리사에서 좋은 만남을 이루어	蕭寺成良晤
밤이 새도록 눈도 붙이지 않았네	連宵睫未交
하늘의 모습은 정히 적막하였고	天容正寥落
눈 내릴 뜻이 비등하려 하였네	雪意欲騰驕
비 맞은 국화는 시든 꽃술 드리우고	雨菊垂殘蘂
서리 맞은 소나무는 우뚝 푸르렀네[30]	霜松聳後凋
이로 인하여 만폭동[31]을 생각하며	因思萬瀑洞
성주와 함께 이리저리 배회하였네[32]	仙佩共招搖

29 도리사(桃李寺) : 경북 선산도호부(善山都護府) 냉산(冷山)에 있다. 아도화상이 신라 서울로 갔다가 돌아와 이 산 밑에 와서 보니, 때는 겨울인데 산허리에 복숭아꽃, 오얏 꽃이 만발해 있는 것을 보고 드디어 절을 세우고 도리사라고 불렀다고 한다. 《新增東國輿地勝覽 第29 慶尙道》

30 푸르렀네 : 원문은 '후조(後凋)'이다. 날씨가 추워진 뒤에 시든다는 말로, 아직 푸른 빛을 띠고 있다는 의미이다. 《논어》 〈자한(子罕)〉에 "날씨가 추워진 다음에야 송백이 뒤늦게 시든다는 것을 알 수가 있다.〔歲寒然後知松柏之後凋也〕"라는 공자의 말에서 가져왔다.

31 만폭동(萬瀑洞) : 금강산 내금강에 있는 골짜기이다.

32 이리저리 배회하였네 : 원문은 '초요(招搖)'이다. 《문선(文選)》에 실린 양웅(揚雄)의 〈감천부(甘泉賦)〉에 "배회하고 서성이니 신령한 기운 천천히 깃드네.〔徘徊招搖, 靈棲遲兮.〕"라고 하였는데, 이에 이선(李善)의 주에 "초요는 '서성이다'라는 말과 같다.〔招搖猶彷徨也〕"라고 하였다.

녹야정[33]에 올라 술을 마시고 김동리[34] 윤안 의 시에 차운함

登綠野亭飮酒次金東籬 允安 韻

사람의 의기는 가을 되자 드높고	人意逢秋勝
담장 너머로 술 빌려오기 쉬워라	墻頭酒易賖
백수를 마음 상해 할 필요 없나니	不須傷白首
다만 황국화를 꽂을 만하면 되네	但可揷黃花
아득한 들판에 연기 빛이 저물고	逈野烟光暮
평평한 강에 기러기 그림자 비끼네	平江鴈影斜
산과 시내가 옛 주인을 위로하듯	山川慰舊主
날아 움직여 시 속으로 들어오네	飛動入吟哦

33 녹야정(綠野亭) : 경상북도 해평(海平) 하리(下里) 고산(孤山) 위에 있다. 동로(洞老) 최치운(崔致雲), 최치우(崔致雨) 형제가 몇 칸 집을 짓고 이름 붙인 것이다. 《一善誌 卷1》

34 김동리(金東籬) : 김윤안(金允安, 1560~1622). 본관은 순천(順天), 자는 이정(而靜), 호는 동리이고, 유성룡(柳成龍)·구봉령(具鳳齡)의 문인이다. 1612년(광해군4) 문과에 급제하여 대구 부사·대사간을 지냈고, 임진왜란 때 김해(金澥) 휘하에서 형 김윤명(金允明)과 함께 의병을 일으켰다. 저서로는 《동리집(東籬集)》이 있다.

천문

天問

하늘에 부르짖어 묻는 이 누구인가　呼天問者誰
하토의 어리석고 어리석은 백성이라　下土蚩蚩氓
하늘과 땅이 생생을 시작하여　乾坤爲生始
해와 달이 교대로 밝았네　日月爲代明
우로에 경작을 하기에 미치니　雨露及耕植
민생을 위한 게 아님이 없었는데　莫非爲民生
겨울엔 춥고 다시 여름엔 더우니　冬寒復夏熱
어찌 그 고루 알맞게 못해 주는가　胡不適其平
오랜 장마에 또 심한 가뭄 드니　久潦又亢陽
어찌 그 운행을 어긋나게 하는가　胡乃差其行
봉황은 기다려도 이르지 않는데　鳳凰待不至
까마귀 솔개는 어이 모여 우는가[35]　烏鳶胡聚鳴
난초 혜초는 심어도 잘 못 자라는데　蘭蕙種不滋

35 봉황은……우는가 : 인혜(仁惠)의 마음을 두터이 베풀지 않음을 의미한다. 《시경》 〈권아(卷阿)〉에 "봉황이 날으니 그 깃을 퍼덕여 또한 그칠 데에 앉는도다.〔鳳凰于飛, 翽翽其羽, 亦集爰止.〕"라고 하였는데, 정씨의 주에 "때에 인하여 봉황이 이르렀기 때문에 비유로 삼았다.〔因時鳳凰至, 故以爲喩.〕"라고 하였다. 《한서(漢書)》 권51 〈노온서열전(路溫舒列傳)〉에 "까마귀와 솔개의 알도 훼손하지 않아야 봉황이 나타난다.〔烏鳶之卵不毁而後鳳凰至〕"라고 한 말이 있으니, 이는 인혜(仁惠)의 마음이 두터움을 나타낸다.

쑥대만 어찌 다투어 무성히 피었나　　蕭艾胡爭榮
소나무 잣나무는 싹이 트지 않는데　　松栢無㠯蘖
가시나무는 없애도 다시 싹이 나네　　荊榛除復萌
천리마는 세상에 있기가 드물건만　　騏驥世罕有
시랑과 범은 어찌 멋대로 설치는가　　豺虎何縱橫
목석이 또한 무슨 죄가 있길래　　木石亦何罪
어이하여 우레 내리쳐 부수었나[36]　　何以施雷轟
당리[37]가 무슨 열매를 맺는다고　　棠梨有何實
어찌하여 화려하게 꽃을 피우나　　何以繁華英
살려 주길 좋아함이 천심이건만　　好生是天心
지독한 병이 어찌 걸리게 하는가　　毒癘何相嬰
긴 치세에는 즐길 수 있으련마는　　長治足以樂
어어해 화란으로 기울게 하는가　　禍亂何相傾
인류에게는 이적이 번성하고　　人類盛夷狄
물류에게는 뱀 등애가 불어나네　　物類滋蛇蝱
그래서 옛사람이 탄식하기를　　所以古人歎
기린이 잡히고 영귀가 삶긴다 했네[38]　　麟踣靈龜烹

36 목석이……부수었나 : 중국 강서성 천복사(薦福寺)에 천복비(薦福碑)가 있다. 《냉재야화(冷齋夜話)》에 전하는 일화가 있으니, 송(宋)나라 당시에 천복비문 묵본(墨本) 값이 천금이었는데, 범희문(范希文)이 요주 태수로 있을 때 한 선비가 찾아와 굶주림을 호소하였다. 이에 범희문이 천복비문 천 장을 탁본하여 그에게 주려고 하자 벼락이 쳐서 천복비를 부숴 버렸다고 한다.

37 당리(棠梨) : 팥배나무. 열매다운 열매를 맺지 못한다.

38 옛사람이……했네 : 원문의 '인북(麟踣)'은 《춘추좌씨전》에 "애공(哀公) 14년

호오의 이치가 이미 바뀌었는데　好惡旣貿理
선과 악이 어찌 반드시 드러나랴　淑慝何須旌
아득하여 궁구할 수가 없으니　茫茫不可究
그래서 내가 그 실정을 따져 보노라　故我詰其情

봄에 서쪽 대야에서 사냥하다가 기린을 잡았다.〔十四年春, 西狩於大野.〕"라고 하였는데, 이에 대해 공자가 "기린이 나오면 성인이 함께 있어야 하건만, 지금은 훌륭한 군주도 없는데 기린이 나왔으니 때를 모르고 나온 것이다." 하면서 눈물을 흘렸다고 한 데서 가져왔다. '영귀팽(靈龜烹)'은 송(宋)나라 유숙경(劉叔敬)의 《이원(異苑)》에, 오(吳)나라 손권 때 영강(永康) 사람이 신령한〔말을 하는〕 거북을 잡아 묶어와 오왕에게 바쳤는데, 오왕이 오래된 뽕나무를 베어다가 거북이를 삶았다〔以老桑乃熟龜〕는 일화에서 가져와, 신령한 거북이 화를 당함을 표현한 것이다.

천답
天答

황천이 마치 깨우쳐 줌이 있는 듯　皇天若有喩
황홀하기가 잠에서 깨는 듯하네　恍然如寐覺
대균[39]은 본래 사사로움이 없어　大勻本無私
온갖 조화가 절로 작동하네[40]　萬化自橐籥
음과 양이 상호 왕래하고　陰陽互來往
사시가 번갈아 섞여 돌아가네　四時相推錯
정이 없고서 어찌 동이 있겠으며　匪靜寧有動
닫히지 않고 어찌 열림이 있으랴　不闔那有闢
죽고 사는 것은 주야와 같으며　死生是晝夜
치란은 곧 호흡하는 것과 같네　治亂乃呼吸
길이 밝다고 어찌 어둠이 없겠으며　長明豈無昏
길이 펼친들 어찌 굽힘이 없으랴　長伸豈無屈
이에 알겠노니, 선함과 악함은　是知善與惡
오행이 상생하고 상극함[41]임을　五行相生克

39 대균(大勻) : 대균(大鈞). 대자연의 조화, 하늘을 뜻한다.

40 작동하네 : 원문은 '탁약(橐籥)'으로, 대장간에서 불을 피울 적에 바람을 일으키는 풀무를 말하는데, 《노자(老子)》 5장에 "하늘과 땅 사이에 일어나는 운동을 보면, 마치 풀무질을 하는 것과 같다.〔天地之間, 其猶橐籥乎.〕"라고 한 말에서 가져왔다.

41 오행이 상생하고 상극함 : 오행이 서로 상생함은, 곧 금생수(金生水)·목생화(木生火)·수생목(水生木)·화생토(火生土)·토생금(土生金)을 가리키고, 서로 상

내가 어찌 작위하는 바 있으랴	予豈有所爲
생성하기를 다만 쉬지 않을 뿐	生成但不息
만물이 무리를 지었다가 나뉘니	萬物群而分
미와 악을 어찌 가릴 수가 있으랴	美惡何可擇
새와 물고기는 저대로 날고 잠기며	飛潛自飛潛
동식물은 저대로 움직이고 뿌리내리네	動植自動植
소나무 개암나무는 절로 굽고 곧으며	松榛自曲直
까마귀 봉황은 다 부리 날개가 있네	烏鳳俱喙翼
천리마를 유독 뛰어나다고 일컫지만	騏驥獨稱良
노둔한 말도 또한 발이 있다네	駑驢亦有足
이적이 유독 사람답지 못하지만	夷狄獨匪人
중하인들 어찌 영구히 빼어날까	中夏寧久逸
만물이 절로 귀천이 구분되지	物自分貴賤
내가 본래 두텁고 박하게 함은 없네	我本無厚薄
달리는 수레가 멈출 수 없듯	奔輪莫能停
만고가 항상 어제와 같아라	萬古恒如昨
크든 작든 가서 머물지 않고	巨細逝不留
변화함이 마치 번갯불과 같나니	變化若電掣
거북과 용이 신령한 동물이지만	龜龍物之神
사라짐은 다른 동물과 같다네	澌盡同於物
현우가 각각 분수를 따르나니	賢愚各依分

극함은 수승화(水勝火)・화승금(火勝金)・금승목(金勝木)・목승토(木勝土)・토승수(土勝水)를 가리킨다.

누가 기꺼이 영욕에 관계하랴	誰肯管榮辱
너는 만물 중에 신령한 존재이니	爾爲物中靈
실로 의당 그 법을 따르면 될 터	固宜循其則
어찌 스스로 나를 사사로이 하여	胡爲自私我
구구하게 길고 짧음을 탄식하는가	區區嘆淹速
역을 배워서 천지조화를 살펴보면	學易觀大化
거의 좁은 소견[42]은 면하리라	庶免管窺窄

42 좁은 소견 : 원문은 '관규착(管窺窄)'이다. 관규(管窺)를 말하는 것으로, 붓 대롱을 통하여 하늘을 본다는 뜻이니, 전체를 보지 못하고 어느 일부분만을 보아 견식이 아주 좁다는 것을 의미한다. 《장자(莊子)》 〈추수(秋水)〉에 "이는 곧 가느다란 대롱 구멍으로 하늘을 보고 송곳으로 땅을 가리키는 격이니, 또한 작지 아니한가.〔是直用管窺天, 用錐指地也, 不亦小乎.〕"라고 한 데서 유래하였다.

삼문
三問

아아, 천제여 생각해 보소서　　吁哉帝念哉
내 마땅히 그 말을 다 하겠소　　我當畢其說
아, 천제는 나의 부모이시거늘　　嗟帝父母我
나를 자식 삼길 어찌 끝내 않는지　　子我何不卒
대저 이미 천제가 낳아 놓았다면　　夫旣帝生之
또 의당 천제가 길러 주어야지　　亦宜帝乃育
저 장수하지만 욕되다 하는 것을　　謂彼壽而辱
천제는 어찌 그 무리를 번성케 하며　　帝何繁其族
이 곤하지만 영화롭다고 하는 것을　　謂此困而榮
천제는 어찌 그 복을 줌에 인색한지　　帝何慳其福
주고 말고가 천제의 마음에 달렸는데　　予奪在帝心
어찌하여 하려는 대로 맡겨 두는지요　　胡令任所欲
천제가 만약 나의 말을 생각한다면　　帝若念我言
변화시키기는 일각에 달렸을 터　　轉移在一刻
땅을 바꾸고 그 삶을 바꾸어　　易地換其生
가시나무 개암나무를 송백으로 변화시켜　　荊榛變松栢
무리가 범하는 데 있도록 하지 않고　　不使衆凌寘
살려는 뜻을 막도록 하지 않아　　不使生意遏
함께 살면서[43] 서로 해치지 않아야　　竝生不相害

43 함께 살면서 : 원문은 '병생(竝生)'으로, 천지 사이에 함께 살게 해 준다는 뜻이

그런 뒤에 천제의 덕을 알겠네요　　　　然後知帝德

다. 《서경(書經)》 〈익직(益稷)〉에 "함께 살게 해 주려 한다.〔欲竝生哉〕"라고 한 데서 가져왔다.

삼답

三答

아, 네가 자식 삼지 않는다 원망하니　咨爾怨不子
이에 따라 너의 의혹을 깨쳐 주리라　因此啓爾惑
부모가 여러 자식을 낳지마는　父母生衆子
성취함은 각자가 힘씀에 달렸네　成就由自勗
엄한 스승으로 잡아 이끌어 주고　嚴師以提誘
좋은 벗으로 절차탁마하게 함에　良友以磋切
순응하는 자는 공경해서 길하고　順者敬以吉
어기는 자는 게을러서 멸망하네　悖者怠以滅
혹 순응하고도 화를 당함이 있으나　或有順而殀
넓은 명예는 끝내 다하지 않네　廣譽終不歇
또 어기고도 창성함이 있지만　亦有悖而昌
이는 천리가 끊어졌음을 이르네　是謂天理絶
명예가 넓으면 이름 또한 오래가고　譽廣名亦壽
이치가 끊기면 생성도 또한 그치네　理絶生亦闕
내가 화복을 관장하는 건 아니고　非予管禍福
작위가 없는 영역에 붙여 두노라　付之無爲域
만물은 많은 자식이 되고　萬物爲衆子
종자가 곧 사목이 되나니　宗子是司牧
진실로 자식 직분을 잘 닦으면　苟能修子職
만물이 각각 그 법을 따르리라　物各循其則

자질 이룸은 실로 사람에게 달렸으니　資成實在人
삼재의 도가 이렇게 수립된다네　三才道以立
만약 혹 그 도에 어긋나면　若或反其道
길흉이 이에 결정이 된다네　吉凶於斯決
송백은 나무 중에 빼어난 것으로　松栢木之秀
이치상 북돋우어 뻗게 해야 하니　理宜培以達
너는 마땅히 긴 보습을 잘 갈아서　爾當礪長鑱
흙을 쌓아 가꾸고 또 심어야 하네　築土栽且植
형진은 식물 중에 그루터기 움으로　荊榛物之蘖
이치상 의당 베어서 뽑아야 하니　理宜刈以拔
너는 마땅히 예리한 호미를 갖고　爾當帶利鋤
아침저녁 부지런히 베어 내어야지　朝暮勤芟剔
그 본성을 변화시킬 필요는 없나니　不須變其性
아름다운 나무가 날마다 싹이 나서　佳木日以茁
맑은 그늘을 뜨락에 드리우고　清陰蔭庭宇
가시덤불이 가까이할 수 없으리　叢棘無由逼
하늘의 도가 이에 유행하여　天道乃流行
호오의 단서를 알 수 있는데　好惡端可識
어이하여 귀머거리 봉사처럼　云何聾瞽人
미혹되어 자신의 책무를 잊는가　惑惑忘自責
그 집을 잘 다스리지 못하면　不能理厥家
넝쿨 풀이 그 방에 생겨나고　蔓草生其室
가르침이 또 정도에 어긋나면　教誨亦乖方
부제들이 다투고 반목하나니　婦娣爭反目

끝내 집의 도가 삭막해짐이　　終焉家道索
내가 여기에 인색해서가 아니로다　　非予於此嗇
너는 주인옹〔마음〕에게 말하여　　爾語主人翁
자식을 가르치고 네 집을 수리하라　　教子修爾屋

복에서 천지의 마음을 봄[44]

復見天地心

건곤은 하나의 문과 같아서	乾坤一戶牖
개폐의 작동이 서로 이어지네	闔闢機相尋
구괘의 여장[45]으로부터 해서	自從姤女壯
닫고 막아 궁음[46]을 이루네	閉塞成窮陰
매서운 추위는 정히 솜도 꺾고[47]	寒威正折綿
얼음과 눈이 온 숲을 덮었네	氷雪埋千林
동과 정은 쉬길 용납지 않으니	動靜不容息
칠 일 만에 다시 회복해 임하네	七日還復臨

44 복에서……봄 : 《주역(周易)》 〈복괘(復卦) 단(彖)〉에, "그 도를 반복하여 7일 만에 와 회복함은 하늘의 운행이고, 가는 바를 둠이 이로움은 강함이 자라기 때문이니, 복에서 천지의 마음을 볼 수 있다.〔反復其道七日來復, 天行也, 利有攸往, 剛長也, 復, 其見天地之心乎.〕"라고 하였다.

45 구괘(姤卦)의 여장(女壯) : 《주역》 〈구괘(姤卦) 괘사(卦辭)〉에, "구는 여자가 건장함이니, 이런 여자를 취하지 말아야 한다.〔姤, 女壯, 勿用取女.〕"라고 하였다.

46 궁음(窮陰) : 음기(陰氣)가 꽉 찼다는 뜻이다.

47 솜도 꺾고 : 원문은 '절면(折綿)'이다. 강추위에는 솜옷이 얼어붙어 부딪치면 꺾어지기 때문에 생긴 말로, 모진 추위를 비유한다. 진(晉)나라 완적(阮籍)의 〈대인선생가(大人先生歌)〉에 "따뜻한 양기 미약하고 음기가 갈아타니, 바다는 얼어 흐르지 않고 솜옷은 꺾어지네.〔陽和微弱陰氣竭, 海凍不流綿絮折.〕"라고 한 데서 유래하였다. 송나라 황정견(黃庭堅)의 시 〈유굉전여소자첨생야작시증지(柳閎展如蘇子瞻甥也作詩贈之)〉에 "서리의 위세는 솜을 꺾을 정도이다.〔霜威能折綿〕"라고 하였다.

우레 소리가 땅속에서 울리고	雷聲奮地中
양의 덕이 빠르게 달려오네	陽德來駸駸
만물이 이로부터 시작되니	萬物從此始
살려는 뜻을 누가 금할 수 있으랴	生意孰能禁
천심의 단서를 볼 수는 있지마는	天心端可見
미묘해서 모습과 소리가 없네	微妙無形音
비로소 알겠네, 끝나면 다시 시작해[48]	始知貞復元
만고가 항상 지금과 같다는 걸	萬古恒如今
우리 사람이 이 성을 부여받아	吾人賦此性
물욕이 서로 침범하나니	物欲交相侵
엉긴 음이 박해를 다 하면[49]	凝陰剝喪盡
천리가 거의 침체된다네	天理幾淪沈
큰 과일이 다행히 먹히지 않아[50]	碩果幸不食

48 끝나면 다시 시작해 : 원문은 '정부원(貞復元)'으로, 《주역》 〈건괘(乾卦) 단(彖)〉의 "마침과 시작을 크게 밝히면 여섯 자리가 때로 이루어진다.〔大明終始, 六位時成.〕"라는 구절이 있는데, 이에 대한 주희의 본의(本義)에, "시는 곧 원이며, 종은 정을 말한다. 마치지 않으면 시작이 없고 정하지 않으면 원이 될 수 없다.〔始卽元也, 終謂貞也. 不終則无始, 不貞則无以爲元也.〕"라고 하였다.

49 엉긴……하면 : 복괘(復卦) 앞에 박괘(剝卦)가 있는데, "박은 가는 바를 둠이 이롭지 않다.〔剝不利有攸往〕"라고 했는데, 그 전(傳)에 "박은 여러 음이 자라고 성하여 양을 사라지게 하는 때이니, 여러 소인이 군자를 박해한다.〔剝者, 群陰長盛, 消剝於陽之時, 衆小人, 剝喪於君子.〕"라고 하였다.

50 큰 과일이……않아 : 《주역》 〈박괘(剝卦) 상구(上九)〉에 "큰 과일은 먹히지 않는다.〔碩果不食〕"라고 했는데, 이는 다섯 개의 효(爻)가 모두 음(陰)인 상태에서 맨 위의 효 하나만 양(陽)인 것을 석과로 비유한 것으로, 하나 남은 양의 기운이 외로운

선단이 정성으로 말미암아 싹트네　善端萌由忱
이를 하나의 양이 회복함이라 하니　是謂一陽復
척약하여[51] 경계함을 보존해야 하네　惕若存戒欽
천과 인의 이치는 곧 하나이니　天人理則一
소장을 어찌 알기 어렵겠는가　消長豈難諶
크도다, 복괘의 뜻이여　大哉復之義
신성이 비유를 깊이 취했네　神聖取譬深
아, 나는 이 말을 음미하며　嗟我味此言
반복해서 침잠하고 읊조린다　反復而沈吟
안씨를 좇아 모범으로 삼고　追師顔氏子
또한 복재금[52]을 어루만지네　且撫復齋琴
바라노니 후회가 없게 해서　庶幾無祇悔
천지의 마음을 잘 기르기를　善養天地心

것처럼 보이지만 결코 끊어지지 않고 계속 이어진다는 뜻을 보인 것이다.

51 척약(惕若)하여 : 삼가고 두려워함을 말한다. 《주역》 〈건괘(乾卦) 구삼(九三)〉에 "군자가 종일토록 부지런히 힘써 저녁까지도 삼가고 두려워하면, 위태로우나 허물이 없으리라.〔君子終日乾乾, 夕惕若, 厲無咎.〕"라고 한 데서 온 말이다.

52 복재금(復齋琴) : 복괘(復卦)의 형상을 거문고에 비유한 것이다. 복재는 《주역》 복괘(復卦) 초구효사(初九爻辭)에, "멀리 가지 않고 돌아오는지라, 뉘우침에 이르지 않으니, 크게 선하여 길하리라.〔不遠復, 无祗悔, 元吉.〕"라고 한 데서 가져온 말이다. 송(宋)나라 유자휘(劉子翬)는, 안자(顔子)를 논한 글에서 안자의 극기복례(克己復禮)의 '복' 자를 이 '불원복(不遠復)'의 의미로 보았고, 복재명(復齋銘)을 지어 안자를 극찬하였다. 주희(朱熹)는 〈복재금명(復齋琴銘)〉에서 "뱃속에 우레가 잠복하여 그 신묘함을 감추었네.〔雷伏于腹, 閟其神兮.〕"라고 하였다.

수세시에 차운함 동파 시 운[53]

次守歲韻 東坡韻

끝없이 하늘의 기틀이 굴러가니	袞袞天機轉
세월은 골을 달리는 뱀[54]처럼 빠르네	年光疾壑蛇
달리는 물결 가서 돌아오지 않나니	奔波去不廻
만우[55]로도 막기가 어려워라	萬牛難能遮
신구가 하룻밤 사이에 바뀌니	新舊隔一宵
해를 지킴에 상심을 어이하랴	守歲傷如何
남쪽 이웃과 북쪽 마을에는	南隣與北里
아녀자들이 서로 떠들썩하네	兒女相喧譁
함께 새벽닭이 울까 두려워하고	共怕曉鷄鳴
다시 새벽종이 칠까 두려워하네	還恐晨鍾撾
단란이 모여 억지로 잠을 쫓는데	團欒强排睡

53 동파(東坡) 시 운 : 동파는 송나라 소식(蘇軾)을 가리킨다. 소동파(蘇東坡)의 원시는 연작시 〈연말 선물〔饋歲〕〉, 〈송년 모임〔別歲〕〉과 함께 지은 〈해 지킴〔守歲〕〉 시를 말한다. 《소동파시집(蘇東坡詩集)》 권3에 실려 있다.

54 골을 달리는 뱀 : 원문은 '학사(壑蛇)'로, 세월이 빠름을 표현한 말이다. 소동파의 〈수세〉 시에 "한 해가 다함을 알고 싶은가, 골짜기로 달려가는 뱀과 같도다.〔欲知垂盡歲, 有似赴壑蛇.〕"라는 구절이 있다.

55 만우(萬牛) : 일만 마리의 소처럼 힘이 센 것을 표현하는 말로, 소식의 시에 "만우가 땀을 흘리며 힘을 써도 끌어낼 수가 없다.〔萬牛喘汗力莫牽〕"라는 구절이 있다. 《蘇東坡詩集 卷19 咏怪石》

은하수가 서쪽으로 기울려 하네	河漢欲西斜
해를 지키지만 해는 머물지 않아	守歲歲不留
머리 돌리는 사이에 지나가 버리네	轉頭成蹉跎
초백주[56]를 통렬히 마심에	痛飮椒栢酒
문득 늙음도 오히려 자랑일세	却老猶堪誇

56 초백주(椒栢酒) : 초봄에 마시면 나쁜 기운을 물리쳐 준다고 한다. 1월 초하루에 조상께 제사를 올리거나 가장(家長)에게 축수(祝壽)할 때 올리는 풍습이 있었다고 한다. 《荊楚歲時記》

관어대[57]에 올라 동해를 바라보며

登觀魚臺望東海

세상일을 많이 보고 들었지만　　閱世見聞多
원래 명실이 상부함이 없도다　　元無稱名實
들을 땐 자자한 명성이었더니　　耳無不飽名
보았을 때는 대단할 게 없었네　　目無能大物
그런데 동해에 있는 관어대는　　東海有魚臺
명승지인 줄 주졸들로 알았고　　勝名騰走卒
올라 임하면 어찌나 장엄한지　　登臨何壯哉
과연 이전 말에 못하지 않네　　果不減前說
바다를 바라봄에 끝이 없으니　　積水望不極
원류가 어디에서 흘러오는지　　源流何處別
크게는 곧 천지를 받아들이고　　大則涵天地
작게는 곧 어별을 품어 주네　　細則容魚鼈
풍운은 가볍고 빠르게 변화하며　　風雲欻變化
일월은 저대로 나왔다 사라지네　　日月自出沒
은빛 파도는 만 길 일어나고　　銀山起萬丈

57 관어대(觀魚臺) : 경북 영해(寧海)에 있는 누대 이름이다. 영해는 목은(牧隱) 이색(李穡)의 외가로 이곳에 와서 관어대를 구경하고 〈관어대부(觀魚臺賦)〉를 지었다. 그 서문에 "관어대는 영해부에 있다. 동해의 석벽 밑에 있어서 노는 물고기를 셀 수 있으므로 이렇게 명명한 것이다.〔觀魚臺在寧海府, 臨東海石崖下, 游魚可數, 故以名之.〕"라고 하였다. 《牧隱詩藁 卷1》

큰 고래는 눈 날리듯 물을 뿜네　　倐鯨噴飛雪
동정호가 칠백 리라 하지만　　洞庭七百里
어찌 이와 방불할 수 있으랴　　安得此彷彿
추연이 말솜씨가 뛰어났으나[58]　　鄒衍善談天
현하 같던 말을 도리어 못하겠고[59]　　懸河還結舌
위언[60]은 물상을 잘 그렸으나　　韋偃工物像
슬피 바라보다 문득 붓을 던지겠으며　　悵望却投筆
목로[61]가 일찍이 관어대부 지었지만　　牧老曾有賦
맹인이 보불문장 그리듯 하였네　　矇瞍畫黼黻
내 생각건대 호량[62]의 나들이가　　我思濠梁遊

58 추연이 말솜씨가 뛰어났으나 : 전국 시대 제(齊)나라 추연은 천문(天文)에서 조수(鳥獸)에 이르기까지 논리정연하게 변론을 잘하였으므로, 사람들이 "추연의 재주는 원대하고 변론이 호방했으니, ……하늘에 대해 이야기하는 추연이라.〔鄒衍之術, 迂大而宏辯, ……談天衍.〕"라고 칭송하였다는 일이 있다. 《史記 卷74 孟子荀卿列傳》

59 현하……못하겠고 : 위에 걸린 물줄기가 떨어지듯 했던 담론도 하지 못하겠다는 말이다. 원문의 '현하(懸河)'는 진(晉)나라 곽상(郭象)의 〈구변(口辯)〉에 대해 왕연(王衍)이 "폭포수처럼 쏟아져도 마를 줄을 모른다.〔如懸河瀉水, 注而不竭.〕"라고 했던 데서 가져왔다. 《世說新語 賞譽》

60 위언(韋偃) : 당(唐)나라 두릉(杜陵) 사람으로 산수와 소나무 그림을 잘 그렸다고 한다. 《당조명화록》에 "위언은 말을 잘 그렸고, 소나무 그림 같은 것은 뛰어난 그림이었다.〔韋偃畫馬, 如畫松奇文也.〕"라는 말이 있다. 《唐朝名畫錄 妙品上七人》

61 목로(牧老) : 목은(牧隱) 이색(李穡)을 가리킨다.

62 호량(濠梁) : '호량지락(濠梁知樂)'에서 온 말로, 호수(濠水)에 사는 물고기가 한가롭게 노니는 것을 말한다. 장자(莊子)가 혜자(惠子)와 호숫가를 걷다가 "피라미가 나와서 유유히 헤엄치고 있으니, 이것이 물고기의 즐거움일세."라고 하니, 혜자가 "자네는 물고기가 아닌데 어떻게 물고기의 즐거움을 알 수 있겠는가?" 하였다. 장자

천년 뒤에도 또한 질정할 만하리	千載亦可質
물고기를 앎이 곧 나를 앎이니	知魚是知我
물아의 즐거움이 곧 하나일세	物我樂則一
어찌 알겠는가, 새와 물고기가	安知飛與躍
상하로 멀리 떨어진 게 아님을	上下非逈絶
어찌하여 북명의 물고기[63]는	云胡北溟魚
거침없는 말이 황홀하기만 한가	放言徒恍惚
크고 작은 것에 다름이 없으니	大小無異致
바다 봄에 방법이 있음을 알겠네	觀海知有術
마음껏 보면 사해에 가득하여	縱觀彌四海
가슴속이 함께 쾌활하지만	胸懷同快活
시선 거두면 잔에도 차지 않아	收視不盈勺
마음의 미세한 부분으로 파고드네	原心入抄忽
큰 파도는 만 장으로 확 트였지만	洪濤濶萬丈
진원은 겨우 한 무릎 깊이에 있으니	眞源纔一膝
쌓고 쌓아 진실로 버려 두지 않으면	積累苟不舍
넓고 넓은 크고 깊은 바다 된다네	浩浩爲溟渤
우물 안 개구리[64]를 면하려 함에	庶免坎井蛙

가 "자네는 내가 아닌데 어떻게 내가 물고기의 즐거움을 알지 못하는 것을 아는가?" 하니, 혜자가 "나는 자네가 아니라서 본시 자네를 알지 못하네. 자네도 본시 물고기가 아니니 자네가 물고기의 즐거움을 알지 못한다는 것이 분명하네."라고 하였다. 《莊子 秋水》

63 북명의 물고기 : 북해(北海)에 있다는 물고기로, 이름이 곤(鯤)인데, 이것이 변화하면 붕새〔鵬〕가 된다고 한다. 《莊子 逍遙遊》

아득히 마치 망연자실한 듯하여라　　　　茫然若自失

64 우물 안 개구리 : 《장자》 〈추수(秋水)〉에 "북해약이 '우물의 개구리에게 바다를 말해 줄 수 없는 것은 자신이 머무는 곳에만 얽매여 있기 때문이다.〔北海若曰井蛙鼃不可以語於海者，拘於虛也.〕"라고 하였다.

세마 이택중이 서울로 돌아감을 전별하며

別李洗馬擇仲歸京

-나와 택중(擇仲)은 모두 다른 고을 사람으로 같이 병을 앓은 것이 1년이 되는 동안 두 번 온천(溫泉) 나들이를 하여 먼 타향에서 해후하였으니, 어찌 우연이겠는가. 이로부터 멀리 이별하고 난 뒤에는 만날 기약이 어렵다. 그래서 율시 20운을 지어 그가 가는 길을 전별하였다. 혹 매화 피는 역 피리 소리 들리는[65] 저녁이나 홀로 등불 밝히고 베개 베고 누워 있는 밤에 혹 이 시를 읽어 보게 되면 이 병든 벗을 기억해 주시려나. 때는 정유년(1597, 선조30) 3월 8일이다.-

그대는 농서[66]의 나그네이면서	君是隴西客
제후에게 벼슬 구하길[67] 배우지 않았는데	不學干諸侯
나는 박릉의 사람이 되어	我爲博陵人
과거시험 떨어져[68] 눈총 받았네	戰屈從訾尤

65 매화……들리는 : 벗을 그리워함을 말한다. 원문 '역매(驛梅)'는, 남북조(南北朝) 때 송(宋)나라의 육개(陸凱)가 강남(江南)에서 매화 한 가지를 장안에 있는 범엽(范曄)에게 부쳐 보내면서, "역사를 만나서 꽃가지 꺾어, 농두의 사람에게 보내누나.〔折花逢驛使, 寄與隴頭人.〕"라고 한 데서 가져왔다. 《太平御覽 卷970》 '문적(聞笛)'은 진(晋)나라 상수의 〈사구부(思舊賦)〉에, "산양(山陽)을 지나다가 피리 소리를 듣고 옛날 혜(嵇)·완(阮)과 함께 놀던 생각이 나서 슬프다."라고 한 데서 가져왔다. 《晉書 卷49 向秀列傳》

66 농서(隴西) : 성주 이씨(星州李氏)를 농서 이씨(隴西李氏)라고 하기 때문에 이렇게 불렀다.

67 제후에게 벼슬 구하길 : 당나라 이백(李白)의 〈형주 한 자사에게 올리는 글〉에 "저는 농서 지방의 포의로……15세에 검술을 좋아하여 두루 제후를 찾아다니며 벼슬을 구하였습니다.〔白隴西布衣,……十五, 好劍術, 徧干諸侯.〕"라고 한 말에서 가져왔다. 이백의 일을 이택중에게 가져와 한 말이다. 《古文眞寶後集 卷2 與韓荊州書》

둔마와 천리마는 마판 같이하기 어렵고 駑驥難同櫪
연나라와 진나라도 구역을 달리하건만 燕秦復異區
좋은 만남에 운수가 있는 줄 알겠으니 佳逢知有數
동기가 이에 서로 만나길 원하였네 同氣乃相求
함께 움직여 동쪽을 밟았던 자취요 共擧蹈東躅
와서 올라 북쪽 바라봤던 누각이라 來登望北樓
오륙 년 동안의 전쟁에 兵塵五六載
십삼 주를 떠돌아다녔네 飄泊十三州
흰 눈 날리는 단양[69] 길이며 白雪丹陽路
황매가 핀 푸른 바닷가에서 黃梅青海頭
사람을 침해하는 독한 안개 걱정하고 侵人愁毒霧
병환 야기하는 모진 바람 두려워했지 患氣怕獰颼
비바람에 등불을 돋우는 밤이며 風雨挑燈夜
어룡이 물결에 춤을 추는 때에 魚龍舞浪秋
미친 듯 노래하며 자주 칼 뽑았고 狂歌頻拔劍
쾌히 마심에 누차 산가지 더했지 快飮屢添籌
병이 많은 그대는 사마씨[70]이고 多病君司馬

68 과거시험 떨어져 : 한유(韓愈)의 〈남전현 승의 사무실에 기록한 글〉에 "박릉의 최사립은……장안에 와서 과거를 보았는데 두 번 나아가 두 번 사람들을 굴복시켰다.〔博陵崔斯立,……戰藝於京師, 再進再屈於人.〕"라는 말에서 가져와 최사립을 최현 자신에 비유해서 표현한 것이다. 《古文眞寶後集 卷4 藍田縣丞廳壁記》

69 단양(丹陽) : 경상북도 영해(寧海)의 옛 이름이다.

70 사마씨(司馬氏) : 한(漢)나라 사마상여(司馬相如)를 가리킨다. 그는 소갈병을 앓았는데, 《사기(史記)》 권117 〈사마상여열전(司馬相如列傳)〉에 "그가 항상 소갈병

길이 신음하는 나는 백우[71]로다	長吟我伯牛
반백[72]의 머리털로 이미 바뀌었고	二毛頭已換
한 번 누워 지낸 해가 다하려 하네	一臥歲將周
읍령[73]에서 삼 년을 객으로 지내며	泣嶺三年客
온천에서 두 번 머물러 지냈으니	溫泉再度留
오히려 먼 바다 떠다님을 좋아하면서도	猶甘浮遠海
끝내 벽촌에 남은 것을 기꺼워하네	終肯滯荒陬
봉궐〔대궐〕은 안중에 있고	鳳闕眼中在
붕정은 구름 밖에 길도다	鵬程雲外脩
봄바람에 객의 사색 일어나고	春風動客思
방초에 이별의 근심 괴로워라	芳草惱離愁
어찌 관어대의 즐거움을 싫어하랴	豈厭魚臺樂
장차 경포대를 찾아 유람하리라	將尋鏡浦遊
남아 있는 나는 가는 버들 붙잡고	居人攀細柳
돌아가는 기마는 긴 물가를 도네	歸騎繞長洲

을 앓고 있었는데, 이로 인해 병을 핑계 대고 한가하게 살았다."라고 하였다.

71 백우(伯牛) : 공자의 제자 염백우(冉伯牛)가 병을 앓자, 공자가 문병을 가서 창문 너머로 그의 손을 잡고 "이런 병에 걸릴 리가 없거늘, 운명인가 보다. 이런 사람이 이런 병에 걸리다니, 이런 사람이 이런 병에 걸리다니!〔亡之, 命矣夫. 斯人也而有斯疾也, 斯人也而有斯疾也.〕"라고 한 말이 있다. 《論語 雍也》

72 반백 : 원문은 '이모(二毛)'로, 희끗희끗해진 머리를 말한다. 진(晉)나라 때 반악(潘岳)의 〈추흥부(秋興賦)〉 서문에 "내 나이 서른두 살에 처음으로 이모를 보았다.〔余春秋三十二, 始見二毛.〕"라고 한 데서 유래하였다. 《文選 卷13 物色賦》

73 읍령(泣嶺) : 경상도 영해부 동쪽에 있었던 서읍령(西泣嶺)을 가리킨다. 현재 행정구역은 경북 영덕군 창수면 창수리이며, 영덕에서 영양으로 넘어가는 길목에 있다.

길이 험함에 여윈 말을 탄식하고	路險嗟羸馬
봄 추움에 얇은 갖옷을 어찌하나	春寒奈薄裘
그대를 의지해 두약[74]을 캐서	憑君採杜若
서쪽으로 부치니 생각이 아득하네	西寄思悠悠

74 두약(杜若) : 상수(湘水) 가에 나는 향초(香草)의 이름이다. 《초사(楚辭)》 〈상부인(湘夫人)〉에 "물가에서 두약을 캐니, 은자에게 주려는 것이네.〔搴汀洲兮杜若, 將以遺兮遠者.〕"라고 하였다.

경임 정경세[75]의 시에 차운함

次鄭景任 經世 韻

-병신년(1596, 선조29) 3월 보름 후에 어사(御史) 정경임(鄭景任)과 함께 상을곡(上乙谷) 고산성(古山城)[76]에 올랐다. 경임은 용문사(龍門寺)[77]에 묵으며 고체시 한 수를 써서 동행한 여러 사람에게 부쳤다. 나는 그 시에 보운(步韻)하여 여러 벗에게 보인다.-

고성은 벼랑이 둘러 있고	古城繞巓崖
석불은 폐사에 누워 있네	石佛臥廢寺
다니는 길 끊겼다가 이어지니	行逕斷復連
앞으로 가려다 자주 넘어지네	欲前屢顚躓
누가 이 고성을 경영하였던가	何人營此城
험함에 의지해 멀리 피하려 했네	據險圖遠避
성을 쌓는 것도 참으로 어렵지만	築城固亦難
성을 지킴은 진실로 쉽지가 않네	守城良不易

75 정경세(鄭經世) : 1563~1633. 본관은 진주(晉州), 자는 경임, 호는 우복(愚伏), 시호는 문장(文莊)이다. 1586년(선조19) 문과에 급제하였다. 영해 부사(寧海府使), 이조 판서, 대제학 등을 역임했다. 저서로는 《우복집(愚伏集)》이 있다.

76 상을곡(上乙谷) 고산성(古山城) : 상을곡은 경북 순흥(順興) 은풍현(殷豐縣)에 소재하고 고산성(古山城)은 소백산(小白山) 꼭대기에 있는 옛 석성(石城)을 가리킨다. 《新增東國輿地勝覽 第25卷 慶尙道 豐基郡》

77 용문사(龍門寺) : 경북 예천에 있는 사찰로, 예천읍 북쪽 소백산 기슭에 위치하며, 신라 경덕왕 10년(870) 이 고장 출신 두운 대사가 창건한 고찰이다. 임진왜란 때는 승군의 짚신을 짜서 보급하던 곳으로 호국불교의 장이기도 했다.

그래서 옛날 성현은 所以古聖賢
인화가 지리에 우선한다고 했네[78] 人和先地利
난리가 일어난 나머지에 自從喪亂餘
백성들은 열에 넷이 없네 民無十分四
조정의 계책이 유호[79]에 있으매 廟算在牖戶
산성에 바야흐로 일이 있었네 山城方有事
비록 높은 성벽 둘러쌓는다고 한들 縱使環百雉
누가 7리의 성을 지켜 낼 수 있을까 誰能嬰七里
어찌하면 만부를 얻어 대적하여 安得萬夫敵
성을 지키며 생사를 함께할까 保障同生死

78 옛날……했네 : 맹자가 "천시는 지리만 못하고, 지리는 인화만 못 하다. 3리 되는 성과 7리 되는 외성을 포위 공격해도 이기지 못하는 경우가 있다.……성이 높지 않음이 아니고, 못이 깊지 않음이 아니며, 병기와 갑옷이 견고하고 예리하지 않음이 아니고, 쌀과 곡식이 많지 않음이 아니지만, 이것을 버리고 떠나가니, 이는 지리가 인화만 못해서이다.〔天時不如地利, 地利不如人和. 三里之城, 七里之郭, 環而攻之而不勝.……城非不高也, 池非不深也, 兵革非不堅利也, 米粟非不多也, 委而去之, 是地利不如人和也.〕"라고 하였다.《孟子 公孫丑下》

79 유호(牖戶) : 미리 환란에 대비함을 의미한다.《시경》〈치효(鴟鴞)〉에, "음우가 내리기 전에, 저 뽕나무 뿌리를 벗겨 문을 얽어 두라.〔迨天之未陰雨, 徹彼桑土, 綢繆牖戶.〕"라고 한 데서 유래하였다.

원운

原韻

아침에 상곡 고성에 올랐다가	朝登上谷城
저녁에는 용문사에서 묵었네	暮宿龍門寺
험한 돌 비탈이 위태로우니	崎嶇石磴危
열 걸음에 늘 아홉 번 넘어지네	十步常九躓
다만 계책 어긋남 없길 원하니	但願計無違
노고야 피할 바가 아니라네	勞苦非所避
사람들은 수성이 어렵다지만	人言城難守
쌓고 나면 지키기가 또한 쉽네	築得守亦易
성인이 요새 설치[80]를 중시했으니	聖人重設險
어찌 지리를 가볍게 여긴 적이 있으랴	何嘗輕地利
어찌하여 지금 세상의 사람들은	如何今世人
하나를 보고 서넛을 빠뜨리는지	見一遺三四
같은 마음 가진 그대에게 말하노니	寄語同心子
노력하여 나랏일을 일삼으시라	努力事國事
전쟁이 일어난 지 오 년이 됨에	干戈阻五年

80 요새 설치 : 원문은 '설험(設險)'으로, 《주역》 〈감괘(坎卦) 단(彖)〉에 "하늘의 험함은 올라갈 수 없고, 땅의 험함은 산천과 구릉이니, 왕공이 험함을 설치하여 그 나라를 지킨다.〔天險, 不可升也, 地險, 山川丘陵也, 王公設險, 以守其國.〕"라고 한 데서 가져왔다.

나라가 날마다 백 리씩 쭈그러들고[81] 蹙國日百里
성주께서 바야흐로 와신[82]하시니 聖主方臥薪
우리가 감히 죽음을 아끼겠는가 吾儕敢愛死

81 나라가……쭈그러들고 : 《시경》 〈소민(召旻)〉에 "옛날 선왕이 천명을 받았을 때에는, 소공 같은 분이 있어서, 날마다 나라를 백 리씩 개척하였는데, 지금은 날마다 나라가 백 리씩 쭈그러들고 있으니, 아, 슬픈 일이다.〔昔先王受命, 有如召公, 日辟國百里, 今也日蹙國百里, 於乎哀哉.〕"라고 한 데서 가져왔다.

82 와신(臥薪) : '와신상담(臥薪嘗膽)'에서 온 말로, 원수를 갚기 위하여 마음을 다지고 어려움을 견디어 냄을 말한다. 춘추 시대에 오왕(吳王) 부차(夫差)는 월왕(越王) 구천(句踐)을 쳐 부왕의 원수를 갚으려고 늘 섶단을 깔고 앉아 신고(辛苦)를 견디었고, 월왕 구천은 오나라를 쳐서 회계(會稽)에서 받은 욕을 씻으려고 늘 곰의 쓸개를 문에 달아 놓고 출입할 때마다 쓸개를 핥으면서 복수를 잊지 않았다는 데서 온 말이다.

신화당[83]의 영매시에 차운함
次申化堂咏梅韻

사람들은 모두 화려한 꽃을 좋아하는데	人皆愛繁華
그대는 홀로 맑고 여윈 매화를 사랑하네	子獨愛淸癯
풍만함과 여윔이 저마다 모습이 다르니	肥瘦各異態
좋아함과 싫어함도 또한 절로 다르다네	好惡亦自殊
누가 알겠는가, 빈 계곡의 사람[84]이	誰知空谷人
연 조의 미녀[85] 됨을 부끄러워할 줄	恥作燕趙姝
스스로 빙설 같은 자태를 보존했으니	自保氷雪姿
어찌 고고하게 뿌리내리길 싫어하랴	肯嫌托根孤
밝은 달빛이 문득 뜻이 있어	明月却有意
주렴 모퉁이에 그림자 비춰 주네	送影當簾隅
봄바람아 급하게 불지를 말아라	東風吹莫急

83 신화당(申化堂) : 신민일(申敏一, 1576~1650)로, 본관은 평산(平山), 자는 공보(功甫), 호는 화당이다. 사헌부 지평, 시강원 문학 등을 역임하였다. 저서로는 《화당집(化堂集)》이 있다.

84 빈 계곡의 사람 : 매화에 비유한 말이다. 송(宋)나라 범성대(范成大)의 〈영상홍매(嶺上紅梅)〉에 "성 가득한 도리는 제각기 어여쁜데, 적막한 기운 성 빈 골짜기에 있네.〔滿城桃李各嫣然, 寂寞傾城在空谷.〕"라고 한 데서 가져왔다.

85 연(燕) 조(趙)의 미녀 : 고시(古詩)에, "연과 조에는 아름다운 사람이 많아서 미인은 얼굴이 옥과 같다네.〔燕趙多佳人, 美者顔如玉.〕"라고 하였는데, 연과 조에는 예로부터 미녀들이 많이 난다고 한다. 《文選 卷29》

그윽한 향 거리로 퍼질까 두렵다 暗香怕通衢
매화 계곡엔 옛 자취 남아 있으니 梅溪留舊蹟
주인은 보통 사내가 아니라네 主人非凡夫
정원에 가득 두루 심어 놓으니 滿庭栽植遍
마주 대함에 모습이 윤택하네 相對顏敷腴
도화원이 또한 무어 나으랴 桃源亦何勝
진나라 백성이 숨어 살았을 뿐 秖作秦民逋
화당은 내 마음 알아주는 벗이니 化堂是知己
시를 읊조려 우리에게 베풀었네 詠詩張吾徒

잊기를 잘함

善忘

아침이 오면 어제 일을 잊고	朝來忘昨日
봄이 되면 지난 가을 일 잊네	春至忘去秋
듣고 난 뒤에는 그 시비를 잊고	聽過忘是非
일이 지나 버리면 기쁨 근심을 잊네	事過忘喜憂
시를 보고도 좋은 구절을 잊으니	看詩忘好句
머리를 숙여 찾아도 길이 없네	低首尋無由
사람을 만남에 성명을 잊으니	逢人忘姓名
물으려다가 문득 부끄러워지네	欲問却含羞
지난해 한 방에 누웠을 때	去歲臥一室
도성에서의 놀이를 모두 잊었네	都忘紫陌遊
지금은 우거진 솔숲의 객이 되어	今爲茂松客
또다시 고향 언덕을 잊어버리네	又復忘故丘
젊은 시절 잘 잊지 않을 때는	少年不忘時
마음속에 고금을 근심하였네	方寸今古愁
어느덧 흰머리 나이에 이르니	居然到白頭
신세는 뜬구름처럼 빨리 흐르네	身世疾如浮
장주가 되어선 호접이었음을 잊고	爲周忘是蝶
호접이 되어서는 장주였음을 잊네[86]	爲蝶忘是周

86 장주(莊周)가……잊네 : 《장자(莊子)》 〈제물론(齊物論)〉에 "옛날 장주가 꿈에

눈과 귀로 보지도 듣지도 않고[87] 希夷收視聽
만사를 잊은 가운데 휴식하네 萬事忘裏休

나비가 되었다. 훨훨 나는 나비인지라 스스로 즐거워하며 유쾌할 뿐 자신이 장주인 줄 몰랐다. 갑자기 꿈을 깨고 보니, 자신이 분명 장주였다. 장주가 꿈속에서 나비가 된 것인지, 나비가 꿈속에서 장주가 된 것인지 알지 못하였다."라고 하였다.

87 눈과……않고 : 원문의 '희이(希夷)'는 《도덕경(道德經)》에, "보아도 보이지 않는 것을 희(希)라 하고, 들어도 들리지 않는 것을 이(夷)라 한다."라고 한 데서 가져왔다.

물망
勿忘

객이 묻노니, 잘 잊는 그대여	客問善忘子
어찌 오로지 잊음에 익숙한가	胡爲全習忘
옳고 그름과 근심 기쁨이야	是非與憂喜
진실로 아득히 잊어 마땅하지만	固宜付茫茫
그대 도성 거리를 잊었다고 하면	子云忘紫陌
북신[88]이 어찌 시야에 들어오랴	北辰胡入望
그대 좋은 시구를 잊었다고 하면	子云忘好詩
어떻게 치의 장[89]을 읊조리겠나	何詠緇衣章
그대 세월을 잊었다고 하면	子云忘歲月
무하향[90]에 의탁하고자 함인가	欲托無何鄕

88 북신(北辰) : 《논어》 〈위정(爲政)〉에 "덕으로 정치를 하게 되면, 비유컨대 마치 북신이 제자리를 지키고 있음에 뭇별들이 옹위하는 것처럼 될 것이다.〔爲政以德, 譬如北辰居其所, 而衆星共之.〕"라는 말에서 가져왔다. 북신은 임금을 상징한다.

89 치의(緇衣) 장 : 《시경》 〈치의(緇衣)〉 장을 가리키는 것으로, 치의는 관리들이 입는 옷이니, "치의의 걸맞음이여, 해지면 내 또다시 만들어 주리라.〔緇衣之宜兮, 敝予又改爲兮.〕"라고 한 말이 있다.

90 무하향(無何鄕) : 아무것도 없이 끝없이 펼쳐진 적막한 세계이며 장자(莊子)가 설한 이상향(理想鄕)을 의미한다. 《장자》 〈소요유(逍遙遊)〉에 "그대가 큰 나무를 갖고서 아무 쓸모가 없다고 걱정하고 있는데, 어찌하여 그 나무를 무하유지향의 광막한 벌판에 심어 두지 않는가?〔今子有大樹, 患其無用, 何不樹之於無何有之鄕廣莫之野?〕"라고 한 데서 가져왔다.

세월은 그대를 잊지 않았으니	歲月不忘子
양 귀밑털 흰머리 재촉하네	兩鬢催飛霜
사람은 잊는 바가 있지마는	夫人有所忘
또한 잊기 어려운 바도 있네	亦有所難忘
공성께서 즐거이 근심 잊었으니[91]	孔聖樂忘憂
즐기는 바가 예사롭지 않아서요	所樂非尋常
맹자가 심물망을 경계하였으니[92]	孟戒心勿忘
잡음과 놓음에 존망이 달려서였지[93]	操舍繫存亡
이사한 자가 그 처를 잊었으니[94]	徙者忘其妻
만세에 그 경솔함을 비웃었고	萬世笑其狂
김매는 자가 밭 갈기를 잊으니	耘者忘其田
이 무성한 가라지를 어찌하나	奈此驕驕稂

91 공성께서……잊었으니 : 《논어》 〈술이(述而)〉에, 공자가 "학문에 발분하면 먹는 것도 잊고, 즐거워서 근심도 잊은 채 늙음이 장차 닥쳐오는 것도 알지 못한다.〔發憤忘食, 樂以忘憂, 不知老之將至.〕"라고 하였다.

92 맹자가 심물망을 경계하였으니 : 《맹자》 〈공손추 상(公孫丑上)〉에 "반드시 여기에 종사하고 미리 효과를 기대하지 말아서 마음에 잊지도 말고 조장하지도 말라.〔必有事焉而勿正, 心勿忘, 勿助長也.〕"라고 하였다.

93 잡음과……달려서였지 : 《맹자》 〈고자 상(告子上)〉에 "공자가 말하기를 '잡으면 보존되고 놓으면 없어져서 출입에 때가 없으며 그 향하는 바를 알 수 없는 것은 오직 마음을 말하는 것일진저.' 했다.〔孔子曰操則存, 舍則亡, 出入無時, 莫知其鄕, 惟心之謂與.〕"라고 하였다.

94 이사한……잊었으니 : 노 애공(魯哀公)이 공자(孔子)에게, 건망증이 심한 사람은 "이사하면서 처를 데려오는 것도 잊는다.〔徙而忘其妻〕"라고 하는데 사실이냐고 묻자, 공자가 그보다 더 심한 사람은 자기 몸도 잊어버리는데, 걸주(桀紂)가 바로 그들이라고 대답했다는 말이 《공자가어(孔子家語)》 〈현군(賢君)〉에 나온다.

어찌 방치하여 잊을 수 있으랴 安可置相忘
때 되면 마땅히 스스로 힘써야지 及時當自强
나의 말이 어찌 망령되다 하리오 吾言豈妄云
잊지 말고 마음속에 간직하오 勿忘中心藏
따져 보려다가 문득 말을 잊고 欲辨却忘言
도도하게 다시 술잔을 드네 陶陶更擧觴

이숙평의 급난도[95] 뒤에 제함

題李叔平急難圖後

그림 펼치니 마음이 홀연 움직이고 披圖心忽動
시를 읊으니 눈물이 먼저 떨어지네 咏詩涕先垂
눈물 떨어짐이 어찌 그림 때문이랴 涕垂寧爲圖
마음 움직임이 어찌 시 때문이겠나 心動豈因詩
명명한 중에 참으로 감동하는 이치 冥冥孚感理
내 마음에 앎을 징험할 수가 있네 可驗吾心知
사람 감동시킴이 이미 이와 같으니 感人既如此
하늘 감동시킴도 따라서 알 수 있네 感天從可推
지성은 감동시키지 못함이 없나니 至誠無不動
남이 못하는 것을 할 수 있어서라 能爲人不爲
승냥이와 범이 노리는 전장에서 耽耽豺虎場
참담하게 도륙이 되는 그 당시 慘慘鏖屠時
허겁지겁 돌아볼 겨를도 없음에 蒼黃不暇顧

95 이숙평(李叔平)의 급난도(急難圖) : 숙평은 이준(李埈, 1560~1635)의 자로, 본관(本貫)은 흥양(興陽), 호는 창석(蒼石), 시호는 문간(文簡)이다. 유성룡(柳成龍)의 문인으로 1582년(선조15) 과거에 합격하여 단양 군수, 대사간, 부제학 등을 역임하였다. 저서로는 《창석집(蒼石集)》이 있다. 급난도는 이준의 형 월간(月澗) 이전(李㙉, 1558~1648)이 임진왜란 때에 아우와 함께 의병을 일으켰는데, 왜적의 기습을 받아 패배하자 병에 걸린 아우를 업고 백화산(白華山) 정상으로 도망하여 화를 면하였고, 그 뒤에 명나라 화공에게 의뢰하여 이런 내용을 그림으로 그린 것이다.

누가 천륜을 온전히 할 수 있을까 　 孰克全天彝
앞에는 천 길의 험함이 있고 　 前有千仞險
뒤에는 흰 칼날이 추격함에 　 後有白刃追
등에 업은 천륜의 아우 중히 여기고 　 背上重天倫
보이는 흉악한 오랑캐 가벼이 여겼네 　 目中輕兇夷
의로운 기운이 푸른 하늘을 격발하니 　 義氣激蒼穹
온갖 영령들이 서로 따라오네 　 百靈來相隨
험지 가기를 탄탄대로처럼 하고 　 履險若康莊
나약한 아우를 건아로 만들었네 　 孱羸成健兒
어찌 범의 입에서만 벗어났으랴 　 豈但脫虎口
많은 복이 여기에서 근본했나니 　 百福根於玆
체화[96]가 더 뻗어 활짝 피어나 　 棣華更敷榮
가지와 잎이 번성하고 불어났네 　 枝葉繁且滋
아, 우애로운[97] 형제의 정이여 　 嗟哉友于情
어찌 유독 공께서 가지셨던가 　 豈獨公有之
보존한 바가 이미 성이 아니라면 　 所存旣非誠
감히 신명이 부지해 주길 바라랴 　 敢冀神明持
용기와 나약함 또 어찌 일정하랴 　 勇愶亦何常

96 체화(棣華) : 아가위꽃으로, 형제를 비유한다. 《시경》 〈상체(常棣)〉에 "상체의 꽃이여, 꽃받침이 환하게 빛나는도다. 무릇 지금 사람들은 형제만 한 이가 없느니라.〔常棣之華, 鄂不韡韡. 凡今之人, 莫如兄弟.〕"라고 한 데서 유래하였다.

97 우애로운 : 원문은 '우우(友于)'로, 형제간의 우애를 말한다. 《서경》 〈군진(君陳)〉에 "오직 효도하고 형제간에 우애하여 정사에 베푼다.〔惟孝, 友于兄弟, 施於有政.〕"라고 한 데서 유래하였다.

단지 정성과 사사로움에 달렸네	只在誠與私
임금 섬김에 의 없음이 부끄러운데	事君愧無義
나라가 이제 위태로움을 만났네	國步方顚危
급난도를 반복해서 보고	反復急難圖
두렵고 두려워 더욱 길이 한숨짓네	惕惕更長噫

해평 옛터를 찾음[98]

尋海平舊基

이날 다시 찾아옴이 또한 천운인데	此日重來是亦天
마을 거리 찾으려니 문득 아득하네	欲尋村巷却茫然
쓸쓸한 지난 일 누구에게 물어보나	凄涼往事憑誰問
일발의 금오산은 지난해와 같도다	一髮烏山似去年

98 해평(海平) 옛터를 찾음 : 해평(海平)은 현 경상북도 구미시 해평면 일원의 고을 이름으로, 전주 최씨들이 집성촌을 이루어 사는 곳이다. 최현(崔晛)은 임진왜란 때 난을 피해 집안 식구들을 데리고 산으로 들어갔는데, 사흘 뒤 해평이 모두 불타고 선조들이 남긴 집도 잿더미가 되었다. 고비(考妣)의 신주를 가지고 숲속으로 피하여 적들에게서 보호할 수 있었다. 이 일은 《인재집》 권11 〈타향에 우거하며 선고비께 제사 올리는 축문〔流寓中祭先考妣祝文〕〉에 상세히 실려 있다.

용추
龍湫

뿜어낸 폭폿물 허공에 날려 흰 해를 가리고	噴瀑飛空白日陰
한없이 깊은 못에는 엎드린 용이 신음하네	黝潭無底伏龍吟
동해의 파신[99]이 오랜 목마름에 우는데	東溟久渴波臣泣
뇌우는 언제 장맛비를 내려 주려고 하는지	雷雨何時解作霖

99 동해의 파신(波臣) : 장주(莊周)가 길을 가다가 수레바퀴 자국에 붕어가 헐떡이고 있는 것을 보고, "붕어야, 그대는 무엇을 하는가?" 하니, 붕어가 "나는 동해의 파신이오.〔東海之波臣也〕 그대는 한 말 한 되의 물이라도 있으면 나를 살려 줄 수 있겠소?"라고 하였다. 《莊子 外物》

진주성에서 벽에 있는 시에 차운함 진주성은 임진년(1592)에는 온전했는데 계사년에 함락되었다. 학봉 선생[100]은 함락되기 전에 근심하고 마음 아파하다가 세상을 떠났고, 전라도 의병 여러 공은 그 뒤에 성이 함락되면서 세상을 떠났다.

晉州城中次壁上韻 此城 全於壬辰 陷於癸巳 鶴峯先生 以憂悴沒於前 全羅義兵諸公 以城陷沒於後

임진왜란을 언급하니 눈물이 흐르려 하고	說及龍蛇淚欲流
청산은 말이 없고 강물만 유유히 흐르네	青山無語水悠悠
황량한 빈터의 이십 년 뒤 오늘 누각에는	荒墟廿載今樓閣
아름다운 풀과 연화가 온통 다 근심이네	芳草烟花摠是愁

100 학봉(鶴峯) 선생 : 김성일(金誠一, 1538~1593)로, 본관은 의성(義城), 자는 사순(士純), 호는 학봉이다. 임진왜란 때 경상도 초유사로 임명되어 왜란 초기에 피폐해진 경상도 지역의 행정을 바로 세우고 민심을 안정시키는 데 기여했으나, 전장에서 세상을 떠났다. 저서로는 《학봉집(鶴峯集)》이 있다.

지리산의 승려 성은에게 지어 줌

贈智異山僧性嶾

-방장산(方丈山)[101]은 옛적에 노닐던 곳이다. 쇠하고 병이 든 이래로 발걸음이 문밖을 나가지 못하여 세상 밖의 경관을 다시 찾아볼 길이 없었다. 상인(上人)이 석장(錫杖)을 날려[102] 낙동강을 건너 내 집을 방문하여, 스스로 방장산 금대사(金臺寺)[103]에 깃들어 살고 있다고 하면서, 나를 위하여 선경 구역의 아름다운 경치를 말해 주었는데, 황홀하게 마치 몸이 그 동천(洞天) 속에 있으면서 옥잠(玉簪)을 대하고 흐르는 샘물 소리를 듣는 듯하였다. 옛일을 생각하는 감회가 의연히 절로 일어나 문득 깊은 병이 몸에 있는 줄도 잊고 힘써 시를 지어 주었다.-

쌍계에서 옥병을 마주했을 때를 추억하니	憶向雙溪對玉屛
지금도 꿈속에서 구름 잠긴 문을 맴도네	至今魂夢繞雲扃
대사를 만나 다시 금대사의 승경을 들으니	逢師更聽金臺勝
온 골의 맑은 물소리 귀에 들려 일깨우네	萬壑淸泉入耳醒

101 방장산(方丈山) : 지리산을 가리킨다. 신선이 살고 있다는 바닷속에 있는 산으로, 영주(瀛洲)·봉래(蓬萊)와 함께 삼신산(三神山)이라 칭한다. 우리나라에서는 금강산(金剛山)을 봉래, 한라산(漢拏山)을 영주, 지리산을 방장이라 일컫는다.

102 석장(錫杖)을 날려 : 원문은 '비석(飛錫)'으로, 석장을 타고 날아다닌다는 말인데, 승려가 사방으로 다님을 비유한다. 《석씨요람(釋氏要覽)》에 "요즘 승려들이 유람하는 것을 좋게 말해서 '비석'이라 하는데, 이는 고승 은봉(隱峯)이 오대산을 유람하고 회서로 나갈 적에 석장을 공중에 날려 그것을 타고 갔기 때문이다.〔今僧遊行, 嘉稱飛錫. 此因高僧隱峰, 遊五臺, 出淮西, 擲錫飛空而往也.〕"라고 한 데서 유래했다.

103 금대사(金臺寺) : 경남 함양군의 지리산에 위치한 사찰로, 신라 태종 무열왕 때 행호조사(行乎祖師)가 창건한 것으로 전한다. 경내에는 금대사 3층석탑과 금대암 동종 등이 있다.

삼가 한천 남곽 두 영공의 시에 차운함
謹次寒泉南郭兩令公韻

높이 올라 조망하자니 때는 삼추인데	陟高臨眺屬三秋
점점이 많은 산들이 만 리에 떠 있네	點點群山萬里浮
시력이 오히려 못다 미침이 문득 싫어	眼力却嫌猶未了
아침에 정상에 올라 영주를 바라보네	朝登絶頂望瀛洲

원중에 노닐며

遊院中

와서 노닐기를 자주 해도 싫지 않으니	來遊蹤跡不嫌頻
매번 강 들판 보매 마음이 문득 새롭네	每見江郊意便新
봄바람이 불면서도 저녁 눈을 빚어내니	也送東風釀暮雪
죽림의 맑은 운치에 정신이 배가되네	竹林淸韻倍精神

수서편[104] 뒤에 제함

題壽瑞篇後

-사천(泗川)은 우리 고향이다.[105] 내가 암행어사로 와서 순찰할 때 선묘(先墓)를 배알하고 옛 터전을 찾아보고서, 배회하며 옛일에 감회가 있은 나머지, 노우(老友) 이자거(李子擧)[106]가 그 선대의 수서유편(壽瑞遺篇)을 보여 주었는데, 그 책에 실린 시문이 모두 명상(名相) 유선(儒先)들이 효도와 장수를 찬미하고 감탄하여 지은 작품이었고, 나의 종인(宗人)인 정언(正言) 최공(崔公 : 최종복(崔宗復))의 이름 또한 있었다. 당시 한 고을의 나이 높고 덕이 고매한 이들이 함께 서로 이어 가며 봄바람처럼 읊고 노래한 성대한 뜻을 생각할 수 있음에, 의연히 마치 혹 그 남은 운치를 찾을 수 있을 듯하였다. 나도 모르게 마음에 감동이 일어 말로 형용하였으니, 어느 겨를에 졸한 내 시구가 널리 사람들의 웃음거리가 될 줄 헤아릴 수 있었겠는가. 마침내 원운(原韻)에 공경히 차운하여 올린다.-

수서유편은 후세 사람을 감동시키니	壽瑞遺篇動後人
농서의 남은 경사가 몇 천년 지났나	隴西餘慶幾千春

104 수서편(壽瑞篇) : 이자(李滋)는 부부가 함께 아흔이 넘는 장수를 누렸는데, 당시 동향(同鄕) 출신의 재상 강맹경(姜孟卿) 등 여러 사람이 축수(祝壽)하는 시를 지었다. 이를 그 후손인 귀암(龜巖) 이정(李楨, 1512~1571)이 편집하여 수서집을 간행하였다.《退溪集 卷43 泗水李氏壽瑞詩編跋》이정은 이황의 문인으로 예조 정랑·청주 목사 등을 역임하였고, 성리학에 밝았다.

105 사천(泗川)은 우리 고향이다 : 전주(全州) 최씨 일파는 경상도 사천(泗川)으로 이주하여 산 적이 있었기 때문에 이렇게 말한 것이다. 그 뒤에 최현의 6대조 승지(承旨) 최수지(崔水智)가 선산(善山) 해평(海平)으로 이주하여 거주하기 시작하였고, 그 후손들이 그대로 해평에 살았다.

106 이자거(李子擧) : 이곤변(李鯤變, 1551~?)으로, 본관은 사천(泗川), 자는 자거, 호는 백인재(百忍齋)이다. 귀암 이정의 손자이다.

봄바람 부는 사천엔 지금 계시는 듯[107]	春風泗上今如在
바라보매 귀암서원[108] 사당이 새롭네	瞻望龜巖院社新

107 봄바람……듯 : 원문의 '춘풍'은 스승이나 선현의 자리에 봄바람이 이는 듯하다는 말로, 여기서는 선현을 의미한다. '여재(如在)'는 선현이 계시는 듯하다는 말이니, 《중용장구》 제16장에 "제사를 지낼 때면 귀신이 양양히 그 위에 있는 듯하고 좌우에 있는 듯하다.〔承祭祀, 洋洋乎如在其上, 如在其左右.〕"라는 말에서 가져왔다.

108 귀암서원(龜巖書院) : 귀암정사(龜巖精舍)를 말한다. 이정(李楨)은 선조가 즉위한 뒤에 홍문관 부제학으로 제수되었으나 나아가지 않고 고향 사천에 귀암정사를 지어 동쪽에 거경재(居敬齋), 서쪽에 명의재(明義齋)를 두고 후진 양성에 힘썼다. 《龜巖集 卷2 行狀》

또
又

나의 신조가 일찍이 사빈의 사림 되었으니 吾先曾是泗濱人
옛 고향 마을[109]이 묻노니 몇 해나 되었나 古社枌榆問幾春
효수의 시가는 능히 나의 시흥을 일으키니[110] 孝壽詩歌能起我
의연히 여러 번 감탄함에 감회가 새롭도다 依然三歎感懷新

109 옛 고향 마을 : 원문의 '분유(枌榆)'는 한(漢)나라 고조(高祖) 유방(劉邦)이 고향 땅인 풍(豊)에서 느릅나무 두 그루를 심어 토지의 신(神)으로 삼은 데서 온 말이다. 창업(創業)한 임금의 향리, 선대의 산소가 있는 곳, 고향을 의미하는 말로 쓰인다.

110 나의 시흥을 일으키니 : 공자가 《시경》을 가지고 자하(子夏)와 문답하면서 자하를 칭찬하며, "나를 흥기시키는 자는 상이로다. 비로소 더불어 시를 이야기할 수 있겠구나.〔起予者, 商也. 始可與言詩已矣.〕"라고 말한 데서 가져왔다. 《論語 八佾》

달밤에 술을 마시고 범국[111]을 하며 입으로 읊음

무술년(1598, 선조31) 영해에 있을 때

月夜飮酒泛菊口號 戊戌 在寧海

서리 맞은 국화의 맑은 향이 코끝을 감싸고	霜菊淸香擁鼻尖
게다가 매화 가지엔 또 초승달[112]이 걸렸네	梅梢況復掛新鎌
술잔 들고 꽃잎 따고 겸하여 달빛을 마시니	把酒掇英兼吸月
유인의 풍미 또한 실컷 즐기는 줄 알겠네	幽人風味也知饜

111 범국(泛菊) : 9월에 국화(菊花)를 띄우고 술을 마시던 것을 말한다.

112 초승달 : 원문은 '신겸(新鎌)'으로, 낫이 새로 뜬 달 즉 초승달과 같은 모습이라는 말이다. 당(唐)나라 한유(韓愈)의 〈만기장십팔조교주랑박사(晩寄張十八助敎周郞博士)〉 시에 "갠 날 구름은 솜을 찢은 듯하고, 새로 뜬 달은 낫을 간 듯하네.〔晴雲如擘絮, 新月似磨鎌.〕"라고 한 데서 가져왔다.

냉천정[113]을 방문하여 감회가 있어 냉천정은 황간에 있다. 정미년(1607, 선조40) 2월 상경할 때

過冷泉亭有感 亭在黃澗 丁未二月上京時

예전 청사[114] 적엔 정히 묘령의 나이로　昔在靑蛇正玅齡
말 타고 읊조리며 냉천정을 내왕했었네　吟鞭來往冷泉亭
지금 다시금 냉천정 앞길을 밟아 보니　如今再踏亭前路
풍경 처량하고 귀밑머리 성성하려 하네　雲物凄涼鬢欲星

113 냉천정(冷泉亭) : 충북 영동 황간(黃澗)의 월류봉(月留峯)에 있는 '한천 팔경(寒泉八景)' 가운데 하나이다. 한천 팔경은 월류봉(月留峯), 화헌악(花獻岳), 용연동(龍淵洞), 산양벽(山羊壁), 청학굴(靑鶴窟), 법존암(法尊巖), 사군봉(使君峯), 그리고 냉천정이다.

114 청사(靑蛇) : 을사년(乙巳年)을 뜻한다. 을(乙)이 오행에서는 목(木)에 해당하고 색채로는 청색에 해당하며, 사(巳)는 뱀을 뜻하는 글자이다. 하지만 을사년(1605, 선조38)은 최현의 나이가 43세가 되는 해인지라, 그의 나이 19세 되는 해인 1581년(선조14) 신사년을 잘못 인식한 것이 아닌가 생각한다.

도헌 상인에게 드림

贈道軒上人

서쪽 대 말쑥하고 계곡 샘물 맑은데	西臺蕭灑澗泉澄
가을 달이 뜬 빈산에 옥 등을 걸었네	秋月空山掛玉燈
한가한 고요 속에 온갖 걱정 사라지니	萬慮自消閑靜裏
도리어 승려만 못한 신세를 탄식하네	還嗟身世不如僧

도행 상인에게 드림

贈道行上人

-신해년(1611, 광해군3) 가을 9월에 내가 장흥(長興)에서 월출산(月出山)을 찾아왔다. 그때 마침 김 장흥(金長興)과 임 경차(林敬差)가 온다고 약속을 하고서 왔고, 도행사(道行師)가 도갑(道岬)[115]에서 고개를 넘어와 무위사(無爲寺)[116]에서 맞아주었다. 이어서 용암(龍巖)의 구정봉(九井峯)에 올랐는데, 좌경차(左敬差) 최 선생 등 함께 도착한 여러 사람이 8, 9명이나 되어 마침내 산중에서의 성대한 모임을 이루었다. 용암으로부터 도갑사로 내려와 도행과 함께 수일을 오르내렸지만 싫거나 괴로운 마음이 조금도 없었다. 이별할 때 그저 한마디 말을 해 드려 이 유람을 기록하고, 훗날 하나의 묵은 자취로 남겨 두었다가 도행이 뒷날 나를 방문할 때를 기다려 말하리라.-

삼 일을 산중에서 나의 산행 이끌어 줌에	三日山中引我行
기우뚱 넘어지는 험한 길도 꺼리지 않았네	崎嶇不憚路欹傾
뒷날 혹시 서로 만날 때가 있게 되면	他年倘有相逢處
응당 용암에서의 이날 정을 말하리라	應說龍巖此日情

115 도갑(道岬) : 도갑사(道岬寺)를 말하니, 전라남도 영암군 도갑리 월출산(月出山)에 있는 절로, 신라 때 고승(高僧) 도선(道詵)이 880년(헌강왕6)에 창건하였다.

116 무위사(無爲寺) : 전남 강진군 월하리 월출산 동남쪽에 있는 절로, 신라 617년(진평왕39) 원효대사가 창건하여 관음사(觀音寺)라 하였고, 875년(헌강왕1) 도선이 중건하여 갈옥사(葛屋寺)로 했다고 전하며, 1555년(명종10) 태감선사(太甘禪師)가 어명으로 중창하여 현재의 이름인 무위사라고 하였다.

또
又

산중에서 하룻밤 스님을 만나 얘기하니　　山中一夜逢僧話
새벽 경쇠 소리에 온갖 사려가 맑아지네　　晨磬聲中萬慮淸
문득 한스럽기는 속세 자취 벗지 못하여　　却恨塵纆猶未脫
내일 아침이면 또 해남 길을 가는 것이　　明朝又作海南行

신응윤에게 드림

贈申應允

-신응윤이 스스로 진술하기를, "소년 시절에는 광간(狂簡)[117]의 뜻을 품었고, 난리가 났을 때는 의병을 따라 정기룡(鄭起龍)[118]과 더불어 고령에서 왜적과 접전을 벌였다. 지금은 공검지(恭儉池)[119] 가에 거처하며 문득 '어부(漁父)'가 되었다." 하였다.-

일곱 척의 몸에 삼 척의 용천검을 지니고서	三尺龍泉七尺軀
긴 밧줄로 몇 번이나 오랑캐 잡으려 했던가[120]	長纓幾欲繫單于
지금은 문득 푸른 물결에서 물고기를 낚으며	如今却把滄浪釣
강한 이석궁[121]을 절벽 모퉁이에 걸어 두었네	二石强弓掛壁隅

117 광간(狂簡) : 뜻만 크고 실제는 엉성한 것을 의미한다. 공자가 말하기를 "내 무리의 소자들이 광간하여 번쩍하게 무늬를 이루나 마름질할 줄을 모르는도다.〔吾黨之小子狂簡, 斐然成章, 不知的以裁之.〕"라고 한 데서 가져왔다. 《論語 公冶長》

118 정기룡(鄭起龍) : 1562~1622. 초명은 무수(茂壽), 본관은 곤양(昆陽), 자는 경운(景雲), 호는 매헌(梅軒), 시호는 충의(忠毅)이다. 1586년(선조19) 무과에 급제하고, 경상우도·좌도 병마절도사, 김해 부사, 밀양 부사 등을 지냈다.

119 공검지(恭儉池) : 경상북도 상주시 공검면 양정리에 있는 저수지로, 1195년(고려 명종25) 상주 사록 최정분(崔正彬)이 예로부터 있었던 제방을 그대로 수축하였다고 한다.

120 긴……했던가 : 원문의 '장영(長纓)'은 적을 잡아 묶는 밧줄을 말하는데, 한(漢)나라 간의대부(諫議大夫) 종군(終軍)이 남월(南越)에 사신으로 가겠다고 자청하면서 "긴 밧줄 하나만 주시면 남월왕을 꽁꽁 묶어 대궐 아래에 바치겠다.〔願受長纓, 必羈南越王而致之闕下.〕"라고 한 데서 유래하였다. 《漢書 卷64 終軍傳》 원문의 '선우(單于)'는 오랑캐를 말하는 것으로, 한(漢)나라 때 흉노족을 다스리던 우두머리의 칭호인데, 여기서는 왜적을 가리킨다.

121 이석궁(二石弓) : 두 석의 곡식을 들 수 있는 힘으로 당겨야 하는 활을 가리킨다. 삼국 시대 촉(蜀)의 황충(黃忠)이 "내 비록 일흔이 넘었지만, 아직 열 근의 고기를 먹고 어깨에 이석궁(二石弓)을 메고 다닌다."라고 한 데서 유래하였다.

꿈속에 읊조리던 것을 채워 완성함

足成夢中吟

-을미년(1595, 선조28) 11월 21일에 본부(本府) 관방(官房)에서 둔전관(屯田官) 이형(李兄) 및 박성백(朴誠伯)[122]과 함께 묵었다. 밤 꿈에 시구를 얻었는데 이르기를, "진흙당에서 마니[123]를 닦고, 운무에서 밝은 달이 헤치고 나오네.〔拭摩尼於泥塗, 披明月於雲霧.〕" 하였다. 이달 그믐에 집으로 돌아와 잤는데, 밤 꿈에 강에서 배를 끌고 물길을 따라 내려오다가 바위 위를 올려다보니, 바위가 위험하게 하늘같이 땅을 덮고 있었고, 또 크기가 백 아름이나 되는 쇠솥으로 하늘 가운데 뚫어진 두 곳을 메워 놓았다. 내가 돌아보고 사람들에게 말하기를, "하늘도 또한 철로 된 물건으로 메울 수 있다." 하니, 사람들이 모두 쳐다보았다. 잠시 뒤에 다시 배를 저어 물길을 거슬러 올라가니, 고운 구름이 다 걷히고 밝은 달이 휘영청 빛났다. 나는 바로 절구 한 수를 지어 이르기를, "푸른 하늘은 마치 옥 같고 물은 쪽빛 같다." 하고, 또 "바람이 그치고 구름이 걷혀 전체가 드러난다."라고 하였다. 잠깐 있다가 흰 구름이 동남쪽 모퉁이를 가리고, 달빛이 들고나고 하였는데, 문득 깨어나니 꿈이었다. 이로 인하여 채워서 짓기를 아래와 같이 하였다.-

푸른 하늘은 옥 같고 물은 쪽빛 같은데　　碧天如玉水如藍
달이 하늘에 뜨고 물은 만상을 머금었네　　銀鏡飛空萬象涵
바람 그치고 구름 걷혀 전체가 드러나니　　風定雲消全體露
하늘을 깁고도 남을 돌이 동남쪽에 있네　　補天餘石在東南

122 박성백(朴誠伯) : 박성일(朴成一, 1562~1601)로, 본관은 밀양(密陽), 자는 성백, 호는 풍뢰당(風雷堂)이다. 선산(善山)에 거주하였다.

123 마니(摩尼) : 범어(梵語) maṇi의 음역으로, 말니(末尼)라고도 하며, 보주(寶珠)로 의역된다. cintāmaṇi는 진타마니(眞陀摩尼)로 음역되는데, 이것은 여의주(如意珠)라는 뜻이다.

휘원 정온[124]이 경성으로 부임함을 전송하며
送鄭輝遠 蘊 赴鏡城

외로운 봉황이 남으로 와서 날개 치고 울다가 孤鳳南來振翼鳴
표표히 날아서 멀리 북방의 경성으로 향하네 飄飄遠向朔方城
남아는 어딜 가나 즐거워하지 않음이 없으니 男兒隨處無非樂
장백산과 마운령도 평탄한 노정으로 여기네 長白磨雲是坦程

124 정온(鄭蘊) : 1569~1641. 본관은 초계(草溪), 자는 휘원(輝遠), 호는 동계(桐溪), 시호는 문간(文簡)이다. 1610년(광해군2) 문과 급제하고 대사간, 대제학, 이조참판 등을 역임했다. 정온의 〈행장〉에 의하면, "신해년(1611)에, 주상이 창덕궁으로 이어했다가 창덕궁이 주상에게 이롭지 못하다는 요언이 있자 경운궁으로 돌아가려 함에 정온이 극력 간하다가 기휘하는 말에 저촉되어 경성 판관으로 좌천되었다."라고 하였다. 저서로는 《동계집(桐溪集)》이 있다.

임자년(1612, 광해군4) 원일에 지음

壬子元日

거백옥은 오십 세에 잘못을 알았는데[125]	伯玉知非五十秋
오십 세가 넘도록 꿈속에서 노닐었네	百年强半夢中遊
오늘 아침에 종전의 일을 점검해 보니	今朝點檢從前事
허랑하고 미친 듯 내달린 게 부끄럽네	浪走狂奔也可羞

125 거백옥(蘧伯玉)은……알았는데 : 춘추 시대 위(衛)나라 대부 거백옥을 공자(孔子)가 현인이라 칭찬하였는데, 그는 항상 허물을 고치려고 노력하였다. 《회남자(淮南子)》 〈원도훈(原道訓)〉에 "거백옥은 나이 50에 49세 때까지의 잘못을 알았다."라고 하였다.

한산도 수군이 적에게 함락되었다는 소식을 듣고 감개하여 회포를 서술함

聞閑山舟師爲賊所陷感慨述懷

잠 못 이루는 한밤중에 얇은 이불을 감싸고　耿耿中宵擁紙衾
슬피 지난 일 생각하니 더욱 오늘이 아프네　愀然思古轉傷今
누가 어지러운 폭포 날려 사람 귀 먹게 할까　誰翻亂瀑聾人耳
아직 나그네 마음 비출 달은 떠오르지 않았네　未放氷輪照客襟
울분이 매양 노래 속에 폭발하는데　壯憤每因歌裏發
인재를 공연히 책 속에서 찾는구나　人材空向卷中尋
이미 처자를 이끌고 거친 골짜기에 들어가서　已携妻稚投荒谷
번생이 농사 배우려 한[126] 마음 스스로 웃네　自笑樊生學稼心

126 번생이……한 : 번생은 공자의 제자 번지(樊遲)이다. 번지가 공자에게 농사일을 가르쳐 달라고 청하자〔請學稼〕, 공자가 "그 일은 내가 늙은 농부만 못하다.〔吾不如老農〕"라고 대답한 것에서 가져왔다. 《論語 子路》

생질 이원수가 내방함에 위로함

慰李甥遠樹來訪

네가 바다 모퉁이로 날 찾아옴이 어여쁘니	憐渠來訪海隅身
악수하고는 네가 사람 노릇 한 것에 놀랐다	握手方驚汝是人
자식 손자 되어서는 모두 장례를 못 지내고	爲子爲孫俱未葬
형과 아우에게는 다시 고난을 겪게 하였네	於兄於弟復含辛
모습은 해가 바뀌는 사이에 옛날 같지 않고	形容隔歲殊非昔
근심스런 마음은 가을 되자 곳곳이 새롭네	愁緒逢秋觸處新
천 리 먼 곳의 집은 하늘이 빌려준 것인데	千里一堂天所借
전쟁통에 몇 번이나 가친을 뵐 수 있을까	干戈能見幾家親

영해 태수 김구정[127]에게 드림

贈寧海太守金九鼎

나그네 시름겨운 마음이 삼처럼 어지러워	客中愁緖亂如麻
청명 시절을 칩거하는 뱀처럼 다 보냈네	送盡淸明似蟄蛇
언덕 버들은 바람 따라 안개 속에 가볍고	岸柳隨風輕綰霧
바위 꽃은 비에 젖어 노을 아래 아득하네	巖花沐雨遠蒸霞
해가 지나 그대는 숲에 깃든 봉황 되었고	經年公作棲林鳳
천 리 먼 곳의 나는 바다로 간 개구리[128] 되었네	千里儂爲適海蛙
봄이 저물기 전에 하늘 갠 날을 기다려	待得天晴春未老
동서로 유람하며 괴로운 심사 씻어 보세	東遊西泛滌煩痾

127 김구정(金九鼎) : 1559~1638. 본관은 함창, 호는 서현(西峴)이다. 1582년(선조15) 문과에 급제하여, 형조 좌랑·호조 정랑 등을 역임하였다. 임진왜란 때 선조를 평양까지 호종하고 그해 겨울 영해 부사에 부임하였다. 그 뒤 대구 부사를 지내다가 인목대비가 폐비되자 벼슬을 던지고 물러났다.

128 개구리 : 정와(井蛙)를 가리키는 말로 견문이 적음을 의미하는 것이니, 《장자》 〈추수(秋水)〉에 "우물 안의 개구리에게 바다를 말해 줄 수 없는 것은 사는 곳에 구속되어 있기 때문이다.〔井蛙不可以語於海者, 拘於虛也.〕"라고 한 데서 가져왔다.

타향에서 국화를 보고 감회가 있어

他鄕覽菊有感

-가을 국화 몇 떨기가 비를 맞고 피어나서 쓸쓸하게 나로 하여금 고향에 있는 듯하게 하였다.-

근심을 풀려고 해양을 바라보지 마오	莫爲遣愁望海洋
수심이 바다 같이 더욱 망망해진다오	愁心如海更茫茫
강산은 예전이 아니어서 눈이 매우 상하고[129]	江山非古偏傷眼
얼굴은 다 새로워 마음 토로할 의욕 없네	顔面皆新懶吐腸
만추의 서산엔 원숭이가 달 보고 울부짖고[130]	秋晩西岑猿叫月
찬 서리 내린 남포엔 기러기가 해를 따르네	霜寒南浦鴈隨陽
옛날 동쪽 울타리 국화 딴 마음[131] 알겠으니	知心舊日東籬菊
이 땅에서 보매 뜻이 더욱 유장하여라	此地相看意更長

129 강산은……상하고 : 강산이 예전과 달라서 마음이 서글퍼짐을 표현한 말로, 이백의 시 〈금릉신정(金陵新亭)〉에 "눈을 들어 보니 산하가 옛날과 달라, 주개의 마음을 매우 서글프게 하였네.〔擧目山河異, 偏傷周顗情.〕"라고 한 구절에서 가져왔다. 《古文眞寶 後集》

130 원숭이가……울부짖고 : 중국 호북성(湖北省) 파동현(巴東縣) 서쪽에 파협(巴峽)이 있는데, 물살이 세고 원숭이 울음이 유난히 애절하다고 한다. 사관(謝觀)의 〈청부(淸賦)〉에 "파협에 가을이 깊으면 오밤중 원숭이가 달을 보고 부르짖네.〔巴峽秋深, 五夜之哀猿叫月.〕"라고 한 구절이 있다.

131 동쪽……마음 : 원문의 '동리국(東籬菊)'은 진(晉)나라 도연명(陶淵明)의 시 〈음주(飮酒)〉에 "동쪽 울타리 아래서 국화를 따다가 유연히 남쪽 산을 바라보네.〔採菊東籬下, 悠然見南山.〕"라고 한 데서 가져왔다.

종질 입지[132]의 시에 뒤따라 차운함

追次從侄立之韻

어찌 물외에서 한적하게 지낼 수 없으랴만	寧無物外可偸閑
포부가 원래 구차히 편히 지냄에 있지 않았네	素抱元非在苟安
노래하고 읊조려도 울분이 사라지지 않아서	壯憤未消歌嘯後
슬픈 회포를 취하고 깨는 사이에 잠시 붙인다	悲懷聊寓醉醒間
운장[133]의 말구유엔 신령한 말이 뛰어오르고	雲長櫪下神駒躍
유신[134]의 칼집 속에는 보검이 차가웁네	庾信鞘中寶劍寒
어느 날에나 천지가 정돈이 되어서[135]	何日乾坤歸整頓
고향에 함께 가서 산수 간에 누워 지낼까	故園同去臥湖山

132 입지(立之) : 최산립(崔山立, 1550~1615)의 자이다. 호는 우암(愚庵)으로, 1591년(선조24) 문과에 급제하여 진보 현감·성주 목사(星州牧使) 등을 역임하였다.

133 운장(雲長) : 중국 삼국 시대 촉(蜀)나라의 명장 관우(關羽)의 자이다. 유비(劉備)·장비(張飛)와 의형제를 맺고, 적벽전(赤壁戰) 때 수군을 통솔하여 큰 전공을 세우기도 하였다.

134 유신(庾信) : 북주(北周) 유신(庾信, 513~581)의 〈주종묘가(周宗廟歌)〉에 "마침내 삼척검을 봉하고, 길이 일융의를 접어 두네.〔終封三尺劍, 長卷一戎衣.〕"라고 한 말이 있다.

135 천지가 정돈이 되어서 : 두보(杜甫)의 시 〈세병마행(洗兵馬行)〉에 "두세 분 호걸이 이때를 위해 나와, 하늘과 땅을 정돈하고 시대를 구제하였네.〔二三豪傑爲時出, 整頓乾坤濟時了.〕"라는 표현에서 가져온 것이다. 《杜少陵詩集 卷6》

금당곡[136]의 옛 집을 방문하매 감회가 있어

過金堂谷舊居有感

괴로운 병과 세상일이 괴롭게 서로 얽혀	煩痾世累苦相縈
오 년 동안 금곡 나들이를 하지 못하였네	五載不爲金谷行
예전 시내와 산은 내 모습을 아는 듯하고	舊日溪山如識面
새로 태어난 아이는 스스로 이름을 말하네	新生童穉自言名
난간에는 조용한 낮에 매가 처음 익숙하고	欄楯晝靜鷹初慣
울타리엔 서리 맞은 국화가 이미 향기롭네	籬落霜酣菊已馨
아, 집은 가까우나 사람이 멀어져 버렸으니	室邇可嗟人已遠
한밤중 베개에 기대 닭 울음소리 헤아리네	中宵欹枕數鷄聲

136 금당곡(金堂谷) : 경상도 예천군 용문면 죽림리로, 금당실이라고도 한다.

주변헌[137]에서 총병 김응서[138]에게 드림
籌邊軒贈金摠兵應瑞

하늘 다한 동쪽 바다 땅끝 머리에	天盡東溟地盡頭
웅혼한 관문 형세 남쪽 고을에서 으뜸일세	雄關形勢冠南州
팔 년 전쟁의 고초에 처음 길을 열었으니	八年荊棘初開路
백전의 장군이 홀로 누각에 기대어 있네	百戰將軍獨倚樓
고성에 고각 소리 나는 해 저무는 저녁이요	鼓角孤城殘日暮
황폐한 풀에 연운 이는 바다 문의 가을이라	烟雲荒草海門秋
병영헌이 비린내 나는 오랑캐 소굴 마주해	營軒正對腥夷窟
예나 지금이나 산하는 무한하게 시름겹네	今古山河無限愁

137 주변헌(籌邊軒) : 경상도 울산 병영의 동헌에 있다.

138 김응서(金應瑞) : 1564~1624. 본관은 김해, 자는 성보(聖甫), 시호는 양의(襄毅)이다. 무과에 급제한 후 임진왜란 때 왜적을 소탕하고 성을 탈환하는 데 큰 공을 세웠다. 경상도·충청도 병마절도사, 북로방어사 등을 역임하였다. 후에 우의정에 추증되었고, 고향에 정문(旌門)이 세워졌다.

사임 박홍장[139]에게 준 증별시

贈別朴士任 弘長

서풍에 갈대 배[140]로 바다 건너는 처음에	一葦西風渡海初
장군의 짐꾸러미는 묻노니 어떠했나요	將軍行李問何如
비렴[141]이 날개를 접으니 파도 고요하고	蜚廉戢翼波濤靜
해약[142]이 맑아지니 독한 안개가 걷히네	海若淸塵瘴霧除
범의 부절 용 깃발이 절역에 횡행하고	虎節龍旗橫絶域
금장과 옥패가 고을 마을에 빛나리	金章玉珮耀鄕閭
남아의 사업이 모름지기 이 같아야 하니	男兒事業須如此
어찌 구구하게 문필을 일삼겠는가[143]	何用區區記姓書

139 박홍장 : 1558~1598. 본관은 무안(務安), 자는 사임이다. 1580년(선조13) 무과 급제한 뒤 10여 년간 서북 변방 수자리를 지냈고, 제주 판관으로 6년을 재임하였다. 1596년 대구 부사 재임 시에 유성룡의 추천으로, 통신사의 부사로서 정사 황신(黃愼)과 강화의 중책을 띠고 일본에 갔다. 풍신수길이 조선사절단을 멸시하고 국서에 답하지 않았지만 조금도 굴함이 없이 국가의 체면을 욕되게 하지 않고 돌아왔다.

140 갈대 배 : 원문은 '일위(一葦)'로, 《시경》 〈하광(河廣)〉에 "누가 황하를 넓다고 했나, 갈대 다발 묶어서도 건너갈 수 있는 것을.〔誰謂河廣, 一葦杭之.〕"이라고 한 데서 가져왔다.

141 비렴(蜚廉) : 전설 속에 나오는, 바람을 일으킨다고 하는 신비한 새의 이름이다. 또는 풍신(風神)을 가리키기도 한다.

142 해약(海若) : 해신(海神)의 이름이다. 《장자》 〈추수(秋水)〉에 "바다를 바라보고 약(若)을 향하여 탄식한다."라고 하였다.

143 문필을 일삼겠는가 : 《사기(史記)》 권7 〈항우본기(項羽本紀)〉에 항우가 "글은 성명을 기록할 만하면 그만이요, 칼은 한 사람을 당할 뿐이라 배울 것이 못 되니, 만인을 당할 수 있는 것을 배우리라.〔書足以記姓名而已, 劍一人敵, 不足學, 學萬人敵.〕"라고 하고, 마침내 병법을 배웠던 데서 가져온 말이다.

개산 유석[144]의 시에 차운함

次柳皆山 碩

석양의 하늘 가에 가벼운 구름이 일어나고　斜陽天際起輕陰
광풍이 대지를 말아들이니 온갖 소리 나네　捲地狂風萬鼓音
여장은 푸른 풀 난 길에 못 간 지 오래됐고[145]　藜杖久違青草路
고기잡이배는 푸른 강 물가에 공연히 기댔네　漁舟空倚碧江潯
언제 들판에 앉아 맑은 술자리 열 수 있을까　何當野坐開淸酌
부질없이 봄 광경이 먼 수풀에 들게 하누나　虛使春光入遠林
마음 알아주는 이웃 노인이 있음에 의지해　賴有知心隣舍老
걸어서 밝은 달을 따라 함께 서로 임하네　步隨明月共相臨

144 유석(柳碩) : 1595~1655. 본관은 진주(晉州), 자는 덕보(德甫), 호는 개산(皆山)이다. 1625년(인조2) 문과에 급제하고, 사헌부 장령·강원 감사 등을 역임했다.

145 여장(藜杖)은……오래됐고 : 오랫동안 만나지 못했다는 말이다. 여장은 청려장(青藜杖)이니, 명아주 줄기로 만든 지팡이로 가벼워서 노인이 짚는데, 전하여 은자의 지팡이를 표현할 때 쓴다.

휴암[146]의 시에 차운함

次休庵韻

허둥지둥 반백 년 삶에 머리는 온통 하얗고	悽悽半世雪渾頭
몸은 찬 매미 울음 이미 그친 가을 같아라	身似寒蟬已噤秋
분수에 응당 해야 할 바를 오히려 방과하고서	分所當爲猶放過
힘으로 하기 어려운 곳에 어찌 돌아가 쉬랴	力難容處盍歸休
아득한 천지에서 나는 부질없이 늙어 가지만	乾坤渺渺吾空老
화복이 늘 바뀌니[147] 괜히 걱정을 말 일이라	倚伏紛紛莫浪憂
오직 한스럽기는 정신이 세월 따라 바뀌어	獨恨精神隨歲換
한가해진 뒤에도 서책[148]을 읽지 않음이라	閑來亦自廢墳丘

146 휴암(休庵) : 김상준(金尙寯, 1561~1635)의 호이다. 본관은 안동(安東), 자는 여수(汝秀)이다. 1590년(선조23) 문과 급제하여 병조 좌랑, 해주 목사, 도승지, 형조 참판 등을 역임하였다. 편서에 《강감요략(綱鑑要略)》이 있다.

147 화복이 늘 바뀌니 : 원문의 '의복(倚伏)'은, 화가 변해 복이 되고 복이 변해 화가 됨을 뜻한다. 《노자(老子)》 58장에 "화는 복이 기대는 바이고, 복은 화가 엎드려 있는 바이다.〔禍兮福之所倚, 福兮禍之所伏.〕"라고 한 데서 가져왔다.

148 서책 : 원문은 '분구(墳丘)'로, 옛 서명(書名)인 《삼분(三墳)》과 《구구(九丘)》를 말한 것이다. 《춘추좌씨전》 소공(昭公) 12년 조에, "'그대는 잘 보오. 그는 삼분, 오전, 팔색, 구구를 능히 읽을 수 있소.' 했다.〔子善視之, 是能讀三墳五典八索九丘.〕"라고 한 데서 온 말이다.

동자가 문을 열자 눈이 소나무를 흠뻑 덮었기에[149] 지음
童子開門雪滿松

문밖의 소나무가 짙은 검푸른 색이더니	門外蒼髯黛色濃
밤이 되어 온통 백두의 모습이 되었네	夜來渾作白頭容
흐릿한 소나무에 눈이 쌓였고[150]	糢糊偃蓋堆鹽虎
꿈틀거리는 긴 가지에는 옥룡이 누운 듯	鬱屈長條臥玉龍
옥가루는 다정히 하나라 사단[151]을 꾸미고	瓊屑多情粧夏社
옥 꽃은 뜻있어 진시황이 봉한 걸[152] 덮네	瑤華有意掩秦封

149 동자가……덮었기에 : 제목의 원문 '동자개문설만송(童子開門雪滿松)'은 당(唐)나라 이상은(李商隱)의 시 〈억주일사(憶住一師)〉에 나오는 구절이다. 《全唐詩 卷540》

150 흐릿한……쌓였고 : 원문의 '언개(偃蓋)'는 일산(日傘)처럼 가지를 드리운 모양의 소나무를 표현한 것을 가리킨다. 원문의 '염호(鹽虎)'는 《춘추좌씨전(春秋左氏傳)》 희공(僖公) 30년 조에 나오는 말로, 소금을 굳혀 호랑이 모양으로 만든 것을 말하는데, 이것이 눈과 관련된 고사가 된 것은 한기(韓琦)의 시에서 비롯되었다. 그의 시에 "위태한 바위에 눈이 덮여 염호가 빠진 듯하고, 휘어진 늙은 가지에 옥룡이 차가워라.〔危石蓋深鹽虎陷, 老枝擎重玉龍寒.〕"라고 한 데서 유래하였는데 옥룡은 눈이 내리는 모습을 형용한 것이다. 이후로 염호와 옥룡은 눈을 비유하는 말로 쓰인다. 《安陽集 卷17 壬子十一月二十九日時雪方洽》

151 하나라 사단 : 하(夏)나라 사단(社壇)의 소나무라는 말로, 《논어》 〈팔일(八佾)〉에, 애공(哀公)이 재아(宰我)에게 사당에 대해 물으니, 재아가 "하나라는 소나무로 만들었고, 은나라는 잣나무로 만들었고, 주나라는 밤나무로 만들었습니다.〔夏后氏以松, 殷人以柏, 周人以栗.〕"라고 한 데서 유래하였다.

152 옥……걸 : 진시황이 태산(泰山)에 올라가 봉선(封禪)을 행하려고 하는데 폭풍우가 몰아친 일이 있었다. 그래서 할 수 없이 봉선을 중지하고 다섯 그루의 소나

무단한 주흥에 시흥을 재촉하였지만　　　　無端酒興催詩興
문득 구왕이 촌봉 금한 일[153]에 부끄럽네　　　　却愧歐王禁寸鋒

무 밑에서 비를 피하였는데, 후에 그 소나무를 기려서 대부(大夫)로 봉해 주었다고 한다. 《史記 卷6 秦始皇本紀》 옥 꽃은 옥룡(玉龍)을 가리킨다.

153 구왕이……일 : 구왕은 송나라 때의 문장가 구양수(歐陽脩)와 왕안석(王安石)을 말한다. 구양수가 시 짓기를 겨룰 때, 특정한 어휘를 쓰지 못하게 하고 시를 짓게 하는 것을 처음 시도했다. 예컨대 눈〔雪〕에 대한 시를 지을 경우 눈과 관련이 있는 학(鶴), 호(皓), 소(素), 은(銀), 이(梨), 매(梅), 노(鷺), 염(鹽) 등의 어휘를 사용하지 못하도록 금하는 것이다. 그 뒤에 소식(蘇軾)이 빈객들과 함께 이를 회상하며 시도해 본 적이 있는데, 그때의 시 가운데 "당시의 규칙을 그대들은 준수하라. 손으로만 싸워야지 무기를 잡으면 안 될지니라.〔當時號令君聽取, 白戰不許持寸鐵.〕"라고 읊은 구절이 있다. 《蘇東坡詩集 卷34 聚星堂雪》

함박눈이 궁도에 가득[154]

大雪滿弓刀

하늘 낮고 달빛 침침하며 북풍마저 세찬데　天低月黑北風高
듣자니 오랑캐 왕이 밤중에 달아났다 하네　聞道戎王半夜逃
날랜 말을 내달려 오랑캐를 쫓고 싶은데　欲騁輕蹄逐驕虜
군복 파고드는 북풍한설을 어이 감당할까　那堪朔雪擁征袍
인교[155]로 매단 활시위 눈 맞아 느슨해졌고　麟膠已被瓊華緩
연꽃 모양 칼날은 옥 같은 눈에 파묻혔네　蓮鍔還因玉屑韜
군막에서 정벌의 묘책 내어 이길 수 있으리니　坐幄伐謀能制勝
군이 고생스럽게 활과 칼을 쓰지 않아도 되리　不須辛苦用弓刀

154 함박눈이 궁도에 가득 : 원문 '대설만궁도(大雪滿弓刀)'는 당나라 노륜(盧綸)의 시 〈새하곡(塞下曲)〉에 나오는 구절이다.

155 인교(麟膠) : 기린의 뿔을 고아서 만든 접착제로, 끊어진 궁노(弓弩)의 줄도 다시 이을 수 있다고 하여 속현교(續弦膠)라고 한다. 《海內十洲記 鳳麟洲》

일어나 장막에서 술을 마시며[156]
起飮帳中

산도 뽑을 영웅에게 패도를 의뢰하지 않고	霸圖無賴拔山雄
하늘의 뜻과 사람의 마음이 패공을 향했네	天意人心屬沛公
사면의 초나라 노래에 가을이 다하려 하고	四面楚聲秋欲盡
오경의 오무에 그 한스러움을 어찌 다하랴	五更吳舞恨何窮
남은 술 마시며 억지로 우희와 영결 고하고	殘盃强爲虞姬訣
기계하는 아보[157]의 충성을 따르기 어려웠네	奇計難追亞父忠

156 일어나……마시며 : 항우(項羽)가 일찍이 서초패왕(西楚霸王)이 되어 천하를 호령했으나, 뒤에 해하(垓下)에서 한군(漢軍)에게 포위되었을 때 사면에서 초나라 노래가 들리자, 밤중에 일어나 장막에서 술을 마시며〔夜起飮帳中〕 "힘은 산을 뽑을 만하고 기개는 세상을 덮었건만, 시운이 이롭지 못함이여 오추마가 가지 않는구나. 오추마가 가지 않음은 어쩔 수 없거니와, 우희야 우희야 내 너를 어찌한단 말이냐." 라고 노래하고는 오강(烏江)에 이르러 그의 근거지인 강동(江東)으로 건너가 재기하려 하지 않고 그곳에서 패공(沛公) 유방(劉邦)의 휘하 병사와 싸우다가 생을 마감하였다. 《史記 卷7 項羽本紀》

157 기계(奇計)하는 아보(亞父) : 아보는 범증(范增)을 가리키니, 항우가 범증을 존경하여 부른 칭호이다. 범증은 기이한 계책으로 항우를 도와 제후의 패자(霸者)가 되게 한 인물로 아보로까지 일컬어졌는데, 항우가 그의 계책을 채택하여 형양(滎陽)을 포위하고 유방(劉邦)을 급히 치자, 유방의 지낭(智囊)인 진평이 항우의 사자(使者)를 범증의 사자인 것처럼 잘 맞이하여 대접하다가 짐짓 항우의 사자라는 것을 처음으로 깨달은 척 박대함으로써, 항왕이 범증을 의심하도록 만들었다. 그 결과 범증은 병권(兵權)을 모두 빼앗긴 채 백의종군하다가 마침내는 통분을 못 이긴 채 등창이 나서 죽었다. 《史記 卷7 項羽本紀》

가소롭다, 천망[158]은 참으로 잘못 말한 것이니　　可笑天亡眞誤道
지금도 남은 냄새는 오강(烏江)에 가득하네　　至今遺臭滿江中

158 천망(天亡) : 하늘이 자신을 망하게 했다는 뜻이다. 항우가 해하(垓下)의 전투에서 한 고조에게 패하고 도망칠 때, 자기를 따르는 28명의 기병들에게 "이는 하늘이 나를 망하게 한 것이지, 싸움을 잘못한 탓이 아니다.〔此天亡我, 非戰之罪.〕"라고 한 데서 유래하였다. 《史記 卷7 項羽本紀》

보내온 시에 보운하여 성덕부 군에게 남겨 두고 이별함
步來韻留別成君德夫

옥인은 무슨 일로 바다 하늘 끝에 왔나	玉人何事海天頭
옛날에는 조양과 유주[159]가 있었다네	古有潮陽與柳州
영도에서의 삼 년 봄 풀이 푸르렀고	瀛島三年春草綠
봉래 천 리에 저물녘 산이 조밀하네	蓬萊千里暮山稠
출처는 기미[160]에 처함을 가장 삼가고	行藏最愼幾微處
화복은 지력을 갖고 도모하기 어렵네	禍福難將智力謀
절역에서 또 오늘 이별을 하게 되니	絶域又成今日別
차마 머리 돌려 두류로 들지 못하겠네	不堪回首入頭流

159 조양(潮陽)과 유주(柳州) : 좌천 또는 귀양 가는 것을 말한다. 조양은 한유(韓愈)가 귀양 간 조주(潮州)를 가리키니, 한유의 시에 "저녁에 좌천되어 조양 가는 길이 팔천〔夕貶潮陽路八千〕"이라는 구절이 있다. 유주는 유종원(柳宗元)이 좌천되어 갔던 곳이다.

160 기미(幾微) : 주돈이(周敦頤)가 쓴 《통서(通書)》의 "성은 작위가 없으나 기에는 선과 악이 있다.〔誠無爲, 幾善惡.〕"라는 대목에 대해, 주자(朱子)가 "기라는 것은 처음 발동할 때의 미세한 움직임이니, 선과 악이 이로부터 나뉘게 된다.〔幾者動之微, 善惡之所由分也.〕"라고 한 말이 있다. 《近思錄 卷1 道體類》

이진[161]에서 배를 타고 와 성에 올라 남쪽 멀리 바라보며

自梨津乘船登城南望遠

행적은 외진 서쪽 변새에서 또 남주로 가니	迹窮西塞又南州
북풍한설과 무더운 바람 맘껏 멀리 노니네	朔雪炎風恣遠遊
완도는 가을 하늘 높고 단풍나무 늙었으며	莞島秋高紅樹老
한라는 구름 다한 곳 푸른 하늘 아득하네	漢羅雲盡碧天悠
노란 귤 자주 올리니 풍속 다른 곳의 맛이고	黃柑屢進殊方味
자줏빛 국화는 오히려 고향 근심을 머금었네	紫菊猶含故國愁
8월에 신선 뗏목[162] 탄 것이 며칠이었던가	八月仙槎乘幾日
객성이 응당 이미 견우와 만났으리라	客星應已會牽牛

161 이진(梨津) : 전라도 영암(靈巖)에 있는 포구로, 해남(海南)과 가깝다.

162 8월에 신선 뗏목 : 사신 가는 것을 말하는데, 여기서는 멀리 부임함을 의미한다. 《박물지》에 "근세에 해변에 사는 사람이 해마다 8월이 되면 어김없이 떼배를 타고 어디론가 갔다가 돌아왔다. 그 사람이 식량을 싼 다음 떼배를 타고 밤낮을 모른 채 한없이 가다가 한 곳에 도착하니, 성곽과 가옥이 완연히 늘어서 있었다. 방에는 베를 짜는 여자들이 많았고 어떤 장부 하나는 소를 물가로 끌고 나가 물을 먹였다. 그 사람이 돌아와서 촉(蜀) 땅의 엄군평(嚴君平)에게 물어보니, 엄군평이 말하기를 '아무 달에 객성(客星)이 우두(牛斗)를 범하였다.'라고 하였는데, 바로 그 사람이 은하수에 도착한 때였다."라고 하였다. 《博物志 卷10》

저물녘 부지암[163]에 닿아

暮投不知巖

함께 배 타도 신선에 비길 수는 없으나	同舟不是擬神仙
십 년을 거듭 만난 이 사람 옛 벗이로다	十載重逢是故人
세상사 다만 양쪽 귀밑머리 센 것 보고	世事但看雙鬢雪
풍광은 모름지기 1년 세월이 아쉬워라	風光須惜一年春
부지암 아래 물결에는 태양이 비치고	不知巖下波含日
무진정 앞의 풀은 방석인 듯하여라	無盡亭前草似茵
빼어난 시 몇 구 남기기를 사양치 마오	瓊唾莫辭留數語
생각건대 응당 진수[164]를 자주 꿈꾸리니	想應秦樹夢魂頻

163 부지암(不知巖) : 경상북도 구미시 임수동 동락서원(東洛書院) 근처의 낙동강 가에 있는 바위로, 장현광(張顯光, 1554~1637)이 1610년(광해군2)에 부지암정사(不知巖精舍)를 세워 강학하던 곳이다.

164 진수(秦樹) : 진(秦)나라에 있는 나무라는 뜻으로, 붕우 간에 오랫동안 멀리 떨어져 있으면서 서로 그리워하는 정을 표현할 때 쓰는 말이다. 이상은(李商隱)의 〈기령호랑중(寄令狐郎中)〉에 "숭산 구름 진나라 나무로 오래도록 떨어져 사네.〔嵩雲秦樹久離居〕"라는 구절이 있다.

새벽에 금갑도를 출발하며 신해년(1611, 광해군3)

曉發金甲島 辛亥

-새벽에 금갑도(金甲島)[165]를 출발하여 누선(樓船)을 타고 난포(蘭浦)를 향하였는데 가랑비가 새로 개고 바다에는 파도가 일지 않았다. 이윽고 자줏빛 노을이 물결 속에서 솟아오르는데 마치 만 칸의 궁궐 같았으니, 해가 떠오를 줄 알겠더라. 이윽고 청홍(青虹)의 비단 색을 보고 뱃머리에 나란히 서 있자니, 신기루가 맺히는가 의아해하였다. 이에 쌍무지개가 해를 따라 나타났다. 애오라지 근체시를 지어 기이한 광경을 기록한다.-

해국은 아득하게 만 리에 평평하고　海國微茫萬里平
서풍은 좋이 돛대에 가볍게 불어오네　西風正好掛帆輕
붉은 해의 비등하는 광채 구경에 푹 빠졌고　貪看紅旭飛騰彩
푸른 무지개 변화무상한 모습도 잠깐 보았네　乍見青虹變態形
깃발이 살짝 움직이니 파도의 신이 엎드리고　旌旗微動波神伏
소고가 교대로 울리니 물고기들이 놀라네　簫鼓交轟水族驚
다행히 남쪽 유람해 유쾌하게 구경했으니　幸作南遊成快觀
시 읊조림이 불평의 울림[166]은 아니라오　吟詩非爲不平鳴

165 금갑도(金甲島) : 전라남도 진도군 의신면에 있는 섬이다. 갑도(甲島) 등으로 불리기도 한다.

166 불평의 울림 : 원문은 '불평명(不平鳴)'으로, 한유(韓愈)의 〈송맹동야서〉에 "대체로 사물이 화평함을 얻지 못하면 우나니, 소리가 없는 초목은 바람이 흔들어서 울게 하고, 소리가 없는 물은 바람이 출렁이게 해서 울게 한다.〔大凡物不得其平則鳴, 草木之無聲, 風撓之鳴, 水之無聲, 風蕩之鳴.〕"라고 한 데서 온 말로 흔쾌하지 않음이 마음에 있으면 글을 짓는다는 뜻이다. 《古文眞寶 卷3 送孟東野序》

장경당[167] 행원 홍효 에게 주는 증별시 갑인년(1614, 광해군6)

贈別張敬堂行源 興孝 甲寅

학가산[168]의 남쪽 호수 동쪽에 있는 　鶴駕之陽湖水東
정신 맑고 모습 고고한 한가한 옹이여 　神淸貌古一閑翁
밝은 등불 밝히고 함께 서책을 보았으며 　共尋編簡明燈裏
저녁 비 내릴 제 거문고 가락 서로 응했네 　相和琴歌暮雨中
풍진 속에 발걸음 잃어버린 나는 부끄럽고 　愧我風塵脚已失
더디 가며 살쩍 쑥대 같은 그대께 감탄하네 　嗟君遲邁鬢如蓬
이별에 임하여 은근한 정을 심히 입었으니 　臨分最荷慇懃意
노년에 등불 켜고 공부[169]하라 격려해 주었네 　責勉桑榆秉燭功

167 장경당(張敬堂) : 장흥효(張興孝, 1564~1633). 본관은 안동(安東), 자는 행원, 호는 경당이다. 김성일(金誠一)·유성룡(柳成龍)을 사사(師事)하였고, 뒤에 정구(鄭逑)의 문하에서 학문을 닦았다. 관계 진출을 단념하고 후진의 교도에 전념하였다. 뒤에 지평에 추증되고 안동 서후면(西後面)의 경광서원(鏡光書院)에 제향되었다. 저서로는 《경당집(敬堂集)》이 있다.

168 학가산(鶴駕山) : 경상북도 예천군 보문면(普門面)과 안동 서후면 대두서리에 위치한 산이다.

169 등불 켜고 공부 : 늙어서도 배우기를 그치지 않음을 의미한다. 진(晉)나라 평공(平公)이 나이 칠십에 배우고자 해도 때가 늦었다고 하니, 사광(師曠)이 "어찌 등불을 밝히지 않습니까?"라고 하였다. 뒤에 이를 바탕으로, "늙어서 배우는 것은 등불을 잡고 비추는 빛과 같다.〔老而學者, 如秉燭之光.〕"라고 한 말이 있는 데서 유래하였다. 《海錄碎事 卷18 老學》

종질 입지의 산중거처에 묵으며

宿從侄立之山居

누가 말했나, 남전이 우리 군을 얽맨다고	誰謂藍田絆我君
높고 차가운 동천은 속세와 격리되었네	高寒洞府隔塵氛
태평한 안개는 돌다리 아래 물과 합하고	太平烟合石橋水
소백산은 죽령의 구름과 연이어 있네	小白山連竹嶺雲
봄 바위의 향기로운 갓은 남들 따라 캐고	春巖香芥隨人採
고요한 밤에 울리는 여울 소리 홀로 듣네	靜夜鳴灘獨自聞
연사[170]의 맹세한 마음 우리 저버리지 않고	蓮社心盟吾不負
맑은 물 푸른 초원에 농사나 잘 지어 보세	碧溪青草好耕耘

170 연사(蓮社) : 백련사(白蓮社)에서 가져와 은거지의 의미로 쓰인다. 동진(東晉)의 혜원법사(慧遠法師)가 당시의 현사(賢士) 유유민(劉遺民)·뇌차종(雷次宗)·주속지(周續之) 등과 여산(廬山)의 동림사(東林寺)에 연못을 파고 연꽃을 심고는 연사라고 하고 백련사라는 단체를 결성하였는데, 사령운(謝靈運)·도연명(陶淵明) 등이 참여했던 일에서 유래하였다.

백암사[171]에 묵으며 기성 태수에게 지어 드림

宿白巖寺贈箕城太守

-병신년(1596, 선조29) 여름에 사동(沙銅)에서 와서 백성헌(白惺軒),[172] 황해월(黃海月 : 황여일(黃汝一))과 함께 온정(溫井)에 들렀다. 목욕하고 나서 백암사에 머물러 묵으면서 기성 태수에게 시를 지어 주었다. 당시에 태수는 산에서 기우제를 올리고 있었다.-

맑은 그늘 스친 길에 말발굽 소리 내며	淸陰拂路馬蹄乾
하루 종일 수석 사이를 가고 또 갔네	盡日行行水石間
고삐 나란히 하여 황해월을 찾아가고	幷轡爲尋黃海月
옷자락 이어 백암산에 와서 투숙했네	連裾來宿白巖山
신룡이 비 내리기를 좋아하지 않으니	神龍不肯興雲雨
읍재가 제단을 마련하신 보람이 없네	邑宰徒勞設祭壇
이별할 제 한바탕 취하길 사양치 마오	臨別莫辭成一醉
지금까지 세상사에 웃을 일이 드물었네	從來世事少開顔

171 백암사(白巖寺) : 경상북도 울진군 온정면에 있는 사찰이다. 《신증동국여지승람(新增東國輿地勝覽)》에는 강원도 평해군 백암산(白巖山)에 있는 사원으로 기록되어 있는데, 1799년(정조23)에 완성된 《범우고(梵宇攷)》에 이미 폐사되었다고 하였다.

172 백성헌(白惺軒) : 백현룡(白見龍, 1543~1622)으로, 본관은 대흥(大興), 자는 문서(文瑞), 호은 성헌이다. 인진왜란 때 의병을 일으켜 김성일의 휘하에 들어가 공을 세웠고, 정유재란 때는 화왕산성(火旺山城)으로 들어가 곽재우(郭再祐)와 함께 적을 무찔렀다. 저서로는 《성헌집(惺軒集)》이 있다.

문암[173]에서 이여직 연형[174]의 시에 차운함
門巖次李汝直年兄

물 밑의 운근[175]이 솟아올라 날 듯하니　水底雲根聳欲飛
조물주가 현묘한 이치 운행한 줄 알겠네　方知造物運玄機
물결 가로지른 흰 달빛은 은교에 비치고　橫波素月銀橋落
언덕 건너편 붉은 바위 금장으로 둘렀네　隔岸丹巖錦障圍
반곡[176]은 전에 듣고 돌아가지 못했지만　盤谷舊聞歸未得

173 문암(門巖) : 경상북도 영양군 일월면 문암리에 있는 마을 이름이다. 이 마을 남쪽에 문바우〔門巖〕라는 큰 바위가 시냇가에 바짝 임하여 있는데, 바위 중간이 문처럼 뚫려 영양군 수비면이나 봉화군 재산면으로 통하는 큰길이 나 있다.

174 이여직(李汝直) 연형 : 이정백(李庭栢, 1553~1600)으로, 여직은 그의 자이다. 본관은 진성(眞城), 호는 낙금헌(樂琴軒)이다. 임진왜란 때 안동에서 의병을 일으켜 예천 용궁(龍宮), 밀양(密陽), 응천(凝川) 등지에서 왜적을 격파하였다. 저서로는 《낙금헌집(樂琴軒集)》이 있다. 연형(年兄)은 동년 급제자 가운데 주로 연장자를 가리키는데, 이여직은 최현과 함께 1588년(선조21) 생원시에 합격하였고, 최현보다 나이가 많다.

175 운근(雲根) : 벼랑이나 바윗돌을 뜻하는 시어(詩語)이다. 당나라 두보(杜甫)의 시에 "충주 삼협 안에 있는지라, 마을이 운근 아래 모여 있네.〔忠州三峽內, 井邑聚雲根.〕"라는 표현이 나오는데, 그 주(註)에 "오악의 구름이 바위에 부딪쳐 일어나기 때문에, 구름의 뿌리라고 한 것이다.〔五嶽之雲觸石出者, 雲之根也.〕"라고 하였다. 《杜少陵詩集 卷14 題忠州龍興寺所居院壁》 여기서는 문암을 가리킨다.

176 반곡(盤谷) : 은거지를 말하는 것으로, 중국 태항산 남쪽에 있는 골짜기이다. 당(唐)나라 때 이원(李愿)이 일찍이 벼슬을 사직하고 물러가 이곳에 은거할 적에 한유(韓愈)가 그를 송별하는 뜻으로 〈송이원귀반곡서(送李愿歸盤谷序)〉를 지어 그를 칭찬했는데, 그 대략에 "태항산 남쪽에 반곡이 있으니, 반곡 안에는 샘물이 맛 좋고

도원은 지금 보는 것이 아마 맞지 않을까	桃源今見是耶非
진안[177]에는 예로부터 대사가 없었으니	眞安從古無臺榭
선경 구역 아는 이 드물다는 걸 믿겠네	始信仙區識者稀

땅이 비옥하여, 초목이 무성하고 사는 사람은 드물다."라고 하였다.

177 진안(眞安) : 진성(眞城), 안동을 지칭한다. 이여직은 진성 이씨로 안동에 거주하였기 때문에 이렇게 말한 것이다.

정덕혼[178]과 함께 우곡 서재에 묵으며 우연히 읊음

與鄭德渾同宿尤谷書齋偶吟

우곡 골짜기 바깥은 예사롭게 보였는데	尤谿外面尋常見
막 산중에 이르니 드넓은 우주가 있네	纔到山中宇宙寬
기이한 경치를 종래엔 신귀가 보호했으니	異境從來神鬼護
속인이 걸으며 얼마나 무심히 보았던가	塵蹤幾許等閑看
쏟아 나오는 맑은 샘물은 푸른 동경 같고	淸泉瀉出靑銅鏡
평평히 펼친 분칠한 벽은 백옥 쟁반 같네	粉壁平鋪白玉盤
우습구나, 가야[179] 명성이 세상에 떨쳐져	却笑伽倻名動世
속인의 거마가 드나드매 한가한 적 없음이	俗人車馬不曾閑

178 정덕혼(鄭德渾) : 정인함(鄭仁涵, 1546~1613)으로, 본관은 서산(瑞山), 자는 덕혼, 호는 금월헌(琴月軒)이다. 경상북도 성주(星州) 수륜동(修倫洞)에 거주하였다. 우곡서재는 역양(嶧陽) 문경호(文景虎, 1556~1619)가 1588년 합천 가야산 동쪽 미숭산 아래에 지었는데, 현재는 남아 있지 않다. 문경호는 내암 정인홍의 문인이다.

179 가야(伽倻) : 정인함의 종형(從兄) 정인홍(鄭仁弘, 1535~1623)을 가리키니, 옛 가야 지역인 합천 출신이기 때문에 그렇게 불렀던 데서 기인한 듯하다. 정인홍은 본관이 서산, 자가 덕원(德遠), 호가 내암(來菴)으로, 조식(曺植)을 사사하였다. 북인의 영수(領首)로서 광해군이 즉위하자 대북정권을 수립하였으나, 1623년 인조반정으로 참형되고 가산이 적몰(籍沒)당했다. 저서로는 《내암집(來菴集)》이 있다.

아궁이에서 타는 오동나무 월과[180]로 지은 시이다.

爨下桐 月課

봉황 깃드는 좋은 재목인 역양[181]의 오동나무　鳳巢天骨嶧陽桐
나무꾼이 땔나무로 다 태워 버림[182]이 한스럽네　樵斧爲薪恨指窮
그래도 다행히 소리 듣고 아궁이에서 구하니[183]　猶幸賞音求爨下
절승의 잘린 나무 구렁에 묻혀 있던 것이네　絶勝斷木在溝中
사람은 운명에 따라 만남이 기다렸던 듯하고　人將命會如相待
사물은 시운을 만날 때 또한 절로 통하네　物遇時來亦自通
끝은 탔지만 거문고 줄 매는 데는 괜찮으니　焦尾不妨絃玉軫
백개의 솜씨는 귀신의 조화를 빼앗았네　伯喈心匠奪神工

180 월과(月課) : 매달 보는 시험을 말한다.

181 역양(嶧陽) : 오동나무 산지이다. 《서경》 〈우공(禹貢)〉에 "역산 남쪽의 고고한 오동나무〔嶧陽孤桐〕"라고 한 말이 있다. 당나라 왕발(王勃)의 〈한오서봉부(寒梧棲鳳賦)〉에 "오동은 역양의 진귀한 나무이고, 봉황은 단혈의 신령한 새 새끼일세.〔梧則嶧陽之珍木, 鳳則丹穴之靈雛.〕"라는 구절이 있다.

182 땔나무로……버림 : 《장자(莊子)》 〈양생주(養生主)〉에 "손으로 땔나무를 끝없이 밀어 넣으면 불씨가 전해져 결코 꺼질 줄 모른다.〔指窮於爲薪, 火傳也, 不知其盡也.〕"라고 한 데서 가져왔다.

183 소리……구하니 : 《후한서(後漢書)》 권60 〈채옹열전(蔡邕列傳)〉에 "오나라 사람 중에 오동나무로 불을 피워 밥을 짓는 이가 있었다. 채옹이 불타는 소리를 듣고 그것이 좋은 재목인 것을 알았다. 인하여 그것을 달라고 해서 거문고를 만드니 과연 소리가 아름다웠다. 그 나무 끝이 불에 탔기 때문에 당시 사람들이 초미금이라고 하였다.〔吳人有燒桐以爨者, 邕聞火烈之聲, 知其良木. 因請而裁爲琴, 果有美音, 而其尾猶焦, 故時人名曰焦尾琴焉.〕"라고 하였다. 채옹의 자는 백개이다.

병사 김태허[184]의 박연정[185]에 적음 박연정은 밀양에 있다.

題金兵使太虛博淵亭 亭在密陽

해외의 비린 기운 아직도 제거되지 않았는데	海外腥氛尙未除
장군은 무슨 일로 강가 오두막에 지내시는가	將軍何事臥江廬
한 구역의 천석은 공로 이룬 뒤에 마련했고	一區泉石功成後
온 골의 운연은 졸다 일어난 뒤의 광경이라	萬壑雲烟睡起餘
새 거물 들 때 은빛 붕어 어지러이 잡히고	新網擧時銀鯽亂
작은 거룻배 떠 가는 곳에 푸른 버들 트이네	短舠橫處綠楊疎
평생의 사업에 부끄러움이 없음을 알겠으니	平生事業知無愧
어찌 반드시 구구하게 문필을 일삼겠는가[186]	何必區區記姓書

184 김태허(金太虛) : 1555~1620. 본관은 경주(慶州), 자는 여보(汝寶), 호는 박연정(博淵亭), 시호는 양무(襄武)이다. 성주 목사, 경상도 병마절도사 등을 지냈다. 1592년(선조25) 임진왜란 때 밀양성이 함락된 뒤 밀양 부사로 임명되어 분전하였고, 울산 군수로 울산성 전투에서 도원수 권율(權慄)을 도와 큰 전공을 세웠다.

185 박연정(博淵亭) : 경상도 밀양에 있는 정자로, 김태허가 관직을 버리고 고향으로 돌아와 상동면 모정에 지어 여생을 보낸 곳이다. 본래 명종 때 능성 현감(綾城縣監)을 지낸 이담용(李聃龍)의 별업 관란정(觀瀾亭)의 옛터였는데, 임진왜란의 병란으로 불타 폐허가 된 상태로 방치된 것을 김태허가 발견하고 광해군 5년(1613)에 박연정을 지었다.

186 문필을 일삼겠는가 : 《사기(史記)》 권7 〈항우본기(項羽本紀)〉에 있는 구절에서 가져온 말이다. 앞의 주 143) 참조.

관란정에 올라

登觀瀾亭

계곡 지나 십 리를 걸어 산을 멀리 나오니	穿磎十里出山遙
나그네의 적삼에 바람 때리고 눈발 드세네	風撲征衫雪勢驕
구름 낀 산을 돌아보니 첩첩 봉우리 잠기고	回望雲巒藏疊穎
강가 누각에 다시 올라 찬 물결 굽어보노라	更登江閣俯寒潮
황국은 여전히 절로 세 길[187]에 피었는데	黃花猶自依三逕
청학은 어느 해에 구소[188]에서 내려오려나	青鶴何年下九霄
고금에 몇 사람이 노닐며 감상하러 왔던가	今古幾人遊賞過
홀로 머무는 밝은 달이 세월을 보내고 있네	獨留明月閱曛朝

187 세 길 : 원문은 '삼경(三逕)'으로, 진(晉)나라 도잠(陶潛)의 〈귀거래사(歸去來辭)〉에 "세 오솔길이 거칠어졌으나, 솔과 국화는 아직 남아 있네.〔三逕就荒, 松菊猶存.〕"라고 한 데서 가져왔다.

188 구소(九霄) : 하늘의 가장 높은 곳을 말한다.

산해정[189]에서 회포를 읊조림 두 수 무신년(1608, 선조41) 8월 동지사 서장관으로 연경에 갔다.

山海亭詠懷二首 戊申八月 以冬至使書狀官赴京

웅장한 관문이 높다랗게 겹으로 에워싸	雄關嵽嵲鎭重圍
하얀 성가퀴의 황운에 저녁노을 빛나네	粉堞黃雲耀夕暉
만 리 푸른 산은 땅 끝까지 뻗어 있고	萬里蒼山窮地軸
천 길 푸른 바다는 하늘 문을 잠갔네	千尋碧海鎖天扉
지금 몽염[190]의 한스러움은 말하지 않고	至今未洩蒙恬恨
후세에는 오직 서달[191]의 위엄만 일컫네	後世唯稱徐達威
이 역사로 인해 진나라가 망했다 말을 마오	莫道亡秦由此役
금구[192]처럼 남아서 제왕의 땅이 되었다네	金甌留作帝王畿

189 산해정(山海亭) : 산해관(山海關). 중국 하북성(河北省) 진황도(秦皇島)에 있는 관문(關門)이다. 만리장성(萬里長城)의 동쪽 끝으로, 교통・군사상의 요해지(要害地)이다.

190 몽염(蒙恬) : 진 시황(秦始皇)이 천하를 통일한 뒤에 몽염에게 만리장성을 쌓도록 하였다. 몽염은 시황제가 죽자 환관 조고(趙高) 등의 흉계로 투옥되어 자결할 때 자신의 죄에 대해, "나의 죄는 죽어 마땅하다. 임조에서 시작하여 요동성에 이르기까지 만여 리 땅을 파헤쳤으니, 이 중 지맥을 끊지 않을 수 없었을 것이다. 이것이 나의 죄이다.〔恬罪固當死矣. 起臨洮屬之遼東城, 塹萬餘里, 此其中不能無絶地脈哉. 此乃恬之罪也.〕"라고 말하고 죽었다. 《史記 卷88 蒙恬列傳》

191 서달(徐達) : 명나라 태조 때 중산왕(中山王)을 가리킨다. 서달은 많은 전공(戰功)을 세워 명나라 제일의 개국 공신이 되었다. 그가 산해관(山海關)을 처음 세웠다고 전해지는데, 역사적 기록은 확실하지 않다. 대부분의 연행록에는 산해관이 서달에 의해 축조되었다는 설을 기재하고 있다.

남아가 어찌 반드시 봉호만 지키고 있으랴　　男兒何必守蓬蒿
말에 앉아 채찍 휘두르니 의기가 호방하네　　跨馬揮鞭意氣豪
학주[193]는 천년 세월에 감개를 더하고　　鶴柱千年增感慨
장성은 만 리 멀리 내달리기를 맘껏 하네　　龍城萬里恣遊遨
진황도[194] 위쪽으로 황운이 모여들고　　秦皇島上黃雲合
강녀주[195] 물가에는 흰 물결이 드높네　　姜女洲邊白浪高
위무 정심했던 두 사람은 어디에 있는가　　威武貞心兩安在
부질없이 소인묵객의 마음 슬프게 하네　　空令騷客意忉忉

192 금구(金甌) : 금으로 만든 사발로 흠이 없고 견고하다 하여 강토(疆土)에 비유된다. 양 무제(梁武帝)가 일찍 일어나 무덕각(武德閣)에 이르러 혼잣말로 "나의 국토는 오히려 금구와 같아 하나의 상처도 흠도 없다."라고 했다는 데서 유래하였다. 《梁書 卷38 朱異列傳》

193 학주(鶴柱) : 화표주(華表柱)를 가리킨다. 옛날 요동(遼東) 사람 정영위(丁令威)가 도(道)를 배워서 신선이 되었다가 천년 만에 학이 되어 돌아와 요동 성문의 화표주에 앉았는데, 어떤 소년이 활을 들어 쏘려 하므로, 날아가면서 말하기를 "옛날 정영위가 한 마리 새가 되어, 집 떠난 지 천년 만에 이제 처음 돌아왔네. 성곽은 의구한데 사람은 다 바뀌었으니, 어찌 신선술을 배우지 않고 무덤들만 즐비한가.〔有鳥有鳥丁令威, 去家千年今始歸. 城郭如故人民非, 何不學仙冢纍纍.〕"라고 하였다는 데서 가져왔다. 《搜神後記 卷1》

194 진황도(秦皇島) : 지금의 중국 하북성 동단(東端) 산해관이 있는 곳으로 사행 경로에 있다.

195 강녀주(姜女洲) : 강녀는 맹강녀(孟姜女)를 가리킨다. 진시황(秦始皇) 때 범칠랑(范七郎)이란 이가 장성(長城)을 쌓는 역사에 징발되어 가매, 그의 처인 맹강녀가 겨울옷을 지어서 산해관으로 남편을 찾아갔더니, 남편은 이미 죽고 없었다. 그래서 그녀는 슬픔을 이기지 못하여 바다에 몸을 던지고 말았다. 또 망부석이 되었다는 전설이 있다.

삼류하[196]에 도착하여 화표주를 보고 태자하에 다다라

到三流河見華表柱臨太子河

채찍 들고 말을 타고 천자국에서 돌아오니	着鞭跨馬自天廻
지난 일 아득히 참으로 한스러워할 만하네	往事悠悠儘可欸
당제의 백탑사[197]는 부질없이 남아 있고	白塔謾留唐帝寺
곽외 당시의 황금대[198]는 어느 곳일까	黃金何處郭隗臺
고죽의 성[199] 주변에 맑은 바람이 지나가고	清風孤竹城邊過

196 삼류하(三流河) : 중국 요녕성(遼寧省)의 낭자산(狼子山) 30리 지점에 있는 강으로, 동북(東北)으로 흘러 태자하(太子河)로 들어간다.

197 백탑사(白塔寺) : 요동의 백탑을 말한다. 요동성(遼東城) 광우사(廣祐寺)에 있는 탑으로 백색이기 때문에 백탑이라 이름한 것이다. 순안(順安) 북쪽 2리 지점에 있는데, 당 태종(唐太宗)이 요동을 경략할 적에 울지경덕(尉遲敬德)에게 명하여 건립한 것이라고 한다.

198 황금대(黃金臺) : 전국 시대 연(燕)나라 소왕(昭王)이 사방의 어진 사람을 불러들이기 위해 쌓았다는 대(臺)를 말한다. 연나라가 제(齊)나라에 격파된 뒤에 소왕이 자신을 낮추고 후한 폐백을 갖추어 어진 자를 초빙해 원수를 갚으려고 하자, 곽외(郭隗)가 부족한 자신부터 잘 대우하면 어진 자들이 올 것이라고 하였다. 이에 소왕이 곽외를 잘 대접하자, 악의(樂毅)가 위(魏)나라에서 오고, 추연(鄒衍)이 제(齊)나라에서 오고, 극신(劇辛)이 조(趙)나라에서 오는 등 선비들이 다투어 연나라로 달려왔다. 《戰國策 燕策1》《史記 卷34 燕召公世家》

199 고죽(孤竹)의 성(城) : 옛날 은(殷)나라 때 고죽군(孤竹君)의 두 아들 백이(伯夷)와 숙제(叔齊)를 모신 이제묘(夷齊廟)를 말하는 것으로, 그 유적이 난하(灤河)가 흐르는 영평부(永平府) 서쪽에 있어서 사신 행차가 이곳을 지나간다. 백이와 숙제는 성품이 매우 개결(介潔)하여, 주 무왕(周武王)이 은(殷)나라를 정벌하자 무왕이 은나라의 신하로서 임금을 정벌함이 의가 아니라고 하여 형제가 함께 주나라 곡식을

문산의 사당[200] 아래에 석양이 비추어 주네	落日文山祠下來
당년의 부해객[201]을 다시 살려낼 수 있다면	若起當年浮海客
안개 파도에 짧은 노를 군과 함께 재촉하리	烟波短棹與君催

먹지 않고 수양산에 숨어 고사리를 캐 먹고 살다가 굶어 죽었다.

200 문산(文山)의 사당 : 문산은 송(宋)나라 문천상(文天祥)의 호이다. 문천상은 좌정승(左政丞)의 벼슬을 지냈으나 원(元)나라가 침입할 때 피체되어 연경(燕京)에 잡혀가 3년간 옥에 갇혔는데, 그가 목숨 바쳐 회복하고자 한 것은 오랑캐를 물리치고 중원의 주인이 된 당나라처럼 되는 것이었다. 《宋史 卷418 文天祥列傳》

201 부해객(浮海客) : 타향살이함을 말한다. 후한(後漢) 말기의 고사(高士) 관영(管寧)이 황건적의 난리를 피해 요동(遼東)으로 가서 살면서, 조정의 거듭된 부름에도 일절 응하지 않은 채 오랜 세월 동안 학생들을 가르치고 청빈하게 살며 유유자적했던 데서 유래하였다. 《三國志 卷11 魏書 管寧傳》

승지 이유홍[202]의 시에 차운함

次李承旨惟弘韻

냉산[203] 서쪽 기슭 낙동강 모퉁이	冷山西麓洛東隈
아담한 작은 방에 부재한 인물이 누웠네	斗室端宜臥不材
푸른 남기 들어오는 창을 어찌 닫을쏘냐	牕引靑嵐何用閉
누런 책이 아니고는 눈을 뜬 적이 없다오	眼非黃卷未曾開
한림에선 근심스런 살쩍이 이미 천 길이고	翰林愁鬢已千丈
공부에선 마른 술병에 한 잔 술도 없었네	工部乾壺無一盃
가을바람이 백악에서 일어날 때를 기다려	待得秋風生白岳
몸은 가는 기러기 따라 남으로 돌아왔네	身隨征鴈向南廻

202 이유홍(李惟弘) : 1566~1619. 본관은 전주(全州), 자는 대중(大仲), 호는 간정(艮庭)이다. 홍문관 부제학, 예조 참의, 영천 군수 등을 역임하였다. 광해군이 즉위하자, 당시 영창대군(永昌大君)을 지지하며 정권을 잡던 소북파의 일당이라는 탄핵을 받아 관작을 삭탈당하고 강계로 유배되었다.

203 냉산(冷山) : 경북 구미시 해평면 송곡리와 도개면, 군위군 소보면에 걸쳐 있는 산이다.

늙음을 상심하며 6수
傷老六首

머리털이 셈 髮白

반백이 된 뒤에는 꽃다운 모습 줄어드니　二毛生後少華滋
한번 백발 됨에 어찌 흑발 때로 돌이키랴　一白寧逢返黑時
서쪽 해에 하얀 양쪽 살쩍은 안 사라지고　西日不消雙鬢雪
동풍에 가득한 머리털 물들이기 어려워라　東風難染滿頭絲
오건 비껴 쓴 곳에 추함이 훤히 드러나고　烏巾岸處偏呈醜
거울을 보자니 쇠했음을 배로 깨닫겠네　青鏡看來倍覺衰
사호[204]는 당년에 무슨 일을 이루었던가　四皓當年成底事
흰 머리로 부질없이 자지사를 읊조렸네　皤皤空詠紫芝辭

얼굴의 주름 面皺

형용은 초췌하고 세월은 부질없이 흘러서　形容憔悴歲蹉跎
두 뺨에는 마치 물결 같은 주름이 생겼네　兩臉成紋似水波
주름진 이마는 매우 야윈 줄 안 지 오래고　蹙頞久知緣瘦甚
찌푸린 미간은 수심으로 많아진 것 아니네　攢眉不是爲愁多

204 사호(四皓) : 진(秦)나라 말기에 폭정(暴政)을 피해 숨어 살았던 네 명의 노인, 동원공(東園公)·기리계·하황공(夏黃公)·녹리선생(甪里先生)을 말하는 것이다. 상산사호(商山四皓)라고도 하는데, 자지(紫芝)를 캐먹고 살았으며 〈자지가(紫芝歌)〉를 지어 불렀다고 한다.

말을 탄 홍안의 젊은이를 만나기가 두렵고 怕逢馬上紅顏子
꽃 앞에서 화사한 사람 대하기가 부끄럽네 羞對花前粉鬠娥
처자가 있어서 정성껏 위로해 줌에 의지해 賴有妻孥相慰藉
기쁜 얼굴로 내게 권함에 마시고 조금 취하네 怡顏勸我飮微酡

등이 굽음 背傴

몸을 곧게 해서 다녀야 곧 천민인데 直躬行已乃天民
어이하여 쇠한 나이에 이 몸은 굽었나 胡乃衰年屈此身
짐을 잘 질 수 있는 탁타[205]는 아니요 不是橐駝能任負
도리어 몸을 펼 줄 아는 척확[206]과 같네 還同尺蠖解求伸
얼굴 들고 나는 새를 쳐다보기 어렵고 難爲仰面看飛鳥
머리 숙여 야인을 대하기가 부끄럽네 却愧低頭對野人
창 아래서 피곤하면 궤안에 기대야 하니 窓下倦來宜隱几
곱사등이가 나를 가까운 이웃으로 여기네 戚施向我作比隣

귀가 먹음 耳聾

청력 맡은 명관이 직분 이미 분담했건만 司聽名官職旣分
소리 있음에도 어찌 천군에게 닿지 않나 有聲何不徹天君
우레처럼 자리가 시끄러워야 조금 느끼고 迅雷喧座方微覺
거센 눈이 창에 울려도 아득히 들리지 않네 急雪鳴窓杳莫聞

205 탁타(橐駝) : 낙타, 곧 곱사등이를 말한다.

206 척확(尺蠖) : 자벌레. 《주역(周易)》 〈계사전 하(繫辭傳下)〉에 "자벌레가 몸을 굽히는 것은 장차 몸을 펴기 위함이다.〔尺蠖之屈, 以求伸也.〕"라고 하였다.

가동에게 곡조를 높이 부르게 함이 우습고 笑倩歌童高度曲
문인과 함께 자세히 글을 논하기가 두렵네 怕同騷客細論文
다만 온갖 소리 함께 다 사라졌나 의심하며 只疑萬籟俱消歇
우두커니 서창에 앉아 저녁 무렵까지 있네 兀坐書窓到夕曛

눈이 흐림 眼昏

젊은 날엔 가을 털끝도 다 봐 냈던 안력이 少日秋毫力可窮
지금은 지척에 있는 것도 흐릿하게 보이네 于今咫尺視夢夢
머리 들어 해를 보매 등불 아래인가 하고 擧頭見日疑燈下
눈을 뜨고 꽃을 보매 안개 속인 듯하여라 決眥看花似霧中
삼한 모두를 공손히 한번 살펴보고자 하여 欲盡三韓供一覽
천 길 높이 올라 두 눈 훤해지길 생각하네 思登千丈豁雙瞳
때때로 붓을 잡고 문자를 쓰자니 有時把筆書文字
먹물이 삐뚤삐뚤 공교치 못함이 부끄럽네 墨涴行欹愧未工

이가 듬성듬성 齒豁

밝게 웃음에 일찍이 하얀 이[207] 보였는데 粲笑曾因啓瓠犀
이후로 흔들려 빠진 게 아래위에 반일세 向來搖落半高低
음성은 어긋나서 도무지 분별하기 어렵고 語音訛舛渾難辨
잇몸은 입을 벌릴 적에 짐짓 고르지 않네 齗齶開張故不齊
돌처럼 단단한 음식물을 가장 꺼리고 最忌肴羞堅似石

207 하얀 이 : 원문은 '호서(瓠犀)'이다. 박의 씨를 말한 것으로, 전하여 고르고 하얀 치아를 가리킨다.

진흙처럼 부드러운 전죽이 가장 알맞네　偏宜饘粥爛如泥
강망[208]은 예로부터 깊은 경계를 드리웠으니　剛亡自古垂深戒
다시 거처하는 서재로 가 좌우에 적어야겠네　還向齋居座右題

208 강망(剛亡) : 강하기만 한 것은 망한다는 말이다. 송(宋)나라 증공(曾鞏)의 〈우미인초행(虞美人草行)〉에 "강강하면 반드시 죽고 인의로우면 왕이 되나니, 음릉 땅에서 길을 잃은 것은 하늘이 망친 것이 아니네.〔剛强必死仁義王, 陰陵失道非天亡.〕"라고 한 데서 가져온 것이다. 《古文眞寶 前集 卷5》

한천 남곽 두 영공의 시에 화운함
和寒泉南郭兩令公韻

두 공이 나를 재촉해 선원을 방문하였는데	兩公催我訪仙源
올라 보니 여기가 가장 높은 곳인 줄 알겠네	登眺方知此最尊
남쪽 변방을 방어하려고 지축을 가로놓고	爲捍南陲橫地軸
북극을 떠받치려고 운근[209]을 세웠네	要扶北極竪雲根
서리 흠뻑 맞은 노거수는 바위 배를 꾸미고	霜酣老樹粧巖腹
햇살 쏟아지는 저녁노을은 바다 문을 비추네	日射殘霞映海門
석대를 깨끗이 쓸고 잠시 졸면서	淨掃石臺成小睡
산길에 쉬 황혼이 됨을 개의치 않네	任他山路易黃昏

209 운근(雲根) : 벼랑이나 바윗돌을 뜻하는 시어(詩語)로, 당나라 두보(杜甫)의 시에서 가져왔다.

심일송의 시[210]에 차운함
次沈一松韻

희끗한 눈썹으로 둘러앉은 삼 형제　　厖眉鼎坐是三難
천상의 참된 신선을 이날 보겠네　　天上眞仙此日看
노숙한 분들이 초도일 모임에 임석하고　　老宿正臨初度會
태성[211]이 또 한 집의 기쁨을 도와주네　　台星又助一堂歡
만사를 헤아려 보며 오직 길이 마시니　　筭來萬事惟長飲
천 잔 술 다 들이킴에 어찌 추위 겁내랴　　倒盡千杯肯㥘寒
더구나 다시 예전 서왕모(西王母)가 있어　　況復舊時金母在
벽도화[212]의 향이 수정 쟁반에 있음에랴　　碧桃香擁水晶盤

210 심일송(沈一松)의 시 : 심희수(沈喜壽, 1548~1622)의 시로, 그의 문집 《일송집》 권3의 〈고성 대인의 수신에 절하며 축하함〔拜賀高城大人壽辰〕〉을 말한다. 그중에 "형제 모두가 장수하는 것은 고금에 어려운 일이니, 세 늙은 어르신의 백발이 같은 모습임을 보겠네.〔弟兄俱壽古今難, 三皓鬚眉一樣看.〕"라고 한 구절이 있다. 여기서 말하는 삼호(三皓)는 조씨 삼 형제를 가리키니, 장남 조윤희(曺胤禧), 고성 군수(高城郡守)를 지낸 둘째 조윤신(曺胤申), 양구 현감(楊口縣監)을 지낸 셋째 조윤지(曺胤祉)이다. 심희수는 본관이 청송(靑松), 자가 백구(伯懼), 호는 일송, 시호는 문정(文貞)이다. 노수신(盧守愼)의 문인으로, 우의정과 좌의정을 지냈고 청백리(淸白吏)에 뽑혔다. 저서로는 《일송집(一松集)》이 있다.

211 태성(台星) : 삼태성(三台星)으로 삼정승을 상징하는 별자리이다. 여기서는 심희수를 가리키니, 그는 좌의정과 우의정을 지냈다.

212 벽도화(碧桃花) : 한(漢)나라 무제(武帝)의 창(窓) 앞에 파랑새가 와서 우니, 그것을 보고 동방삭(東方朔)이 "그 파랑새는 서왕모(西王母)의 사신인데 오늘 밤에 서왕모가 올 것입니다."라고 하였는데, 그날 밤 과연 서왕모가 자기의 동산에 열린 3천 년에 한 번씩 열린다는 벽도라는 복숭아를 가지고 내려와서 금쟁반에 담아 한 무제에게 바쳤다고 한다. 벽도는 반도(蟠桃)라고도 한다. 《漢武帝故事》

정휘원[213]에게 드림

贈鄭輝遠

한밤중 그대 생각에 일어나 의관 정제하고	思君中夜整冠興
몇 번이나 편지를 쓰면서 눈물이 맺혔어라	幾許裁書淚眼凝
고국의 산천은 바다 안개에 혼미하고	故國山川迷海霧
타향의 비바람에 차가운 등불 밝히리라	殊方風雨耿寒燈
배운 바를 갖고 인륜을 부지하려 했음이니	擬將所學扶人紀
어찌 헛된 명성 위해 세상 법을 어겼으랴	豈爲虛名觸世罾
나그네 회포 쏟아 내기 가장 어려운 곳에	最是羈懷難寫處
저녁 구름 지는 해가 층층 산에 다가가리	暮雲殘日迫層崚

213 정휘원(鄭輝元) : 정온(鄭蘊)으로, 본관 초계(草溪), 호 동계(桐溪), 자가 휘원이다. 광해군 6년(1614)에 영창대군(永昌大君)이 피살되자 인륜에 어긋났음을 격렬히 상소하여 정항(鄭沆)을 처벌함과 당시 일어나고 있던 폐모론의 부당함을 주장하다가 제주도에 유배되었다. 이 시는 정온이 제주에 유배되었을 때 지은 듯하다.

노홍중[214] 경임 의 시에 차운함

次盧弘仲 景任 韻

젊은 시절 서검[215]으로 들뜬 명예를 좇다가 少年書劒逐浮名
넘어지고 머리 헝클어 마음 가는 대로 했네 跌足披頭任放情
시대를 아파하며 그저 한없이 눈물 흘리고 傷時謾灑千行淚
사서를 읽으며 괜히 만고 영웅을 슬퍼했네 讀史空悲萬古英
하얀 물결의 편주는 오히려 넘실거리고 白浪扁舟猶蕩漾
푸른 산의 푸른 나무는 정히 선명하네 青山綠樹正分明
그대 일찍 편하고 한가한 곳 얻은 게 좋으니 多君早得安閑地
깨고 취함이 어찌 일생의 즐거움이기만 하랴 醒醉何當樂一生

야인[216] 시절 부유라 풍자함을 탄식한 적 있으니 麻衣曾歎刺蜉蝣

214 노홍중(盧弘仲) : 노경임(盧景任, 1569~1620)으로, 본관은 안강(安康), 자는 홍중, 호는 경암(敬菴)으로, 장현광(張顯光)과 유성룡(柳成龍)의 문인이다. 1591년(선조24) 문과에 급제하였다. 관직은 홍문관 교리, 성주 목사 등을 역임하였다. 저서로는 《경암집(敬菴集)》이 있다.

215 서검(書劒) : 서(書)는 문(文), 검(劒)은 무(武)의 재능을 의미하며, 학문을 가리키는 말로도 쓰인다. 당나라 고적(高適)의 시에 "동산에 한 번 은거하여 흘려보낸 삼십 년 봄, 책과 칼이 풍진 속에 늙어 갈 줄 알았으랴.〔一臥東山三十春, 豈知書劍老風塵.〕"라는 구절이 있다. 《高常詩集 卷5 人日寄杜二拾遺》

216 야인 : 원문은 '마의(麻衣)'로, 벼슬을 하지 않고 야인으로 사는 것을 말한다. 송나라 여몽정(呂蒙正)이 낙양 용문산(龍門山)에서 친구와 글을 읽었는데, 뒤에 여몽정은 과거에 올라 재상(宰相)이 되고, 그 친구는 돌아가 숨어서 임금이 불러도 나

얼마나 궁한 오두막에서 흰 머리 일렁였던가　幾許窮廬浪白頭
해는 지고 길은 멀어 모름지기 힘써야겠는데　日暮道長須着力
땅 치우치고 마음 머니[217] 다시 어떻게 구하나　地偏心遠更何求
바람 가볍고 물결 고요하니 물고기들 도약하고　風輕浪靜魚多躍
구름 걷히고 하늘 개니 새는 마음껏 나네　雲捲天晴鳥自由
만물이 그칠 곳을 아는 듯함만 함이 없으니　萬物莫如知所止
반평생을 부질없이 꿈속에서 노닐었네　半生空作夢中遊

오지 아니하므로, 여몽정이 그 친구에게 시를 지어 "고인은 오히려 옛 마의를 입고 있네.〔古人猶着舊麻衣〕"라고 한 구절이 있었다.

217 땅……머니 : 진(晉)나라 도잠(陶潛)의 시에 "묻노니 그대 어찌 그럴 수 있소, 마음 멀어지면 땅도 절로 편벽된다네.〔問君何能爾, 心遠地自偏.〕"라고 한 구절에서 가져왔다. 《古文眞寶前集 2卷 雜詩》

새 정자에 꽃을 심음

新亭栽花

꽃 심기는 모름지기 봄에 맞추어 해야 하니	栽花須趁春時節
비를 맞으며 새로이 북사 이웃에 투숙했네	冒雨新投北舍隣
자주색 도화와 노란 고비는 모두 절품이고	桃紫薇黃俱絶品
파란 당리 푸른 오동은 다 사람에게 마땅하네	杜靑梧碧總宜人
매화나무 가벼이 옮기니 꽃 날아갈까 근심이고	輕移梅樹愁飄蕚
석류 뿌리 잘게 쪼개 심으니 새로 바뀜이 기쁘네	細劈榴根喜易新
먼 나그네가 군을 위해 몇 해나 머물려는지	遠客爲君留幾歲
이런 좋은 일 경영함에 정신을 소비하나	經營勝事費精神

가을 소리

秋聲

구름 담담한 갠 하늘에 한 줄 기러기 가고	雲淡天晴一鴈征
쓸쓸하게 차가운 잎은 계단을 둘러 울리네	蕭蕭寒葉繞堦鳴
물가 개구리풀은 저녁에 슬픈 소리를 내고	汀蘋暮起凄凄響
뜰 나무에선 아침에 쓰윽쓰윽 소리 들리네	庭樹朝聞摵摵聲
반백 년 공명에 시름겨운 살쩍이 어지럽고	半世功名愁鬢亂
백 년 인생 변해 감에 씩씩한 마음이 놀라네	百年時序壯心驚
고향에선 또 순채 농어[218] 흥취 저버리고	故園又負蓴鱸興
부질없이 구양부[219]의 불평을 말하게 하네	空使歐陽賦不平

218 순채 농어 : 진대(晉代)의 장한(張翰)이 낙양(洛陽)에서 벼슬하다가, 어느 날 가을바람이 일어나는 것을 보고는 고향 강동(江東) 오중(吳中)의 순챗국〔蓴羹〕과 농어회〔鱸鱠〕가 생각나서 "인생은 자기 뜻에 맞게 사는 것이 귀중하거늘, 어찌 수천 리 타관에서 벼슬하여 명작을 구하겠는가."라고 하고는, 즉시 수레를 명하여 고향으로 돌아갔던 데서 온 말로, 여기서는 고향에서의 흥취를 의미한다. 《晉書 卷92 文苑列傳 張翰》

219 구양부(歐陽賦) : 송(宋)나라 때 구양수(歐陽脩)가 지은 〈추성부(秋聲賦)〉를 가리킨다.

위봉사[220]에서 느낌이 있어 사찰은 전주에 있고 선대의 옛 유적이 있다. 신해년(1611, 광해군3)에 수사(水師) 종사관으로서 이곳에 들러 그 자리에서 읊었다.

威鳳寺有感 寺在全州 有先世舊蹟 辛亥 以舟師從事官 歷尋口占

위봉산 중에 있던 사람은 봉황 같았는데	威鳳山中人是鳳
사람 없고 봉황 떠나고 새벽에 원숭이 우네	人亡鳳去曉猿吟
노승이 그럼에도 전인의 일을 말해 줌에	老僧猶說前人事
흐르는 물에서 봉황 울음소리 듣는 듯하네	流水如聞鳴鳳音
땅은 신령한 구역 보호하려 만 겹 에워싸고	地護靈區圍萬疊
벼랑에 걸린 어지러운 폭포는 천 심 떨어지네	崖懸亂瀑落千尋
지는 석양은 짐짓 돌아가는 길 재촉하지 않고	斜陽且莫催歸騎
굽이굽이 맑은 시내는 참으로 임할 만하네	曲曲淸川儘可臨

220 위봉사(威鳳寺) : 전주 추줄산(崷崒山) 위봉산성(威鳳山城) 내에 위치하고 있다. 고려 초 최용각(崔龍角)이 추줄산에 오르니 숲에서 봉황 3마리가 노니는 것을 보고 절을 짓고 위봉사라고 하였다는 전설이 있다. 최용각은 전주 최씨로 묘소가 전주에 있다.

꿈에 서애 선생[221]을 뵙고 이어서 율시 한 수를 읊음
記夢見西厓先生 因詠一律

-경신년(1620, 광해군12) 2월 18일 새벽 비바람이 처연하게 불 적에 호접몽(蝴蝶夢)을 바야흐로 달게 꾸었는데, 마치 서애 선생 및 우인(友人)과 한 방에 함께 묵으며 고금을 논해 말하는 듯하였다. 깨어난 뒤 측연하게 여전히 비탄하고 감개하는 뜻이 있는지라, 베개를 밀치고 일어나 가만히 깊이 생각해 보니 어렴풋하게 그 문답(問答)한 말을 기억할 수 있었다. 아침을 기다렸다가 이를 적었다.

내가 바야흐로 졸고 있을 때 선생이 나를 불러 말하기를, "취침 중인가?"라고 하였다. 나는 오히려 시선이 거슴츠레하고 혼(魂)이 긴가민가하였지만, 몸을 돌려 응답하기를, "아닙니다." 하였다. 선생이 말하기를, "함께 이야기할 수 있겠는가?"라고 하였다. 나는 곧 옷을 걸치고 앉았다. 이어서 묻기를, "천도(天道)가 그윽하고 멀어서 앞으로의 일이 어떠할지 알지 못하겠습니다."라고 하니, 선생이 말하기를 "하늘을 살펴봄은 마땅히 사람으로부터 해야 하네."라고 하였다. 내가 말하기를, "지금의 국사(國事)는 어떠합니까?"라고 하니, 선생이 말하기를 "국가를 살펴봄은 마땅히 백성에게서 해야 하네." 하였다. 내가 말하기를, "북방의 오랑캐가 상국(上國 : 명나라)을 능멸하고 우리나라를 공갈하니, 앞날의 승패가 또한 장차 어떠하겠습니까?" 하니, 말하기를 "멀리 보는 것은 마땅히 가까운 데서부터 해야 하네."라고 하였다. 내가 말하기를, "이 오랑캐들은 병사를 단련하고 계책을 축적하여 때를 기다려 움직입니다. 들어 보매 그들이 군사를 움직이고 쓰는 것이 금·원(金元)에 뒤지지 않는다고 하니, 비록 지혜로운 자가 있을지라도 아마 계책을 낼 길이 없을 듯합니다. 땅을 피하고 몸을 숨기고서 천수(天數)에 맡기는 것만 함이 없을 따름입니다."라고 하니, 선생이 말하기를 "그대의 말이 참으로 옳다. 하지만 억측해서 맞추려 함이로다. 제갈공명(諸葛孔明)은 한(漢)과 위(魏)의 성패(成敗)를 알지 못했던 것이 아닌데도 오히려 '나라를 위해 몸과 마음을 다 바치다가 죽은 이후에야 그치나니, 성패와 이둔(利鈍)은 신의 밝음으로 미리 알 수 있는 바가 아닙니다.'[222]라고 하였으니, 어찌 그

221 서애(西厓) 선생 : 유성룡(柳成龍, 1542~1607). 본관은 풍산(豐山). 자는 이현(而見), 호는 서애이고, 시호는 문충(文忠)이다. 이황(李滉)의 문인으로 1566년(명종21) 문과에 급제하여, 대제학, 병조·예조·이조의 판서 등을 역임하였다. 저서로는 《서애집(西厓集)》, 《징비록(懲毖錄)》 등이 있다.

소견의 밝음이 그대만 못해서이겠는가."라고 하였다. 내가 말하기를, "혹 오랑캐의 변고가 있으면 우리나라에도 또한 변고에 대응하여 회복(恢復)시킬 사람으로 제갈공명 같은 이가 있겠습니까?"라고 하니, 선생이 말하기를 "지금 세상에 나라의 일을 맡은 자로, 이 모(李某) 같은 이가 많은 생각을 모으고 충익(忠益)을 넓힐 수 있다네."라고 하였다. 나는 선생의 말씀 속에 나무라고 풍자하는 뜻을 품고 있는 듯함을 알고, 이에 탄식하면서 응하여 말하기를, "이미 나라의 국권을 잡았다면[223] 직분상 마땅히 변고에 대응해야 하니, 이런 사람이 하지 않는다면, 그 누가 하겠습니까?"라고 하니, 선생이 말하기를 "아, 국가는 장차 누구를 믿겠으며, 백성은 장차 어떻게 보장하겠는가."라고 하였다. 내가 말하기를, "취한 뒤에는 스스로 알지 못하다가 깬 뒤에야 곧 이를 아니, 나와 같은 자는 예전에 몸이 태평한 가운데 있어서 스스로 알지 못하였습니다."라고 하니, 선생이 말하기를 "비록 태평 시대는 아니었지만 그래도 소강 시대는 되었지."라고 하였다. 내가 말하기를, "예전에 매번 공도(公道)가 행해지지 아니하고 염치가 날로 상실되어 백성들은 날로 힘들어짐을 근심하였더니, 지금에서야 생각해 보니 근심한 것이 망녕된 것이었습니다. 지금은 곧 다만 여기에만 그칠 뿐만이 아닙니다. 공도가 끊어지고 염치가 없어져서 청색 자주색 인끈을 찬 고관들이 모두 탐욕스러우므로 백성들은 끓는 솥 안에 있는 듯하니, 비록 다시 지난날처럼 되고자 하더라도, 그렇게 될 수 있겠습니까?"라고 하니, 선생이 말하기를 "앞서는 근심이 깊었기 때문에 오히려 조금 편안함을 보전하였고, 금일의 위태함은 바로 근심하지 않은 탓일 따름이다. 만약 금일에 국가를 근심함을 가정처럼 한다면 어찌 금일의 근심이 있겠는가."라고 하였다. 내가 말하기를, "재앙과 환란의 발생은 모두 동서로 분당(分黨)한 날에 근원하니, 분당의 화가 이런 극한 지경에 이르게 하였습니다. 어떠합니까?"라고 하니, 선생은 생각하기를 한참 하시다가 눈물이 그렁그렁한 눈으로 슬퍼하였다. 이어서 서성이며 뜰로 나가셨다.

나는 함께 누운 벗에게 일러 말하기를, "선생께서 잠자는 나를 불러서 더불어 말하였으니 다행함이 이보다 심함이 없는데, 나는 반쯤 꿈속에 있으며 품은 바를 다 펴지 못하였으니, 선생은 반드시 나를 혼매한 사람이라고 여길 것이거늘, 후회한들 어

222 나라를……아닙니다 : 제갈공명의 〈후출사표(後出師表)〉에 나오는 구절이다.

223 나라의 국권을 잡았다면 : 《시경》 〈절남산(節南山)〉에, "나라를 공평하게 다스려야 할 위치에 있을진댄, 사방을 유지되도록 해야지.〔秉國之均, 四方是維.〕"라고 한 데서 가져왔다.

찌하겠는가."라고 하니, 벗이 말하기를 "마땅히 오늘 저녁에 사죄하고, 다시 담론을 청하면 될 것이네."라고 하였다. 인하여 탄식스런 한을 풀지 못하고 깨어났다. 오호라, 내 비록 선생의 문하에 들어가[224] 가르침을 청할 겨를을 갖지는 못하였지만, 오히려 그 설월(雪月)의 정신과 우국(憂國)의 혈성(血誠)에 감복함이 지금 20년이 되었음에도 꿈속에서 감응하여 의연히 다시 그 기상을 접하는 듯하고, 하신 말씀이 마치 평소와 같았으니, 이 무슨 징조인가. 생각건대, 선생의 우국(憂國) 애민(愛民)의 한결같은 생각이 이 세상을 떠나서도 변하지 않아 어둡고 어두운 저승에서도 개연히 여기시는 바가 있고, 나의 구구한 마음이 마침 이에 감응해서 그런 것인가. 이로 인하여 율시 한 수를 읊어 그 뜻을 더한다.-

지금 시대에 누가 국정을 맡고 있는가[225]　　今代何人秉國成

나라의 기쁨과 근심을 민생에서 살펴야지　　邦家休戚視民生

큰 계책 펼치는 곳에 많은 생각이 모이고　　訏謨張處衆思集

충성과 이익이 크게 될 때 공도가 밝아지네　　忠益恢時公道明

깊이 취하면 자신이 취한 줄도 알지 못하니　　沈醉不知身自醉

태평 시대에 어찌 이것이 승평임을 알리오　　太平那識是昇平

분명 아직도 시대 근심하는 눈물을 띠나니　　分明尙帶憂時淚

당시에 국궁진췌하던 정성을 보는 듯하네　　如見當年盡瘁誠

224 문하에 들어가 : 원문 '구의(摳衣)'는 옷자락을 치켜올리고 가는 것으로, 스승에게 경의를 표하며 배우는 것을 의미한다. 《예기(禮記)》 〈곡례 상(曲禮上)〉에, 어른이 계신 방 안으로 들어갈 때에는 "옷자락을 공손히 치켜들고 구석을 따라 종종걸음으로 가서 앉고, 반드시 삼가 응대해야 한다.〔摳衣趨隅, 必愼唯諾.〕"라고 한 데서 유래하였다.

225 누가……있는가 : 《시경》 〈절남산(節南山)〉에 "마음에 근심하기를 술에 취한 듯이 하니, 누가 국정을 맡고 있기에, 스스로 정사를 펴지 못하여 마침내 백성들을 수고롭게 하는가.〔憂心如酲, 誰秉國成, 不自爲政, 卒勞百姓.〕"라고 한 데서 가져왔다.

차운 〔김윤안〕[226]

次韻〔金允安〕

나라의 원로가 한 번 돌아가시고 난 뒤에는	一自云亡國老成
어려움 있을 때 누가 다시 민생을 생각하나	艱虞誰復念民生
천심은 응당 멀리 있지 않음을 알 수 있나니	天心可卜應非遠
사람들 원망 해소함이 어찌 밝은 데 있으랴[227]	人怨須圖豈在明
공의 충성으로 당의를 없앨 수 있었더라면	若使公忠銷黨議
정히 위태한 난리를 치평으로 바꾸었을 터	定將危亂變治平
다만 지금도 여전히 정령이 남아 있으니	只今猶有精靈在
눈물이 흐르던 그때의 혈성을 생각하네	涕淚流時想血誠

226 김윤안(金允安) : 1560~1622. 본관은 순천(順天), 자는 이정(而靜), 호는 동리(東籬)이다. 저서로는 《동리집(東籬集)》이 있다. 이 차운시는 《동리집》 권2에 실려 있다.

227 사람들……있으랴 : 《서경》 〈오자지가(五子之歌)〉에, "한 사람이 세 가지 잘못을 하였으니, 원망이 어찌 밝은 데에 있겠는가. 드러나지 않았을 때에 도모해야 한다.〔一人三失, 怨豈在明, 不見是圖.〕"라고 한 데서 원용하였다.

청도 군수 김 모에 대한 만시
金淸道輓

수성[228]이 광채를 감추고	壽星晦彩
남극에는 구름이 침침하네	南極雲沈
모습은 속세를 탈피하였고	形蛻塵臼
기상은 깊은 그늘을 이루었네	氣結層陰
강하를 틔우듯 뛰어난 말솜씨	江河雄辯
호해와 같은 흉금을 지녔네	湖海胸襟
이제는 다시 볼 수 없으니	今不復見
세상에 지음[229]이 없어졌네	世無知音
백아의 현이 이미 끊어졌으니	牙絃已斷
어떤 인연으로 계속 이어 갈까	嗣續何因
지는 달이 들보에 가득하니[230]	落月滿樑
만고에 그 정신을 전하리	萬古傳神

228 수성(壽星) : 사람의 수명을 결정하는 별이자 장수(長壽)를 상징하는 별로, 남극노인성(南極老人星)이라고도 한다.

229 지음(知音) : 마음이 통하는 벗을 비유한 말이다. 춘추 시대 때 백아는 거문고 연주를 잘했다. 그가 거문고를 타면서 고산(高山)에 뜻을 두면 종자기가 "높디높기가 마치 태산과 같도다." 하고, 또 유수(流水)에 뜻을 두면 "넓디넓기가 마치 강하와 같도다." 했는데, 종자기가 죽자 백아는 자신의 거문고 소리를 듣고 알아줄〔知音〕 사람이 없다 하여 줄을 끊고 다시 거문고를 타지 않았다는 데서 유래하였다. 《列子 湯問》

230 지는……가득하니 : 벗을 그리워할 때 쓰는 표현이다. 두보(杜甫)가 이백(李白)을 그리워하며 지은 〈몽이백(夢李白)〉에 "들보 위에 가득히 기우는 저 달빛이여, 흡사 그대의 얼굴 비추는 것만 같네.〔落月滿屋樑, 猶疑照顏色.〕"라고 한 구절에서 유래하였다. 《杜少陵詩集 卷7》

강릉 부사 정종명[231]에 대한 만시
鄭江陵 宗溟 輓

붉은 깃발[232] 북쪽 대궐에 인사하고	朱幡辭北闕
자주색 끈[233] 동쪽 고을에 비치었네	紫綬映東州
백 리에 현가[234]의 음악이 울리었고	百里絃歌樂
삼청[235]으로 발걸음을 멀리하였네	三淸步武脩
금규[236]에서 함께 문서 처리한 적 있고	金閨曾共籍

231 정종명(鄭宗溟) : 1565~1626. 본관은 연일(延日), 자는 사조(士朝), 호는 화곡(華谷)이다. 1625년(인조3)에 강릉 부사(江陵府使)로 나갔다가, 다음 해 임지에서 죽었다. 당시 최현은 강원도 관찰사에 근무 중이었다.

232 붉은 깃발 : 원문은 '주번(朱幡)'이다. '웅식주번(熊軾朱幡)'의 준말로 곰 모양의 수레 앞턱 가로나무와 붉은 깃발을 가리키는데, 지방 장관으로 가는 행차를 뜻하는 말로 쓰인다.

233 자주색 끈 : 원문은 '자수(紫綬)'이다. 옛날 구경(九卿)은 푸른 인끈을, 공후(公侯)는 자주색 인끈을 사용했는데, 전하여 고관대작의 뜻으로 쓰인다. 《한서(漢書)》 권75 〈하후승전(夏侯勝傳)〉에 "선비가 경술에 밝지 못한 것이 흠이지, 만약 경술에 밝기만 하면 고관대작을 얻는 것은 마치 몸을 숙여 땅에 떨어진 지푸라기를 줍는 것처럼 쉬울 것이다.〔士病不明經術, 經術苟明, 其取靑紫如俯拾地芥耳.〕"라고 한 데서 유래하였다.

234 현가(絃歌) : 수령이 법도에 맞게 정사를 하니 백성이 안락하게 지내며 학문에 힘쓴다는 말이다. 공자의 제자 자유(子游)가 노(魯)나라 무성(武城)의 읍재(邑宰)로 있을 때, 공자가 무성에 가서 현악(弦樂)에 맞추어 노래하는 소리를 듣고 빙그레 웃었다는 내용에서 가져온 것이다. 《論語 陽貨》

235 삼청(三淸) : 도가에서 말하는 신선이 사는 곳으로 옥청(玉淸), 상청(上淸), 태청(太淸)의 삼부(三府)를 말한다.

경포에서 같이 노닐까 했었는데　　鏡浦擬同遊

세상을 떠나 이 땅을 지나가니　　旅櫬經過地

눈물이 흐르는 걸 어이 견디랴　　那堪涕泗流

236 금규(金閨) : 한(漢)나라 때 궁궐의 문인 금마문(金馬門)으로, 본디 학사(學士)들이 대조(待詔)하던 곳이었는데, 전하여 조정(朝廷)을 가리킨다. 《인재집》 〈제정강릉문(祭鄭江陵文)〉에 의하면 최현은 예문관, 사헌부에서 정종명과 함께 근무한 적이 있다. “예문관·사헌부에서 옷자락 나란히 함께 근무했네.〔鳳閣烏臺, 共佩聯裳.〕라고 하였다.

조종도와 곽준[237] 두 의사에 대한 애사

趙宗道郭䞭二義士哀辭

호남 영남이 동서로 나뉜 지역	湖嶺橫分地
강회의 보장[238]이 기울었도다	江淮保障傾
하늘이 무너짐에 돌로 떠받치지 못하고	天崩石未補
물결이 터짐에 손으로 막기가 어려워라	波坼手難橫
한 시대의 빼어나고 신령한 기운	一代英靈氣
쌍으로 절의의 이름을 이루었네	雙成節義名
이들의 의관은 백 년 지난 뒤에도	衣冠百載後
별과 달처럼 외로운 성을 비추리라	星月照孤城

237 조종도(趙宗道)와 곽준(郭䞭) : 조종도(1537~1597)는 본관 함안(咸安), 자 백유(伯由), 호 대소헌(大笑軒)이며, 시호는 충의(忠毅)로, 정여립(鄭汝立)의 모반에 연루되어 하옥되었다가 풀려나 의병 활동을 했고, 정유재란 때 안의(安義)에서 전사했으며, 저서로는 《대소헌일고(大笑軒逸稿)》가 있다. 곽준(1551~1597)은 본관 현풍(玄風), 자 양정(養靜), 호 존재(存齋)로, 정유재란 때 안음 현감으로 전 함양 군수 조종도(趙宗道)와 함께 황석산성(黃石山城)을 지키다 전사하였다.

238 강회(江淮)의 보장(保障) : 한 지방을 적의 침략으로부터 막아 내는 보루라는 의미이다. 당(唐)나라의 명신(名臣) 장순(張巡)과 허원(許遠) 등이 강회(江淮)의 보장(保障)이라고 일컬어지는 수양성(睢陽城)에서 서로 협력하여 몇 개월 동안이나 안녹산의 군대를 막다가 성이 함락되자 장렬하게 순절한 고사에서 유래하였다. 《舊唐書 卷187 忠義列傳 張巡》

양천 현감 이민선[239]에 대한 만시

李陽川敏善輓

농우[240]의 유풍이 멀고 오래도록	隴右遺風遠
대대로 이어 후인에게 남아 있네	繩繩有後人
온화하고 공순한 화기 좌석에 스며 있고	溫恭和襲座
화락하고 단아한 은혜 백성에게 남았네	愷悌惠存民
오복 중에 지금 장수함을 징험했고	五福今徵壽
삼괴[241]로 자랄 씨앗을 이미 심었네	三槐已種仁
조정에 달려가느라 포복[242]도 못하고	趨朝未匍匐
일생의 친한 이를 외롭게 저버렸네	孤負一生親

239 이민선(李敏善) : 1548~1626. 본관은 성주(星州), 자는 계진(季進)이다. 임오년(1582, 선조15) 사마시에 급제하여 비안(比安), 강음(江陰), 양천의 현감을 역임하였다.

240 농우(隴右) : 성주 이씨를 농서 이씨(隴西李氏)라고 하는 데서 쓴 말이다.

241 삼괴(三槐) : 세 그루의 홰나무로, 삼공(三公)의 대명사로 쓰인다. 송나라 때에 왕우(王祐)가 자기 마당에 손수 홰나무 세 그루를 심고 "내 자손은 반드시 삼공이 될 것이다."라고 했는데, 뒤에 과연 그의 둘째 아들 왕단(王旦)이 재상에 올랐다. 《蘇東坡集 卷97 三槐堂銘》

242 포복(匍匐) : 상사에 급히 감을 의미한다. 《예기》 〈단궁 하(檀弓下)〉에 "상사(喪事)가 나면 부복(扶服)해서 도와주어야 한다."라고 했는데, 부복은 엎어지고 자빠지면서도 급히 가야 한다는 포복(匍匐)과 같은 뜻이다. 또 《예기》 〈문상(問喪)〉에 "포복해서라도 가서 곡(哭)을 해야 한다.〔匍匐而哭之〕"라고 하였다.

찰방 강산수에 대한 만시
康察訪山叟輓

세덕 집안이라 선진에게 들었더니	世德聞先進
남긴 기풍을 후손이 잘 받들었네	遺風後嗣攀
훤칠함은 소나무에 앉은 학이고	軒昂松裏鶴
우뚝함은 눈 속에 솟은 산이로다	偃蹇雪中山
천리마가 어찌 소금 수레 끌겠나[243]	驥肯鹽車伏
구름은 옛 산굴 따라 한가하네	雲從古岫閑
사람 없고 거문고 또한 깨어져서	人亡琴亦破
백발에 눈물 자국이 얼룩덜룩	白首淚痕斑

243 천리마가……끌겠나 : 어진 인재가 천역(賤役)에 곤한 경우를 비유할 때 쓰는 말이다. 《전국책(戰國策)》 초책(楚策)에 "대저 늙은 준마가 소금 수레를 끌고 태항산을 올라가자면 발굽은 무력하고 무릎은 꺾이며, 꼬리는 처지고 살갗은 문드러진다.〔夫驥之齒至矣, 服鹽車而上太行, 蹄申膝折, 尾湛胕潰.〕"라고 한 데서 온 말이다.

김제 군수 정담[244]에 대한 만시

鄭金堤湛輓

칼을 어루만지며 노랫소리 격앙되니	撫劍歌激昂
하늘은 차갑고 초목은 시들었네	天寒草木萎
비린 바람은 큰 골짜기에 진동하고	腥風振大壑
까막까치는 편히 깃들 가지 없어라	烏鵲無安枝
삼척검[245]이 어찌 칼날이 없으랴만	三尺豈無刃
광분하는 적들이 멋대로 날뛰었네	奔鯨任所馳
말 몰아 돌아올 제 누가 맹지반[246]을 생각했나	策馬何人思孟反
공산의 초목[247]을 모두 의심할 만하였네	公山草木盡堪疑

244 정담(鄭湛) : ?~1592, 영해(寧海) 출신으로, 1592년 임진왜란 때 김제 군수로서 의병을 모집하여 전라좌도 도절제사 권율(權慄)의 지휘하에 들어가 웅치(熊峙)를 방어하다 전사하였다. 뒤에 병조 참판에 추증되고 정려문이 세워졌다. 《정공충렬록(鄭公忠烈錄)》에 〈격앙가〉가 실려 있다.

245 삼척검(三尺劍) : 한 고조(漢高祖)가 천하를 통일한 뒤에 "내가 포의로 석 자짜리 검을 쥐고 천하를 차지하였으니, 이것이 천명이 아니겠는가.〔吾以布衣提三尺劍取天下, 此非天命乎.〕"라고 말한 데서 가져왔다. 《史記 卷8 高祖本紀》

246 맹지반(孟之反) : 용맹하고 담대하지만 자신의 공로를 과장하지 않은 맹지반에 대해 공자가 "맹지반은 공로를 자랑하지 않도다. 전쟁에 패하여 달아나면서 뒤에 처졌다가, 성문에 들어올 때는 말을 채찍질하면서 말하기를 '일부러 뒤쳐진 것이 아니라, 말이 앞으로 나가지 못해서 그런 것이다.' 했다.〔孟之反不伐, 奔而殿, 將入門, 策其馬曰非敢後也, 馬不進也.〕"라고 말한 데서 가져왔다. 《論語 雍也》

247 공산(公山)의 초목 : 후진(後秦)의 왕 부견(苻堅)이 대군을 거느리고 진(晉)나라를 치러 갔다가 패하고 돌아오는 길에, 팔공산(八公山)의 초목들이 모두 진나라

몸을 바친 이 시랑[248]이 있지 않았으니　捐軀不有李侍郞
남조에 남아 없음이 부끄러워할 만하네　南朝可愧無男兒
노래 격앙되니 장사는 탄식하며 검 어루만지고　歌激昂壯士嘻撫劒
노래 격앙되니 머리카락이 천 길 곤두서네　歌激昂髮竪千丈危
송백이 높은 산등성이에 늠름하니　松栢淩高崗
어찌 기꺼이 바람 따라 쓰러지랴만　豈肯從風披
태산 화산 만 길 높은 산이 꺾이니　泰華摧萬仞
한 손으로 어찌 지탱할 수 있으랴　隻手焉能支
가독[249]이 스스로 적을 경시해 죽은 것이 아니니　賈督自非輕敵死
보루의 땅 강회를 누가 지켜 내겠는가　保障孰爲江淮持
당시에 하란을 잡아먹고자 하였지만[250]　當年欲食賀蘭肉

군사들로 보였다는 고사에서 가져온 것이다.《晉書 卷114 苻堅載記下》

248 이 시랑(李侍郞) : 송나라 이약수(李若水, 1093～1127)를 가리킨다. 1126년 북송이 금(金)나라에 항복한 뒤에 휘종과 흠종을 비롯해 비빈, 종친, 신료 등이 대거 볼모로 잡혀갔다. 이약수도 흠종을 따라 금나라에 갔는데, 금나라 장수를 꾸짖다가 수금되어 끝까지 굴하지 않고 죽었다. 뒤에 북방에서 도망해 돌아온 사람이, 금나라 사람들이 서로 하는 말에 "요나라가 망할 때는 절의를 지켜 죽은 사람이 10여 명이었는데, 남조에는 겨우 이 시랑 한 사람밖에 없었다.〔遼國之亡, 死義者十數, 南朝惟李侍郞一人.〕" 했다고 한다.《宋史 卷446 李若水傳》

249 가독(賈督) : 한나라 광무제 때 가복(賈復)을 가리킨다. 광무제가 가복을 파로장군(破虜將軍)으로 임명하여 도적을 단속하게 하면서 "가독은 천 리를 절충할 위엄을 지녔다.〔賈督有折沖千里之威〕"라고 하였고, 가복이 적과 싸워 크게 이기면서 상처를 심하게 입자, 광무제가 매우 놀라 "내가 가복에게 별장을 명하지 않은 이유는 그가 적을 경시하기 때문이었거늘, 과연 그러하구나. 나의 명장을 잃었다.〔我所以不令賈復別將者, 爲其輕敵也. 果然, 失吾名將.〕"라고 하였다.《後漢書 卷47 賈復列傳》

250 당시에……하였지만 : 하란(賀蘭)은 당(唐)나라 사람으로, 숙종(肅宗) 때 하

제운[251]이 강개한 것은 끝내 어찌할거나　霽雲慷慨終何爲
노래 격앙되니 세려는 살쩍으로 검 어루만지고　歌激昂鬢欲絲撫劍
노래 격앙되니 하얀 머리에 햇살이 비치누나　歌激昂霜淸日映之
장부의 일편단심　丈夫一片心
이날에 부침을 알았다네　付與此日知
문무를 겸비한 사람 어찌 한스러우랴　書劍人何恨
슬픔과 영광이 그대 유독 기특하네　哀榮子獨奇
지하에서 정히 장중승[252]을 만나거든　地下定見張中丞
다시 여귀가 되어 흉악한 오랑캐 섬멸하오　更作厲鬼殲兇夷
홍모를 문득 태산의 중함과 바꾸었으니[253]　鴻毛却換泰山重

남 절도사(河南節度使)로서 임회(臨淮)에 주둔하고 있었다. 윤자기(尹子奇)가 수양을 포위하자 장순이 남제운(南霽雲)을 임회로 보내 구원을 요청했으나, 장순의 명성이 높고 자기보다 공이 많은 것을 질투하여 구원하지 않음으로써 마침내 수양이 함락당하게 하였다. 《唐書 卷5 玄宗本紀》 이 구절은 소식(蘇軾)의 〈여지탄(荔枝歎)〉에 "지금 이임보의 고기를 먹고자 하네.〔至今欲食林甫肉〕"라고 한 구절에서 가져와 표현한 것이다. 《古文眞寶 前集 卷6》

251 제운(霽雲) : 남제운(南霽雲)을 가리킨다. 장순과 함께 수양성을 지키면서 누차 출전하여 반군(叛軍)을 격퇴하다가, 양식이 고갈되자 포위망을 뚫고 하란(賀蘭)에게 구원을 요청하였으나 뜻대로 되지 않자 다시 수양으로 돌아와 사수(死守)하였는데, 성이 함락된 뒤에도 끝까지 항복하지 않고 장렬하게 죽음을 맞이하였다. 《新唐書 卷192 南霽雲列傳》

252 장중승(張中丞) : 장순(張巡)을 말한다. 안록산의 반란 때 수양성을 지키다가 끝내 전사하였다. 《新唐書 卷192 張巡列傳》

253 홍모를……바꾸었으니 : 태산과 같이 귀중한 목숨을 사물 가운데 가장 가볍다는 기러기 털처럼 여겨 미련 없이 버렸다는 말이다. 사마천(司馬遷)의 〈보임안서(報任安書)〉에 "사람이라면 모두 한 번은 죽게 마련인데, 어떤 사람의 죽음은 태산보다

취사가 분명함이 그대 같은 이 누구겠나　　取舍分明如子誰
노래 격앙되니 모름지기 슬퍼 말지어다　　歌激昂不須悲

도 무겁고, 어떤 사람의 죽음은 기러기 털보다도 가볍다.〔人固有一死, 或重于泰山, 或輕于鴻毛.〕"라고 하였다.

정우복[254]에 대한 만시

鄭愚伏輓

가을 해는 참담하게 빛이 없고	秋日慘無輝
가을 구름 뭉쳐 흩어지지 않네	秋雲凝不散
아득히 알겠노니, 몇 고을에서 이르러	遙知數郡至
영송하는 객이 강가에 가득했음을	送客彌江畔
곡하고 바라보며 가지 못하니	哭望不可行
애달파라, 이 늙은 사나이여	哀哉此老漢
사문의 액운이 이미 오래되어	斯文厄已久
바른길이 덩굴 숲속에 묻혔는데	正路沒叢灌
공은 능히 말속에서도 분발하여	公能奮末流
베어 없애고 부지런히 막았네	芟剔勤防捍
사림은 스승이 있음에 의지했고	士林賴有師
조정에서는 보좌하길 기대했는데	廊廟期襄贊
들보 꺾였으니[255] 다시 어디에 의지할까	樑折復何依
물을 반도 못 건너서 돛대가 부러졌네	檣摧渡未半

254 정우복(鄭愚伏) : 정경세(鄭經世, 1563~1633)를 가리킨다.

255 들보 꺾였으니 : 원문은 '양절(樑折)'로, 세상을 떠났다는 말이다. 공자가 자신이 세상을 떠날 꿈을 꾸고 아침에 일찍 일어나 뒷짐을 지고 지팡이를 짚은 채 문 앞에서 한가로이 거닐며 노래하기를 "태산이 무너지겠구나. 들보가 부러지겠구나. 철인이 죽게 되겠구나.〔泰山其頹乎, 樑木其壞乎, 哲人其萎乎.〕"라고 한 데서 유래하였다. 《禮記 檀弓上》

백성은 옷을 팔아 다투어 제수 올리고[256]	民爭鬻衣奠
임금은 망실한 귀감을 그리며 탄식하네	宸懷亡鏡歎
평생 나라 근심에 눈물 흘렸으니	生平憂國淚
죽어서도 응당 끊지 않으리라	入地應不斷
세상의 도가 끝내 어떠하겠는가	世道終何如
부러워라, 공은 모두 상관 않으리니	羨公都不管

256 백성은……올리고 : 송(宋)나라 사마광(司馬光)이 죽자 도성 백성들이 파시(罷市)하고 조문하면서 옷을 팔아 제수를 차린 일〔鬻衣以致奠〕을 말한다. 《宋元學案 卷7 涑水學案 上》

양구 현감 조윤지[257]에 대한 만시

曺楊口胤祉輓

빛나는 선대 창산[258]의 후손이요 奕世昌山後

매계[259]가 가까이 향기를 전파했네 梅溪近播香

양자의 묘에는 학이 슬퍼하고 鶴悲楊子墓

진공의 집엔 괴나무가 무성하네[260] 槐菀晉公堂

여경이 있는 문중에 세 아들이 있고[261] 門慶珠三樹

명성이 있는 가정에는 다섯 형제 있네[262] 家聲馬五常

257 조윤지(曺胤祉) : 본관은 창녕(昌寧), 호는 남주(南洲)로, 양구 현감을 지냈다.

258 창산(昌山) : 현 경상남도 창녕군의 옛 이름이다. 조윤지는 본관이 창녕이다.

259 매계(梅溪) : 조위(曺偉, 1454~1503)의 호로, 본관은 창녕, 자는 태허(太虛), 시호는 문장(文莊)이며, 저서로는 《매계집(梅溪集)》이 있다. 조윤지의 조부이다.

260 진공의……무성하네 : 뛰어난 후손이 많다는 의미이다. 진공(晉公)은 송(宋)나라 직신(直臣)으로 벼슬이 병부 시랑(兵部侍郎)에 이르렀으며 후에 진국공(晉國公)에 추봉(追封)된 왕우(王祐)를 가리킨다. 왕우가 일찍이 자기 뜰에 홰나무 세 그루를 심으면서 "내 자손 가운데 반드시 삼공(三公)이 되는 자가 있을 것이다."라고 하더니, 과연 뒤에 그의 아들 왕단(王旦)이 진종(眞宗) 연간에 18년 동안이나 재상(宰相)을 지내게 되었다.

261 여경(餘慶)이……있고 : 여경은, 《주역》 〈곤괘(坤卦) 문언(文言)〉에 "선을 쌓은 집안은 반드시 남은 경사가 있다.〔積善之家, 必有餘慶.〕"라는 말에서 유래하였다. 조윤지는 3남 1녀를 두었다. 《訒齋集 卷12 別提曺公墓碣銘》

262 다섯 형제 있네 : 원문은 '마오상(馬五常)'으로, 삼국 시대 촉한(蜀漢)의 마량(馬良)은 자가 계상(季常)인데, 다섯 형제가 모두 재명(才名)이 있었으나 그중 마량이 가장 뛰어났다. 사람들이 "마씨 집 오상 중에 백미가 가장 훌륭하다.〔馬氏五常,

좋은 재주는 원래 빛나기를 사양하니	良材元謝采
오래된 그릇이 기꺼이 광채를 내려 할까	古器肯磨光
효우는 글에서 아름다움을 일컫고	孝友書稱美
규정에서는 예로 방비함이 있었네[263]	閨庭禮有防
세 아들은 발걸음을 나란히 하고	三難聯步武
백집사들은 추양하길 함께하네	百執共推揚
가정의 도를 옮겨 나라에 보답하고	報國移家道
의로 방정히 하여 관직에 임하였네	居官守義方
벼슬 그만두고 재야의 편함을 좋아했고	投簪耽野逸
늙어 사양하고 때맞게 편안함을 즐겼네	謝老樂時康
육씨 가옥[264]처럼 세 칸 기와집이고	陸屋三間瓦
강씨 이불[265]처럼 하나의 침상이라	姜衾一枕床

白眉最良.〕"라고 하였다. 《三國志 卷39 蜀書 馬良傳》 조윤지는 5형제로, 《인재집》 권12에 조윤지의 아버지에 대한 묘갈명이 있으니, "5남 1녀를 낳았다.〔生五男一女〕" 라고 한 내용이 있다.

263 규정에서는……있었네 : 《예기》 〈방기(坊記)〉에, 공자가 이르길 "예는 사람의 심정을 통하여 절문을 만들어 백성의 둑막이를 해 주는 것이다.〔禮者, 因人之情而爲之節文, 以爲民坊者也.〕"라고 하고, 또 "규문 안에서는 놀기는 하되 탄식을 말아야 하니, 군자는 이것으로 백성에게 둑막이를 한다.〔閨門之內, 戲而不歎, 君子以此坊民.〕"라고 하였다.

264 육씨 가옥 : 육씨는 진(晉)나라 육기(陸機)와 육운(陸雲) 형제를 말한다. 육기와 육운은 친형제로 함께 낙양(洛陽)으로 가서 문명(文名)을 날리며 함께 살았는데, 3칸(間)의 와옥(瓦屋)에 사룡(士龍 : 육운(陸雲)의 자)은 동쪽에 거처하고 사형(士衡 : 육기(陸機)의 자)은 서쪽에 거처하였다고 한다. 《세설신어(世說新語)》

265 강씨 이불 : 후한(後漢) 때 강굉(姜肱)의 이불이란 뜻으로, 형제들끼리 우애가 돈독함을 말한다. 강굉은 후한(後漢) 사람으로, 두 아우 중해(仲海) · 계강(季江)과

덕성이 상서로운 광채 드날리고	德星騰瑞彩
의죽[266]이 아름다운 상서 드러내네	義竹表休祥
한제는 삼정[267]의 자리를 하사했고	漢帝三旌錫
장공은 구 세를 고을에 거두었네[268]	張公九世鄉
사람들이 상산사호의 연회를 전함에	人傳四皓宴
다투어 일송의 시[269]에 화답하였네	爭和一松章
성대한 일 뜬구름처럼 흩어지고	盛事浮雲散
흐르는 세월은 물처럼 바삐 가네	流光逝水忙
아하, 몇 년 안에	堪嗟數載裏
대로들이 일시에 세상을 떠났네	大耋一時亡
돌아보니 내가 공을 종유한 지 오래고	顧我從遊舊

우애가 돈독하여 항상 한 이불을 덮고 잤다고 한다. 《後漢書 卷53 姜肱列傳》

266 의죽(義竹) : 《개원천보유사(開元天寶遺事)》 〈의죽(義竹)〉에 "현종이 후원에서 노닐면서 보니, 빽빽한 대숲이 있는데 그 죽순이 하나도 밖으로 나간 것이 없으므로, 제왕을 돌아보며 이르기를 '부자·형제간이 서로 친애하기를 의당 이와 같이 해야 한다.' 하고, 인하여 그 대를 의죽이라고 했다.〔帝遊後苑, 有竹叢密, 筍不出外. 帝顧諸王曰父子兄弟相親當如此, 因謂義竹.〕"라고 하였다.

267 삼정(三旌) : 삼공(三公)의 지위를 말한다.

268 장공은……거두었네 : 당(唐)나라 장공예(張公藝)는 9세(世)의 친족을 한 집안에 거느리며 화목하게 생활하였다. 고종(高宗)이 직접 그의 집을 방문하여 비결을 묻자, 그는 글자를 써서 대답하겠다며 지필(紙筆)을 청해 단지 참을 인(忍) 자만 백여 개를 써서 올리니, 이는 상하 간에 불평과 불만을 서로 참아야 한다는 뜻이었다. 《小學 第6 善行》

269 일송(一松)의 시 : 일송은 심희수(沈喜壽)의 호이다. 그의 《일송집(一松集)》 권3에 〈고성 대인의 수신에 절하며 축하함〔拜賀高城大人壽辰〕〉이 있는데, 여기서 조씨 삼 형제를 일컬었다.

공의 덕의를 흠모함이 길었네	欽公德義長
다행히 여경의 집안을 함께하였고[270]	幸同餘慶舍
몇 번이나 습지의 잔[271]을 들었던가	幾擧習池觴
오래도록[272] 고금을 논하였고	更僕論今古
등불 돋우며 속마음 털어놓았네	挑燈倒肺腸
심흉에는 갈림길을 잊었고[273]	心期忘歧路
세도에는 행장[274]을 두었네	世道有行藏
남쪽 포구에서 가는 모습 멀어지고	南浦征衫遠

270 여경의 집안을 함께하였고 : 인재(認齋)의 둘째 부인이 창녕 조씨이다.

271 습지의 잔 : '습가지(習家池)'에서 온 말로, 중국 양양(襄陽) 호북성(湖北省) 현산(峴山)의 남쪽에 있는 못이다. 진(晉)나라 때 산간이 양양(襄陽)을 맡고 있으면서 습가지(習家池)라는 연못가에서 자주 술을 마시며 놀았는데, 그때마다 술에 취하지 않은 채 돌아간 적이 없었으며, 그때마다 백접리를 삐딱하게 쓰고 돌아갔다고 한다. 《晉書 卷43 山濤列傳》

272 오래도록 : 원문은 '경복(更僕)'으로, 하인을 차례로 교대시키며 오랫동안 이야기를 나눔을 뜻한다. 노(魯)나라 애공(哀公)이 공자에게 선비의 행실에 대하여 묻자, 공자가 "갑자기 세자면 그 수를 다 말하지 못하고, 다 세자면 오랫동안 앉아 있으며 모시는 하인을 바꾸어도 마칠 수 없습니다.〔遽數之, 不能終其物, 悉數之, 乃留更僕, 未可終也.〕"라고 답한 데서 유래하였다. 《禮記 儒行》

273 갈림길을 잊었고 : 인도해 줌을 잊지 않았다는 말이다. 《열자(列子)》〈설부(說符)〉에, 양자(楊子)의 이웃 사람이 양을 잃고 무리를 동원해서 찾다가, 양을 잊은 채 무리와 놀다 돌아와서 말하기를 "갈림길〔歧路〕에 또 갈림길이 있어서 찾을 수가 없었다."라고 했다는 데서 가져왔다.

274 행장(行藏) : '용행사장(用行舍藏)'의 준말로, 자신의 도를 펼 수 있느냐 없느냐에 따라 거취를 결정하여 조정에 나아가기도 하고 은퇴하기도 하는 것을 말한다. 《논어》〈술이(述而)〉에 "써 주면 나의 도를 행하고 써 주지 않으면 숨는다.〔用之則行, 舍之則藏.〕"라고 한 말에서 유래하였다.

동쪽 다리에서 이별을 아파했는데	東橋別意傷
마침내 다시 못 볼 이별을 했으니	終成不再訣
남은 한이 더욱 망망해지네	遺恨更茫茫

아들 산휘[275]를 곡함

哭子山輝

지난해에 네가 자식을 잃음에는　去歲汝喪子
내게 의지해서 위안을 삼았는데　恃我以自寬
금년에 내가 너를 잃었으니　今年我喪汝
이 몸을 어디에 의지할거나　此身安所扳
달리려 해도 골수가 쇠잔하고　欲走骨髓殘
날고 싶어도 깃털이 없도다　欲飛無羽翰
천지가 어찌 넓지 않으랴만　天地豈不廣
어디에 쇠잔한 나를 용납하리오　何處容吾孱
해와 달이 어찌 밝지 않으랴만　日月豈不明
거무스름해 얼굴 활짝 폄이 없네　黲黮無開顏
젊을 때는 능히 마음을 제어하여　少壯能制情
슬플 때 정신이 절로 온전했지만　當哀神自完
백수 나이에는 뜻과 기가 쇠하여　白首志氣衰

275 산휘 : 최현의 맏아들 최산휘(崔山輝, 1585~1637). 자는 백옥(伯玉), 호는 낙남(洛南), 시호는 효헌(孝憲)이다. 1628년(인조6) 유효립(柳孝立)의 역모를 고변하여, 영사공신(寗社功臣) 3등에 책록되고 완해군(完海君)에 봉해졌다. 청송 부사 재임 시에 병자호란을 만나 남한산성으로 가기 위해 의병을 이끌고 문경에 이르러 아버지 인재의 군대와 만났다. 그러나 임금이 항복했다는 소식을 듣고 인재는 돌아오고 공은 서울로 갔다. 1637년 3월에 조정에 가서 인조에게 인사드리고 청송으로 돌아오던 중 천연두에 걸려 풍천정사(楓川精舍)에서 세상을 떠났다.

아픔을 참을수록 더욱 후벼 파네	忍痛愈攻鑽
두 아이가 달려가길 미친 듯하였지만	兩兒奔欲狂
사생의 관문을 분별하지 못하고	未分生死關
석린[276]이 비록 대를 이어 가지만	石麟雖代斬
동심이 오히려 없어지지 않았네	童心猶未刋
남은 아이는 더 말할 것도 없이	餘種不復道
남은 며느리에게 탄식만 끼치네	但貽嫠婦歎
사람 생이 이런 지경에 이르면	人生到此地
자식 없어 한가한 것만 못하네	莫如無子閑
이제 고인의 말씀[277] 알겠노니	方知古人語
과부 독신과 고아와 홀아비가	寡獨與孤鰥
백성 중 천하에 궁한 사람인지라	民之天下窮
인정을 먼저 베풀어야 할 바임을	仁政所先頒
이 네 가지가 한 집안에 모였으니	四者萃一家
눈 닿는 데마다 모두 고통스럽네	觸目皆辛酸

276 석린(石麟) : '석기린(石麒麟)'에서 온 말로, 자식을 일컫는 말이다. 《진서(陳書)》 권26 〈서릉열전(徐陵列傳)〉에 "보지 상인(寶誌上人)이 세상에서 도(道)가 있는 사람으로 일컬어졌는데, 서릉의 나이 두어 살 때 집사람이 서릉을 안고 보지 상인을 기다리고 있으니, 보지 상인이 서릉의 이마를 쓰다듬으면서 '천상의 석기린이다.' 하였다."라고 한 데서 가져왔다.

277 고인의 말씀 : 《맹자》 〈양혜왕 하(梁惠王下)〉에 "늙어서 아내 없는 것을 환(鰥), 늙어서 남편 없는 것을 과(寡), 어려서 아버지 없는 것을 고(孤), 늙어서 자식 없는 것을 독(獨)이라 한다. 이 네 가지에 해당된 사람은 천하의 궁한 백성으로 아무데도 호소할 곳이 없는데 문왕(文王)이 어진 정사를 베풀어 이 네 가지 환경에 처한 백성을 우선 보살폈다."라고 하였다.

천운이 재앙의 시기를 만나	天運際厄會
국운이 바야흐로 험하게 되었네	國步方險艱
학가[278]께서 오히려 청나라에 볼모로 갔거늘	鶴駕尙北庭
하물며 신민의 잔폐함을 어찌 말하랴	況言臣民殘
사적 근심은 말할 것도 못 되니	私憂不足說
다행히 너는 고향 선산에 묻었네	幸爾埋故山
눈물 훔치며 가을 하늘 바라보니	拭淚望秋天
빛이 유명의 사이를 비추는도다	照臨幽明間

278 학가(鶴駕) : 왕세자. 즉 소현세자(昭顯世子)와 봉림대군(鳳林大君)을 가리키니, 병자호란 때 심양(瀋陽)에 볼모로 잡혀갔다.

박성백[279] 성일 에 대한 만시

朴誠伯 成一 輓

살아온 세상도 참으로 슬픈데 閱世足悲傷
아, 군은 다시 어디로 가는가 嗟君復安適
차마 어찌 그대를 떠나보낼까 忍使送君行
수레 몰아 산골짜기로 들어가네 驅車入山谷
군의 마음은 철석같은 바탕이고 君懷鐵石資
기개는 아득히 세속과 달랐네 氣槩逈殊俗
일찍이 한 집안의 말을 듣고서 早聞一家言
자신을 위한 학문할 줄 알았네 夙知爲己學
옛 도는 본디 갈림길이 없나니 古道本無歧
용감하게 앞길로 곧장 갔네 勇往前路直
선을 좋아함은 하늘이 부여한 바라 好善天所與
군과 같은 사람 세상에 보기 드무네 如君世罕覿
세상 인정이 한결같이 어찌나 위태한지 世情一何危
법을 배반하고 다투어 굽음을 좇는데 背繩競追曲
굽혀 따름은 군이 부끄러워한 바이니 枉循君所恥
굳은 마음이 연숙[280]을 기꺼워하랴 剛腸肯軟熟

279 박성백(朴誠伯) : 박성일(朴成一, 1562~1601)로, 본관은 밀양(密陽), 자는 성백, 호는 풍뢰당(風雷堂)이다. 선산(善山)에 거주하였다.

280 연숙(軟熟) : 소식(蘇軾)이 공문중(孔文仲)이 죽었을 때 그의 널을 두드리며

주문의 공부에 무릎 다 뚫어졌으니[281]	朱門膝共穿
바라봄에 머리가 먼저 움츠러들었네	望之首先縮
도서가 집에 만 축이나 갖추어져	圖書家萬軸
쭉정이로 살아가도 생계가 풍족했네	糠粃生事足
사람들은 군이 홀로 버린 걸 취하고	人取君獨舍
사람들은 군이 홀로 즐긴 걸 싫어하네	人惡君獨樂
명경소[282]에는 물결이 평평하고	波平明鏡沼
풍뢰실에는 낮이 길었도다	晝永風雷室
이름 돌아보고 그 의미를 음미하며	顧名味厥義
넉넉히 노닐고 자못 유유자적했었네	優遊頗自適
금오산 봉우리 백 척 높이 솟았고	烏岑高百丈
낙동강 물은 천 척이나 깊어라	洛水淵千尺
옛사람이 남긴 자취에서	昔人留蹤跡

"세상이 한창 유화하고 원숙한 사람을 좋아하고, 탁월하고 엄격한 사람을 증오하니 우리 경보처럼 강직한 사람을 찾아봐도 이제는 그런 사람을 볼 수 없겠다.〔世方嘉軟熟而惡崢嶸, 求勁直如經父者, 今無有矣.〕"라고 한 데서 가져온 말로, 여기서는 유약함을 의미한다. 경보(經父)는 공문중의 자이다. 《宋史 卷344 孔文仲列傳》

281 무릎 다 뚫어졌으니 : 삼국 시대 위나라의 유학자 관영(管寧)이 일찍이 황건적(黃巾賊)의 난리를 피하여 요동(遼東)으로 건너가서 생도들을 가르치며 40년을 지내는 동안 매양 꿇어앉기만 하여, 명아주의 줄기로 엮어 만든 상탑(牀榻)이 그의 두 무릎 닿은 곳에 모두 구멍이 뚫렸다는 고사에서 온 말로, 전하여 학문에 전념하는 것을 말한다. 《三國志 卷11 魏書 管寧傳》

282 명경소(明鏡沼) : 《인재집》 권11에 실린 〈제박성백문(祭朴誠伯文)〉에 의하면, 박성백은 선조가 남긴 곳에서 강학하였는데, 그 연못을 명경(明鏡)이라 하고, 당을 풍뢰(風雷)라고 하였다.

배회하며 마음에 슬픔을 느꼈네	徘徊情感惻
봄 꽃은 그윽한 계곡에 선명하고	春花幽磵明
가을 달은 맑은 강물에 환했네	秋月澄江白
나를 데리고 그윽한 기약 맺어	携我結幽期
왕래함에 약속할 필요도 없었네	往來不待約
나는 조급한데 군은 이미 고요했고	我躁君已靜
군은 강한데 나는 실로 약하였네	君强我實弱
나를 사랑해 허례를 제거하고[283]	愛我去毛皮
여러 번 보매 때때로 경계시켰네	屢見時警責
날카로운 도끼로 완악함을 깎아 줌에	利斧斲頑樸
내 흐트러진 마음이 때때로 환해졌네	蓬心時有豁
만년의 길에 번복[284]이 심하였으니	末路太翻覆
마음 알아주는 이 다시 어디서 얻을까	知心復奚得
나이 사십 살[285]에	行年强仕秋
어찌 이리도 빨리 빼앗아 가는지	胡寧奪之速

283 허례(虛禮)를 제거하고 : 원문은 '거모피(去毛皮)'로, 헛된 예의를 벗어남을 의미한다. 《오백가주창려문집(五百家注昌黎文集)》 권2 〈귀팽성(歸彭城)〉에 "모피를 제거하지 못하였다.〔未能去毛皮〕"라는 말이 있는데, 그 주에 "모피는 허례(虛禮)이다."라고 하였다.

284 번복(翻覆) : 변화가 심한 세상을 비유하는 말이다. 두보(杜甫)의 〈빈교행(貧交行)〉에 "손을 뒤집으면 구름 일고 손을 엎으면 비가 내리니, 경박한 세상인심 굳이 따질 것이 있으랴.〔翻手作雲覆手雨, 紛紛輕薄何須數.〕"라고 한 데서 가져왔다.

285 사십 살 : 원문은 '강사(强仕)'로, 《예기》 〈곡례 상(曲禮上)〉에 "나이 사십을 강이라고 하니, 이때에 벼슬길에 나선다.〔四十曰强而仕〕"라는 말에서 유래하였다.

남은 과부는 머리가 아직도 까맣고　有菱髮如漆
남은 자식은 겨우 먹을 줄 아네　有孤纔知食
홰나무 그늘은 한결같이 어찌나 냉랭한지　槐陰一何凉
세속 경사에 하늘이 어찌나 인색한지　羶慶天何嗇
오르고 내림이야 본래 운수가 있지만　升沈自有數
길고 짧음은 또 어찌 어긋났나　脩短又何忒
남긴 경사가 바야흐로 올 테니　餘慶在方來
하늘이 혹 복을 내려 주시겠지[286]　錫祚天其或
슬픈 광릉금[287]을 이어 노래하며　悲歌續廣陵
애오라지 저승길의 객을 위로하노라　聊慰九原客

286 복을 내려 주시겠지 : 《시경》 〈기취(旣醉)〉에 "그 좋은 것이 무엇인가? 집안이 엄숙함이라. 군자가 만년토록 영원히 복과 자손을 주리라.〔其類維何, 室家之壼. 君子萬年, 永錫祚胤.〕"라고 한 데서 가져왔다.

287 광릉금(廣陵琴) : 금곡(琴曲)의 이름으로, 진(晉)나라 혜강(嵇康)이 은자(隱者)에게 배운 것이다. 혜강이 동시(東市)에서 처형당할 때 태학생(太學生) 3천 명이 스승으로 삼기를 청했으나 허락하지 않았다. 혜강은 해 그림자를 돌아보고는 거문고를 찾아 타며, "광릉산(廣陵散)이 지금부터 끊어졌다."라고 한 데서 유래하였다. 《晉書 嵇康列傳》

김이정[288] 윤안 에 대한 만시

金而靜 允安 輓

교우 선택은 좋은 벗으로 해야 하니 擇交須勝友
평일에 좇고 따를 때 삼가야 하네 平日愼追隨
천 이랑 물결 같은 황헌[289]을 따르고 千頃從黃憲
몸이 장대한 공규[290]를 사모하였네 長身慕孔戣
헌걸찬 진정한 장자이고 軒軒眞長者
뛰어난 아름다운 남아로다 犖犖好男兒
뜻은 원대하나 오히려 졸함에 숨겼고 志遠猶藏拙
마음 웅대하나 오히려 약한 듯 지켰네 心雄尙守雌

288 김이정(金而靜) : 김윤안(金允安, 1560～1622). 본관은 순천(順天), 호는 동리(東籬)이고, 자는 이정이다. 대구 부사, 대사간 등을 역임했다. 저서로는 《동리집(東籬集)》이 있다.

289 황헌(黃憲) : 후한(後漢) 때 사람으로, 학행이 뛰어나 당대에 추중을 받았으니, 황헌에 대해 곽태(郭泰)가 "숙도〔황헌의 자〕는 너무나 드넓어 마치 천 이랑의 물결과 같은 사람이라, 맑게 하려 해도 맑아지지 않고 흐리게 하려 해도 흐려지지 않으니, 참으로 헤아릴 수 없다.〔叔度汪汪如千頃陂, 澄之不淸, 淆之不濁, 不可量也.〕"라고 평하였다. 《後漢書 卷53 黃憲列傳》

290 공규(孔戣) : 당나라 간의대부가 되어 시정(時政)에 관한 직언을 하였고, 강직과 청검(淸儉)으로 가는 곳마다 치적을 남겼다. 한유(韓愈)가 지은 묘지명에 "공자의 38세 후손이 있으니 '규'라 한다.……내가 그 후손을 보니 희고도 몸이 장대하였다.〔孔子之後三十八有孫曰戣,……吾見其孫白而長身.〕"라고 하였다. 《昌黎文集 卷33 唐故正議大夫尙書左丞孔公墓誌銘》

한 가정에서 시례[291]를 돈독히 하였고	一家詩禮篤
삼사[292]에서 그 성명이 알려졌네	三舍姓名知
서애 상공을 경앙[293]하였고	景仰西厓相
노백[294] 스승에게 훈도받았네	薰陶老柏師
한마디 말로 성군의 마음을 돌려	一言回聖聽
선현에 대한 무고와 의심을 분변했고[295]	先正辨誣疑
은혜롭게 -2자 결- 장원 급제하던 저녁	恩缺缺魁夕
영화롭게 갈옷 벗고 불려 갔을 때	榮超釋褐時
여러 공이 응당 이끌어 주었고	諸公應汲引
사류들이 함께 탄식하였네	士類共嗟咨
상서의 발걸음[296] 소리를 우두커니 들었고	佇聽尙書履

291 시례(詩禮) : 공자의 아들 리(鯉)가 뜰에서 공자 앞을 빠른 걸음으로 지나다가 공자로부터 "시례(詩禮)에 대하여 배웠느냐?"라고 하는 말을 듣고, 가르침을 받은 일이 있다. 여기에서 유래하여 가정에서 부친으로부터 배우는 가학(家學)을 말할 때 쓴다. 《論語 季氏》

292 삼사(三舍) : 태학(太學)을 말하는 것으로, 송(宋)나라 때 태학을 외사(外舍)·내사(內舍)·상사(上舍)로 나누어 삼사(三舍)라고 한 데서 가져왔다. 《宋史 165卷 職官志》

293 서애 상공을 경앙(景仰) : 서애(西厓)는 유성룡(柳成龍, 1542~1607)을 가리킨다. 경앙은 사모하고 존경함을 말하는 것으로, 《시경》 〈거할(車舝)〉에 "높은 산을 우러러봄이여, 큰 길을 따라가도다.〔高山仰止, 景行行止.〕"라고 한 데서 가져온 것이다.

294 노백(老柏) : 백담(栢潭) 구봉령(具鳳齡, 1526~1586)을 가리킨다. 그의 본관은 능성(綾城), 자는 경서(景瑞), 호는 백담이다. 저서로 《백담집(栢潭集)》이 있다.

295 선현에……분변했고 : 《동리집》 권3에 〈회재선생신원소(晦齋先生伸辨疏)〉가 실려 있으니, 당시에 이언적이 을사사화 때 봉성대군을 죽이자고 청하였다는 것 등으로 배척하기까지 한 데 대해 반론을 제기하여 이언적을 변론한 장편 상소이다.

발해 태수[297]가 실 잣도록 다스리듯 했네　擬治渤海絲
도주 자사는 고과를 낮추어 적었고[298]　道州書考下
팽택령은 늦게 귀거래사를 지었네[299]　彭澤賦歸遲
시험 삼아 숭양에 살 곳을 정했고　試卜嵩陽寓
흔연히 낙사[300]를 좇아 어울렸네　欣肩洛社追
스스로 낚시의 즐거움을 좋아하면서　自耽漁釣樂

296 상서의 발걸음 : 전한 애제(哀帝) 때 상서 복야(尙書僕射)를 역임한 정숭(鄭崇)은 진현(進見)할 때마다 가죽신을 질질 끌어 유명했고, 직간(直諫)하다 소외되었다.《前漢書 卷77 鄭崇傳》《동리집》 권5 〈행장〉에 의하면, 김윤안은 내직으로 임자년(1612, 광해군4)에 사재감 직장에 제수되었다.〔壬子授司宰監直長〕

297 발해 태수 : 한 선제(漢宣帝) 때 발해 태수(渤海太守)로 부임한 공수(龔遂)가 백성들이 허리에 찬 칼을 팔아 소를 사게 한 뒤, 농사와 누에치기를 권장하며 교화를 펼친 결과 모두 넉넉한 생활을 하게 된 일이 있다. 후에 지방관의 선정(善政)을 비유한 말로 쓰였다.《漢書 卷89 龔遂傳》 김윤안은 외직으로 계축년(1613)에 대구 부사에 임명되었다.〔癸丑除大丘府使〕

298 도주 자사는……적었고 : 당나라 양성이 도주 자사(道州刺史) 재임 때 선정을 베풀며 부세를 거두는 데에는 신경을 쓰지 않았으므로 관찰사로부터 여러 차례나 질책을 당했는데, 고과를 행해서 올려야 할 때가 되자 스스로 평가하기를 "백성을 돌보느라 마음고생하였을 뿐 부세를 징수하는 정사는 졸렬하였으니, 성적을 매기면 하하에 해당한다.〔撫字心勞, 徵科政拙, 考下下.〕"라고 했던 일이 있다.《舊唐書 卷192 陽城列傳》

299 팽택령은……지었네 : 동진(東晉)의 도잠(陶潛)이 팽택령(彭澤令)이 되었다가 독우(督郵)에게 허리를 굽히기 싫어 관직을 그만두고 〈귀거래사(歸去來辭)〉를 읊으며 고향으로 돌아왔다.《陶淵明集 卷5 歸去來辭》

300 낙사(洛社) : 송나라 문언박(文彦博)이 연로하고 어진 사대부들을 모아 놓고 술자리를 베풀어 서로 즐겼던 낙사기영회(洛社耆英會)를 말하는 것으로, 고을 원로들의 모임을 뜻하는 말로 쓰인다.《宋史 卷313 文彦博列傳》

초당 수리할 돈[301]을 어찌 요구하랴	寧索草堂貲
냉산에서는 등불 걸고 이야기하였고	冷嶽懸燈話
차가운 강에서 눈을 읊어 시 지었네	寒江詠雪詩
시대 상심하며 술 깼다가 다시 취하고	傷時醒復醉
옛날의 감회에 공연히 눈물 흘렸네	感古涕空垂
잠시의 이별도 옆에 있는 듯 삼삼한데	乍別森如在
어찌 갑자기 이에 이를 줄 생각했겠나	何圖遽至斯
꿈인가 했는데 진실로 거짓이 아니니	夢耶眞不妄
끝이로다, 끝내 어찌할거나	已矣竟何爲
통달한 절의는 내가 말할 바가 아니니	達節非吾謂
정을 잊음이 어찌 여기에 있으랴	忘情豈在玆
사적으로 좋은 벗 잃은 것만 아니니	非私良友喪
애석한 바는 철인이 세상을 떠남이라	所惜哲人萎
자주 황로의 감흥이 일어나는데[302]	屢起黃壚感
오직 선보의 슬픔만 남았네	惟餘單父悲
시는 인일의 유고에 남아 있고	詩留人日稿

301 초당 수리할 돈 : 왕 녹사(王錄事)가 두보가 완화계의 초당에서 지낼 때 초당의 수리비를 지원해 주겠다고 약속했다가 늦어 두보로부터 타박을 들은 적이 있는데, 두보(杜甫)의 〈왕록사허수초당자불도료소힐(王錄事許修草堂貲不到聊小詰)〉에 "노엽기도 하여라 왕 녹사가, 초당 수리할 돈을 부쳐 주지 않는 게. 내 어제 봄비를 걱정하기에 다다랐거니, 비가 곧 새게 될 것을 잊을 수 있으랴.〔爲嗔王錄事, 不寄草堂貲. 昨屬愁春雨, 能忘欲漏時.〕"라고 한 데서 온 말이다. 《杜少陵詩集 卷13》

302 황로(黃壚)의 감흥이 일어나는데 : 죽림칠현(竹林七賢)들이 모여서 노닐던 '황공의 주점〔黃公酒壚〕'이란 데서 가져온 말로, 세상을 떠난 벗을 추억할 때 쓰는 표현이다. 《世說新語 傷逝》

매화는 지난해 가지에 꽃이 피었네	梅發去年枝
지는 달빛에 퉁소 만가 소리 슬프고	落月哀簫輓
서리 바람에 엷은 휘장이 날리네	霜風動繐帷
사람과 거문고 모두 끊어졌으니	人琴俱委絶
온 세상에는 더욱 그를 슬퍼하네	宇宙益凄其
산양적[303]에 눈물을 참으면서	忍淚山陽笛
초사의 초혼[304]을 본떠 짓는다	些招擬楚辭

303 산양적(山陽笛) : 위(魏)나라 말기 진(晉)나라 초기에 상수(向秀)가 혜강(嵇康)·여안(呂安)과 친밀하였는데, 두 사람이 사마소(司馬昭)에게 피살되었다. 상수가 옛날 살았던 산양(山陽)을 지나가면서 이웃 사람이 부는 저 소리를 듣고 죽은 벗이 생각나 〈사구부(思舊賦)〉를 지었다. 《晉書 卷49 向秀列傳》

304 초사(楚些)의 초혼 : 《초사(楚辭)》 〈초혼(招魂)〉은 초(楚)나라 민간의 초혼가(招魂歌)의 형식을 본떠서 지었는데, 구절 끝에 사(些) 자를 쓴다. 이로 인해 초사(楚些)라고 한다. 여기서는 초혼가의 뜻으로 쓰였다.

길이술에 대한 만시

吉而述輓

인간 세상은 대저 어떠한가	人世夫如何
마음 아플 일이 또 많구나	傷心事更多
충현의 유파는 반드시 멀리 가거늘	忠賢流必遠
화복의 이치가 어찌 어긋났는가	禍福理胡差
상란에 근심스러운 마음 찢어지고	喪亂愁腸裂
떠도는 신세에 흩어진 머리 세었네	飄零亂鬢華
그래도 성품이 근후한 줄 알겠으니	猶知勤厚性
팔십여 세 장수를 누렸다고 하겠네	謂享髦期遐
낙동강 가에서 어조와 함께했었고	洛汭同魚鳥
황폐한 밭에 콩과 마를 함께 심었네	荒田共豆麻
친척의 정담 오히려 기뻐할 만하였고[305]	情親猶可悅
술 마시기에도[306] 어찌 좋지 않았으랴	朋酒豈非嘉
말을 함에 이별의 회포가 괴로우니	爲說離懷苦

305 친척의……만하였고 : 도잠의 〈귀거래사(歸去來辭)〉에 "친척들과 정담 나눔을 좋아하고, 거문고와 책 즐기면서 시름을 해소한다.〔悅親戚之情話, 樂琴書以消憂.〕"라고 한 말에서 가져왔다. 최현의 종백부 최해(崔海)가 길재의 후손 해평 길씨에게 장가들었다.

306 술 마시기에도 : 원문은 '붕주(朋酒)'이다. 《시경》 〈칠월(七月)〉에 나오는 구절로, "시월에 마당을 깨끗이 쓸고 두 동이의 술로 연향을 베풀리라.〔十月滌場, 朋酒斯饗.〕"라고 한 데서 가져왔다.

당초의 계획 잘못될 줄 어찌 알았을까	那知夙計謬
계원 길에는 흰 휘장이 날리고	素帷溪院路
고향 산 언덕에 붉은 명정 펄럭이네	丹旐故山阿
교목의 그늘이 어찌 이리도 엷은가	喬木陰何薄
빈 섬돌의 풀에는 절로 꽃이 피네	空階草自花
남은 생을 누구와 함께 늙어 갈까	餘生誰與老
만사가 참으로 슬프기만 하여라	萬事儘堪嗟
홀로 선 쇠한 막내가 슬퍼하고	獨立悲衰叔
의지할 데 없는 과부 노파가 곡하네	無依哭孀婆
지금부터 금곡 안을	從今金谷裏
마음이 찢어져 어찌 지날 수 있겠나	心折詎能過

참판 권수지[307]에 대한 만시

權參判守之輓

가을 바람에 푸른 나무 시들고　秋風凋碧樹
적막한 강 물가는 황량하네　寂寞荒江濱
놀란 노루가 빈 수풀에 누웠고　驚麏臥空林
병든 학이 서린 내린 새벽에 찡그리네　病鶴嚬霜晨
홀연 들으니 장곡이 어두워지고　忽聞藏谷晦
문성이 서쪽 가에 떨어졌다 하네　文星落西垠
금장[308]이 포구 밖에 줄지었고　金章蛇浦外
나그네 널이 미진에 이르렀네　旅櫬到迷津
길 가는 이들 함께 탄식하니　行路共咨嗟
세 조정에 경연관인 신하였네　三朝經幄臣
가만히 뜬 세상의 이치를 관조하니　靜觀浮世理
만겁에 날리는 가벼운 티끌이라　萬劫飛輕塵
현우가 하나의 궤적을 좇아가니　賢愚趨一軌
영광과 치욕 무엇이 참이 될까　榮辱誰爲眞
만시를 지으며 백수에 상심하니　題詩傷白首
해내에 정답고 친한 이 몇이런가　海內幾情親

307 권수지(權守之) : 권태일(權泰一, 1569~1631)로, 호는 장곡(藏谷)이고, 자는 수지이다. 1599년(선조32) 문과 급제하고, 형조 참판·영덕 현령 등을 역임하였다. 접반사(接伴使)로 가도(椵島)에 갔다가 병으로 죽었다. 저서로는 《장곡집(藏谷集)》이 있다.

308 금장(金章) : 금 또는 동(銅)으로 만든 인장(印章)으로, 금은 재상(宰相) 등이, 동은 수령(守令) 등이 썼다. 여기서는 고관을 의미한다.

청도 현감 조안중[309] 정 에 대한 만시

趙淸道安仲 竫 輓

세상살이 참으로 즐거움이 없어	寄世苦無悰
다만 친한 벗만을 생각하는데	但有親朋思
친한 벗은 날로 드물어지고	親朋日以稀
심사는 날로 슬퍼지네	心緖日以悲
벗이 있음에 누군들 친하지 않으랴만	有朋孰非親
어진 이와 친함이 참으로 기뻐할 만했네	親仁誠可怡
어릴 적 수학하러 가던[310] 날엔	髫年負笈日
공과 함께 스승을 섬겼네	與公同事師
봄 냇가에서 함께 읊으며 돌아왔고	春川同詠歸
가을 사찰에서 함께 글을 읽었네	秋寺同唔咿
중간에 난리를 만났을 때는	中逢亂離辰
떠돌이로 추위와 주림을 함께했네	飄泊同寒飢
늦게 다시 조정에 들어와서는	晩復入脩門

309 조안중(趙安中) : 조정(趙竫, 1555~1636)으로, 본관은 풍양(豐壤), 자는 안중, 호는 검간(黔澗)이다. 임란 때 의병을 일으켰고, 1603년(선조36) 문과 급제하여, 예조 좌랑·형조 정랑·청도 현감 등을 역임했고, 상주에 거주하였다. 저서로는 《검간집(黔澗集)》이 있다.

310 수학하러 가던 : 원문은 '부급(負笈)'으로, 책상자를 짊어지고 스승을 찾아감을 말한다. 후한(後漢) 때 이고(李固)가 훌륭한 스승이 있다는 소문을 들으면 책상자를 짊어지고〔負笈〕 찾아갔다는 일에서 가져왔다. 《後漢書 卷93 李固列傳》

구당[311]에서 험하고 평탄함을 같이했네　　瞿塘同險夷
험이에도 마음이 변치 않았고　　夷險心不渝
백 년을 함께하자 기약하였네　　百年同爲期
백수에는 물러나서 함께 쉬었으니　　白首退休同
강가 고을에 깃들어 지낼 만했네　　江鄕可棲遲
공은 상령의 지초[312]를 먹어　　公茹商嶺芝
달리는 오추마처럼 산을 올랐고　　登陟如奔騅
나는 포류 같은 유약한 자질로　　我是蒲柳姿
가을이 다가오면 먼저 떨어졌네[313]　　望秋先離披
어찌 대규를 찾는 배[314]가 없으랴만　　豈無訪戴舟
병마에 시달리니 어찌하리오　　其如二豎欺

311 구당(瞿塘) : 구당협(瞿塘峽)으로, 협구(峽口)의 강물 한복판에 염여퇴(灩澦堆)가 우뚝 솟아 있어서 물살이 급하기 때문에 무사히 건너기가 거의 불가능할 정도로 험악하다는 장강(長江)의 여울물 이름인데, 벼슬길의 난관에 봉착할 때 이 지명을 흔히 인용하여 비유한다.

312 상령의 지초 : 상령(商嶺)은 상산을 가리키니, 진(秦)나라 말기에 폭정(暴政)을 피해 숨어 살았던 상산사호(商山四皓)가 자지(紫芝)를 캐먹고 살았으며 〈자지가(紫芝歌)〉를 지어 불렀다고 한다. 여기서는 상산은 상주(商州)를 가리키는 말로 쓰였다.

313 포류(蒲柳) 같은……떨어졌네 : 포류는 일찍 늙고 쇠하는 허약한 체질을 비유하는 말이다. 진(晉)나라 고열지(顧悅之)가 간문제(簡文帝)와 동갑이었는데도 이른 나이에 머리털이 하얗자, 황제가 이유를 물으니 "신은 포류와 같은 체질이라서 가을이 가까워지기만 해도 벌써 낙엽이 지고 맙니다.〔蒲柳之姿, 望秋而落.〕"라고 답한 데서 가져왔다. 《世說新語 言語》

314 대규(戴逵)를 찾는 배 : 진(晉)나라 왕휘지(王徽之)가 눈 내리는 밤 홍에 겨워 친구 대규가 갑자기 보고 싶어, 배를 타고 그 집 문 앞에까지 갔다가 홍이 다하여 그냥 돌아왔던 일에서 가져왔다. 《世說新語 任誕》

시통이 비록 이어지지 않지만	詩筒雖不繼
생각생각이 늘 여기에 있었는데	念念長在斯
상산 네 노인의 모임이	商山四老會
끝나 버려 꿈속인 듯하여라	已矣成夢疑
우옹과 창석[315]은	愚翁與蒼石
공이 길이 좇아 따르던 이라	公永相從隨
지하에서 만약 물으시거든	地下若有問
인간사 참으로 험난하다 하오	人間眞險巇

315 우옹(愚翁)과 창석(蒼石) : 우옹은 우복(愚伏) 정경세(鄭經世)를 가리키고, 창석은 이준(李埈)의 호이다.

장령 신형보[316] 달도 에 대한 만시

申掌令亨甫 達道 輓

청전[317]은 오직 효우였으니　青氈惟孝友
오랜 유물 영금[318]이 아니었네　舊物非籯金
뿌리가 깊어 잎이 절로 무성한　根深葉自茂
울창한 세 홰나무 그늘을 드리웠네　鬱鬱三槐陰
오직 군이 가정의 명성을 떨쳤고　惟君振家聲
아우와 형이 나란히 벼슬하였네　弟兄聯朝簪
행한 정의가 한 나라에 미더우니　行誼孚一國
어찌 유독 향린에서만 공경하랴　豈獨鄉隣欽
남쪽 고을에선 남긴 은혜를 기리고　南州頌遺惠
사헌부에서 봉황의 음을 들었네　栢府聆鳳音
장차 기대하길, 천리마의 기량 펴서　將期展驥足

316 신형보(申亨甫) : 신달도(申達道, 1576~1631)로, 본관은 아주(鵝州), 자는 형보, 호는 만오(晩悟)이며, 형 적도(適道)·아우 열도(悅道)와 삼형제이다. 홍문관 수찬, 사헌부 지평을 역임하였다. 저서로는 《만오집(晩悟集)》이 있다.

317 청전(青氈) : '청전구물(青氈舊物)'의 준말로, 으뜸가는 선조(先祖)의 유물을 뜻한다. 진(晉)나라 왕헌지(王獻之)의 집에 도둑이 들었을 때, 도둑이 탑상(榻牀)에 올라 청전에 손을 대려고 하자, "그 청전은 우리 집안의 구물(舊物)이니 그냥 놔둘 수 없겠는가."라고 말했다고 한 데서 가져왔다. 《晉書 卷80 王獻之列傳》

318 영금(籯金) : 상자에 담긴 황금이란 뜻으로 많은 재물을 말한다. 《한서(漢書)》 권73 〈위현전(韋賢傳)〉에 "자식에게 한 상자 가득 황금을 물려주는 것이 책 한 권을 가르치는 것보다 못하다.〔遺子黃金滿籯, 不如教子一經.〕"라고 하였다.

군민에게 정성을 다하리라 했는데	庶盡君民忱
중도에 갑자기 꺾여 버렸으니	中途忽摧折
하늘의 뜻은 참으로 알기 어렵네	天意誠難諶
진신들은 군의 죽음을 애석해하고	搢紳惜云亡
사우들은 함께 옷깃에 눈물 적시네	士友共霑襟
누가 애통함이 지극하지 않으랴만	孰不哀痛極
늙은 나는 더욱 금하지 못하겠네	老我尤不禁
난리로 아파하던 때를 되새겨 보니	追思亂離瘼
나를 성동 숲으로 데려갔었네	携我城洞林
이모는 나를 아들처럼 보았고	姨母子視我
이종형은 함께 이불 덮고 잤네	姨兄同枕衾
신지에서는 또한 방을 함께하여	新池又同室
걸상을 마주해 함께 애써 읊었네	對榻同苦吟
세상에 친한 사람 몇이나 있는가	在世有幾親
어찌 두 줄기 눈물 흘리지 않으랴	寧不雙淚滛
군의 성의가 지극함을 알고서	知君誠意到
나는 평생의 마음을 의탁했는데	托此平生心
오호라, 누구에게 다시 의지하랴	嗚呼誰復仗
사방을 돌아보니 구름만 침침하네	四顧雲沈沈

교리 노홍중[319]에 대한 만시

盧校理弘仲輓

당세에 선비가 없는 건 아니지마는	當世非無士
그 누가 뜻을 숭상한 사람이었던가	其誰尙志人
묘령의 나이에 숙덕을 이루었으니	竗齡成宿德
초택에서 상서로운 기린 빼어났네	草澤挺祥麟
예법은 가정의 가르침을 따랐고	禮法循庭敎
겸양 공손은 어진 벗에게 도움받았네[320]	謙恭輔友仁
붕정[321]에 일찍이 나래를 펼치고	鵬程早展翼
봉각[322]에서 고요히 윤음을 받들었네	鳳閣密承綸
영화는 삼생의 봉양[323]으로 지극했고	榮極三牲養

319 노홍중(盧弘仲) : 노경임(盧景任, 1569~1620)으로, 본관은 안강(安康), 자는 홍중, 호는 경암(敬菴)이다. 1591년(선조24) 문과에 급제하고, 홍문관 교리·성주 목사 등을 역임하였다. 저서로는 《경암집(敬菴集)》이 있다.

320 어진 벗에게 도움받았네 : 《논어》 〈안연(顔淵)〉에, 증자가 "군자는 글로써 벗을 모으고, 벗으로써 인을 돕는다.〔君子以文會友, 以友輔仁.〕"라고 말한 데서 가져왔다.

321 붕정(鵬程) : 웅대한 포부를 펴는 붕정만리(鵬程萬里)의 여정을 뜻한다. 《장자》 〈소요유(逍遙遊)〉에 "붕새가 남쪽 바다로 날아갈 때는 물결을 3천 리나 박차고 회오리바람을 타고 9만 리나 날아오른다.〔鵬之徙於南冥也, 水擊三千里, 摶扶搖而上者九萬里.〕"라고 한 데서 유래하였다.

322 봉각(鳳閣) : 예문관(藝文館)의 별칭이다.

323 삼생(三牲)의 봉양 : 삼생(三牲)은 우(牛), 양(羊), 시(豕)를 말한 것으로, 어버이 봉양을 매우 극진히 함을 의미한다.

은혜는 네 고을 백성에게 미더웠더니	恩孚四邑民
큰 거리에서 빼어난 자취를 거두었고	通衢斂逸跡
벼슬길에서 바퀴 꺾임을 경계하였네	宦路戒摧輪
세상일은 분분하기 머리털과 같고	世事紛如髮
충정은 멀리 진달할 길이 없는지라	衷情遠莫陳
구전[324]할 계책이 늦지 않음에	求田計非晩
집 지어 처음 뜻 펴길 원하였네	結舍願初伸
한가하고 고요함에 정신은 더욱 왕성하고	閑靜神逾茂
여유롭게 노닒에 학문이 날로 새로워졌으니	優遊學日新
참으로 더러운 찌꺼기를 녹여 없애고	信能融滓穢
장차 순진한 경지에 나아갈 줄 알았네	將見就純眞
아마도 나라의 동량이 되어	擬作邦家棟
끝내 조정의 보배 되리라 여겼는데	終爲廊廟珍
풍성한 자태에 살쩍이 세지 않아서	豐姿未改鬢
요기가 홀연 정신을 상하게 하였네	沴氣忽傷神
안석[325]이 바야흐로 맡기를 기약했는데	安石方期任

324 구전(求田) : 원대한 뜻을 버리고 집안일만 경영함을 말한다. 삼국 시대 유비(劉備)가 허사(許汜)에 대해 "그대는 국사의 이름을 지니고서……전답과 가옥에 대한 일만 구하고 있다.〔君有國士之名,……求田問舍.〕"라고 비판한 일에서 가져왔다. 《三國志 魏志 陳登傳》

325 안석(安石) : 진(晉)나라 사안(謝安)의 자이다. 그는 회계(會稽) 동산(東山)에 20년간 은거해 지내며 조정의 부름에 응하지 않으니, "안석이 나오려 하지 않으니, 창생을 어이할까."라고 하는 말을 듣고 마침내 40살에 몸을 일으켜 벼슬길에 나아가 직분을 맡았다. 《晉書 謝安列傳》

원빈[326]이 병이 들어 수하지 못하였네　元賓不壽仁
이 사람은 참으로 사류에 관계되니　是誠關士類
어찌 다만 향린에 매이리오　豈但繫鄉隣
거울 속 난새[327]는 땅에 주저앉아 슬퍼하고　鏡鸞悲蹋地
고당의 모친은 하늘에 부르짖어 원망하네　堂鶴怨號旻
몽매하고 비루한 나는 지기를 만나　瞢陋逢知己
흉금을 틔워 늙은 몸을 의탁하였네　襟期托老身
시대를 근심할 때는 같이 감개했고　憂時同感慨
고인을 조상할 땐 함께 괴로워했네　弔古共酸辛
아, 좋은 벗을 어찌하면 보겠나　良友嗟何覿
아름다운 모습 아득해 가까이 못하네　丰儀杳莫親
산의 서재에는 매화가 눈 속에 피고　山齋梅吐雪
강가 누각엔 버들이 봄을 알리건만　江閣柳知春
차가운 물결에 비치는 달도 참담하니　慘憺寒波月
무슨 마음으로 다시 나루를 건너겠나　何心更泛津

326 원빈(元賓) : 당(唐)나라 한퇴지(韓退之)의 벗이었던 이관(李觀)의 자(字)이다. 문장을 지으면서 전인(前人)의 글을 답습하지 않고 퇴지와 막상막하의 실력을 겨루었는데, 29세에 타향에서 요절하자 한퇴지가 묘지(墓誌)를 지어 슬퍼하였다. 《舊唐書 卷190下》

327 거울 속 난새 : 남편을 잃은 부인의 슬픔을 뜻한다. 남조 송(南朝宋) 범태(范泰)의 〈난조시서(鸞鳥詩序)〉에 계빈국(罽賓國) 왕이 준기산(峻岐山)에 그물을 쳐서 난조 한 마리를 잡아 애지중지하였는데, 3년 동안 울지 않으니, 부인이 "'들으니 새는 자기와 같은 무리를 보면 운다고 하니, 거울을 걸어서 비추면 좋겠다.'라고 하므로, 왕이 그 말을 따랐다.……난조가 슬피 울다가 하늘로 한번 날아오르더니 죽었다.〔曰聞鳥見其類而後鳴, 可懸鏡以映之, 王從言.……悲鳴哀響, 中宵一奮而絶.〕"라고 한 데서 유래하였다. 《騈志 卷18》

수재 최대방에 대한 만시 최공은 사마 방목에 들었으나 얼마 되지 않아 방이 파기되었기 때문에 수구에 이를 언급하였다.

崔秀才大防輓 崔公得參司馬榜 未久罷榜 故首句及之

사마시 합격이 다시 새마[328]로 돌아가니　　司馬還爲塞馬歸
인간 세상 오십 세 극구[329]같이 날아갔네　　人間五十隙駒飛
해마다 곡하며 정다운 친척 만시를 쓰니　　年年哭寫情親輓
어찌 이 늙은이의 눈물 마르지 않게 하는가　　何使衰翁淚未晞

328 새마(塞馬) : 득실의 덧없음을 새옹지마(塞翁之馬)를 차용하여 표현한 것이다.

329 극구(隙駒) : 망아지가 틈을 지나간다는 것으로, 세월이 빨리 흐름을 비유한 말이다. 장자가 "사람이 천지간에 살아가는 것은 마치 흰 망아지가 틈을 지나가는 것과 같다.〔人生天地之間, 若白駒過隙.〕"라고 한 데서 유래하였다. 《莊子 知北遊》

정언 오익승[330]에 대한 만시

吳正言翼承輓

만년에 서로 어울려 지기로 의탁하였고	相從末路托知心
천 리에도 오히려 한 장 소식을 전했네	千里猶傳一紙音
평생 다소간의 한이 다하지 않았는데	未盡平生多少恨
그윽한 회포는 모두 광릉금에 부치네	幽懷都付廣陵琴

330 오익승(吳翼承) : ?~1616. 익승은 오장(吳長)의 자이다. 본관은 함양(咸陽), 호는 사호(思湖)이다. 임진왜란 때 의병으로 활약하였으며, 1610년(광해군2) 문과에 급제하고, 정언(正言)·경성 판관(鏡城判官) 등을 지냈다.

조 도사에 대한 만시

曺都事輓

변방에서 서로 만나 희비를 함께하였고	塞上相逢兩喜悲
상 이어 담소하며 앞날의 기약 기대했네	連床談笑待前期
어찌 함관령을 지나가는 날	如何行過咸關日
차마 여러 아들이 흰 휘장에서 곡함을 보겠나	忍見諸孤哭素帷

동년 이여직[331]에 대한 만시

李同年汝直輓

협선대 위에 군과 함께 갔으며	挾仙臺上共君行
송월담 가에서 세속 생각 맑아졌네	松月潭邊俗慮清
오늘 사람 없고 거문고 줄도 끊어졌는데	今日人亡絃亦絶
흐르는 샘물은 오히려 백아의 음을 내네	流泉猶作伯牙聲

331 이여직(李汝直) : 이정백(李庭栢, 1553~1600)으로, 여직은 그의 자이고, 본관은 진성(眞城), 호는 낙금헌(樂琴軒)이다. 저서로는 《낙금헌집》이 있다. 작산사(鵲山祠)에 제향되었다.

도사 김지선[332]에 대한 만시

金都事止善輓

우리 남방은 다투어 백암공[333]을 말하니	吾南爭道栢巖公
간고하여 두 군[334]이 그 가풍을 이었네	幹蠱雙君繼有風
낙하에서 위의의 모습이 아직 눈에 선한데	洛下儀容猶在目
귀대[335]에서 읊조림이 곧 텅 비어 버렸네	龜臺歌詠卽成空
십 년 동안 병이 많아 마음만 갔으니	十年多病心徒往
삼 세를 모셔서 눈물이 하염없이 흐르네	三世承顔淚欲窮
그대 낭중으로 끝내 반백에 떠났으니	子以郎中終半百
하늘은 이 이치에 어찌 이리 어두운지	天於此理奈夢夢

332 김지선(金止善) : 1573~1622. 본관은 예안(禮安), 호는 번계(樊溪)이다. 사마시 장원에 합격하고, 의금부 도사(義禁府都事)를 지냈다.

333 백암공(栢巖公) : 김륵(金玏, 1540~1616)으로, 김지선의 부친이다. 자는 희옥(希玉), 호는 백암(栢巖), 시호는 민절(敏節)이니, 이황(李滉)의 문인이다. 경상도 관찰사, 대사성 등을 역임하였다. 저서로는 《백암집(栢巖集)》이 있다.

334 간고(幹蠱)하여 두 군 : 간고는 '간부지고(幹父之蠱)'의 준말로, 아들이 부친의 뜻을 계승 발전시키는 것을 말한다. 《周易 蠱卦 初六》 두 군은 김륵의 두 아들을 가리키니, 김지선과 그의 형 김기선(金幾善)을 말한다.

335 귀대(龜臺) : 영주 서천 강변에 있었던 바위로 동귀대와 서귀대를 말한다. 서천의 물길이 바뀌기 전에는 강변에 있었으나 지금은 시내〔영주1동〕에 있다.

흥해 군수 최시량[336]에 대한 만시

崔興海始量輓

교분 있던 마북평[337]을 돌이켜 생각하니　契分追懷馬北平

벽오동에 우뚝한 난새가 가성에 걸맞았네　碧梧鸞峙稱家聲

십 년의 세상일을 어찌 반드시 말하랴　十年世事何須說

한나절 술동이 앞에서 못다 한 정이 있네　半日樽前不盡情

하읍에 막 수령 자리 던졌단 소식 들었는데　下邑纔聞投墨綬

중도에 어찌 갑자기 붉은 명정을 세웠는가　中途胡遽樹紅旌

상심하며 작별하던 말 분명히 기억하니　傷心別語分明記

차마 상엿소리로 그대 가는 길 보내랴　忍作虞歌送子行

336 최시량(崔始量) : 1587～?. 본관은 강화(强化), 자는 공작(公綽)이다. 1618년(광해군10) 문과 급제하고, 첨정 주서・홍해 군수 등을 역임하였다.

337 마북평(馬北平) : 북평왕 마수(馬燧)를 가리킨다. 상대를 그리워하는 의미로 쓰였다. 한유(韓愈)의 〈전중소감마군묘명〉에 "말 머리에서 북평왕을 뵈었다.……물러 나와 소부를 보매, 푸른 대와 벽오동에 난새와 고니가 우뚝 서 있는 것 같으니, 그는 부조(父祖)의 업(業)을 제대로 지킬 만한 사람이었다.〔拜北平王於馬前.……退見少傅, 翠竹碧梧, 鸞鵠停峙, 能守其業者也.〕"라고 한 데서 인용하였다. 《古文眞寶後集 殿中少監馬君墓銘》 여기서 마북평은 최시량의 부친 최관(崔瓘, 1563～1630)을 비유해 말한 것이다.

도사 이숙발[338]에 대한 만시

李都事叔發輓

하남의 자리에서 춘풍[339]에 함께 젖었는데	共襲河南座上風
몽중에 문회[340]하다가 깨어 보니 공허하네	夢中文會覺來空
전원에서 만년의 흥 서책 천 질에 있었고	田園晩興書千秩
북방 오랑캐 쇠잔한 혼은 귀신 총중 되었네	朔漠殘魂鬼百叢
고아한 의론에 마음 실어 여전히 그리운데	雅論載心猶耿耿
아름다운 모습 세상을 떠나 이미 꿈결 같네	丰儀隔世已夢夢
근자에 무백[341]이 군을 뒤따라갔다고 하니	近聞茂伯隨君逝
그저 살아남은 내가 멀리서 눈물 흘리게 하네	徒使餘生泣道窮

338 이숙발(李叔發) : 이천봉(李天封, 1567~1634)으로, 본관은 경산(京山), 호는 백천(白川), 자는 숙발이고, 정구(鄭逑)의 문인이다. 의금부 도사를 지냈다.

339 하남(河南)의 자리에서 춘풍 : 하남은 정호(程顥)・정이(程頤) 형제가 살던 곳으로, 학문함을 의미한다. 춘풍은 주희의 《이락연원록(伊洛淵源錄)》 권4에 주공섬(朱公掞)이 여주(汝州)에 가서 명도 선생을 만나고 돌아와서는 사람들에게 "내가 한 달 동안 봄바람 속에 앉아 있었다.〔某在春風中坐了一月〕"라고 한 데서 가져왔다.

340 문회(文會) : 《논어》 〈안연(顏淵)〉에 "군자는 학문을 통해 벗을 모으고, 벗을 통해 자신의 인을 보강한다.〔君子以文會友, 以友輔仁.〕"라는 말에서 가져왔다.

341 무백(茂伯) : 석담(石潭) 이윤우(李潤雨, 1569~1634)를 가리킨다.

통제사 정기룡[342]에 대한 만시

鄭統制使起龍輓

눈보라 치던 금오산에서 처음 공을 알았으니 風雪金烏始識公
곰과 표범 같은 신체에 기운은 무지개 같았네 熊軀豹體氣如虹
의가 마음에서 우러나 전진함에 오랑캐 없었고 義形心膽前無虜
인이 장군 깃발에 맺혀 가는 곳에 전공 있었네 仁結軍牙往有功
대수[343]가 어찌 일찍이 작은 공을 다투었던가 大樹何曾爭寸級
복파[344]는 남궁에 그리는 것이 합당하였네 伏波端合畫南宮
동쪽 변경에 장성이 무너졌다[345] 말을 마오 東陲莫道長城壞
오히려 남은 위의가 해중을 두렵게 하는 걸 猶使餘威讋海中

342 정기룡(鄭起龍) : 1562~1622. 본관은 곤양(昆陽), 자는 경운(景雲), 호는 매헌(梅軒), 시호는 충의(忠毅)이다.

343 대수(大樹) : 후한(後漢) 때 대수장군(大樹將軍) 풍이(馮異)를 가리키는 말이니, 그는 전투를 승리로 끝낸 뒤에 장수들이 서로 공을 다투고 있는데도 자신의 전공을 자랑하지 않고 혼자 나무 아래로 몸을 피하였으므로, 사람들이 대수장군이라고 일컬으며 칭송했다는 일에서 유래하였다. 《後漢書 卷17 馮異列傳》

344 복파(伏波) : 후한 때 복파장군(伏波將軍) 마원(馬援)을 가리키니, 그는 한 명제(漢明帝)의 장인이다. 명제가 중흥 공신을 사모하여 등우(鄧禹), 마성(馬成) 등 28인의 초상을 남궁(南宮)의 운대(雲臺)에 그릴 적에 역시 중흥 공신인 마원은 황후의 친족이라 하여 참여시키지 않았다. 《後漢書 卷24 馬援列傳》

345 장성이 무너졌다 : 국가 동량(棟樑)의 인물이 사망했음을 말한다. 송(宋)나라 명장 단도제(檀道濟)는 죄 없이 형을 받게 되자, 노기가 충천하여 "마침내 만리장성(萬里長城)을 무너뜨리는 것이다."라고 한 데서 유래하였다. 《南史 檀道濟傳》

김백암에 대한 만시
金栢巖輓

낙중에 일찍이 많은 영재 모였다 하더니	洛中曾說群英會
관패 차림 나란히 영남에 성대하였네	冠佩聯翩嶺路間
한 시대의 명성은 구양 학사[346] 같았고	一代聲名歐學士
두 조정에서 원로로 높임은 사동산[347] 같았네	兩朝尊老謝東山
맑은 시절엔 강직하여 곧음을 팔지 않았고	淸時謇諤非沽直
만년에는 넉넉히 노닐어 절로 한가히 지냈네	晩節優遊自養閑
오복 누리고[348] 죽은 뒤 아름다움도 더했으니	嚮五又添身後美
고금에 완전한 복을 누가 따를 수 있으랴	古今全福孰能攀

346 구양(歐陽) 학사 : 당나라 구양수(歐陽脩)를 가리킨다. 당송 팔대가(唐宋八大家)의 한 사람이고 문장으로 이름을 떨쳤다. 한림원 시독학사(翰林院侍讀學士) 등을 역임하고 벼슬이 참지정사(參知政事)에 이르렀다.

347 사동산(謝東山) : 진(晉)나라 사안(謝安)을 가리킨다. 그는 집안이 당대의 명문거족이었는데, 좌저작랑(佐著作郞)을 지내다가 병이 들어 관직을 그만두고 회계의 동산(東山)에 은거하여 조정에서 여러 번 불러도 나가지 않아 '사동산(謝東山)'으로 일컬어진 데서 유래하였다. 《晉書 卷79 謝安列傳》

348 오복 누리고 : 원문은 '향오(嚮五)'로, 기자(箕子)가 무왕(武王)의 물음에 대답하여 지은 홍범구주(洪範九疇) 가운데 아홉 번째가 "향함을 오복으로써 한다.〔嚮用五福〕"를 말한다. 오복(五福)은 장수〔壽〕, 부유함〔富〕, 강녕함〔康寧〕, 덕을 좋아하는 것〔攸好德〕, 늙어서 편히 죽는 것〔考終命〕을 가리킨다. 《書經 洪範》

진사 황진룡[349]에 대한 만시

黃進士震龍輓

웃는 얼굴 온화함을 문득 그리워할 만한데	色笑溫溫便可懷
게다가 높은 재주 또 우리 중에 빼어났음에랴	高才況復邁吾儕
요금은 정히 맑은 묘당에 진열하기 합당하고	瑤琴正合陳淸廟
경패는 참으로 옥 섬돌[350] 걷기에 마땅했네	瓊佩端宜步玉階
밝은 달이 뜨려고 함에 구름이 홀연 어둡고	明月欲生雲忽暗
떨기 난이 무성하려다가 눈에 먼저 묻혔네	叢蘭方茂雪先埋
늙은 부모 땅이 꺼질 듯[351] 끝없이 원통하니	爺孃蹐地無窮怨
길 가는 사람들이 듣고 모두 눈물 흘리네	行路聞之泣下皆

349 황진룡(黃震龍) : 본관은 덕산(德山), 자는 백견(伯見), 호는 귀산(龜山)이다.

350 옥 섬돌 : 대궐 안의 계단을 말한다.

351 땅이 꺼질 듯 : 원문은 '척지(蹐地)'로, 국천척지(跼天蹐地)에서 온 말인데 머리가 하늘에 부딪칠 것을 두려워하여 허리를 굽혀 걷고, 땅이 꺼질 것을 두려워하여 발로 긴다는 뜻이다. 즉 슬퍼서 몸둘 바를 모른다는 말이다.

병사 권진경에 대한 만시

權兵使晉慶輓

기억건대 예전 전쟁 때 얼굴 알았던 시절엔	憶昔兵塵識面時
홍안으로 바다 동쪽 물가에서 서로 마주했네	紅顏相對海東湄
세월이 흘러 두 코밑수염 색이 바뀌었고	星霜屢改雙髭換
공훈과 업적 무성하려는데 병마에 걸렸네	勳業將隆二豎罹
청신함은 정히 가정의 생계 모자람에서 보겠고	淸愼定看家乏計
인자함은 고을 사람이 사모함에서 징험하겠네	慈仁可驗邑留思
상여가 영원히 돌아와 호구[352]에 자리하니	龍輀永返狐丘宅
통곡함에 하늘 아득히 영남 길이 위태롭네	痛哭天遙嶺路危

352 호구(狐丘) : '호사수구(狐死首丘)'에서 온 말로, 고향으로 돌아가 죽는 것을 말한다. 여우가 죽을 때 자신이 살던 굴이 있는 언덕 쪽으로 머리를 돌리고 죽는다는 데서 유래하였다.

학봉 선생 부인 권씨에 대한 만시

鶴峯先生夫人權氏輓

권씨 김씨는 안동에서 명문가로 여겨지는데	權金花府數名門
부인의 덕과 집안 화순케 함[353] 모두 아름다웠네	配德宜家兩美存
춘추는 팔십 구십의 나이를 지극히 누렸고	享極春秋八九袠
경사는 가정에 많은 후손 있음에서 보겠네	慶看庭戶百千孫
애도와 영광[354]을 어찌 당대에만 칭송했으랴	哀榮豈但當時頌
새기고 적어 의당 후세에 존숭되리라	鐫載宜爲後世尊
못난 나는 선생의 훈계를 넘치게 받았으나	薄劣濫承夫子訓
이전 은혜를 갚을 길 없음이 가히 부끄럽네	可慙無路報前恩

353 집안 화순케 함 : 원문은 '의가(宜家)'로, 《시경》 〈도요(桃夭)〉에 "이 사람 시집감이여, 그 집안을 화순하게 하리라.〔之子于歸, 宜其家室.〕"라고 한 데서 가져왔다.

354 애도와 영광 : 원문은 '애영(哀榮)'이니, '생영사애(生榮死哀)'에서 온 말로, 《논어》 〈자장(子張)〉에 "살아서도 영광이요, 죽어서도 애도를 받는다.〔其生也榮, 其死也哀.〕"라고 한 데서 유래하였다.

고성 군수 조윤신[355]에 대한 만시

曺高城胤申輓

기억건대 지난날 경방의 생신 모임에서	憶昨慶坊初度會
광생이 오히려 맑은 술로 모실 수 있었네	狂生猶得侍清樽
일송의 묘구[356]에 사람들이 다투어 화답하고	一松妙句人爭和
사호[357]의 선풍을 세상에서 모두 존중했네	四皓仙風世共尊
천상의 상서로운 별은 홀연 빛이 어두워지고	天上瑞星光忽暗
인간 세상 좋은 일은 남아 있는 자취가 없네	人間勝事跡無存
헤어짐에 오히려 가을 기약 멀다 애석했는데	臨分尙惜秋期遠
차마 만시를 지어 구원에 부치겠나	忍寫哀章寄九原

355 조윤신(曺胤申) : 본관은 창령(昌寧), 조사우(曺士虞, 1503~1542)의 5남 중 둘째 아들로, 고성 군수(高城郡守)를 지냈다.

356 일송(一松)의 묘구 : 일송 심희수(沈喜壽)가 조윤신의 생일을 축하하며 지은 〈고성 대인의 수신에 절하며 축하함〔拜賀高城大人壽辰〕〉을 말한다.

357 사호(四皓) : 상산사호(商山四皓)를 의미하는데, 여기서는 《인재집》 권10 〈기로재기(棄老齋記)〉에, "남주 조공은 선영 곁에 집을 지어 역정 원사순, 송암 김복선, 수촌 이위와 이웃해 살며 노닐었다.〔南州曺公, 築室先壟之側, 與櫟亭元公士順, 松庵金公復善, 水村李公韡, 比隣而遊.〕"라고 한 데 의거해, 조윤신을 아울러 네 사람을 가리킨다.

여헌 장 선생에 대한 만시

旅軒張先生輓

후생이 어찌 천기의 고요함을 알리오	後生那識天機靜
용문[358]에 신발 가득하나 배운 것은 아니었네	屨滿龍門學則非
교악은 움직이지 않지만 사물을 진정시키고	喬嶽不移能鎭物
시귀는 말이 없어도 의문을 상고[359]할 수 있네	著龜無語可稽疑
서관에 철갑 기병이 막 갈기 치켜세우는데	西關鐵騎方掀鬣
남극성의 정기가 홀연 빛이 어두워지네	南極星精忽暗輝
나라와 사문이 모두 끝나게 되었으니	邦國斯文俱已矣
나는 머리 풀어헤치고 어디로 가려는지	吾其被髮欲何之

358 용문(龍門) : 학덕이 높은 인물을 의미하는 말이다. 후한(後漢) 환제(桓帝) 때 이응(李膺)의 집을 찾아와 마루에 오르도록 허락을 받으면, 모두 "용문에 올랐다.〔登龍門〕"라고 하면서 영광스럽게 여겼던 일에서 가져왔다. 《世說新語 德行》 여기서는 장현광을 가리키는 말이다.

359 의문을 상고 : 《서경》 〈홍범(洪範)〉에, 기자(箕子)가 주 무왕(周武王)의 물음에 답한 천하를 다스리는 데 필요한 아홉 가지 대법(大法)의 하나로, 일곱 번째가 곧 의심나는 일을 물어 점치는 것〔稽疑〕이다.

또

又

수앙[360]의 모습 혼후한 자질로	粹盎之容渾厚資
애초에 실지를 따라 터전을 잘 세웠네	初從實地樹根基
한가한 시간엔 기미를 관찰해 고요했고	閑中日月觀機靜
심상의 경륜에는 도를 즐겨 넉넉하였네	心上經綸樂道肥
동방에서 통곡하니 머리 헤쳐 푼 날이요	痛哭東方被髮日
남국에서 슬퍼하니 사문을 상실한 때일세	吁嗟南國喪文時
옛 바위에는 오직 매화만이 남아 있으니	古巖唯有梅花在
예전처럼 그 정신은 섣달 뒤의 자태일세	依舊精神臘後姿

360 수앙(粹盎) : 군자의 내면에 축적된 것들이 윤택하게 얼굴에 드러나고 등에 가득 넘치는 것을 뜻하는 '수면앙배(睟面盎背)'에서 온 말이다. 《맹자》 〈진심 상(盡心上)〉에 "군자의 본성은 인의예지가 마음속에 뿌리내려 그 얼굴빛에 나타남이 수연히 얼굴에 나타나고 등에 가득 넘친다.〔君子所性, 仁義禮智根於心, 其生色也, 睟然見於面盎於背.〕"라고 한 데서 유래하였다.

일송 심 상공[361]에 대한 만시

一松沈相公挽

두 조정에서의 풍아는 관료들 중 으뜸이고	兩朝風雅冠諸紳
구명의 은혜로운 광영 만년에 더욱 새로웠네	九命恩光晩更新
나라 근심에 귀밑머리 천 길 하얗게 세었고	憂國鬢成千丈雪
시대 상심에 눈물이 몇 줄기 두건을 적셨네	傷時淚濕數行巾
정다운 서찰 재차 이르러 막 소식 들었는데	情緘再到纔聞信
흉보가 세 번 전해 옴에 끝내 참인 줄 알겠네	凶報三傳竟是眞
영결에 임해 만 언이 역사책에 남아 있으니	臨絶萬言存太史
또 응당 돌아가서 두 선대 신하께 말하리라	也應歸語二先臣

361 심 상공(沈相公) : 심희수(沈喜壽, 1548~1622)로, 우의정·좌의정을 지냈다. 본관은 청송(青松), 자는 백구(伯懼), 호는 일송, 시호는 문정(文貞)이다. 노수신(盧守愼)의 문인으로, 저서로는 《일송집(一松集)》이 있다.

혹인에 대한 만시

或人輓

금지옥엽의 우뚝 뛰어나고 걸출한 사람	金枝挺出傑魁人
기국이 크고 깊으며 기질은 순후하였네	器局宏沈氣質淳
연락[362]의 높은 풍모 백옥[363]에 기울었고	然諾高風傾白屋
살을 벤 순수한 효성에 하늘이 감동하였네	割肌純孝感蒼旻
잠룡 시절[364] 남달리 알아준 의리의 벗이었고	殊知義契龍潛日
학 돌아온 날[365] 임금 은혜 특별히 융숭했네	特典恩隆鶴返辰
문득 왕손이 선비에게 낮춘 곳을 돌이켜 보니	却憶王孫下士處
평원군[366]의 오랜 객보다 배로 눈물 흐르네	平原舊客倍沾巾

362 연락(然諾) : 한나라 가의(賈誼)가 흉노에 대한 회유책으로 제시한 인도(仁道)·상의(常義)·연락(然諾) 중 하나로, 허락함을 말한다. 《漢書 卷48 賈誼傳》

363 백옥(白屋) : 가난한 선비의 집을 말한다.

364 잠룡 시절 : 《주역(周易)》 건괘(乾卦)의 '잠겨 있는 용〔潛龍〕'에서 가져온 말이다.

365 학 돌아온 날 : 고향으로 돌아옴을 의미한다. 한(漢)나라 때 요동 사람 정영위(丁令威)가 영허산(靈虛山)에서 도를 닦아 신선이 되고는 천년 세월이 지난 뒤에 학으로 화하여 요동에 돌아와 무덤 앞의 화표주에 앉았다는 데서 가져왔다.

366 평원군(平原君) : 전국 시대 조(趙)나라 공자(公子) 조승(趙勝)의 봉호이다. 그는 의리를 숭상하고 선비를 존중하여 식객이 3천 명이나 되었다고 한다. 사마천(司馬遷)은 "평원군은 혼탁한 세상에 고결한 풍도를 지닌 아름다운 공자였다."라고 논평하였다. 《史記 卷76 平原君列傳》

혹인에 대한 만시

或人輓

어릴 적에 일찍이 장자의 풍모를 흠모했으니	穉少曾歆長者風
봄 화한 모습으로 매번 웃음 띠고 이야기했네	春和每挹笑談中
마음으로 나이 잊은 벗 되기를 허여하였지만	襟期獨許忘年契
성시에서 누가 호고[367] 옹을 알겠는가	城市誰知好古翁
대대로 이어 온 충효의 업은 잘 계승했고	能繼青氈忠孝業
백발에 글공부는 부질없이 내던졌네	空抛白首鑽研功
세인에겐 부귀를 주고 인인에겐 인색하니	世人富貴仁人嗇
천도가 때에 따라 또한 공정하지 않구나	天道隨時亦不公

367 호고(好古) : 《논어》 〈술이(述而)〉에, 공자가 "나는 나면서부터 잘 아는 사람이 아니고, 옛것을 좋아하여 부지런히 찾아서 배운 자이다.〔我非生而知之者, 好古敏以求之者也.〕"라고 한 말에서 가져왔다.

참의 이관보[368]에 대한 만시

李參議寬甫輓

다들 기특하다고 여긴 세상에 뛰어난 재주 幹世宏材衆所奇
빛나는 명성 일찍 떨치어 임금께 이르렀네 聲華早振達天墀
행장[369]에 의를 두어 깊이 숨길 오래 하다가 行藏有義沈冥久
조우의 즈음을 만났을 때는 머리가 세었네 遭遇逢時鬢髮絲
만년에 품은 생각 이제 적막해져 버렸고 末路襟期今寂寞
빙계[370]에서의 좋은 만남 결국 어긋났네 氷磎良晤竟差池
강하 같은 사변과 산천 같은 기상으로 江河詞辯山川氣
어디에 빛나는 자태를 깊이 감추었는가 何處沈藏燁燁姿

368 이관보(李寬甫) : 이민성(李民宬, 1570~1629)으로, 본관은 영천(永川), 자는 관보, 호는 경정(敬亭)이다. 저서로는 《경정집(敬亭集)》이 있다.

369 행장(行藏) : '용행사장(用行舍藏)'의 준말로, 자신의 도를 펼 수 있느냐 없느냐에 따라 거취를 결정하여 조정에 나아가기도 하고 은퇴하기도 하는 것을 말하는 것으로, 《논어》 〈술이(述而)〉에서 가져왔다.

370 빙계(氷溪) : 의성군 춘산면에 있는 빙계계곡으로 여름에도 얼음이 얼고 시원한 바람이 나온다. 여기에 빙계서원이 있다.

소암 임숙영[371]에 대한 만시

任疎庵叔英輓

서리 내린 언덕 옥수[372]가 속세를 멀리해　霜崖玉樹隔塵氛
기개와 문장이 아득히 무리에서 뛰어났네　氣槩文章逈出羣
구로[373]와 강해의 약속 오래 견고히 했고　鷗鷺久堅江海約
풍운으로 훌륭한 군주와 늦게 제회했네[374]　風雲晚際聖明君
오대[375]에서 저녁에 조낭[376] 올리길 파하고　烏臺夕罷皂囊簡

371 임숙영(任叔英) : 1576~1623. 본관은 풍천(豐川), 자는 무숙(茂叔), 호는 소암(疎菴)이다. 홍문관 박사, 사헌부 지평, 예문관 검열 등을 역임하였다. 저서로는 《소암집(疎菴集)》이 있다.

372 옥수(玉樹) : 뛰어난 인재(人才)를 비유한 말이다. 진(晉)나라 유량(庾亮)이 죽어 장사 지낼 때 하충(何充)이 그 죽음을 슬퍼하며 "옥수를 땅속에 묻으니, 사람의 슬픈 정을 어찌 그칠 수 있으리오.〔埋玉樹於土中, 使人情何能已.〕"라고 한 말이 있다.《晉書 卷73 庾亮列傳》

373 구로(鷗鷺) : 《열자(列子)》 〈황제(黃帝)〉에, 기심이 없는 사람에게 갈매기가 수도 없이 날아와 함께 노닐었다는 '구로망기(鷗鷺忘機)'의 고사에서 온 말로, "바닷가에 사는 어떤 사람이 갈매기를 몹시 좋아해 매일 아침 바닷가로 가서 갈매기와 놀았는데, 날아와서 노는 갈매기가 백 마리도 넘었다. 그의 아버지가 '내가 들으니 갈매기들이 모두 너와 함께 논다고 하던데, 너는 그 갈매기를 잡아 오너라. 나 역시 갈매기를 좋아한다.' 하였다. 다음날 바닷가로 나가니 갈매기들이 날아다니기만 하고 아래로 내려오지 않았다."라고 하였다.

374 풍운으로……제회했네 : 풍운제회(風雲際會)라는 말이 있는데, 임금과 신하가 의기투합함을 말한다. 《주역》 건괘(乾卦) 문언(文言)의 "구름은 용을 따르고 바람은 범을 좇는다.〔雲從龍, 風從虎.〕"라는 말에서 유래하였다.

375 오대(烏臺) : 지금의 검찰청과 감사원을 합한 것 같은 관청이니, 이때에는 사

봉각[377]에서 새벽에 옥전의 글을 재촉하였네	鳳閣晨催玉篆文
그만이로다, 사람 없고 거문고도 끊겼으니	已矣人亡琴亦絶
광릉금 남은 곡조를 다시 누가 들려줄거나	廣陵遺曲更誰聞

헌부(司憲府)라고 하였다.

376 조낭(皀囊) : 검은 비단 자루를 말한다. 한(漢)나라 제도에, 신하들이 장주(章奏)를 올릴 적에 비밀스러운 일인 경우에는 조낭에 봉하여 올렸던 데서 온 말이니, 여기서 전하여 임금께 올리는 글을 의미한다.

377 봉각(鳳閣) : 예문관(藝文館)의 별칭이다.

두곡 선생[378]에 대한 만시

杜谷先生輓

팔 년 동안 팔조목 공부[379]를 궁구하였고　八年窮得八條功
인의에 우활하다는 말[380]은 다 듣지 않았네　仁義迂言到處聾
만 권 서책에서 공부하는 생활을 하여　萬卷書中成契活
이망당 위에는 맑은 바람이 넉넉하였네　二忘堂上足淸風
기 자를 찾던 하남[381]을 매양 따르고　河南每聽尋其字
소거를 타던 안락[382]을 다시 따랐네　安樂還隨小車翁

378 두곡 선생 : 고응척(高應陟, 1531~1605)으로, 본관은 안동(安東), 자는 숙명(叔明), 호는 두곡이고, 선산에 거주하였다. 1561년(명종16) 문과 급제하여 경주 부윤(慶州府尹), 예안 현감 등을 지냈다. 저서로는 《대학개정장(大學改正章)》, 《비은발휘(費隱發揮)》 등이 있다.

379 팔조목 공부 : 《대학》의 팔조(八條) 공부를 가리킨다.

380 우활하다는 말 : 원문은 '우언(迂言)'이다. 《인재집》 권11 〈제두곡선생문(祭杜谷先生文)〉에 "'우활' 두 글자가 일생 비난받는 빌미가 되었지만, 선생은 사양치 않고 받아들였다.〔迂闊二字, 爲終世譏誚之囮, 而先生受之不辭.〕"라고 하였다.

381 기(其)……하남(河南) : 하남은 송(宋)나라 정자(程子)를 가리키는 말이다. 《논어》 〈옹야(雍也)〉에 "어질구나, 안회여. 한 그릇의 밥과 한 표주박의 음료로 누추한 시골에 있었던 것을, 다른 사람들은 그 근심을 견뎌 내지 못하는데, 안회는 그 즐거움을 변치 않으니, 어질구나, 안회여."라고 한 것에 대한 정자(程子)의 주에 "단표누항으로 즐거워할 만한 것이 아니라, 대개 절로 그 즐거움이 있으니, '기(其)' 자를 완미해야 한다.〔簞瓢陋巷, 非可樂, 蓋自有其樂爾, 其字當玩味.〕"라고 하였다.

382 소거(小車)를 타던 안락(安樂) : 안락은 송(宋)나라 소옹(邵雍)의 호이다. 그의 〈천도음(天道吟)〉 시에 "고마워라 봄과 가을 홍취를 타고, 작은 수레 타고서 문밖

선생이 세상에 없는 지금 누굴 우러를까	樑折如今安所仰
둥그런 밝은 달은 낙동강에 비치네	一輪明月洛江東

을 나가네.〔春秋賴乘輿, 出用小車兒.〕"라는 구절이 있다.

사문 고빙운[383]에 대한 만시
高斯文騁雲輓

흰 머리로 지리하게 평상에 등을 붙이고　白首支離背貼床
해마다 눈물 적시며 슬픈 만시를 지었네　年年淚濕寫哀章
한동안 한질로 가벼운 땀 흘린다 들었는데　竚聞寒疾通輕汗
홀연 높은 오동에 이른 서리 내렸다고 하네　忽報高梧落早霜
양의를 만나지 못했으니 천자가 알았으랴[384]　楊意未逢天子識
임춘이 공연히 나아가 유사가 벌 받았네　林椿空造有司殃
응당 두곡을 좇아 당시 일을 진술했지만　應從杜谷陳時事
말을 함이 광생보다 아픔이 더 심하였네　爲說狂生病益狂

383 고빙운(高騁雲) : ?~1603. 본관은 안동, 자는 언룡(彦龍), 호는 역락재(亦樂齋)로, 두곡 고응척의 조카이다.

384 양의(楊意)를……알았으랴 : 훌륭한 재능을 지니고 인정받지 못함을 의미한다. 양의는 양득의(楊得意)를 가리킨다. 한 무제(漢武帝)가 사마상여(司馬相如)의 〈자허부〉를 읽고 칭찬하였는데, 양득의가 그 작자가 동향 사람이라고 밝혔다. 무제가 매우 놀라 사마상여를 불러들이자, 사마상여가 "이는 제후의 일을 읊은 것이 아닙니다."라고 하고 한나라 궁중의 상림원[上林春]에서 천자가 놀이하는 광경을 묘사하니 한 무제가 크게 기뻐하였다. 《史記 卷117 司馬相如列傳》

이종형 신흘[385] 공에 대한 만시

姨從兄申公仡輓

일찍이 이모로부터 어머니 모습을 알았고	曾隨從母認慈顔
우리의 운명이 어려웠음을 울며 말하였네	泣道吾儕賦命艱
괴로운 말로 고로한 마음 매우 아파했고	苦語偏傷孤露意
남은 생을 난리 통에 함께 보전하였었네	餘生共保亂離間
삼 년 동안 못 만난 것이 매우 한스러운데	三秋强恨違靑眼
두 널[386]이 어찌하여 푸른 산을 돌아가는가	雙櫬如何繞碧山
육십오 년 생에 하나의 잘못도 없었으니	六十五年無一累
홰나무 그늘[387] 남아 후손 보길 기약하네	槐陰留待後來看

385 신흘(申仡) : 1550~1614. 본관은 아주(鵝州), 자는 구지(懼之), 호는 성은(城隱)이다. 저서로는 《성은유고(城隱遺稿)》가 있다.

386 두 널 : 신흘과 그 부인의 상을 가리키는 듯하니, 이들은 전후로 세상을 떠났다. 《인재집》 권11 〈제고언용문(祭高彦龍文)〉에 "형과 현명한 형수는……아직 해로할 날이 먼데, 갑자기 동혈을 이루었네. 전후로 난 두 상이, 불과 몇 달 사이라네.〔兄曁賢嫂……尙遠偕老, 奄成同穴. 兩喪先後, 只隔數月.〕"라고 하였다.

387 홰나무 그늘 : 조상의 음덕으로 훌륭한 자손이 나올 것이라는 말이다. 송(宋)나라 초기의 명신 왕우(王祐)가 일찍이 자기 집 뜰에 삼공을 상징하는 세 그루 홰나무를 심어 놓고 스스로, "내 자손 중에 삼공이 되는 자가 반드시 나올 것이다.〔吾子孫必有爲三公者〕"라고 예언했는데, 그 후 과연 그의 아들 왕단(王旦)이 진종(眞宗) 때에 18년 동안이나 명상(名相) 노릇을 했던 고사가 있다. 《聞見前錄 卷8》

한강 선생[388]에 대한 만시

寒岡先生輓

해와 별과 하악의 정기가 모여 내려서	日星河岳降精芒
호걸이 탄생하여 세상 방패막이 되었네	間出人豪作世防
단정한 비단옷은 광채 나는 빛 감추고	整勑錦衣輝掩映
움직일 때는 패옥이 맑은 소리 울리네	周旋玉佩響琳琅
계책 폄에 요순의 도 아니면 말을 않고	陳謨不道非堯舜
예법을 좋아함에 어찌 한당을 섞을쏘냐	好禮何須雜漢唐
나라와 사문 모두 의지할 데 있었더니	邦國斯文俱有賴
하늘이 장차 없애려 하는가,[389] 어찌 망망한가	天之將喪奈茫茫

388 한강(寒岡) 선생 : 정구(鄭逑, 1543~1620)의 호이다. 본관은 청주(淸州), 자는 도가(道可)이고, 시호는 문목(文穆)이다. 1573년(선조6) 유일(遺逸)로 천거되어 여러 관직을 제수받았으나 사직하고 나아가지 않았다. 1580년 창녕 현감(昌寧縣監)으로 가서 선정을 베풀었고 이후 우승지, 강원도 관찰사, 성천 부사(成川府使) 등을 역임했다. 저서로는 《한강집(寒岡集)》이 있다.

389 하늘이……하는가 : 공자가 광(匡) 땅에서 위협을 받을 때 도통을 자임하여 "하늘이 장차 사문을 없애려 하신다면 후사자가 사문에 참여할 수 없겠지만, 하늘이 사문을 없애지 않으시니 광 사람이 나를 어찌하겠는가.〔天之將喪斯文也, 後死者不得與於斯文也, 天之未喪斯文也, 匡人其如予何.〕"라고 말한 데서 가져왔다. 《論語 子罕》

석담 이무백[390]에 대한 만시

李石潭茂伯輓

타고난 자질이 이같이 순수하고 아름다운데	天資純美有如斯
더구나 다시 용문에서 일찍이 스승을 얻었네	況復龍門早得師
세 번 접견한 총애 입고 등불 내려 준 밤이요[391]	三接寵隆分燭夜
오고의 인정 흡족하고 청전만선할 때였네[392]	五袴仁洽選錢時
호련[393]은 정히 맑은 조정에 펼치기 합당했는데	瑚璉政合陳淸廟

390 이무백(李茂伯) : 이윤우(李潤雨, 1569~1634)로, 본관은 광주(廣州), 자는 무백, 호는 석담(石潭)이다. 정구(鄭逑)의 문인이다. 예조 정랑, 사간, 공조 참의 등을 역임했다. 저서로는 《석담집(石潭集)》이 있다.

391 세 번……밤이요 : 임금의 총애 받음을 의미한다. 원문의 '삼접(三接)'은, 《주역》 〈진괘(晉卦) 괘사(卦辭)〉에 "진은 강후에게 말을 많이 하사하고 낮에 세 번씩 접견하는 상이다.〔晉, 康侯用錫馬蕃庶, 晝日三接.〕"라는 말에서 가져왔고, '분촉(分燭)'은 소식(蘇軾)이 어전(御前)에 입대(入對)하고 돌아갈 적에 황제가 어전의 금연촉(金蓮燭)을 가져다가 한림원(翰林院)으로 돌아가는 길을 밝히게 한 일에서 가져왔다.

392 오고(五袴)의……때였네 : 오고는 지방 백성들에게 선정을 베풀어 칭송받는 것을 말한다. 동한(東漢)의 염숙도(廉叔度)가 촉군 태수(蜀郡太守)로 부임하여 금법(禁法)을 해제하고 백성의 생활을 안정시키자, 백성들이 노래를 지어 부르기를, "우리 염숙도가 어찌 이리 늦게 왔나……평생 속옷도 없더니 지금은 바지가 다섯이네.〔廉叔度來何暮,……平生無襦, 今五袴.〕"라고 한 일에서 가져왔다. 《後漢書 卷31 廉范列傳》 원문의 '선전(選錢)'은 '청전선(靑錢選)'에서 온 말로, 당나라 장작(張鷟)이 문장이 뛰어나 사람들이 만 번 과거 시험을 보아도 다 선발된다고 생각했기에 '청전만선(靑錢萬選)'이라 한 데서 가져왔다. 《新唐書 卷161 張薦列傳》

393 호련(瑚璉) : 훌륭한 자질을 가진 이라 나라의 중요한 인재가 된다는 말로, 여

지초 혜초가 어찌 북풍에 넘어질 줄 알았겠나	芝蕙那知隕朔吹
외로운 기러기 해마다 길이 짝을 잃으니	孤鴈年年長失侶
추풍에 외그림자로 슬픔을 어이 견디랴	秋風隻影可堪悲

기서는 이윤우를 가리킨다. '호(瑚)'와 '연(璉)'은 모두 종묘(宗廟)에서 서직(黍稷)을 담는 그릇이다.

종질 현감 산립에 대한 만시
從侄縣監山立輓

쇠한 가문에 얻은 그대 자못 소중하였으니	衰門得子殊爲重
가문의 영광에 나라도 성공하길 고대하였네	竚見家榮國亦成
맑고 곧게 산 일생은 철석처럼 견고하였고	淸直一生堅鐵石
군친에게 한 성의는 신명으로 증명하였네	君親寸悃證神明
풍진 세상에 못 만난 한을 함께 애석해했고	風塵共惜參商恨
서리 이슬에 슬픈 마음[394]을 같이 품었네	霜露同懷怵惕情
통곡을 해도 사람은 없고 때도 늦었으니	痛哭人亡時亦暮
북풍이 처연한 곳에 눈보라가 몰아치네	北風凉處雪飄零

394 서리 이슬에 슬픈 마음 : 부모의 죽음에 대한 생각을 말한다. 《소학》〈명륜(明倫)〉에 "제의에 '서리와 이슬이 이미 내리거든……군자가 그것을 밟고 반드시 두려운 마음이 있어서 마치 죽은 부모를 뵈올 듯이 여긴다.' 했다.〔祭義曰霜露既降,……君子履之, 必有怵惕之心, 如將見之.〕"라고 한 데서 유래하였다.

지사 강복성[395]에 대한 만시
康知事復誠輓

공은 오복 중에 네 가지가 온전하니	公於五福四能全
한결같은 청빈으로 자연에 맡겼네	一味淸貧任自然
맹박[396]은 자식에게 유언을 남기지 않았고	孟博未傳遺子訣
왕부[397]는 육아편을 몇 번이나 폐하게 했던가	王裒幾廢蓼莪篇
가풍을 이어 가는 데서 참으로 효도를 하니	家風繼處眞爲孝
순리로 기록할 이 중에 누가 앞서겠는가	循吏編中孰與先
오열하듯 흐르는 주천[398] 금오산 아래서	咽咽舟川烏嶽下
응당 채색 적삼 입고 황천에 인사드리리	應將彩袖拜重泉

395 강복성(康復誠) : 1550~1634. 본관은 신천(信川), 자는 명지(明之), 호는 죽간(竹磵)이다. 인조반정(仁祖反正) 후에 관로에 나갔고, 이괄(李适)의 난 때 왕을 호종한 공으로 중추부 지사가 되었다. 저서로는 《죽간집(竹磵集)》이 있다.

396 맹박(孟博) : 후한(後漢) 범방(范滂)의 자이다. 청절(淸節)로 이름이 높았으며 어버이께 지극히 효도하였는데, 영제(靈帝) 때 당인이 죽임을 당할 적에, 스스로 옥(獄)에 나아가자 현령 곽읍(郭揖)이 인수(印綬)를 풀고 함께 도망칠 것을 청하였으나, 듣지 않은 채 어머니에게 허락을 받고 33세의 나이로 죽음의 길을 택했다. 《後漢書 卷97 范滂傳》

397 왕부(王裒) : 진(晉)나라 때 효자로, 돌아가신 부모를 생각하며 매우 슬퍼하였다. 왕부가 《시경》 〈육아편(蓼莪篇)〉의 "슬프다 우리 부모, 나를 낳아 얼마나 고생하셨나.〔哀哀父母, 生我劬勞.〕"라는 대목을 읽을 때마다, 참형(斬刑)을 당한 부친을 생각하며 눈물을 흘리곤 하였으므로, 수업받는 문인들이 아예 육아편을 폐(廢)하려고 했던 고사에서 유래하였다. 《晉書 卷88 王裒列傳》

398 주천(舟川) : 금오산 아래에 있다. 계곡물이 북쪽으로 흘러 울주천(蔚州川)에 들어간다. 《一善誌 卷1》

수사 최강[399]에 대한 만시 삼종질

崔水使堈輓 三從姪

남자의 몸은 천하 일을 맡아야 하나니	男子身當天下事
재명 지니고 어찌 병든 문원[400]을 취하랴	才名何取病文園
장요로 주문에 굽힘을 부끄러워했고[401]	長腰恥向朱門屈
웅검으로 일찍이 추로의 혼을 놀라게 했네	雄劍曾驚醜虜魂
옛 병졸은 양숙[402]의 사랑 생각하며 눈물 흘리고	舊卒泣思羊叔愛

399 최강(崔堈) : 1559~1614. 자는 여견(汝堅), 호는 소계(蘇溪)이다. 형 최균(崔均, 1537~1616)과 함께 임진왜란 때 의병을 일으켜 고성과 사천 등지에 진격하여 적병을 많이 참살하였다.

400 병든 문원 : 병약한 문관을 의미한다. 한(漢)나라 문인(文人) 사마상여(司馬相如)가 소갈(消渴)병이 있었는데, 그가 효문원령(孝文園令)을 지냈기 때문에 이렇게 표현한 것이다.

401 장요(長腰)로……부끄러워했고 : 장요는 쌀의 별칭이고, 주문(朱門)은 붉은색으로 치장한 대문으로, 귀족이 사는 고대광실(高臺廣室)을 말한다. 이는 동진의 도잠(陶潛)이 팽택령(彭澤令)이 된 지 겨우 80여 일이 되었을 때, 군(郡)의 독우(督郵)가 팽택현에 순시를 나옴에, 현리(縣吏)가 도잠에게 의관을 갖추고 독우를 뵈어야 한다고 하자, 도잠이 탄식하며 "나는 오두미(五斗米) 때문에 허리를 굽혀서 향리(鄕里)의 소인(小人)을 섬길 수 없다." 하고, 귀거래사(歸去來辭)를 지어 자기의 뜻을 부치고 당장 전원(田園)으로 돌아갔던 일이 있다.

402 양숙(羊叔) : 양숙자(羊叔子)로 진(晉)나라 양호(羊祜)를 가리킨다. 그는 양양(襄陽)을 다스리면서 인정(仁政)을 베풀었기에 그가 죽자 백성들이 저자를 파하고 통곡하였으며 그가 평소 노닐던 현산(峴山)에다 비석을 세우고 사당을 건립하였는데, 사람들이 그 비석을 보기만 하면 양호를 추념하여 눈물을 흘렸다 한다. 두예(杜預)가 그 비를 타루비(墮淚碑)라고 이름을 붙였다. 《晉書 卷34 羊祜列傳》

남은 백성은 적공[403]의 은혜를 기뻐하며 말하네　遺民喜說狄公恩
천 리 멀리 헤어져 살아 장례에 가지도 못하고　分居千里未臨穴
곡하며 남쪽 하늘 바라보니 바다 해 혼미하네　哭望南天海日昏

403 적공(狄公) : 당(唐)나라 적인걸(狄仁傑)을 가리킨다. 그는 곤경에 처한 어떤 사람을 대신하여 어려운 사신의 일을 자청하고 나서니, 인인기(藺仁基)가 "우리 적공의 어진 덕성으로 말하면, 북두 이남에서 오직 한 사람밖에 없다고 할 것이다.〔狄公之賢, 北斗以南, 一人而已.〕"라고 칭송했다는 말이 있다.《新唐書 卷115 狄仁傑列傳》

세마 김활원[404] 집 에 대한 만시
金洗馬活源 潗 輓

용문의 현이 끊어졌지만 이을 인연 없으니 龍門絃絶續無因
홀로 남긴 글을 품고 새삼 감탄하였네 獨抱遺篇感歎新
썩은 나무에 조탁하는 손길 부질없이 수고롭고 朽木謾勞雕琢手
청전[405]은 보호해 유지할 사람 있음에 의지하네 青氈賴有護持人
서찰 봉해 부친 게 오히려 지난달이었는데 緘書相寄猶前月
슬픈 소식 전해 옴이 홀연 이날이로다 哀輓來傳忽此辰
병든 몸 자주 침상에 기울여 눈물 흘리니 病裏頻傾枕上淚
지금 세상에 정답고 친한 이 몇이나 있겠나 如今海內幾情親

404 김활원(金活源) : 김집(金潗)으로, 본관은 의성(義城), 호는 애경당(愛景堂), 자는 활원이다. 김성일(金誠一)의 맏아들로 이황의 문인이다. 1597년(선조30) 익위사 세마(翊衛司洗馬)에 제수되었으나 사퇴하였다.

405 청전(青氈) : 선대(先代)로부터 전해진 귀한 유물을 가리킨다. 진(晉)나라 왕헌지(王獻之)가 누워 있는 방에 도둑이 들어와 물건을 훔쳐 가려 하자, 그가 "도둑이여, 그 푸른 모포는 우리 집안의 유물이니, 그것만은 두고 가는 것이 좋겠다.〔偸兒, 青氈我家舊物, 可特置之.〕"라고 하였다는 데서 유래하였다. 《晉書 卷80 王羲之列傳 王獻之》

찰방 강응철[406]에 대한 만시

康察訪應哲輓

나이 같고 뜻이 같은 다 같은 사람으로	同庚同志是同人
약관 나이에 서로 어울려 칠순에 이르렀네	弱冠相從到七旬
청년 시절에는 연방[407]에 이름이 올랐고	蓮榜靑年題姓字
백발에는 염거[408] 끄는 기린으로 지냈네	鹽車白首服麒麟
봄날에 그대 그리는 꿈 깨지도 않았는데	春天未破思人夢
들보의 달[409]이 공연히 병든 마음 놀래키네	樑月空驚病客神
죽지 못한 남은 생을 여전히 세상에 부치고	未死殘生猶寄世
지금부터 그윽한 회포를 누구에게 진술하나	從今幽抱向誰陳

406 강응철(康應哲) : 1562～1635. 본관은 재령(載寧), 자는 명보(明甫), 호는 남계(南溪)이다. 임진왜란 때 정기룡(鄭起龍)과 의병을 일으켜 싸웠고, 광해군의 폭정에 분개하여 상주(尙州)에 은거해 지냈다. 저서로는 《남계집(南溪集)》이 있다.

407 연방(蓮榜) : 소과(小科), 즉 생원(生員)과 진사(進士)를 뽑던 과거 시험의 합격자 명단을 말한다.

408 염거(鹽車) : 높은 재주를 가진 큰 인물이 때를 만나지 못하여 천한 역(役)에 종사한다는 말이다. 가의(賈誼)의 〈조굴원부(弔屈原賦)〉에 "천리마가 두 귀를 늘어뜨리고 소금 수레를 끌도다.〔驥垂兩耳服鹽車兮〕"라고 한 데서 유래하였다.

409 들보의 달 : 원문은 '양월(樑月)'은 들보에 걸린 달로, 벗을 그리워함을 말한다. 당(唐)나라 두보(杜甫)가 이백(李白)을 그리워하며 지은 시 〈몽이백(夢李白) 2수〉 중 첫째 수에 "지는 달빛 들보에 가득 비추니, 오히려 그대 얼굴인가 의심한다오.〔落月滿屋梁, 猶疑照顔色.〕"라고 한 데서 가져온 말이다. 《古文眞寶 前集 卷3》

사임 박홍장[410]에 대한 만시

朴士任 弘長 輓

분분한 남은 사람들 모두 삼대 같으니	紛紛餘子儘如麻
세상을 덮을 인걸은 묻노니 몇몇이냐	蓋世人豪問幾多
북방에서 관문 지키며 십 년을 머물렀고	楡塞十年留鎖鑰
큰 파도 만 리 풍파에 몸을 맡겼네[411]	鯨濤萬里任風波
군제에선 장사의 벽돌 얼마나 옮겼던가[412]	郡齋幾運長沙甓
오랑캐 소굴 소탕하려 정원의 발걸음 했네[413]	虜穴將空定遠鞾
집안 형편 처량해도 공은 한번 웃을 뿐	家事凄涼公一笑
영웅의 못다 이룬 뜻 한이 어떠하겠는가	英雄齎志恨如何

410 박홍장(朴弘長) : 1558~1598. 본관은 무안(務安), 자는 사임이다. 1580년(선조13) 무과에 급제하고, 제주 판관·대구 부사 등을 역임하였다. 영해(寧海)의 구봉정사(九峰精舍)에 제향되었다.

411 큰 파도……맡겼네 : 1596년 대구 부사 재임 시에 유성룡의 추천으로, 통신사의 부사로서 정사 황신(黃愼)과 강화의 중책을 띠고 일본에 갔던 일을 말한다.

412 군제에선……옮겼던가 : 스스로 노력함을 비유한 말이다. 진(晉)나라의 도간(陶侃)이 형주(荊州)를 맡았을 때 아침에 벽돌 100개를 제 밖으로 옮겼다가 저녁에 안으로 옮기자, 〔朝運百甓於齋外, 暮運於齋內.〕 사람들이 이유를 물으니, "내가 장차 중원에 힘을 쏟고자 하는데 너무 안일하면 일을 감당하지 못할까 두렵다."라고 답했다는 일에서 가져왔다. 《晉書 卷66 陶侃列傳》

413 오랑캐……했네 : 후한의 장수 반초(班超)의 봉호(封號)가 정원후(定遠侯)이다. 반초는 장수가 되어 서역(西域)의 흉노(匈奴)를 정벌하여 정원후에 봉해졌는데, 그가 서역에 있던 31년 동안 서역의 50여 개국이 모두 한나라에 복속되었다. 《後漢書 卷77 班超列傳》

음성 현감 송시보[414]에 대한 만시

宋陰城時保輓

화창한 봄 기운에 일찍이 노선생께 읍하매	春和曾挹老先生
온화하게 웃으며 한 말 귀에 분명히 들렸네	笑語溫然入耳明
박한 풍속에 어찌 옛 철인 높일 줄 알겠나	薄俗豈知尊往哲
집안 계승해 명성 드러내니 얼마나 다행인가	承家何幸闡遺聲
한수에서 함께한 뱃놀이 생각함에 어제 같은데	同船漢水思如昨
용진에서 결사하자는 약속은 이루지 못하였네	結社龍津約未成
한 통 서찰 못 전한 채 갑자기 부고가 이르러	一札未傳凶報遽
병든 몸으로 만사 적자니 눈물이 갓끈 적시네	病夫題輓淚霑纓

414 송시보(宋時保) : 생졸 미상. 본관은 여산(礪山), 자는 익갑(翼甲)이다.

창석 이숙평[415]에 대한 만시

李蒼石叔平輓

지음이 상산에 살아서 얼마나 다행인지　知音何幸托商山
속세 발걸음으로 사로[416]의 반열을 따랐네　塵躅追隨四老班
유생 시절 창합 속에서 같이 울리었고　衿珮同鳴閶闔裏
사륜을 수운 사이에서 함께 다스렸네[417]　絲綸共理水雲間
내 허물에 그대의 적실한 질책[418] 늘 받았고　汚泥每受風斤斲
여린 덩굴로 곧은 나무에 오르기 부끄러웠네　嫩葛多慚直木攀
진퇴는 때맞게 하면서 전패를 경계하였고　進退隨時戒顚沛

415 이숙평(李叔平) : 이준(李埈, 1560~1635)으로, 본관(本貫)은 흥양(興陽), 호는 창석(蒼石), 자는 숙평, 시호는 문간(文簡)이다. 유성룡(柳成龍)의 문인이다. 단양 군수(丹陽郡守), 부제학 등을 지냈다. 저서로는 《창석집(蒼石集)》이 있다.

416 사로(四老) : 상산사호(商山四皓)에서 따온 말로, 여기서는 상주 출신 이준(李埈)·정경세(鄭經世, 1563~1633)·전식(全湜, 1563~1642)·황시간(黃時幹, 1558~1642)을 가리킨다.

417 사륜(絲綸)을……다스렸네 : 은거해 지내며 학문을 궁구함을 의미한다. 《시경》〈채록(采綠)〉에 "그대 낚시를 하신다면, 낚싯줄을 만들어 드리리다.〔之子于釣, 言綸之繩.〕"라고 했는데, 그 주에 "실을 다스림을 윤이라 한다.〔理絲曰綸〕"라고 하였다. 수운(水雲)은 유성룡이 거처하던 수운정을 가리키니, 여기서는 유성룡에게 공부했던 것을 의미한다.

418 적실한 질책 : 원문은 '풍근(風斤)'으로, 바람을 일으킬 정도로 빠른 도끼질로 매우 뛰어난〔적절한〕 솜씨를 뜻한다. 《장자》〈서무귀(徐无鬼)〉에, 영(郢) 땅의 장석(匠石)이 상대방의 코끝에다 하얀 흙을 얇게 발라 놓고는 바람을 일으키며 자귀를 휘둘러〔運斤成風〕 그 흙만 떼어 내고 상대방은 다치지 않게 했다는 데서 유래하였다.

행장엔 의를 두어 편하고 한가함에 맡겼네　　行藏有義任安閑

가의의 우국 두보의 근심으로 마음 괴로웠고　　賈憂杜愁心肝苦

육주 한장[419]으로 머리가 반백이 되었네　　陸奏韓章鬢髮斑

일찍이 명성이 세상에 나기를 싫어하였고　　早厭名聲喧世耳

만년엔 솔문 닫고서 오직 이치를 궁구했네　　晩專探賾掩松關

효도하고 인자함은 안씨가훈[420]을 본받았고　　孝慈顏氏家成訓

성덕은 침이 마르길 기다린 누공[421] 같았네　　盛德婁公唾待乾

울창한 홰나무 그늘은 뿌리가 울퉁불퉁하고　　菀菀槐陰根碨磊

휘황찬란한 상체꽃은 그림자가 흐드러지네　　輝輝棣萼影媥孄

섬곡[422]에 배 타고 방문함도 나쁘지 않건만　　不妨剡曲乘舟訪

419 육주(陸奏) 한장(韓章) : 육주는 당나라 육지(陸贄)를 가리키니, 《육선공한원집(陸宣公翰苑集)》이 있다. 그는 한림학사로 있을 때 주자(朱泚)의 반란으로 인하여 하루에 올린 주문(奏文)이 수백 편이었는데, 훌륭한 저술 솜씨를 드러내었으니 그 주의(奏議)는 명작이어서 후세에 주의의 규범이 되었다. 우리나라에서도 《육주약선(陸奏略選)》이란 책이 간행되어 많이 읽혔다. 한장은 당나라 한유(韓愈)의 문장을 가리킨다.

420 안씨가훈 : 북제(北齊) 안지추(顏之推)의 《안씨가훈(顏氏家訓)》을 말하는 것으로, 몸을 세우고 집을 다스리는 방법을 논하여 자손을 경계한 것이다.

421 누공(婁公) : 당 중종(唐中宗) 때의 누사덕(婁師德)을 가리킨다. 그는 성질이 너그러웠는데, 그 아우가 대주(代州) 원으로 나갈 때, 아우에게 묻기를 "처신을 어떻게 할 것인가?" 했더니, 답하기를 "다른 사람이 얼굴에 침을 뱉더라도 손으로 닦고 대항하지 않겠습니다." 하니, 누사덕은 "안될 말이다. 닦으면 그 사람이 노할 것이니, 그대로 말려야 한다." 하였다. 《新唐書 卷99 婁師德列傳》

422 섬곡(剡曲) : 섬계(剡溪)의 물굽이로, 우인(友人)을 방문할 때 쓰는 표현이다. 진(晉)나라 왕휘지(王徽之)가 눈 내린 밤에 흥에 겨워서 친구인 대규(戴逵)를 찾아 섬계까지 배를 타고 갔다는 고사에서 유래하였다. 《世說新語 任誕》

어찌하여 문원의 병[423]을 안고 괴로워했는가　爭奈文園抱病艱
진솔한 모임 중에 남은 사람 몇이나 있나　眞率會中存有幾
한단[424]의 침상에서 나른히 돌아올 생각하네　邯鄲枕上倦思還
가을날 계서[425]의 예전 기약 어긋났고　秋天鷄黍違前約
봄밤 술잔과 등불에서 이별하던 모습이라　春夜盃燈是別顔
천년의 백아의 현 이제 다시 끊어졌건만　千載牙絃今再絶
나는 세상에 남아 한결같이 얼마나 모진지　殘生住世一何頑

423 문원(文園)의 병 : 문원은 한(漢)나라 사마상여(司馬相如)를 가리키는데, 그는 소갈(消渴)병을 앓았다.

424 한단(邯鄲) : 당(唐)나라 노생(盧生)이 한단(邯鄲)의 여사(旅舍)에서 도사(道士) 여옹(呂翁)을 만나 자신의 궁곤한 신세를 한탄하자, 여옹은 주머니 속에서 베개 하나를 꺼내 주면서 "이 베개를 베면 영달(榮達)할 수 있다." 하였다. 이때에 그 주인은 황량(黃粱 : 누른 기장)을 찌기 시작하였는데, 노생은 이 베개를 베고 잠이 들어 꿈속에서 부귀영화를 누리고 나이 80세가 넘어서 죽었는데, 그 꿈을 깨고 나니 황량이 아직 익지 않았더라는 데서 가져왔다. 《枕中記》 부귀영화가 덧없음을 비유한다.

425 계서(雞黍) : 닭을 잡고 기장밥 지어 벗을 대접함을 말하는 것으로, 자신을 알아주는 벗을 의미할 때 쓴다. 《논어》 〈미자(微子)〉에 "닭을 잡고 수수밥을 지어 먹인다.〔殺鷄爲黍而食之〕"라고 한 데서 가져왔다.

교문 教文

영의정 충정공 이준경[426]을 종묘에 배향하는 교서

경술년(1610, 광해군2)에 지제교의 자격으로 지어 올렸다.

教領議政忠正公李浚慶配享宗廟書 庚戌 以知製教製進

왕은 이렇게 말하노라.

아, 종묘는 선왕을 섬기는 바인지라 바야흐로 승부(陞祔)[427]의 의례(儀禮)를 마련하고, 대덕(大德)이 있음에는 그를 함께 종향(從享)하는지라, 마침내 공적에 보답할 은전을 거행하노라. 그래서 선정(先正) 석보(碩輔 훌륭하게 보필하는 신하)로 공훈이 높은 자를 우대하여[428] 더욱 빛나게 함이 진실로 마땅하다.

426 이준경(李浚慶) : 1499~1572. 본관은 광주(廣州), 자는 원길(原吉), 호는 동고(東皐)·남당(南堂)이고, 시호는 충정(忠正)이다. 병조 판서, 한성부 판윤, 대사헌, 영의정을 역임하였다.

427 승부(陞祔) : 지위를 높여 그 신주(神主)를 종묘(宗廟)의 조상(祖上) 곁에 모시는 일을 말한다.

428 공훈이……우대하여 : 원문은 '돈종(惇宗)'으로, 국가에 큰 공이 있는 사람을 묘정(廟廷)에 배향함을 말한다. 《서경》 〈낙고(洛誥)〉에 "공이 높은 사람을 돈독히 하되 큰 예로 하여, 원사를 들어 차례로 제사한다.〔惇宗將禮, 稱秩元祀.〕"라고 한 데

아, 경(卿)은 곧고 방정하며 크고 깊으며, 도탑고 크며 넓고 두터웠다. 학문은 참되게 축적함이 있어 일찍이 빛나는 조상이 남긴 실마리를 들었고, 사업은 작위함이 없이 모두 성의(誠意)의 공부에서 나왔도다. 그리하여 세상에 드문 원대한 그릇으로 밝게 빛나는 성대한 시대를 만나, 많은 선비가 있는 수선(首善)의 장소[429]에서 정릉(靖陵 중종(中宗))에게 자못 알아줌을 입었고, 훈도하고 권면하는 경연 강의에서 인종에게 성덕(聖德)을 보좌하였다. 명종 중년에 이르러서는 천하를 다스리는 업적을 무성하게 드러내었고, 옥궤(玉几)[430]의 마지막 명을 받들어 임금을 받드는 정성을 더욱 부지런히 하였다. 한공(韓公)과 범공(范公)[431]이 했던 일을 해내었고, 성왕(成王)과 강왕(康王)[432]이 수수(授受)했던 것을 도왔다.

서 가져왔다.

429 많은……장소 : 원문의 '청아(菁莪)'는 《시경》 〈청청자아(菁菁者莪)〉에 "무성하고 무성한 쑥이, 저 구릉 가운데 있도다. 이미 군자를 만나고 보니, 나에게 백붕을 준 것 같도다.〔菁菁者莪, 在彼中陵. 旣見君子, 錫我百朋.〕"라고 한 데서 가져와 무성하게 돋은 쑥으로 인재를 비유한 말이다. 수도(首善)은 '선을 시작한다' 또는 '모범을 세운다'라는 뜻으로, 《한서》 권88 〈유림전(儒林傳)〉의 "교화를 폄에 수선(首善)을 경사(京師)로부터 시작한다."라는 대목에서 유래하였다.

430 옥궤(玉几) : 임종의 유언을 말한다. 《서경》 〈고명(顧命)〉에 "위대한 임금님께서 옥궤에 기대어 말명을 말씀하사, 너에게 명하여 문왕·무왕의 교훈을 잇게 하셨다.〔皇后憑玉几, 道揚末命, 命汝嗣訓.〕"라고 한 데서 온 말이다.

431 한공(韓公)과 범공(范公) : 송(宋)나라 재상 한기(韓琦)와 범중엄(范仲淹)을 가리킨다.

432 성왕(成王)과 강왕(康王) : 주(周)나라 제2대 왕은 성왕이고, 그의 대를 이은 왕이 강왕이다. 강왕은 귀방(鬼方) 및 동남쪽의 여러 부족을 정벌하면서 영토를 개척하였고, 아버지 성왕과 함께 문왕(文王)과 무왕(武王)의 치적을 계승하여 국가를

태산 교악은 움직임을 드러내지 않고도 공리(功利)가 만물에게 미치는 것이 많고, 격인(格人) 원귀(元龜)[433]는 길흉을 먼저 알기에 국가가 믿고서 소중히 여기는 바이다. 덕량(德量)은 중국 사신에게 공경심을 일으켜 선계(璿系 종계(宗系))의 무함을 말끔히 씻어 낼[434] 수 있었고, 주석(柱石)의 신하로 백성들에게 신망을 받아 이 동륭(棟隆)[435]의 복에 의지하였다.

물러나기를 구함은 매번 성대한 실천을 경계해서였고, 학문을 좋아함은 만년의 나이에도 더욱 도타이 하였다. 덕망이 온 세상에 끼친 것이 20년이었고, 임종 때에도 나라를 근심하여 하나의 차자(箚子)를 진달해 올렸다. 지금에 이르도록 선비들이 바라보며 탄복하는 바는 선견지명이니, 당시에 논한 자들은 어떤 마음이었을까, 뒤늦게 말해 본즉 부끄러우리라.

우리 황고(皇考 선조)께서 그리워하며 하신 말씀이 있으니 은혜가 시종 쇠퇴하지 않았고, 나 소자는 시대를 같이하지 못함이 한

안정기에 들도록 하였으니, 이 시기를 '성강지치(成康之治)'라고도 한다.

433 격인(格人) 원귀(元龜) : 격인은 지인(至人)의 뜻으로, 대인(大人)과 같은 말이고, 원귀는 점을 잘 맞추는 큰 거북이라는 뜻이다. 《서경》 〈서백감려(西伯戡黎)〉에 "하늘이 이미 우리 은나라의 명을 끊었으므로, 격인과 원귀가 감히 길함을 알려주지 못하게 되었다.〔天旣訖我殷命, 格人元龜, 罔敢知吉.〕"라는 말에서 가져왔다.

434 선계(璿系)의……씻어 낼 : 《대명회전(大明會典)》에, 태조 이성계(李成桂)가 고려의 권간(權奸)인 이인임(李仁任)의 아들이며 고려의 네 임금을 죽이고서 나라를 빼앗은 것으로 기록되어 있었는데, 선조(宣祖) 때에 종계변무주청사(宗系辨誣奏請使)를 보내 바로잡았다.

435 동륭(棟隆) : 국가의 동량이라는 뜻이다. 《주역》 〈대과괘 구사(九四)〉에, "들보기둥이 높으니 길하다.〔棟隆吉〕"라는 말에서 가져왔다.

스럽지만 예(禮)는 존몰(存沒) 간에 차이가 없다. 고익(考翼)[436]이 다 차례로 뜻을 말함에, 조정 의론과 모두 다 부합하는지라, 이에 길제[437]를 행하는 날, 종사하는 반열에 올리도록 하였다. 맑은 묘당의 혼령[438]에 배향하니, 그 가까이하던 바를 사랑하고, 밝은 영령께 올리는 제물(祭物)을 흠향함에 숙연히 여기에 계시는 듯하도다.

오호라, 같은 마음 같은 덕으로 이미 한가로움과 수고로움을 서로 함께하였으니, 복을 짓고 재앙을 지음도 오히려 도와 인도해줌에 길이 의지하리. 공적이 종석(宗祏 종묘에 위패를 모신 석실)에 있었으니 감히 포상하여 높임이 없어서 되겠는가. 선종 대왕의 묘정에 종향함이 옳겠는지라 이에 교시하니, 의당 잘 알리라 생각하노라.

436 고익(考翼) : 《서경》 〈대고(大誥)〉에 "아버지가 존중한 원로들에게 '내게 후손이 있으니 기업을 버리지 않으리라.'라고 말할 수 있겠는가.〔厥考翼, 其肯曰予有後弗棄基.〕"라고 하였는데, 그 전(傳)에 "고익(考翼)은 아버지가 공경히 섬기는 자들이다."라고 하였다.

437 길제(吉祭) : 선조의 제사를 가리킨다. 선조는 무신년(1608) 2월 1일 정릉 행궁의 정침에서 승하하였다. 광해군 2년(1610) 3월 7일 전교에 '이준경과 이황'을 배향함이 가하다고 하였다.

438 혼령 : 원문은 '척강(陟降)'으로, 《시경》 〈민여소자(閔予小子)〉에 "이 황조를 생각하여 뜰에 오르내리심을 보는 듯하다.〔念玆皇祖, 陟降庭止.〕"라고 한 데서 가져왔으니, 혼령이 왔다 갔음을 뜻한다.

도원수 장만[439]에게 내리는 교서 사인 재임 때 지어 올렸다.

教都元帥張晩書 舍人時製進

왕은 이렇게 말하노라.

안위(安危)를 의지하면서 전권을 주어 출정함에 이미 추곡(推轂)[440]의 명에 부응하였고, 마치 두렵고 아픔이 나 자신에게 있는 듯이 전수(翦鬚)[441]의 정성을 극진히 하였나니, 고요한 곳에 거처하면서 섭양할 수 있도록 하고자 하여, 마침내 지방관을 아울러 맡도록 명하노라.

아, 경은 기우(器宇)가 크고도 심오하며 자질과 식견이 깊고도 깊다. 방략(方略)이 시서(詩書)에 근본하였으니 어찌 도금(韜

439 장만(張晩) : 1566~1629. 본관은 인동(仁同), 자는 호고(好古), 호는 낙서(洛西), 시호는 충정(忠定)이다. 1591년(선조24) 문과에 합격하여 봉산 군수(鳳山郡守), 대사간 등을 역임했다. 인조반정 직후 후금의 침략에 대비하여 평양에 원수부(元帥府)를 설치하매, 도원수(都元帥)에 임명되었다. 이괄(李适)이 난을 일으켜 서울로 입성함에 이틀 만에 패배시켰다. 저서로는 《낙서집(洛西集)》이 있다.

440 추곡(推轂) : 옛날에 제왕이 장수를 파견할 때에 수레바퀴를 밀어 주면서 "곤내(閫內)는 과인이 제어할 테니 곤외(閫外)의 일은 그대가 제어하라."라고 하며 전권(全權)을 위임했다는 고사에서 가져왔다. 《史記 卷102 馮唐列傳》

441 전수(翦鬚) : 당(唐)나라 때 이적(李勣)이 급병을 앓자 당 태종이 자신의 수염을 잘라 불에 태워서 약에 섞어 먹게 하였는데, 이적이 병이 낫자 당 태종에게 머리를 조아리고 사례하면서 눈물을 흘렸다는 일이 있다. 백거이(白居易)의 〈칠덕무(七德舞)〉에 "수염 잘라 태워 약에 섞어서 공신에게 내리자, 이적은 오열하며 몸 바칠 것을 생각했네.〔剪鬚燒藥賜功臣, 李勣嗚咽思殺身.〕"라는 구절이 있다.

鈐)[442]의 말기(末技)를 일삼았겠는가. 또 절충(折衝 외교 담판)이 준조(尊俎 예절을 갖춘 연회)에 있었으니 항상 유악(帷幄)에서 좋은 계책을 운용하였다. 사로(四路)를 순무함에 풍속 교화를 펼쳤고, 서전(西銓 병조(兵曹))의 우두머리로 병사의 규율을 총괄하였다.

이 소추(小醜 후금(後金))가 가까이 붙어 있지만, 감히 큰 나라〔명나라〕와 원수가 되랴. 사막 한 모퉁이에서 달려와 구역 촌락을 위협하여 종족을 병탄했으며, 요동 심양에 4년을 근거지로 주둔해 자제를 몰아가고 부형을 공격하였다. 기승을 부릴 만한 틈을 가만히 엿보거늘, 하물며 이 위태롭고 의구(疑懼)함에 대처할 정무가 급할 때임에랴. 북소리를 듣고 어진 장수를 생각하매 얼마나 부비(拊髀 손으로 다리를 치며 비분강개함)의 탄식을 하였던가. 단장(壇場)을 설치하고 흉문(凶門)을 부수고 나가[443] 부월(斧鉞)을 준 책무를 오로지하도록 하였다. 존망과 성패(成敗)를 경의 칠 척 몸에 부탁하고, 관문을 지키는 간성(干城)[444]으로 나의 절박하게 돌아보는 근심을 풀어 주도록 하였다. 어찌 숙자(叔子)가 병이 들었

442 도금(韜鈐) : 무(武)를 이르는 말이다. 고대의 병서(兵書)인 《육도(六韜)》와 《옥검편(玉鈐篇)》의 병칭이다.

443 흉문(凶門)을 부수고 나가 : 흉문은 북문으로 그 문을 뚫고 나간다는 뜻으로, 《회남자(淮南子)》 〈병략훈(兵略訓)〉에 "장군이 임금에게 부월(斧鉞)을 받고서, 수염을 깎고 명의(明衣)를 입고 흉문(凶門)을 뚫고 나간다." 했는데, 그 주(註)에 "흉문은 북으로 나가는 문이다. 장군의 출전은 상례(喪禮)로 처하니, 필사(必死)를 결의해서이다."라고 한 데서 가져왔다.

444 간성(干城) : 방패와 성으로, 전하여 국가를 위하여 방패가 되고 성이 됨을 뜻한다. 《시경》 〈토저(兎罝)〉에 "굳세고 굳센 무부여, 공후의 간성이로다.〔赳赳武夫, 公侯干城.〕"라고 한 데서 유래하였다.

다[445]고 하는가, 제갈량(諸葛亮)의 국궁(鞠躬)[446]을 문득 일으키라. 좋은 계책은 마땅함을 얻는 데 있으니 어찌 반드시 변방 진영에 몸소 가야만 하겠으며, 다시 누워 치료할 수 있기에는 큰 고을을 겸임하는 것만 함이 없거늘, 하물며 이 황강(黃崗)의 형편이 실로 서문(西門)의 요충지임에랴. 관문 변새에 임하여 막부를 열어 한 고을을 총괄해서 다스리고, 험한 요새를 근거로 삼아 지휘함에 팔도를 두루 절제(節制)할 수 있다. 대개 애초의 뜻이 여기에 있었으니, 어찌 금일 다시 제수하지 않으리오. 이에 경을 팔도 도원수(八道都元帥) 황주 목사(黃州牧使) 겸 병마절도사(兼兵馬節度使)로 삼는다.

오호라, 기회를 엿보고 계책을 내어서 잠식하는 사시(蛇豕)의 기세[447]를 끊고, 조용히 거처하면서 움직임을 제어하여 산에 숨어 있는 호표(虎豹)의 위의를 엄중히 하라. 그래서 이에 교시하니, 의당 잘 알리라 생각하노라.

445 숙자(叔子)가 병이 들었다 : 병든 몸으로도 나라를 위한 계책을 냄을 뜻한다. 숙자는 진(晋)나라 양호(羊祜)의 자이다. 숙자가 병이 들어 입조(入朝)하여 황제를 모시고 앉아 오나라를 칠 계책을 직접 진술한 일〔求入朝,……及侍坐, 面陳伐吳之計.〕에서 가져왔다. 《晉書 卷34 羊祜列傳》

446 제갈량(諸葛亮)의 국궁(鞠躬) : '국궁 진력(鞠躬盡力)'에서 온 말로, 마음과 몸을 다 바쳐 나랏일에 이바지하는 것을 뜻한다. 제갈량(諸葛亮)의 〈후출사표(後出師表)〉에 있는 구절이다.

447 잠식하는 사시(蛇豕)의 기세 : 《춘추좌전(春秋左傳)》 정공(定公) 4년 조에 "오(吳)나라가 큰 돼지와 뱀처럼 탐욕스럽게 상국(上國)을 잠식〔蛇豕荐食〕해 들어갔다."라고 한 말에서 인용하였다.

영의정 이원익[448]이 올린 사직소를 윤허하지 않는다는 비답 병조 참지 재임 때 지어 올렸다.

領議政李元翼呈辭不允批答 兵曹參知時製進

왕은 이렇게 말하노라.

교악(喬嶽)은 움직이지 않고도 은연중에 만물에게 은택을 베푸는 공이 있고, 신룡(神龍)은 연못에 있어도 창연(蒼然)히 범하기 어려운 위의가 있다. 이것이 어찌 만물을 이롭게 하고 무리에게 위엄 있게 하려는 의도가 있어서이겠는가. 처한 바의 자리가 본래 무겁고 베푸는 바의 이로움이 지극히 넓어서이다. 원로(元老)가 조정에 있는 것 또한 그러하니, 떠나고 머묾에 따라 국가의 경중이 달려 있는 것이다.

오직 경은 굳고 강한 기운을 품부받은 데다 인후(仁厚)함으로써 수양하였고, 곧고 개결한 지조를 품은 데다 예의(禮義)로써 문식하였다. 삼조(三朝)를 섬기게 되어서는 시종 한결같은 절개를 지켜 이험(夷險)으로 그 지키는 바를 변치 않았고, 흉흉함으로 그 행실을 바꾸지 않았다. 옥과 같이 온화함은 군자가 믿고 중하게 여기는 바이고, 돌과 같이 확고함은 소인이 두려워하고 나쁜 짓을

448 이원익(李元翼) : 1547~1634. 본관은 전주(全州), 자는 공려(公勵), 호는 오리(梧里), 시호는 문충(文忠)이다. 1569년(선조2) 문과 급제하고 동부승지, 이조 판서, 우의정, 영의정 등을 역임했다. 임진왜란 때 이조 판서로서 평안도 도순찰사가 되어 내려갔고, 평양이 함락된 후에는 정주로 가서 군졸을 모집하고 관찰사 겸 순찰사가 되어 왜병 토벌에 공을 세웠다. 저서로는 《오리집(梧里集)》이 있다.

하지 못하는 바이다.[449]

오호라, 선인(善人)은 국가의 원기(元氣)이다. 원기가 오히려 존재하면 사람들이 병들어도 죽지 않는다. 지난 것이 비록 혼미하고 더러움이 극한 상태일지라도 경이 만약 조정에 있으면 국가의 한 맥이 그래도 유지되는 바가 있어서 끝내 영원히 끊어지는 데에는 이르지 아니할 것이다. 내가 이와 같음을 성찰하여 왕위를 계승하던 처음에 먼저 경을 불러 자문하였고, 경 또한 국가를 중하게 여겨 나아오기를 꺼리지 않았으니, 내가 경을 의지함과 경이 나를 도운 것이 어찌 우연이겠는가.

하늘이 혹 우리나라를 없애려 하지 않아서인지 나에게 한 원로를 남겨 나를 좌우에서 돕게 하였는데, 경은 도와주기를 비록 부지런히 하였지만 내가 듣고 받아들이기를 밝게 하지 못하여, 온갖 법도가 해이해지고 모든 일이 이루어지지 않았다. 이는 나의 성의(誠意)가 미덥지 못하고 위임이 전일(專一)하지 않음으로 말미암는 것이지, 경이 보필하는 책무에 그 정성을 다하지 않아서가 아니다.

심지어 간사한 무리가 번성하게 일어나 국가의 운세가 날로 위축되어 마치 큰물을 건넘에 끝이 없이 넓은 듯하여, 경(卿)으로 하여금 근심하고 초췌하여 건강이[450] 상하도록 하였고, 나는 마음

449 군자가……바이다 : 송(宋)나라 소식(蘇軾)의 〈제구양공문(祭歐陽公文)〉에 "공이 세상에 태어난 지가 66년입니다.……군자들은 믿는 바가 있어 두려워하지 않았고 소인들은 두려워하는 바가 있어 나쁜 짓을 하지 못하였습니다.〔公之生於世, 六十有六年.……君子有所恃而不恐, 小人有所畏而不爲.〕"라고 한 데서 원용하였다. 《古文眞寶 後集 卷8 祭歐陽公文》

450 건강이 : 원문은 '영위(榮衛)'로, 영은 피의 순환을, 위는 기(氣)의 흐름을 말하

아파하면서 마치 내 몸이 아픈 듯이 하였다. 경의 노쇠함을 내가 근심하지 않는 것은 아니고, 경의 질병을 내가 알지 못하는 것은 아니다. 다만 중류(中流)에서 노를 잃고 건널 바를 알지 못할까 염려되니, 경이 만약 직위에서 떠나면 국사가 끝이 날 것이다. 내가 경에게 바라는 바는 지난해에 번연히 재기(再起)한 뜻을 바꾸지 않아서, 나를 멀리 버리지 말고 힘써 나를 보필하는 것이다. 사제(私第)에서 편안히 지내며 약을 조제하여 복용하면서 한편으로 국가의 맥을 부지하고 한편으로 인심을 유지할 수 있도록 하라. 기무(機務)의 번잡함은 내가 경에게 맡기지 않겠다.

오호라, 화락하고 다복(多福)하도록 신명(神明)이 애써 주기를 바라지만, 안위(安危)가 매인 바에는 사양을 숭상하는 마음을 속히 되돌려야 하니, 사직한 바는 의당 윤허하지 않겠다. 그래서 이에 교시하니, 의당 잘 알리라 생각하노라.

는 것이다. 《황제내경소문(黃帝內經素問)》 권9 〈열론(熱論)〉에 "오장이 이미 상하고 육부가 통하지 않으면 영위가 행하지 못한다.〔五藏已傷, 六府不通, 榮衛不行.〕"라고 한 데서 가져왔다.

개성유수 겸 어영사 이귀[451]에게 내리는 교서 갑자년(1624, 인조2) 정월

教開城留守兼御營使李貴書 甲子正月

왕은 이렇게 말하노라.

주(周)나라의 원로는 분섬(分陝)[452]을 중하게 여겼으니 왕실을 보위한 바였고, 한(漢)나라의 승상은 관문 지킴을 본분으로 삼아 일찍이 그 병사의 식량을 모자라게 하지 않았다. 이는 내외가 서로 의지하여 함께 일을 이루고, 경중이 때에 따라 마땅함이 다른 것이니, 반드시 먼저 전재(全才 전능(全能)한 재간)를 삼가 선발하고서야 중요한 곳을 다스릴 수 있다. 직분을 줌이 사람들의 바람에 참으로 맞고, 조치를 함이 그 일에 적합하게 해낼 수 있는 이가 지금 세상에 경을 놔두고 누구겠는가.

오직 경은 가슴 가득 충정을 품고 일생 국가를 위해 일하였다. 위태한 난리를 당해서는 지키던 바를 변경하지 않아서 확고하게 옛 열사(烈士)의 기풍을 지녔고, 나라가 망해 감을 애통히 여겨

451 이귀(李貴) : 1557~1633. 본관은 연안(延安), 자는 옥여(玉汝), 호는 묵재(默齋), 시호는 충정(忠定)이다. 인조반정 이후 정사 공신(靖社功臣) 1등에 책록되었고, 연평부원군(延平府院君)에 봉해졌다. 정묘호란 때는 최명길과 함께 화의를 주장하여 탄핵을 받았다. 영의정에 추증되었고 인조 묘정에 배향되었다.

452 분섬(分陝) : 지방 장관으로 나가는 것을 뜻한다. 주(周)나라 때 주공(周公)과 소공(召公)이 섬(陝)을 기준으로 각각 동쪽과 서쪽 지방을 다스렸던 고사에서 유래한 것이다.

종묘사직을 다시 편안케 하여 드높은 대장부의 업적을 세웠다. 그리하여 부족하고 우매한 나를 도와 재앙과 난리를 평정하였거늘, 하물며 나라를 새롭게 만듦에〔인조반정〕 인심이 정해지지 않았음에랴. 주석(柱石)의 신하가 있지 않으면 누가 능히 위급하고 의구(疑懼)함을 진정시킬 수 있겠는가. 이것이 의당 아침저녁 좌우에서 도우며 하루라도 잠시 떠나서는 안 되는 이유이다.

다만 서쪽 변방에 두려워할 일이 많아 침략의 우환이 있을까 염려되는데, 계책을 먼저 정하지 못하고 변방의 업무에 기강이 풀린 까닭으로, 경이 마침내 글을 올려 군무 맡기를 간절히 요구하니, 충정(衷情)이 격발하고 절실하며, 대비하는 염려가 깊고 유장하다. 나는 경이 가기를 청함이 정성스런 마음에서 우러나온 줄 알겠으니, 나라 걱정할 줄만 알고, 제 몸 아낄 줄은 모르는구나. 그럼에도 망설이고 돌아보고 연연해하면서 즉시 윤허를 하지 못한 것은 진실로 수어(水魚)[453]의 기쁨을 잠시 거두고 먼 길 가는 경을 위로함을 차마 하지 못해서였다. 그러나 이어서 조정의 계책이 있기에 마침내 진주(進駐)의 계책을 결정하였더니, 한두 신하가 동조하고 경 또한 힘써 찬동하였다.

돌아보건대 오직 근교에 도움이 되는 땅으로는 송경(松京)만 한 곳이 없으니, 경기·황해〔圻黃〕가 모이는 곳에 있고, 서쪽 관문의 요충지를 끼고 있다. 또 산하의 형세와 민중의 번성함도 있

453 수어(水魚) : '수어지교(水魚之交)'에서 나온 말로, 신하와 임금의 사이를 비유한 말이다. 유비(劉備)가 말하기를, "내가 공명(孔明)을 얻은 것은 물고기가 물을 얻은 것과 같다."라고 한 데서 유래하였다. 《三國志 蜀書 諸葛亮傳》

으니, 진실로 나아가 주둔하고자 함에 이곳 말고 다른 곳이 없다. 그런데 일이 예사 규범과 다르고 기무(機務) 또한 커서 반드시 중신(重臣)을 발탁하여야 이에 경략(經略)할 수 있을 터인데, 다들 경이 맡아 수기를 바라고 경 또한 사임하였다. 진실로 일겠도다, 경의 본디 마음이 직전(直前)하여 흔들림이 없는지라, 노쇠하였다고 스스로 그치지 않고 수고롭다고 스스로 꺼리지 않으며, 혐의를 피하지도 않고 공익을 위할 뿐이고 국가를 위함일 뿐이었음을. 이에 돌아보고 연연해하는 마음을 끊고 담당할 뜻을 이루어 준다.

이에 경에게 개성유수(開城留守) 겸 어영사(兼御營使)를 제수하니, 경은 가서 일을 잘하여 구방(舊邦)을 진무하고 지켜, 먼저 덕의(德意)를 베풀어 유민(遺民)을 어루만지고, 다음으로 군무를 정돈하여 유호(牖戶 관문을 의미)를 견고케 하라. 군사 사열, 군기 관리, 성지(城池) 수리, 군량미 저축 등과 같은 일은 경이 잘할 수 있는 일이니, 내가 번거롭게 말하지 않겠다. 요컨대 너무 급히 하여 백성을 흔들지 말고, 너무 느슨히 하여 때가 늦도록 하지 말아서, 늦추고 조임을 알맞게 하여 위의와 덕을 아울러 행하도록 할 따름이니라. 절제(節制)의 방법과 진퇴의 기틀에 이르러서도 또한 그때에 따라 함에 달려 있으니, 지금 다 말하지 않겠다.

오호라, 고굉(股肱) 같은 중요한 고을을 맡기니 이는 멀어서 친히 다스리지 못해서가 아니고, 서문(西門)에 쇄약(鎖鑰 자물쇠)을 굳게 함에 다만 그대를 얻어 중하게 하고자 하는 것이다. 그래서 이에 교시하니, 의당 잘 알리라 생각하노라.

인재집

제2권

소 疏

소 疏

시무 구조를 진달하는 소
陳時務九條疏

장사랑(將仕郎) 전 건원릉 참봉(前健元陵參奉) 신 최현(崔晛)은 삼가 목욕재계하고 백배(百拜)하고 정륜입극성덕홍렬(正倫立極盛德洪烈) 주상 전하께 말씀 올리옵니다.

신은 듣자옵건대, 창고에 비축해 놓은 재물이 있으면 흉년에 죽는 일이 없고, 나라에 축적된 계책이 있으면 이웃한 적국이 해칠 수 없으니, 이를 대비한 것으로써 재앙이 이르면 구제할 수 있기 때문입니다. 예로부터 영특하고 뛰어난 군주와 현명하고 지혜로운 신하는 시대의 형세를 잘 헤아려 큰 계책이 한 번 정해지면, 한때의 이해(利害)와 한 일의 득실로써 그 계책을 흔들어 빼앗지 않고, 반드시 성공하기를 기약합니다. 비유하자면 마치 활 쏘는 자에게 과녁이 있고 길 가는 자에게 돌아갈 곳이 있어서 손가락에 피가 흐르고 발이 뚫어지도록 하면서도 목적하는 데 이르지 않으면 그만두지 않는 것과 같습니다.

하지만 한 달의 계책이 있고 일 년의 계책이 있으며, 목전의 계책이 있고 뒷날을 좋게 하는〔善後〕 계책이 있습니다. 목전의 계책은 비록 기이한 도모와 신비한 책략일지라도 잠시 행할 수는 있지만 오래도록 행하기는 불가합니다. 선후(善後)의 계책은 가까운 시일의 효과를 기대하지 않고 중도에 저지하지 않으니, 처음에는 수고롭지만 끝내는 편안하며 처음에는 유약하지만 끝내는 강하여, 한 시대를 몰아가고 뛰어난 이를 편달하여 부강(富强)의 기틀을 세우고 뜻하지 못한〔非常〕 어려움을 평정합니다.

이에 신의 입장에서 헤아려 보건대, 적(賊)이 3년의 계책으로 우리를 힘들게 하려고 한다면, 3년 뒤에는 저들 또한 스스로 힘들어지리니 어느 겨를에 남을 힘들게 할 수 있겠습니까. 우리가 5년의 계책을 가지고 있다면 또한 스스로 견고히 할 수 있으니, 스스로 견고히 함으로써 스스로 곤경에 처한 것을 대응한다면 10년의 수치도 오히려 한 번에 씻을 수 있습니다. 이는 오직 명철한 군주와 어진 재상이 그 권병을 잡고 주장(主張)하여, 힘쓰기를 실질로써 하고 행하기를 게을리하지 않는 데 달려 있을 따름입니다.

대저 게으름〔怠〕은 공경함〔敬〕의 반대이고, 허함〔虛〕은 채움〔實〕의 상대입니다. 공경함으로써 게으름을 이기고 채움으로써 허함을 제어한다면 무엇을 기다린들 되지 않겠으며, 어떤 근심인들 해소되지 않겠습니까. 하물며 지금 우리는 불러올 재앙이 없고 저들에게는 반드시 죽어야 할 죄가 있음이겠습니까. 하늘의 뜻은 한(漢)나라 구정(九鼎)[1]을 부지하고자 하고, 민심은 은(殷)나라 선

1 한(漢)나라 구정(九鼎) : 한나라의 국운(國運)을 유지한다는 의미이다. "동강의 낚싯줄 하나가 한나라 구정을 붙들어 매었다.〔桐江一絲繫漢九鼎〕"라는 말이 전해 온다. 이는 후한 광무제(光武帝)가 소싯적 벗인 엄광(嚴光)에게 높은 벼슬을 주려고

칠왕(先七王)[2]을 생각합니다. 비린내 나는 오랑캐를 신속하게 소탕하여 천지를 다시 정돈함은 실질에 힘쓰는 데서 벗어나지 않습니다. 전하께서 만약 이를 우활하다고 여기신다면, 신이 청컨대 이미 시행한 일로써 증명하겠습니다.

예로부터 중국이 만 리에서 병사를 일으켜 산해(山海)의 험함을 건너 작은 나라를 위해 위태로운 지경에서 건져 줌이 이때보다 성대한 적이 있지 않았습니다. 비록 성천자(聖天子)가 모든 사람을 똑같이 사랑함에[3] 크고 원대한 책략이 있었을지라도, 만약 성주(聖主)가 상국(上國)을 섬기는 정성이 일찍이 천자의 마음을 미덥게 하지 않았다면 어찌 용이하게 이를 이룰 수 있었겠습니까.

금일에 이르러서는 더욱 삼가 해이하지 않아서 자리가 편할 겨를도 없이 몸소 장사(將士)들을 위로하고, 식사는 진미를 먹지 않고서 천자의 병사들에게 제공하였습니다. 그러므로 정성이 격발하는 바에 나약한 이가 일어나지 않음이 없고 신하〔臣工〕와 백성들 또한 각각 크게 분발하여 다른 업무를 할 경황이 없으며, 천조(天

했지만, 엄광은 이를 거절하고 부춘산(富春山)에서 은거해 살며 동강에서 낚시로 소일한 일로 인한 말로, 선비들의 기개를 높여 주어 후한의 국운을 유지하게 했다는 말이다. 《後漢書 卷83 嚴光列傳》 구정은 원래 하(夏)나라 우(禹)임금이 천하의 구주(九州)에서 쇠를 거두어들여 만든 솥으로, 대대로 전하는 국가의 권력을 상징하는 기물이다.

2 은(殷)나라 선칠왕(先七王) : 은나라의 태조인 탕왕(湯王) 이하 7대 소갑(小甲)까지 일곱 명의 왕을 말한다.

3 모든……사랑함에 : 원문은 '일시지인(一視之仁)'으로, 누구나 차별 없이 보아서 똑같이 사랑한다는 뜻이다. 한유(韓愈)의 〈원인(原人)〉에 "성인은 하나로 보아 똑같이 사랑한다.〔聖人一視而同仁〕"라고 한 데서 가져왔다.

朝 명나라)의 장사(將士) 또한 능히 감응하고 기뻐하여 왕실을 호위함에 여력을 남기지 않습니다. 전하의 정성이 과연 능히 사대(事大)를 하면서 우리 백성을 사랑하지 않을 수 있겠으며, 내게 온 이를 위로하는 성성이 과연 상사들에게 비뎝게 하면서 우리 신민(臣民)에게 이르지 않을 수 있겠습니까. 또한 이를 확충하고, 이를 들어 다른 일에도 거행하는 데 있을 따름입니다.

대저 맑은 마음으로 자신을 극복하고 밤낮 피곤함을 잊으면서 전하께서 진실로 이미 스스로 힘쓰셨고, 자리에 기대서 잠을 자며 마음을 비우고 신하의 청을 들어주면서 전하께서 진실로 이미 인재를 구하셨습니다. 현명하고 능한 이에게 위임하여 백성들을 돌보고 길러 주고, 근본에 힘쓰고 농사에 애쓰며 병사들을 크게 배치하면서 전하께서는 진실로 이미 덕을 닦아 오랑캐를 물리치셨습니다.[4] 다만 알지 못하겠습니다, 전하께서는 비단 그 이름만 있었을 뿐 아니라 과연 능히 힘써 행하고 태만함이 없으셨는지요.

내직에 들어와서는 임금을 도와 국정을 운영하고 외직으로 나가서는 경륜하여 실추된 법도를 일으켜 행하고 어지러운 기강을 정돈하고 모으며, 이름을 살펴 실제를 감독하여 잘 행한 이는 직분을 올리고 잘못 행한 이는 물리치는 것은 대신(大臣)의 도(道)입니다. 밤낮 게으르지 않고 나라를 위할 뿐 개인을 잊으며, 보필하는 효과만을 생각하면서 조급하게 나아감을 꾀하지 않는 것은 여러 공인(工人)의 직분입니다. 밤에는 침석에서 밤새 잠을 자지

4 덕을……물리치셨습니다 : 원문은 '수양(修攘)'이다. '내수외양(內修外攘)'의 준말로 국내의 정치를 닦고서 외적을 물리치는 것을 뜻한다.

않고 낮에는 먹은 음식을 뱉지 않음이 없으며,[5] 맛난 음식을 끊고 작은 것도 나누고 사졸을 훈련시키며, 진영에 임해서는 가정을 잊고 전투에 임해서는 자신의 몸을 잊는 것은 장수(將帥)의 직분입니다. 굳세고 예리한 이는 강역에서 목숨을 바치고 노약자는 농묘(農畝)에서 힘을 극진히 하여, 낮에는 싸우고 밤에는 지켜서 장상(長上)을 호위하고, 아침에는 밭 갈고 저녁에는 길쌈하여 왕사(王師)에게 제공하는 것은 서민(庶民)의 일입니다.

지금 내외 상하가 진실로 이미 분주하게 직분을 수행함에 과연 능히 참으로 신실하고 거짓됨이 없는지요. 아래에서 능히 그 직분을 다하지 못하면서 그 위를 비난하는 것은 죄이고, 위에서 능히 그 신실함을 다하지 못하면서 그 아래를 책망하는 것도 잘못된 것입니다. 선왕께서는 구역이 넓고 신민이 많아서 사람마다 다 그 충신(忠信)하기를 요구할 수 없음을 알았습니다. 그래서 먼저 자신에게 있은 뒤에 남의 없는 바를 책망하고, 먼저 그 신의를 수립한 뒤에 남이 속이지 않도록 책망하며, 그 상과 벌을 분명히 하여 면려하고 그 법으로 금함을 엄히 하고 정중히 해서, 고무하고 교화하매 오직 좋아하는 바가 되어 반드시 따르도록 하였습니다. 신은 원하옵건대, 전하께서 먼저 진실한 자리에 서서 여러 신하에게 성실하기를 책려하시면, 여러 신하 또한 스스로 그 신실함을 다하

5 낮에는……없으며 : 재상이 쉴 새 없이 현사(賢士)를 예로 대접하여 선언(善言)을 구함을 의미한다. 주공(周公)이 어린 성왕(成王)을 받들 때 한 일로, "머리를 한 번 감을 때 세 번 머리털을 거머쥐고 나가고, 밥을 한 번 먹을 때 세 번 밥을 뱉고 나갔다.〔一沐三握髮, 一飯三吐哺.〕"라고 한 데서 가져왔다. 《史記 卷33 魯周公世家》

여 헛되고 거짓된 기풍을 고칠 것입니다. 그런 뒤에 근본이 수립되고 도(道)가 생성되며, 사람이 보존되고 정사가 거행되어 크게 회복되는 계책을 강구할 수 있습니다.

지난번 적의 기세가 조금 느슨했을 때 그해의 농사가 조금 결실을 맺었으니, 진실로 중외가 하나로 뭉쳐 병사를 훈련시키고 곡식을 비축하여 안으로는 그 근본을 세우고 밖으로는 천병(天兵 명나라 병사)에게 자뢰하였다면, 곧 우리는 주인이 되고 저들은 객이 되어 이미 움직이기 어려운 형세를 만들었을 것입니다. 그런데 이 기회를 틈타 구차한 법을 안일하게 즐기고 헛된 글로 꾸미기나 하면서 6, 7년간 유하게 아무 결정도 못하여, 법을 고쳐 새롭게 도모할 수 있는 실사(實事)가 전혀 없습니다. 구구하게 땜질한 것이라고는 '천병(天兵)을 지원[6]한다.'라고 한 한 절목〔一節〕에 불과하였는데, 그조차도 넉넉하지 못하고 일에 두서가 없으니, 화염이 바야흐로 성대한데 기름이 다 떨어져 가는 형국입니다. 그래서 다만 적의 진퇴로써 나라의 기쁨과 근심으로 삼으며 남에게 운명을 맡기고 그들이 제어하는 바를 따라야 하니, 신은 도적이 이르기를 기다리지 않고도 나라의 근본이 먼저 뽑힐까 걱정입니다.

신이 일찍이 강을 건너려 할 때 부서져 온전하지 못한 작은 배가 있었는데, 건너기를 다투는 사람이 백여 명이나 되었습니다. 신은 두려워 감히 나아가지 못하고 언덕 곁에서 이를 바라보니, 배는 작고 사람은 많은데 서로 밀치며 분주하였습니다. 또 배를

6 지원 : 원문은 '지대(支待)'로, 원래 공사로 출장 나온 벼슬아치의 음식과 용품을 지방 관청에서 대어 주는 것을 말하는데, 여기서는 명나라 군에게 지대함을 말한다.

잘 조종하는 자가 없어서 사람들이 다투어 배를 저으면서 스스로 잘한다고 하였지만, 배가 빙빙 돌고 옆으로 기울어 한 척(尺) 나아가면 한 심(尋) 물러났습니다.

어떤 뱃사공이 그 뒤에 이르러 우두커니 서서 탄식하며 말하기를, "위태롭도다, 배가 장차 전복되겠구나. 풍랑도 또한 장차 일어나겠다."라고 하였습니다. 신이 그에게 배에 탄 사람들을 부르도록 권하였더니, 뱃사공이 말하기를, "그렇지 않습니다. 저 배를 탄 사람들이 어찌 스스로 자신의 몸을 아낄 줄 모르겠습니까. 작은 이익을 중히 여기어 큰 근심을 잊고서 오직 다투어 건너기를 급하게 하며, 물길의 굴곡에 익숙하지 않고 배 형세의 순역(順逆)을 헤아리지 못하면서 사람들이 각자 옳다고만 하며 떠들썩하게 안정되지 않으니, 내가 비록 놀라 애태우며 입이 마르도록 말해도 저들은 즐겨 듣지 않고, 도리어 업신여김만 받게 됩니다." 하였습니다. 신이 말하기를, "비록 그렇다 하더라도 어찌 차마 전복되는 것을 앉아서 보고만 있겠는가. 다만 말이라도 좀 하게."라고 하니, 뱃사공이 부르며 "급히 그대들의 배를 돌리시오. 실은 짐 태반을 덜어 내어야 하오. 오른쪽 사람은 오른쪽을 끼고 왼쪽 사람은 왼쪽을 끼고 앞에 있는 자는 선두(船頭)를 정돈하고 뒤에 있는 자는 선미를 저어 마음을 함께하여 급히 건너시오. 그렇지 않으면 위태로울 것이오."라고 하였습니다. 배 안의 사람들은 과연 크게 욕을 하며 말하기를, "네가 무엇하는 사람이관데, 언덕 위에 비스듬히 서서 망녕되이 옳다 그르다 말하는가. 네게 배 키를 조정하게 하면 도리어 이만 못할 것이다."라고 하였습니다. 뱃사공은 묵묵히 있다가 떠났고, 잠시 뒤에 풍랑이 크게 일었습니다. 배

안의 사람들은 당혹하였고 젓대마저 잃고서 소용돌이에 닿고 바위에 부딪히고 급류에 휩쓸려 어린 자는 울고 부녀자는 울부짖으며 장성한 자는 물에 빠져 헤엄쳤습니다. 다행히 얕은 물을 만나고 바람도 조금 그쳐 물에 빠지는 것을 면할 수 있었지만, 심바리와 옷은 모두 가질 수가 없었습니다.

신은 이를 보고 느낀 바가 있었습니다. 지금 배를 같이 타고 바람을 만난 형세를 당하였으니 호월(胡越)이라도 서로 구해 주는 도(道)[7]가 있거늘, 배 안의 사람들은 스스로 원수로 여깁니다. 《시경(詩經)》에 이르기를, "비유컨대 저 배의 흐름이 다다를 곳을 알지 못한다."[8]라고 하였으니, 통곡하고 눈물을 흘린다고 말할 만한 것입니다.

신은 인재(人材)가 죽어 없어지는 것은 편당 짓는 말로 그들을 해쳤기 때문이라고 생각합니다.

《주역(周易)》에 "두 여자가 함께 거처하지만 뜻이 함께 가지 않는다."[9]라고 하였으니, 가정의 도가 어그러진〔睽〕 이유입니다. 〈동인괘(同人卦) 단(彖)〉에 이르기를, "오직 군자라야 천하의 뜻

7 호월(胡越)이라도……도(道) : 오월동주(吳越同舟)와 같은 뜻으로, 아무리 서로 적대 관계인 호(胡)와 월(越)의 경우일지라도, 그들이 한 배를 타고 가다가 풍랑(風浪)을 만났을 경우에는 서로 협력하여 구해 주려고 한다는 것을 이른 말이다.

8 비유컨대……못한다 : 원문은 '譬彼舟流, 不知所屆.'로 《시경》 〈소반(小弁)〉에 나오는 말이다.

9 두 여자가……않는다 : 원문은 '二女同居, 志不同行.'으로 《주역》 〈규괘(睽卦) 단(彖)〉에 나오는 말이다.

을 통할 수 있다."라고 하였는데, 아, 지금의 군자는 어그러진 것이 이미 오래되었으니, 어찌 동인괘의 뜻을 생각하지 않겠습니까.

천하의 재주 있고 준걸한 이를 택하여 조정에 이르게 함에, 조정에 가득한 이가 모두 군자인 적은 있지 않았고, 또한 조정에 가득한 이가 모두 간사한 자인 적도 있지 않았습니다. 바른 사람〔正人〕이라도 편벽됨이 없을 수 없으면 혹 간사함에 비슷하고, 간사한 사람이라도 힘써 선을 행하면 또한 정인(正人)에 비슷합니다. 사(邪)와 정(正)의 분별은 생각이 공변되고〔公〕 사사로운〔私〕 사이에 있지, 안색이나 언행〔色言〕이 착한가 아닌가 하는 즈음에 있는 것이 아닌데, 색언(色言)은 밖으로 드러나 볼 수 있지만, 생각은 내면에 있어서 알기가 어렵습니다. 그런데 제요(帝堯)도 사람 알아보기〔知人〕를 어려워하였거늘 논의(論議)하는 사이에 변별하고자 하는 것이 어찌 망녕되지 않겠습니까.

사람이 가리기 어려운 것은 행실이고, 행실에서 힘쓰기 어려운 것은 성실이니, 행실이 성실함과 거짓됨에서 그 사람의 사(邪)와 정(正)이 판가름 납니다. 그러므로 말하기를, "그 행하는 바를 보고, 그 말미암는 바를 보며, 그 편안히 여기는 바를 살펴보면, 사람이 어찌 숨기리오."[10]라고 하였습니다. 비록 그렇지만 저울에 달아 본 뒤에 그 경중(輕重)을 헤아릴 수 있고, 거울을 본 뒤에 그 연치(姸蚩)를 비출 수 있으니, 내가 공명(公明)한 저울과 거울이 되지 못하면서 어찌 남의 사와 정을 분별할 수 있겠습니까.

사람의 정(情)이 이미 움직임에 사의(私意)가 따라 일어나 믿

10 그……숨기리오 : 《논어》 〈위정(爲政)〉에 나오는 공자의 말이다.

는 바에 가려지고 의심하는 바에 막힙니다. 믿는 바에 가려지면 그 허물을 덮어 주고서 그를 좋아하고, 의심하는 바에 막히면 그 아름다움을 빠뜨리고서 그를 싫어하니, 이는 현자(賢者)도 또한 면하지 못하는 바이고, 좋아하고 싫어함에 그 바름을 잃어서 인재가 매양 해를 당하여〔中傷〕 곤경에 처해지는 까닭입니다. 이 때문에 명철한 군주는 수하를 거느림에 공정함으로써 재량하고 분명함으로써 비춰 보아, 정성을 미루어 남을 접하고 국량이 되는 이에게 임무를 주어 직분을 나누며, 천거한 바는 반드시 일로써 시험하고 말한 바는 반드시 이룬 것에서 고찰하였으니, 그런 뒤에야 구차하고 망녕되이 행하지 않으며, 곧고 신실한 이가 지위에 있었습니다.

우리가 비록 그 거짓을 미리 알 수는 없겠지만 마음의 자취는 드러나지 않을 수 없고, 우리가 비록 불신(不信)을 억측하지는 못하겠지만 정성과 거짓은 드러나지 않을 수 없습니다. 그러면서 자신의 호오(好惡)를 따르지 않고 온 나라의 공론(公論)을 모두 듣고서, 한 사람을 들어 쓰면 조정의 기강이 절로 발라지고 한 사람을 벌하면 나라 사람들이 다 감복하니, 시험하기 전에 받아들일 수 있으므로 사람들은 원망과 비방이 없고, 이미 변별한 뒤에 끊을 수 있으므로 사특한 논의를 끊어 버릴 수 있습니다.

지금 논의하는 자는 곧 이와 다르니, 승묵(繩墨)을 버리고 곡직(曲直)을 뜻대로 재단하며, 권형(權衡)을 버리고 경중을 손수 헤아리니, 일을 행하는 정성과 거짓을 징험하지 못하고, 오직 언론이 같고 다름만 듣습니다. 그리하여 자신과 같은 자는 이끌어 나오게 하기를 마치 미치지 못할 듯이 하고, 자신과 다른 자는 물리치는 데 여력이 없습니다. 문인(聞人) 명사(名士)도 혹 스스로 벗어난 이가 드물어 저기에서 들어가면 반드시 여기에서 나와, 들어간 자는 주인으로 섬기고 나간 자는 노예시하며, 들어간 자에게 빌붙고 나간 자는 더럽게 여깁니다. 구당(瞿塘)[11]이 평지에서 돌출하고, 구의(九疑)[12]가 지척에 막혀, 일에 임하는 즈음에 호(胡)·월(越)이 서로 마주하듯, 면전에서는 서로 대답을 하지만 마음은 실제로 시기하고 의심하니 사람의 정이 이와 같다면 누가 더불어 힘을 다해 함께 구제하겠습니까.

당시 사람들의 말에 이르기를, "나라의 원수를 사적인 원수같이 여기고, 공적인 전투를 사적인 싸움처럼 하였다면, 왜구가 비록 막강할지라도 반드시 지금까지 남아 있지 못하였으리라." 하니, 이에 따라 마지않는다면 한마디 말로 나라를 망하게 함에 가까운 것이 아니겠습니까.[13] 비록 전하의 너그럽고 어질며 밝게 결단함

11 구당(瞿塘) : '구당협(瞿塘峽)'의 준말로, 협구(峽口)의 강물 한복판에 염예퇴(灩滪堆)가 우뚝 솟아 있어서 물살이 급하기 때문에 무사히 건너가기가 거의 불가능할 정도로 험악하다는 장강(長江)의 여울물 이름인데, 벼슬길의 난관에 봉착할 때 이를 인용하여 비유한다.

12 구의(九疑) : 중국 호남성(湖南省)에 있는 산 이름. 구봉(九峯)이 서로 비슷하여 분별할 수 없이 의심스러우므로 붙여졌다. 사람의 마음이 헤아리기 어려움을 구의산에 비유한다.

13 한마디……아니겠습니까 : 노(魯)나라 정공(定公)이 한마디 말로 나라를 잃는 경우가 있느냐고 공자에게 물어보니, 답하기를 "'나는 군주 된 것이 즐거울 게 없고, 오직 내가 말을 하면 어기지 않는 것이 즐겁다.'라고 하면, 만약 그 말이 선해서 어기는 이가 없다면 괜찮겠지만, 만약 그 말이 선하지 않은데도 어기는 이가 없다면 한마디 말로 나라를 망하게 함에 가깝지 않겠습니까.〔予無樂乎爲君, 唯其言而莫予違也,

으로써도 또한 종횡의 설에 미혹됨이 없을 수 없고 진초(秦楚)의 칼날에 함락될 뻔한 것이 여러 번이었습니다. 그럼에도 오히려 성명(聖明)께서 옛것을 거울삼아 지금을 징계하고 공정하게 듣고 아울러 관찰하신 덕분에, 풍랑이 이미 요동치다가 다시 조용해지고 화염이 장차 성대하려다가 다시 꺼졌습니다.

그렇지만 양단(兩端)이 서로 버티어 교대로 성상(聖上)의 마음을 괴롭혀서 성신(誠信)이 신료들에게 미덥지 못하고, 의이(疑貳 의심하여 결정을 못함)가 진퇴에 혹 드러났습니다. 그리하여 상하가 막히고 근심이 가슴에 맺혀, 충실한 선비는 날로 멀어지고 올곧은 논의는 적게 들리며, 아첨하는 행태가 날로 자라나고 경쟁하듯 진출하려는 기풍이 다투어 일어났습니다. 그 사이에 충신한 선비와 일을 잘하는〔幹蠱〕 재능인이 어찌 없겠습니까마는, 조금 형적(形跡)을 보존한 자는 문득 장마(仗馬)[14]의 경계에 힘들어하고, 물러나 돌아보고 머뭇거리는 자는 먼저 임금[15]의 노여움을 두려워하였습니다. 그래서 미봉책으로 속여 따르고 방정한 것을 깎아 원(圓)

如其善而莫之違也, 不亦善乎. 如不善而莫之違也, 不幾乎一言而喪邦乎.〕"라고 한 데서 가져왔다. 《論語 子路》

14 장마(仗馬) : 화가 두려워 직간하지 못하는 신하를 비유한 말이다. 당 현종(唐玄宗) 때의 간신 이임보가 권력을 독단하고 조정 신하들의 입을 틀어막기 위하여 비유해 말하기를 "그대들은 저 의장마를 보지 못했는가. 저 말들은 종일토록 소리를 지르지 않고 조용히 있으면 좋은 꼴과 콩을 먹을 수 있지만 한 번이라도 울면 쫓겨나고 만다."라고 한 데서 유래하였다. 《唐書 卷223 李林甫列傳》

15 임금 : 원문은 '안검(按劍)'으로, 임금을 의미한다. 남조(南朝) 양(梁)나라 강엄(江淹)의 〈한부(恨賦)〉에 "진나라 황제가 검을 잡으니 제후들이 서쪽으로 달려와 조공을 바쳤다.〔秦帝按劍, 諸侯西馳.〕"라고 한 데서 유래하였다.

을 만드느라 선을 진술하고 간사함을 막는 도가 없어졌고, 자신의 허물을 메꾸고 보완하여 인원수나 채우고 책임을 면하느라 국사(國事)에 몸과 마음을 다 바치는 성실함이 폐기되었습니다. 화(禍)의 계기를 불러옴이 혹 이로 말미암게 되니, 조정의 기강을 파괴함이 이보다 심함이 없습니다.

오호라, 동인협공(同寅協恭)[16]의 지극한 다스림을 오늘날 다시 볼 수 없고, 견거(牽裾)·절함(折檻)[17]의 위태한 말을 전폐(殿陛)에서 다시 들을 수 없습니다. '나의 말을 어김이 없음을 즐기게 되면 나라를 망친다.',[18] '인현(仁賢)을 믿지 않으면 텅 비게 된다.'[19]라는 것이 불행하게도 여기에 가깝습니다. 옛사람이 이른바

16 동인협공(同寅協恭) : 신하가 공경히 임금을 섬기면서 다 함께 훌륭한 정사를 이루기 위해 협력한다는 뜻이다. 《서경》〈고요모(皐陶謨)〉에, 고요가 우(禹)임금에게 고하기를 "함께 경외하고 마음을 합쳐 공경하여 화목하게 하소서.〔同寅協恭和衷哉〕"라고 한 데서 가져왔다.

17 견거(牽裾)·절함(折檻) : 임금의 잘못을 강직하게 간한다는 말이다. 견거는 위(魏)나라의 시중(侍中) 신비(辛毗)가 간언을 듣지 않고 내전으로 들어가려는 문제(文帝)의 옷자락을 끌어당겨 간한 고사이고, 절함은 한(漢)나라의 주운(朱雲)이 간하다가 성제(成帝)의 노여움을 사서 끌려 나갈 때 어전의 난간을 붙잡고 버티다가 난간을 부러뜨린 고사이다. 《三國志 魏志 辛毗傳》《漢書 卷67 朱雲傳》

18 나의……망친다 : 정공(定公)이 한마디 말로 나라를 망하게 할 수 있는 것에 대해 물으니, 공자가 "사람들의 말에 '나는 임금 된 것은 즐거울 게 없고, 단지 내가 말을 하면 어기지 않는 것이 즐겁다.'라고 합니다. 만일 그 말이 선한데 어기는 이가 없다면 또한 좋지 않겠습니까. 만약 그 말이 선하지 않은데 어기는 이가 없다면 한마디 말로 나라를 망하게 함에 가깝지 않겠습니까.〔人之言曰予無樂乎爲君, 唯其言而莫予違也. 如其善而莫之違也, 不亦善乎. 如不善而莫之違也, 不幾乎一言而喪邦乎.〕"라고 답한 데서 가져왔다. 《論語 子路》

'지금의 풍속을 바꿈이 없으면 하루아침도 차지할 수 없다.'[20]라고 한 것이 이 때문입니다.

삼가 원하옵건대 전하께서는 마음의 거울을 비워서 여론을 비추어 보시고 성신(誠信)을 미루어 애써 여러 사람의 마음을 다하게 하시며, 채납하는 법도를 넓히고 기만하는 낯빛을 제거하며, 혐의의 행적을 해소하고 서로 수양하는 도에 힘쓰시옵소서. 부화한 말을 싫어하고 실지 효과를 고찰하고, 아첨하는 이를 멀리하며 질박하고 곧은 이를 친하시옵소서. 뜻을 겸손히 하는 자를 반드시 살피시고 마음을 거슬리는 자도 반드시 받아 주시옵소서. 충심으로 나라에 순국하고 마음과 힘을 다해 자신을 바치는[21] 자에게는 전적으로 맡김을 의심하지 마시고, 말을 이롭게 하고 행실을 꾸미면서 조용한 말로 어기는 자는 배척해 끊음을 의심하지 마시옵소서. 그리하여 조정이 숙청(肅淸)되고, 어둡고 숨겨진 데도 모두

19 인현(仁賢)을……된다 : 임금이 신하의 충언을 듣지 않아 조정에 옳은 신하가 없게 됨을 말한다. 맹자가 "인현을 믿지 않으면 나라가 텅 비게 된다.〔不信仁賢則國空虛〕"라고 말한 데서 가져왔다. 《孟子 盡心下》

20 지금의……없다 : 《맹자》 〈고자 하(告子下)〉에 "지금의 도를 따라 지금의 풍속을 바꿈이 없다면, 비록 천하를 준다 해도 하루아침도 차지할 수 없을 것이다.〔由今之道, 無變今之俗, 雖與之天下, 不能一朝居也.〕"라고 하였다.

21 마음과……바치는 : 원문은 '진췌비궁(盡瘁匪躬)'으로, 국궁진췌(鞠躬盡瘁)를 말한다. 제갈량(諸葛亮)의 〈후출사표(後出師表)〉에 "신은 국궁진췌(鞠躬盡瘁)하여 죽은 뒤에야 그만둘 것입니다. 성공과 실패, 이로움과 불리함 같은 것은 신의 지혜로 미리 헤아릴 수 있는 바가 아닙니다."라고 한 말에서 가져왔다. 비궁(匪躬)은 《주역》 〈건괘(蹇卦) 육이(六二)〉에 "왕의 신하가 충성을 다 바치는 것은 자신의 몸을 위해서가 아니다.〔王臣蹇蹇, 匪躬之故.〕"라는 말에 나온다.

통하게[22] 되면 자연히 많은 의심이 환히 풀리고 사특한 의논이 모두 종식되어 현명하고 능한 이가 함께 나오고[23] 아름다운 계책이 몰려들 것입니다.

신은 기강(綱紀)이 떨쳐 일어나지 못함은 장상(將相)에게 권한이 없기 때문이라고 생각합니다.

한유(韓愈)가 말하기를, "천하를 잘 계획하는 자는 기강이 다스려지는지와 어지러운지를 살필 따름이다."[24]라고 하였으니, 진실로 기강이 서지 않음으로써 곧 여러 일이 전도되고, 법도가 해이함으로써 곧 무너지고 갈라져 수습할 수가 없어서입니다. 재상은 여러 관료를 총관하는 자이고, 장수는 삼군(三軍)을 통섭하는 자입니다. 제도가 말미암아 수립되는 바이고 호령이 말미암아 시행되는 바이니, 권한이 없어서는 더욱 불가합니다.

22 어둡고……통하게 : 임금의 다스림이 널리 퍼져 백성들이 빠짐없이 그 혜택을 입는다는 말이다. 당(唐)나라 한유(韓愈)의 〈하책존호표(賀冊尊號表)〉에, "사심 없이 밝게 비추어 어둡고 숨겨진 곳까지 모두 이르니, 통하지 않는 데가 없다고 하겠습니다.〔明照無私, 幽隱畢達, 可謂無所不通〕"라고 한 말에서 가져왔다. 《韓愈集 卷39 賀冊尊號表》 여기서는 깊이 숨어 있는 인재가 나오게 된다는 의미로 쓰였다.

23 함께 나오고 : 원문은 '발모(拔茅)'로, 뜻을 같이하는 현인들이 때를 만나 한꺼번에 나온다는 말이다. 《주역》 〈태괘(泰卦) 초구(初九)〉에 "서로 뒤엉켜 있는 잔디 뿌리를 뽑아 올리듯, 어진 사람들과 어울려서 함께 나오니 길하다.〔拔茅茹, 以其彙, 征吉.〕"라는 말에서 나온 것이다.

24 천하를……따름이다 : 당나라 한유(韓愈)의 〈잡설(雜說)〉에 "천하를 잘 계획하는 자는 천하의 안위를 보지 않고, 기강의 이란을 살필 따름이다.〔善計天下者, 不視天下之安危, 察其紀綱之理亂而已矣.〕"라고 하였다. 《唐宋八大家文鈔 昌黎文鈔9 雜說》

그 자리에 마땅한 사람은 있으나 그에 마땅한 권한이 없으면 그물은 설치하였으나 그물망이 없는 격이고, 권한은 가졌으나 그 자리에 마땅한 사람이 없으면 그물망은 펼쳤으나 그것을 관리할 우인(虞人)[25]이 없는 격이니, 반드시 그 자리에 마땅한 사람을 택하여 권한 주기를, 제 환공(齊桓公)이 관중(管仲)[26]에게 한 것과 한 고조(漢高祖)가 삼걸(三傑)[27]에게 한 것과 촉한(蜀漢)의 소열(昭烈 유비(劉備))이 제갈공명(諸葛孔明)에게 한 것처럼 해야 합니다. 생살(生殺)의 권한을 주고, 여탈(與奪)의 권병을 맡겨서, 뭇 의론으로 저지하고 흔들 수 없게 하고, 아첨과 시기로 의심하고 꺼리지 않아야 합니다. 그런 뒤에야 아는 것은 말하지 않음이 없고 말은 극진하게 하지 않음이 없어서, 그와 더불어 큰 기틀을 결정하고 그와 더불어 큰 계책을 정함에 기강이 떨쳐 일어나 엄숙하고 법령이 닦여 거행되니, 진실로 나라에 이로우면 오직 그가 하고자 하는 바대로 반드시 따라 줍니다.

그러므로 말하기를, "군주는 현인을 구하는 데 노력하여야 인재

25 관리할 우인(虞人) : 제순(帝舜)이 "아, 익아, 네가 나의 우가 되어라.〔咨益, 汝作朕虞.〕"라고 한 데서 유래하였다. 《書經 舜典》

26 관중(管仲) : 춘추 시대 제(齊)나라 사람으로 제 환공(齊桓公)을 도와서 부국강병(富國强兵)을 이루게 하였다. 공자도, "관중이 아니었더라면 우리는 오랑캐가 되었을 것이다."라고 하였다. 관중의 자는 이오(夷吾)이다.

27 삼걸(三傑) : 한 고조 유방(劉邦)이 천하를 통일하는 데 있어 가장 공이 컸던 회음후(淮陰侯) 한신(韓信), 자방(子房) 장량(張良), 소하(蕭何)를 가리킨다. 한 고조가 천하를 통일한 뒤에 이들을 일컬어 "이 세 사람은 모두가 인걸이다.〔此三者, 皆人傑也.〕"라고 말하였다. 《史記 卷3 高祖本紀》

를 얻는 데 편해진다."[28]라고 하였습니다. 지금 조정[29]에는 복심(腹心)[30]으로 의지할 이가 없고, 변방에는 간성(干城)[31]의 장수가 모자라, 안위(安危)의 큰 계책을 기꺼이 주관할 사람이 없고, 사직(社稷)의 존망을 하늘의 뜻에 맡겨, 형장(刑章)은 거행되지 않고 온갖 법은 모두 느슨합니다. 이런 까닭으로 조정의 호령은 방백(方伯)에게 행해지지 않고, 방백의 호령은 주현(州縣)에 행해지지 않고, 주현의 호령은 향리에 행해지지 않으며, 심지어 여러 진(鎭)에서는 원수(元帥)의 호령을 받들지 않고, 사졸들은 진장(鎭將)의 호령을 받들지 않습니다. 내외가 몸을 달리하고 상하가 마음이 흩어져 한 번 호령을 발하고 한 번 명령을 내리면 사람들은 답답해하면서 잘못되었다고 하지 않음이 없습니다. 그래서 한 해〔終歲〕를 지속하는 법과 하루〔終日〕를 지속하는 명령이 있지 않

28 군주는……편해진다 : 왕포(王褒)가 "군주는 현인을 구하는 데 부지런하여야 인재를 얻는 데 편해진다.〔君人者, 勤於求賢, 而逸於得人.〕"라고 한 데서 인용하였다. 《古文眞寶 後集 聖主得賢臣頌》

29 조정 : 원문은 '유악(帷幄)'으로, '유악지신(帷幄之臣)'을 말한다. 원래 대장의 진영에 치는 장막을 의미했는데, 훗날 임금의 곁에서 나라의 정사를 늘 함께 의논하는 참모의 뜻을 지니게 되었다. 한 고조(漢高祖)가 천하를 통일하고 나서 "장막 안에서 산가지를 놀리어 천 리 밖의 승리를 결단하는 것은 내가 자방만 못하다.〔運籌策帳幄之中, 決勝千里之外, 吾不如子房.〕"라고 했던 데서 온 말이다. 《史記 卷55 留侯世家》

30 복심(腹心) : 맹자가 제 선왕(齊宣王)에게 "임금이 신하를 손과 발처럼 보면 신하가 군주를 배와 심장처럼 여깁니다.〔君之視臣如手足, 則臣視君如腹心.〕"라고 한 말에서 가져왔다. 《孟子 離婁下》

31 간성(干城) : 국가를 위하여 방패가 되고 성이 된다는 말로 흔히 훌륭한 장수를 뜻함으로 쓰인다. 《시경》 〈토저(兎罝)〉에 "굳세고 굳센 무부여, 공후의 간성이로다.〔赳赳武夫, 公侯干城.〕"라고 한 데서 유래하였다.

으니, 비록 설령 이오(夷吾 관중(管仲))가 다시 살아나고 제갈공명이 오히려 살아 있다 할지라도 진실로 이런 법규를 따른다면 아마 세상을 구제할 방법이 없을 것입니다.

아, 사람들이 수족(手足)이 심복(心腹)의 근심을 구제하지 못하는 것만 보고 수족에게 허물을 돌리니, 병의 근원이 심복에 있어 맥이 제대로 역할을 할 수 없어서 수족이 자연히 불인(不仁)하다는 것을 자못 알지 못합니다. 지금 사람들이 명령을 따르지 않는 죄를 백성에게 돌리는 것이 어찌 이와 다르겠습니까. 그러한즉 안에서는 제도가 서지 못하고 밖에서는 군율이 펼쳐지지 않음은 모두 기강이 떨쳐 일어나지 못해서이니, 기강을 떨쳐 일으키는 일은 마땅한 사람을 택하여 그에게 권한을 주는 데에 달려 있습니다.

신은 인심이 해이함은 상벌이 분명하지 않기 때문이라고 생각합니다.

신은 일찍이 육지(陸贄)의 주의(奏議)[32]를 읽어 보았는데, 정히 금일의 고황(膏肓)[33]에 들어맞았습니다. 상벌로 대중을 다스리는 것

32 육지(陸贄)의 주의(奏議) : 육지(陸贄, 754~805)는 당(唐)나라 때의 인물로, 덕종(德宗) 초에 한림학사가 되었고, 재상이 되어 폐정(弊政)을 논하고 가혹한 조세 제도를 혁파하는 데에 노력하였다. 그가 황제에게 올린 글들이 《육선공주의(陸宣公奏議)》라는 책으로 남아 있는데 그 글이 대부분 시국에 절실한 내용이다.

33 고황(膏肓) : 고질병이 든 것을 말한다. 춘추 시대 때 진후(晉侯)가 병이 났을 때, 꿈에 병이 두 어린아이〔二豎〕로 화해서 "저 어진 의원이 우리를 해칠까 두렵다." 하니, 그중 하나가 "황(肓 : 횡격막)의 위, 고(膏 : 심장 아래)의 아래에 숨으면 우리를 어쩌겠는가."라고 했는데, 의원이 와서 "병을 고칠 수가 없습니다."라고 하였다. 이는 고와 황 사이에 병이 생기면 고치기 어려움을 말한다. 《春秋左氏傳 成公10年》

은 마치 권형(權衡)으로 경중을 달아보는 것과 같고, 승묵(繩墨)으로 곡직(曲直)을 재 보는 것과 같습니다. 대중을 다스림에 상벌을 사용하지 않으면 선악이 서로 섞여 능한지 아닌지를 구별하지 못하고, 이를 쓰면서도 공(功)과 벌을 합당하게 행하지 않으면 간사한 이가 은혜와 영광을 입고 충실(忠實)한 이가 배척됩니다.

지금은 국가의 떳떳한 법이 이미 장수에게 시행되지 못하고, 장수의 호령 또한 군대에 행해지지 않습니다. 한 번 공적이 있는 이에게 상을 주고자 하면서 공이 없는 자가 아울러 나올까 도리어 염려하고, 한 번 죄가 있는 이에게 벌을 주고자 하면서 악행을 함께한 자가 근심을 품을까 또 염려합니다. 죄는 눌러 참음으로써 드러나지 않고, 공적은 혐의(嫌疑)함으로써 상을 주지 않으니, 임시방편으로 하는 정치가 곧 이 지경에 이르렀습니다. 그러므로 자신을 잊고 충절을 바치는 자는 남다른 게 없음에 괴로움을 품고, 군대를 망치고 나라를 궁지에 빠뜨린 자는 부끄러움과 두려움을 품지 않으니, 포폄(褒貶)이 이미 궐실되어 행해지지 않고, 비방과 칭찬이 다시 분연히 일어나 어지럽습니다. 또 공변되고 충직한 자는 자신을 곧게 하고서 남에게 구하지 않으므로 도리어 곤액에 걸리고, 교묘하고 거짓을 행하는 자는 사적인 것을 행하고 무리에게 구차히 아첨함으로써 으레 높은 우대를 받습니다. 이는 의로운 인사가 마음 아파하는 바이고 용감한 장부가 맥이 풀리는 바입니다.

대저 형상(刑賞)이라는 것은 선왕께서 세상을 가다듬고 둔함을 연마하신 바입니다. 가만히 살펴보건대, 지금의 인심은 공(功)이 없음을 영광으로 삼고 상 받는 것을 욕으로 여기며, 밭에서 농사지음을 즐거움으로 삼고 직분 맡음을 두렵게 여기니, 상벌의 권위가 이미 상실되어 기강이 해이하며, 권하고 징계하는 도(道)가 분명하지 않아 호오(好惡)가 상도와 배치됩니다. 만약 그 폐해를 빨리 바로잡지 않으면 마음을 아파하고, 맥이 풀리는 데만 그치지 않을까 걱정됩니다.

삼가 원하옵건대, 전하께서는 봄에 생겨나고 가을에 숙살하며, 양이 열리고 음이 닫힘에, 두려운 바를 베풂에는 위에서 아래로 하고, 좋아하는 바를 베풂에는 아래에서 위로 하시옵소서. 제장(諸將)으로 속임수를 감행하여 분수에 넘치는 군공(軍功)을 받은 자와 수령(守令)으로 백성의 고통을 구휼하지 않으면서 약탈하여 자신을 살찌운 자들 가운데 더욱 심한 자를 들어 도끼에 피를 묻혀 참형으로 다스려 대중에게 보이십시오. 그런 뒤에 재능 있는 이를 기리고 충실한 이를 권장하여, 탐욕스럽고 잔인한 자가 두려워 움츠리게 하고, 속이고 기만한 자가 두려워 떨게 하며, 태만한 자가 격발하여 힘쓰도록 하고, 나약한 자가 분발하게 하면, 인심은 권면할 수 있고 기강은 엄숙하게 할 수 있습니다.

신은 사기(士氣)가 구차하고 꿋꿋하지 못함은 장려함이 지극하지 못하기 때문이라고 생각합니다.

신이 들으니, '절의(節義)는 천하의 큰 예법〔大閑〕이고 선인(善人)은 국가의 원기(元氣)이다.'라고 합니다. 이런 까닭으로 선왕께서 절의를 숭상하여 대방(大防)[34]을 보존하였고, 현사(賢士)를

34 대방(大防) : 흘러넘치지 못하도록 막아주는 큰 제방(堤防)을 말하니, 중요한 일이나 어떤 원칙의 넘지 못할 한계를 의미하는 말로, 예법(禮法)을 비유한다.

배양하여 원기를 부지해서 사람으로 하여금 선은 사모하여 반드시 행해야 하고, 악은 수치스러워 반드시 제거해야 함을 모두 알게 하였습니다. 평소에는 어버이를 섬기고 임금께 충성함을 마땅히 극진히 해야 함을 알게 하고, 난리에 임해서는 윗사람을 친애하고 어른을 위해 죽는 것이[35] 숭상할 만한 것임을 알게 하였습니다. 절개를 지켜 의리에 죽어도 달게 여기는 마음을 가지고, 자신이 죽고 일족 모두가 죽어도 후회하지 않는 바가 있게 하였습니다. 여기에서 성왕(聖王)께서 절의를 존숭하고 현사를 배양했던 뜻을 알겠으니, 어찌 헛되이 한 것이겠습니까.

앞서 적이 고래처럼 마구 날뛰어, 여러 성(城)이 파괴되고 깨지자, 갑옷을 입고 창을 지고서 사졸(士卒)에 앞장서는 자가 한 사람도 없었는데, 어찌 창의의 거사를 도모했겠습니까. 혹 평민의 선비가 궁한 고을에서 일어나고, 혹은 파산(罷散)한 관료가 강호(江湖)에서 나와서, 나무를 꺾어 죽창을 만들고 종이를 찢어 깃발을 만들었으며 군현(郡縣)에 격문을 빠르게 보내 인심이 감동하여 일어나도록 하였습니다. 그런 뒤에 궁벽한 산에 숨어 있는 사람들이 다투어 일어나 향응(響應)하고, 성을 버리고 멀리 달아났던 무리가 풍문을 듣고 부끄러움을 알았습니다. 그리하여 전날 구차히 살려던 마음을 바꾸어 비로소 적을 토벌할 계책을 내어, 의로운 소리가 한 번 떨쳐 일어남에 사람들이 각각 병사가 되어, 바

35 윗사람을……것이 : 《맹자》 〈양혜왕 하(梁惠王下)〉에 "임금께서 어진 정치를 행하면 이 백성들이 그 윗사람을 친근하게 여겨 어른을 위해 자신의 목숨을 바칠 것이다.〔君行仁政, 斯民親其上, 死其長矣.〕"라는 말에서 가져왔다.

둑알처럼 펼쳐 있고 개미처럼 진을 치고 있으면서 병사를 나누어 스스로를 구원하려는 적들로 하여금 힘을 합해 서쪽으로 향하지 못하도록 하였으니, 곧 양남(兩南) 창의(倡義)의 거사가 도움이 없지 않았습니다. 이는 모두 열성(列聖)께서 배양해 주심에 대한 보은과 선유(先儒)가 진작시켰던 공으로, 동강(桐江)의 낚싯줄 하나가 한(漢)나라 구정을 부지한[36] 격이니, 그 반드시 유래한 바가 있었던 것입니다.

또 신이 본 바로써 말해 보겠습니다. 영남 한 도는 제일 먼저 흉한 적의 칼끝에 당함이 마치 달리는 코뿔소가 노호(魯縞)[37]에 부딪히는 것 같았습니다. 여러 진의 장수들과 감사(監司), 수령(守令)은 먼저 스스로 간담이 떨어져 깊은 산에 숨어서 쥐처럼 머리를 내밀었고, 어리석고 어리석은 백성은 적들의 기세에 겁을 먹고서 적을 향해 먼저 인도해 주는 자가 있기에 이르렀습니다. 그때 김면(金沔),[38] 곽재우(郭再祐),[39] 곽준(郭䞭)[40] 등 여러 사람

36 동강(桐江)의……부지한 : 후한(後漢) 때 엄광(嚴光)은, 광무제(光武帝)가 높은 벼슬을 주려 하자 거절하고 부춘산(富春山)에 은거해 동강에서 낚시로 소일한 일이 있는데, 이는 선비들의 기개를 높여 주어 후한의 국운을 유지하게 했다. 《후한서(後漢書)》 〈엄광열전(嚴光列傳)〉에 "동강의 낚싯줄 하나가 한나라의 구정을 붙들어 매었다.〔桐江一絲繫漢九鼎〕"라는 말이 있다. 구정(九鼎)은 왕조의 정통성을 상징하는 보배로 여기는 것을 뜻한다.

37 노호(魯縞) : 옛날 노(魯)나라 곡부(曲阜)에서 생산된 흰색의 비단으로, 촘촘하고 얇은 것으로 유명했다고 한다. 《사기(史記)》 권108 〈한장유열전(韓長孺列傳)〉에 "강한 활로 쏜 화살도 사정거리의 끝부분에 가서는 노호도 뚫지 못한다.〔强弩之極, 矢不能穿魯縞.〕"라고 한 말에서 가져온 것이다.

38 김면(金沔) : 1541~1593. 본관은 고령(高靈), 자는 지해(志海), 호는 송암(松

이 선두에서 창의하지 않았다면 인심이 향할 바를 알지 못했을 것입니다. 또 초유사(招諭使) 김성일(金誠一)[41]이 시종 진압하지 않았다면 의병의 성패 또한 알 수 없었을 것입니다.

이 몇 명의 신하는, 몸에는 적을 막고 적진을 함락할 재주가 없고 손에는 활과 말과 갑주(甲冑)의 도구도 없으며, 옆에는 성세(聲勢)의 도움도 없는데 위로는 철주(掣肘)[42]의 근심만 있었습니다. 그래서 비록 뜻과 일이 어긋나고 큰 공을 끝내 성취하지는 못하였지만, 전복된 나머지에서 외로운 충정을 떨치고 약해진 즈음에서 병사의 기세를 떨쳐 일으켰습니다. 의열(義烈)을 부지함을

菴)이다. 이황(李滉)과 조식(曺植)에게 수학하였다. 합천 군수·경상 우병사를 역임하였고, 병조 판서에 증직되었다. 저서로는 《송암실기(松菴實記)》가 있다.

39 곽재우(郭再祐) : 1552~1617. 본관은 현풍(玄風), 자는 계수(季綏), 호는 망우당이다. 경상남도 의령 출신으로, 임진왜란 때 의령에서 의병을 일으켜 홍의장군이라 불리었다. 조식에게 수학하였다. 저서로는 《망우당집(忘憂堂集)》이 있다.

40 곽준(郭䞭) : 1551~1597. 본관은 현풍(玄風), 자는 양정(養靜), 호는 존재(存齋)이다. 배신(裵紳)에게 수학하였다. 정유재란 때 안음 현감으로 전 함양 군수 조종도(趙宗道)와 함께 황석산성(黃石山城)을 지키다 전사하였다.

41 김성일(金誠一) : 1538~1593. 본관은 의성(義城), 자는 사순(士純), 호는 학봉(鶴峯), 시호는 문충(文忠)이다. 이황의 문인으로 1568년(선조1) 문과 급제하여 부제학, 나주 목사(羅州牧使) 등을 역임하였다. 저서로는 《학봉집(鶴峯集)》이 있다.

42 철주(掣肘) : 남의 일에 간섭하여 뜻한 바를 이룰 수 없게 하는 것을 뜻한다. 노(魯)나라 복자천(宓子賤)이 선보(單父) 수령으로 임명되어 갈 때, 글씨 잘 쓰는 임금의 측근 아전 두 사람을 청하여 함께 데리고 갔다. 고을의 아전들이 모두 모였을 때 그 아전들에게 글씨를 쓰게 하였는데, 글씨를 쓰려고 하면 옆에서 팔꿈치를 잡아당기고, 그 때문에 글씨를 잘못 쓰면 또 화를 내었다. 그 아전들이 두려워 사직하고 돌아가 임금에게 자초지종을 고하니, 임금이 자신을 경계하려고 한다는 것을 알아채고 간섭하지 않았다고 한다. 《呂氏春秋 具備》

방패로 삼고 시비를 분명히 함을 칼날로 삼아, 선을 권하고 악을 징계하는 실상이 상벌을 넘으며, 한 자 종이의 혈서(血書)에 나약한 이가 격발되지 않음이 없었습니다. 군신(君臣)의 의리로 하여금 일시에 환히 게시하여 이를 들은 자가 눈물을 흘리며 죽음을 각오하고 달려오도록 하지 않음이 없었으니, 어찌 반드시 몸소 친히 적진에 돌진하여 적장을 베고 깃발을 잘라 버린 그런 뒤라야 비로소 막고 호위한 공로라고 말할 수 있겠습니까. 하지만 각기 또한 그 직분에 힘쓸 따름이었으니, 어찌 당세에 조금이라도 바라는 것이 있어서였겠습니까.

아, 불행하게 이미 죽은 김면과 김성일 같은 사람은 이미 마음과 몸을 다 바친 공로를 보답해 주는 데 미치지 못하였고, 다행히 아직 생존한 곽재우 같은 사람은 또한 속에 온축한 것을 다 펼 수가 없으니, 식견이 있는 선비는 이 세상을 위하여 애석해하지 않음이 없습니다. 전하께서는 진실로 대장의 임무를 곽재우에게 주어 적을 토벌하는 일을 맡기신다면 상벌이 분명해져서 사람들은 의(義)로움에 즐거워하고, 군법이 엄하게 되어 병사들은 죽음을 두려워하지 않으리니, 천 리 강회(江淮)[43]를 거의 의지하여 견고히 할 수 있습니다.

43 강회(江淮) : 안녹산(安祿山)과 사사명(史思明)이 반란을 일으켜 수양성(睢陽城)이 반란군에 포위되었을 때, 성 안에 양식이 고갈되자 사람들은 모두 성을 버리고 도주하자고 하였으나 장순(張巡)과 허원(許遠)은 "수양은 강회(江淮)의 보장(保障)이다. 만약 이 성을 버리고 떠나면 적이 반드시 승세를 타고 깊이 쳐들어올 것이니, 그렇게 되면 강회는 없게 될 것이다."라고 하면서 끝까지 지키다 전사하였다. 《新唐書 卷192 張巡列傳》 여기서는 진주성을 가리킨다.

또 답답하여 진달하지 아니할 수 없는 공의(公議)가 있습니다. 곽준과 조종도(趙宗道)[44]는 모두 난리 초에 먼저 창의한 사람으로 남주(南州 영남) 유자(孺子)의 희망이었습니다. 일찍이 선비들 사이에서 드러났고, 절개를 지켜 의롭게 죽은 일이 지난해에 더욱 드러났습니다. 황석산성(黃石山城)[45]이 함락되었을 때, 산성의 대장 백사림(白士霖)[46]이 북문을 지키고 곽준이 남문을 지켰습니다.

백사림은 겉으로는 견고히 지키는 모습을 하였지만, 속으로는 스스로 탈출할 계책을 도모하여, 군량을 몰래 반출하여 항복한 왜인〔降倭〕과 수하의 군사에게 사사로이 공급해서 그들의 환심을 사서 밤을 틈타 그 가속들을 밧줄로 내려보내고, 그도 또한 혼란한 군대 틈에 섞여 달아났습니다. 대장이 이미 떠남에 성이 이미 텅 비었지만, 곽준과 조종도는 오히려 죽음을 각오하고 떠나지 않았습니다. 그 자제와 하급 관리들이 성을 나가기를 눈물로 권하는

44 조종도(趙宗道) : 1537~1597. 본관은 함안(咸安), 자는 백유(伯由), 호는 대소헌(大笑軒)이다. 정유재란 때 의병을 모아 안의(安義)의 황석산성에서 왜장 가토 기요마사가 인솔한 적군과 싸우다 전사했다. 저서로는 《대소헌집(大笑軒集)》이 있다.

45 황석산성(黃石山城) : 경상남도 안음현(安陰縣)의 황석산 봉우리와 계곡의 지형을 이용하여 쌓은 산성으로, 조선 초에 수축하였고 임진왜란 때에는 왜군과 큰 싸움이 있었던 곳이다. 정유재란 때 왜군이 다시 침입하자, 당시 체찰사 이원익(李元翼)이 이 성은 영호남을 잇는 요새로 왜군이 반드시 노릴 것이라고 판단하고 인근의 주민들을 동원하여 지키도록 하였다. 그러나 조방장(助防將) 백사림(白士霖)이 성을 포기하자, 왜군이 난입하여 끝까지 싸우던 함양 군수 조종도와 안음 현감 곽준이 전사하였다.

46 백사림(白士霖) : 김해 부사를 지냈다. 정유재란 당시 함양(咸陽)의 황석산성(黃石山城)에서 일본군과 싸우던 도중 몰래 가족을 이끌고 도주했다는 혐의를 받았다.

자가 있음에, 칼을 뽑아 질타하였습니다. 그다음 날 성이 함락되자 곽준과 조종도는 기쁘게 마음을 변치 않고 활을 쏘아 적병 5, 6명을 사살하고 죽었고, 곽준의 두 아들 또한 떠나지 않고 그 아버지를 안고서 적을 꾸짖다가 화를 당하였으니, 생사가 달린 즈음에 조용하고 편안하게 의(義)를 실천함이 고인에게 부끄러움이 없고 금세(今世)에 듣기가 드문 일입니다.

조종도는 비록 관(官)에 매인 사람은 아니었지만, 스스로 전날 목민관으로 근무하였다는 이유로 나라에서 입성(入城)하라는 명을 피하지 않았고, 곽준과 함께 싸워 시종 한결같은 절의를 지켰으니, 그 죽음은 헛된 죽음이 아니고 국가를 위해 죽은 것입니다. 그런데 성을 판 죄를 백사림에게 올바르게 조치하지 않고, 포증(褒贈)의 명은 조종도에게 넉넉하게 하지 못하니, 유독 권하고 징계하는 은전에 혐의를 하지 않겠는지요. 삼가 원하옵건대 전하께서는 아래로 여론을 들으시고 상벌을 분명하게 보여서 공론(公論)이 한번 명쾌해지고 사기(士氣)가 진작되어 분발하는 바가 있도록 해 주시옵소서.

신은 현명하고 준걸한 이가 모이지 않음은 성신(誠信)이 미덥지 못하기 때문이라고 생각합니다.

대저 큰 집을 짓는 자는 반드시 많은 재목을 모으고, 큰 일을 세우는 자는 반드시 여러 계책을 모읍니다. 병법(兵法)에 "영웅을 망라해 쓰면 적국이 곤궁하고, 선비 생각하기를 목마를 때 물을 찾듯 하면 훌륭한 계책이 따른다."[47]라고 하였습니다. 예(禮)로 대우하고 의(義)로 면려하면 사(士)가 이에 죽음을 각오합니다. 지금 안으로 유악(帷幄 조정) 가운데와 밖으로 원융(元戎 군대)의 막부에 기틀과 계책을 돕는 자가 몇 사람이 있습니까. 대저 정성이 미덥지 못한 점이 있기 때문에 이를 구함에도 이르지 않으니, 금일 교육한 나머지에 어찌 시무를 아는 준걸한 이가 없겠습니까.

좋습니다, 육지(陸贄)의 말에 이르기를 "사람은 모두 신령함을 품고 있으니, 오직 유치(誘致)하기 나름이다. 마치 옥(玉)이 옥돌 속에 있어서 다듬고 쪼으면 규장(圭璋)이 되고 팽개쳐 버리면 기왓장 조각돌이 되는 것과 같고, 마치 물이 발원함에 막아 버리면 더러운 진흙탕이 되고 소통시키면 내와 소(沼)가 되는 것과 같다. 쇠퇴한 말세에는 다들 '쓸 만한 사람이 없다.'라고 말하나, 웅대한 재능으로 시운에 부응하기에 이르러서는 현명하고 능한 이가 빽빽하게 구름처럼 모일 것이다. 그렇다면 왕도를 일으킬 충량한 신하는 모두 쇠퇴한 말세의 버려진 재능이다."[48]라고 하였습니다. 《주역》 중부(中孚)에 "우는 학이 그늘에 있거늘, 그 새끼가 화답하도다. 나에게 좋은 벼슬이 있으니, 내 너와 더불어 가지고자 한다."[49]라고 하였으니, 그 성심(誠心)으로 감동시킨 바가 그윽하고

47 영웅을……따른다 : 《삼략(三略)》에 "이른바 선비는 영웅이다. 그러므로 영웅을 망라하여 등용하면 적국이 곤궁해진다.〔所謂士者英雄也, 故曰羅其英雄則敵國窮.〕"라고 하였고, "장수가 선비 생각하기를 목마를 때 물 구하듯이 하면 훌륭한 계책이 따른다.〔將者能思士如渴, 則策從焉.〕"라고 하였다.

48 육지(陸贄)의……재능이다 : 육지는 당 덕종(唐德宗) 때 사람으로, 한림학사가 되었고, 저서로 《한원집(翰苑集)》이 있으니, 이 글은 권21 〈논조관궐원급자사등개전론서장(論朝官闕員及刺史等改轉倫序狀)〉에 나오는 말이다.

49 우는……한다 : 《주역(周易)》 〈중부괘(中孚卦) 구이(九二)〉에 나오는 말로, 그

멀어도 반드시 통해서입니다. 그러므로 연 소왕(燕昭王)이 대(臺)를 쌓으니 악의(樂毅)가 이르렀고,[50] 한 고조(漢高祖)가 씻다가 그치니 삼걸(三傑)이 마음을 품었고,[51] 광무제(光武帝)가 맞이하여 끌어당기니 구·등(寇鄧)이 지팡이를 짚고 오고,[52] 한 소열(漢昭烈)이 삼고(三顧)를 하니[53] 용과 봉황[54]이 날개 떨쳐 날았습니

윽한 데 있으면서도 신의를 잃지 않았으므로 인정을 받아 좋은 벼슬에 오르는 것을 말한다.

50 연 소왕(燕昭王)이……이르렀고 : 전국 시대 연(燕)나라 소왕(昭王)이 사방의 어진 사람을 초치하기 위해 황금대(黃金臺)를 쌓았다. 연나라가 제(齊)나라에 격파된 뒤에 소왕이 자신을 낮추고 후한 폐백을 갖추어서 어진 자를 초빙해 원수를 갚으려고 하자, 곽외가 부족한 자신부터 잘 대우하면 어진 자들이 올 것이라고 하였다. 이에 소왕이 곽외를 잘 대접하자, 악의(樂毅)가 위(魏)나라에서 오는 등 선비들이 다투어서 연나라로 달려왔다. 《戰國策 燕策1》

51 한 고조(漢高祖)가……품었고 : 한나라 역이기(酈食其)가 고양(高陽)에서 패공(沛公), 즉 한 고조 유방(劉邦)을 만나러 갈 때, 유방은 의자에 걸터앉아 두 여자를 시켜 발을 씻고 있다가 그대로 맞았다. 역이기는 읍만 하고 절은 하지 않으면서 늘 그런 태도로 어진 사람을 대하면 천하를 정(定)할 수 없다고 꾸짖으니, 유방은 발 씻던 것을 멈추고 옷을 입고 정중하게 맞아 천하의 일을 의론했다고 한다. 《漢書 卷43 酈食其傳》 삼걸(三傑)은 한신(韓信), 장량(張良), 소하(蕭何)를 가리킨다.

52 구·등(寇鄧)이……오고 : 구순(寇恂)과 등우(鄧禹)를 가리킨다. 두 사람은 함께 동한(東漢) 광무제(光武帝) 유수(劉秀)를 도와 왕망(王莽)의 난을 평정하는 데 큰 역할을 하였다. 이들은 호걸들이 천거하였으나 기꺼워하지 않다가, 광무제가 하북(河北) 지방을 안집시켰다는 소식을 듣고 곧 지팡이를 짚고 북으로 하수를 건넜다.〔聞光武安集河北, 卽杖策北渡.〕《後漢書 卷46 鄧寇列傳》

53 한 소열(漢昭烈)이……하니 : 소열은 삼국 촉한(蜀漢)의 유비(劉備)를 가리킨다. 그가 형주(荊州) 신야(新野)에 있을 적에 서서(徐庶)가 "제갈공명은 사람 중의 와룡이다.〔諸葛孔明者, 臥龍也.〕"라고 추천하자, 남양(南陽) 융중(隆中)에서 농사지으며 은거하던 제갈량(諸葛亮)의 초가집을 세 번이나 찾아간 끝에 제갈량을 얻어서

다. 이 몇 분의 군주가 만약 자신을 굽혀 선비를 이르게 한 정성이 없었다면, 저 재주를 품은 채 자중하던 자가 또한 끝내 산야의 한 필부가 되었을 것입니다.

또 군주가 구하는 바의 사람이 분주히 일에 이바지하고 문서를 받들어 행하는 데 그친다면, 법률을 익히고 사람의 뜻을 이해하는 서리(胥吏)를 취하면 족할 것이니, 굳이 마음을 수고롭게 하고 사려를 근심하며 천승(千乘)의 존엄을 굽혀 암혈(巖穴)의 선비를 초빙할 필요가 없습니다. 그러나 만약 남의 가르침 받기를 좋아하고 자신의 미치지 못하는 바를 보충하여 서로 더불어 세상일을 경륜하고 시대의 어려움을 널리 구제하고자 한다면, 의당 친소(親疏)를 관계치 말고 구하며, 귀천을 따지지 말고 발탁하여, 그들에게 마땅히 고굉(股肱)처럼 임무를 맡기고, 그들을 마땅히 복심(腹心)처럼 믿어야 하니, 인원수나 채우고 자리나 메워 대답하며〔唯諾〕 명령에 응대만 할 뿐이어서는 마땅하지 않습니다.

삼가 원하옵건대, 전하께서는 《주역》 중부(中孚)의 뜻을 법으로 삼고 고인이 대(臺)를 쌓았던 정성을 본받아, 사방에서 영웅준걸을 불러들여 좋은 계책을 널리 물으시고, 또한 공경대부(公卿

그의 도움으로 촉한(蜀漢)을 세우고 제위(帝位)에 올랐다. 《三國志 卷35 蜀書 諸葛亮傳》 여기서는 사람을 등용함을 의미한다.

54 용과 봉황 : 복룡(伏龍) 제갈량과 봉추(鳳雛) 방통(龐統)을 가리킨다. 유비(劉備)가 형주(荊州)에 있을 때 사마휘에게 인재에 대하여 물으니, 사마휘는 자기가 사는 곳에 제갈량과 방통이 있다고 하며 이들을 추천하였다. 사람들은 제갈량을 와룡(臥龍)으로, 방통을 봉추로 지목하였다. 《資治通鑑 卷65 漢紀 孝獻皇帝》 《斐然集 卷24 諸葛孔明傳》

大夫)들에게 각각 아는 인재를 천거하도록 하여 가능한지를 시험해 보고 이에 그만두어야 합니다. 여러 생각을 모아 큰 업(業)을 세우고, 달아보고 측량함을 자세히 살펴 기량과 능력이 있는 이를 임용하여 암랑(巖廊 조정)에 있는 이로 하여금 기량을 품고서 다하지 못하는 탄식이 있게 하지 마시고, 초택(草澤)에 사는 이로 하여금 보배를 품고서 월형(刖刑)을 당하는 슬픔이 있게 하지 않으신다면, 현명한 사람은 충성을 바치고 능한 사람은 일을 처리하며 지혜로운 사람은 계책을 다 바치고 용감한 사람은 힘을 떨쳐 각각 그 분수를 다해 이루지 못하는 공이 없을 것입니다.

신은 여러 관료가 직분을 제대로 수행하지 못함은 위임(委任)함이 전적으로 하지 않기 때문이라고 생각합니다.

대저 공인(工人)이 그릇을 만들 적에는 익숙한 뒤에 정밀하고 오래 한 뒤에 완성합니다. 사농(士農)에 이르러서도 모두 그러하지 않음이 없습니다. 그러므로 일〔業〕은 전일하게 하지 않으면 정밀하지 못하고, 다스림은 오래 하지 않으면 이루지 못합니다. 예로부터 위임이 전일하지 못하고서 그 효과 이루기를 바라는 경우는 있지 않습니다. 인재(人才)의 성대함은 당우(唐虞 요순 시대) 때만 함이 없었으니, 분명(分命)의 관료 22명이 각각 맡은 것이 있어서 겸비함에 힘쓰지 않았고, 각각 맡은 직분을 지키고서 이동하라는 명을 받지 않았습니다. 그래서 일은 그 이치를 얻고 사람은 그 재능을 다하였습니다.

지금은 사람을 부림에 그 기량과 능력을 택하지 않고, 사람을 취함에 그 명실(名實)을 중요하게 여기지 않습니다. 한마디 말이

선(善)하면 한계를 넘어 제수하고서 능력의 범위를 벗어난 책임을 요구하고, 한 가지 일을 잘못하면 지나치게 책망하여 그가 할 수 없는 것까지 용서하지 않습니다. 이런 까닭으로 직책에 성과가 있는 사람이 없고, 사람에게는 분수에 맞는 직책이 없습니다. 금일 낭관(郎官)에 임명되었다가 내일 외직으로 나가 현령이 되고, 아침에 호조(戶曹)에 제수되었음을 들었는데 저녁에 이미 이부(吏部)로 천직이 됩니다. 앞의 사람은 이미 지나갔고 뒷사람 또한 그러하여 각 부서는 전사(傳舍 역사(驛舍))가 되고, 관원은 과객이 되니, 그 뿌리를 박아 주인 역할을 하는 자는 문서를 다루는 서리(吏胥)입니다. 과객 같은 관원으로서 주인 역할을 하는 서리를 부리면서 그 모든 공적이 이루어지기를 바라기는 또한 어렵지 않겠습니까. 다만 이뿐만이 아닙니다. 장관(將官)이 벌 떼처럼 일어나[55] 절제(節制)함이 많고, 사신(使臣)이 이어 끊이지 않아 호령이 한결같지 않습니다. 시들고 피폐한 고을, 잔폐하고 고달픈 백성들이 도로를 분주히 달려 날마다 한가할 겨를이 없지만, 좌우로 돌아보아도 마땅히 지향할 곳이 없고, 동쪽에서 거두어 서쪽에 보충하여도 일이 완전할 기약이 없습니다. 이민(吏民)은 이로 말미암아 더욱 흩어지고, 군정(軍政)은 이로 말미암아

55 벌 떼처럼 일어나 : 원문은 '봉오(蜂午)'로, 어지럽게 아울러 일어나는 모양을 말한다. 《사기》 7권 〈항우본기(項羽本紀)〉에, 범증(范增)이 항량(項梁)에게 "지금 그대가 강동 땅에서 일어나자, 초 땅의 봉오한 장수들이 모두 그대에게 다투어 붙는 것은, 그대 집은 대대로 초나라 장수인 데다 초나라 후사를 다시 세울 수 있기 때문입니다.〔今君起江東, 楚蜂午之將皆爭附君者, 以君世世楚將, 爲能復立楚之後也.〕"라고 말한 데서 가져왔다.

더욱 어지럽습니다. 이것은 금일의 큰 근심으로 마땅히 빨리 바루어야 할 것입니다.

신은 원하옵건대, 전하께서는 급하지 않은 관원을 없애고 재기(才器)에 따라 쓸 도를 극신히 하시옵소서. 조병(調兵), 군량 운송의 일과 사명(辭命), 빈상(擯相)의 예, 그리고 내외의 여러 업무에 이르러서는 각자 관장하는 바를 다스려 서로 침범해서 넘지 않도록 하고, 각각 맡은 바를 전담하여 서로 옮기거나 바꾸지 않도록 하시옵소서. 그리하여 관직을 맡은 자로 하여금 직분에 전일하여 국사에 몸 바치기를 힘쓰도록 하고, 임무를 준 자로 하여금 지키는 곳에 오래 있어 성공을 기한으로 삼도록 하면 두루뭉술 대충 하는 폐단이 절로 개선되어 현명한 이들이 힘써 돕는[56] 효과가 모일 것입니다.

신은 군용(軍容)이 떨쳐 일어나지 못함은 장수를 부림에 방책이 없기 때문이라고 생각합니다.

대저 적을 이기는 요체는 그에 마땅한 장수를 얻는 데 있고, 장수를 부리는 방책은 그 권한을 잘 잡는 데 있습니다. 장수가 마땅한 사람이 아니면 병사가 비록 많더라도 믿기에 부족하고, 잡음에 그 권한을 잃으면 장수가 비록 재주 있더라도 쓸 수가 없습니

56 현명한……돕는 : 고요(皐陶)가 우(禹)임금에게 "몸을 닦음에 삼가고 생각을 원대하게 하며, 구족을 돈독하게 하고, 현명한 신하들이 힘써 도우면 가까운 데서부터 먼 곳으로 미루어 나가는 도리가 여기에 있습니다.〔愼厥身修思永, 惇敍九族, 庶明勵翼, 邇可遠在玆.〕"라고 한 데서 인용하였다. 《書經 皐陶謨》

다. 그러므로 절제(節制)의 장수가 있고, 절충(折衝)의 장수가 있으며, 어진 장수가 있고, 재주 있는 장수가 있습니다. 대개 깊은 계책과 큰 책략을 운용함이 끝이 없고, 기정(奇正)[57]의 도(道)에 밝고 허실(虛實)의 권도에 통달하여, 이해(利害)의 단서를 살필 수 있으며, 싸우고 지키는 마땅함을 잘 알 수 있는 자는 절제의 장수입니다. 용감하고 강해서 대적할 횡포한 적이 없으며, 감발하여 능히 분연히 일어나고 격발하여 능히 노해서 나아가기만 하고 물러나지 않으며, 순국할 줄은 알지만 살기를 생각할 줄 모르는 자는 절충의 장수입니다. 충심으로 임금 있음을 알고 의리로 자신을 돌아보지 않으면서 능히 병사의 마음을 얻고 죽기를 즐기고서 후회하지 않는 자는 어진 장수입니다. 굳센 활과 예리한 칼로 질풍처럼 출몰하며 자신이 먼저 돌격하여 적장을 베고 깃발을 뽑는 자는 재주 있는 장수입니다.

이 네 가지가 없는 자는 장수의 자리에 있어서는 안 됩니다. 지금 세상에는 대개 절제, 절충의 재주를 지닌 장수를 듣지 못하였습니다. 그다음을 말해 볼 것 같으면, 도내의 여러 장수 중에 곽재우(郭再祐)·이수일(李守一)[58] 등과 같은 이들은 어진 장수라고 말할 만하고, 정기룡(鄭起龍)[59]·김응서(金應瑞)[60] 등과 같은

57 기정(奇正) : 병법(兵法)의 용어이니, 정면으로 접전을 벌이는 것을 '정(正)'이라 하고 매복(埋伏)이나 기습(奇襲) 등의 방법을 쓰는 것을 '기(奇)'라 한다.

58 이수일(李守一) : 1554~1632. 본관은 경주(慶州), 자는 계순(季純), 호는 은암(隱庵)이다. 이괄(李适)의 난을 진압한 공으로 계림부원군(鷄林府院君)에 봉해졌고, 형조 판서를 지냈다.

59 정기룡(鄭起龍) : 1562~1622. 초명은 무수(茂壽), 본관은 곤양(昆陽), 자는 경

이들은 재주 있는 장수라고 말할 만합니다. 어진 장수는 재주 있는 장수를 얻어서 공을 이루고, 재주 있는 장수는 지혜로운 장수에게 의지하여 쓰이나니, 만약 복심(腹心)으로 맺고 약간의 권한으로 통제하면 모두 쓸 만한 재주입니다.

소순(蘇洵)이 말하기를, "어진 장수를 부리는 수단은 신(信)으로 하고, 재주 있는 장수를 부리는 수단은 권한으로 한다."[61]라고 하였습니다. 어진 장수는 비유컨대 천리마 같으니, 이를 부림에 믿음이 없으면 이는 천리마를 기르는 자가 천리마를 굶주리게 하고서 천 리 가기를 요구해도 그렇게 할 수 없는 것과 같습니다. 재주 있는 장수는 비유컨대 사나운 매 같으니, 이를 부림에 너무 중하게 하면 이는 사나운 매를 기르는 자가 매를 배불리 먹이고서 치고받기를 요구해도 그렇게 할 수 없는 것과 같습니다.

지금은 어진 장수를 부림에 믿음으로써 아니해서 항상 위태하고 두려우며 급박하고 움츠리는 근심이 있고, 재주 있는 장수를 부림에 권한으로써 아니해서 항상 교만하고 태만한 기운이 있습

운(景雲), 호는 매헌(梅軒), 시호는 충의(忠毅)이다. 1586년(선조19) 무과에 급제하고, 경상우도·좌도 병마절도사, 김해 부사, 밀양 부사 등을 지냈다.

60 김응서(金應瑞) : 김경서(金景瑞, 1564~1624)를 가리킨다. 초명이 응서이고, 본관은 김해, 자는 성보(聖甫), 시호는 양의(襄毅)이다. 전라도·경상우도·충청도·함경북도·평안도의 병마절도사, 북로방어사 등을 역임하였다.

61 어진……한다 : 송(宋)나라 소순(蘇洵)이, "재상을 부림은 예로써 하고, 장수를 부림은 수단으로써 하며, 현장을 부리는 수단은 신으로써 하고 재장을 부리는 수단은 지로써 한다.〔御相以禮, 御將以術, 御賢將之術以信, 御才將之術以智.〕"라고 말한 것이 있다. 《唐宋八家文抄 卷8 御將》

니다. 위태하고 두려우며 급박하고 움츠리면 항상 지기(志氣)를 펴지 못할까 근심하니 어찌 심려(心膂)를 다해 충절(忠節)을 바칠 수 있겠으며, 교만하고 태만하면 매양 스스로를 중하게 여기는 뜻을 품으니 어찌 감히 자신의 목숨을 가벼이 여기고 전투에 무릅쓰고 나가겠습니까. 대저 장수는 나라를 보필할 사람입니다. 군주가 장수를 잘 선택하지 못하면 나라를 적에게 주는 꼴이니, 오호라, 삼가지 않을 수 있겠습니까.

신은 가만히 살펴보았습니다. 지금의 원수(元帥)는 자신의 몸을 취향(醉鄕)[62] 중에 맡기니, 병법의 계책과 병사의 군율을 어떤 일로 보겠습니까. 거처함에 맛난 음식을 나눠 주고 작은 것을 나누어 주는 은혜가 없고, 움직임에 약속이 엄하고 분명한 위엄이 없으며, 한 번 전곤(專閫 지방의 군무(軍務)를 전결(專決)함)한 뒤로는 일찍이 개연히 무리에게 맹세하여 적개심으로 순국할 뜻을 가지지 못하고, 두 개 창에 장식깃을 매달고 강호 가에서 등한히 지내면서,[63] 다만 성과를 계산하고 치적을 아뢰는 권한을 잡고서 임금께 소홀히 하고 은혜를 파는 터전으로 여깁니다. 상과 벌이 분명하지 않고 공과 죄가 섞이니, 사졸의 마음을 크게 잃고 지사(志士)의 의분을 오래도록 자아냅니다. 조정에서는 이 남관(南關) 보기를 어떠한 곳으로 여기길래 천 리 봉강(封疆)의 땅을 들어다가

62 취향(醉鄕) : 술에 취했을 때 온갖 걱정을 잊는 별천지의 경계를 말하는 것으로, 은거해 삶을 말한다. 당(唐)나라 왕적(王績)의 취향기(醉鄕記)에 보인다.

63 두 개……지내면서 : 《시경》 〈청인(淸人)〉에 "두 자루 창에 장식깃을 매달고, 하수 물가를 배회하네.〔二矛重英, 河上乎翱翔.〕"라고 하였는데, 군사들이 모여 있으면서 싸우지는 않고 장난질이나 하면서 시간을 보내는 것을 기롱한 시이다.

감당하지 못한 사람에게 맡기시는지요.

지금 저 농부가 새와 짐승이 곡식을 해칠까 두려워하매 허수아비를 설치하여 활을 당겨 쏘듯이 하면, 새와 짐승이 처음에는 의심을 하지만 결국에는 익숙하게 되어서, 희롱하면서 마음대로 쪼아 먹습니다. 지금 용렬하고 나약한 장수로서 모월(旄鉞 장수의 지휘봉)을 받아 강한 적과 진영을 마주함은 농부의 허수아비에 불과합니다.

삼가 원하옵건대, 전하께서는 위로 공경으로부터 아래로 항오(行伍)에 이르기까지 현달한 자도 드러내고 미천한 자도 천거하여[64] 국가를 위해 장수를 택해서 그의 방략(方略)을 들어주고 그가 베풀어 시행하려는 것을 시험하시옵소서. 그런 뒤에 충담과 원대한 책략을 지니고 재주가 난리를 평정할 만한 점이 있는 이를 등용하여 절제(節制)를 맡기고 삼군(三軍)을 통제하도록 하면, 용감한 사내가 구름처럼 모이고 사졸은 목숨을 내놓게 되어 군용(軍容)이 절로 떨쳐 일어날 것입니다.

신은 백성의 삶이 날로 곤궁해짐은 수령을 잘 발탁하지 못하였기 때문이라고 생각합니다.

고인(古人)이 한 말이 있으니 이르기를, "사람은 나라의 근본이고, 재물은 사람의 마음이다. 그 마음이 상하면 근본이 상하고, 그

64 현달한……천거하여 : 귀천(貴賤)에 구애받지 않고 덕 있는 자를 기용함을 말한다. 《서경(書經)》 〈요전(堯典)〉에 "현달한 자도 드러내어 밝히고 미천한 자도 천거하라.〔明明揚側陋〕"라고 한 데서 가져왔다.

근본이 상하면 가지와 줄기가 넘어져 여위고 뿌리가 기울어 나무가 뽑힌다."[65]라고 하였습니다. 국가가 백성이 힘을 다해 군려(軍旅)의 비용과 공돈(供頓)[66]에 필요한 것을 받들게 함은, 본래 부득이해서입니다. 농부는 경작을 그만두고 잠부(蠶婦)는 베 짜기를 쉬면서 항아리의 곡식을 다 끌어모아 천하의 군사에 충당하도록 하고 힘을 다해 죽음을 참으면서 편안히 지낼 날을 바라본 지가 이미 반기(半紀 6년)가 지났습니다. 그런데 깊이 파고든 질병이 더함은 있고 나음이 없어서 깎아 내는 고통이 골수에 사무치니, 마음이 상하고 근본이 상함이 이때보다 더 심할 수가 없습니다.

수령이 된 자는 편안히 살게 할 여러 계책은 생각하지 않고, 도리어 납세를 독촉하고 부세를 마구 거두는 것 외에 불모지에서 더 끌어모으니, 위로 뇌물을 보내 권귀(權貴)에게 요구하는 바와 아래로 전택(田宅)을 넓히고 복어(僕御)를 많이 둔 바의 것이 모두 잔폐한 백성의 고혈에서 짜낸 것입니다. 주려 죽은 시신이 구학(溝壑)에 가득한데도 그 종들은 맛난 음식을 실컷 먹고, 마을에는 겨죽도 없어서 못 먹는데 그 구마(狗馬)들은 숙속(菽粟)을 실컷 먹으며, 저 농부가 되고 사졸이 된 자는 한 해가 다하도록 수

65 사람은……뽑힌다 : 육지(陸贄)의 《육선공주의(陸宣公奏議)》에 "백성은 나라의 근본이고, 재물은 백성의 마음입니다. 그 마음이 상하면 그 근본이 상하고, 그 근본이 상하면 가지와 줄기가 시들어서 뿌리가 넘어지고 나무가 뽑힙니다.〔民者邦之本, 財者民之心. 其心傷則其本傷, 其本傷則枝幹凋瘁, 而根株蹶拔矣.〕"라고 한 데서 인용하였다.

66 공돈(供頓) : 숙식을 제공한다는 뜻으로, 공(供)은 제공한다는 뜻이고, 돈(頓)은 숙식을 말한다.

고로이 고생하며 그 근력을 다해도 부모 처자를 봉양할 수가 없으니, 대저 어떻게 원망하지 않을 수 있겠습니까.

신은 가만히 살펴보건대, 경상 우도(右道)의 성주(星州)·선산(善山)과 좌도(左道)의 의흥(義興)·인동(仁同)은 지역이 요충에 해당하여 탕패(蕩敗)가 이미 극심해서, 외롭고 쓸쓸히 남은 백성은 일백 호(戶)에도 차지 않습니다. 그리고 운송하는 길에 있고 병사가 주둔하는 장소인지라, 대응할 계책이 다방면이고 부역이 백배나 되며 또 적의 소굴에 가까워 사람들이 모두 부담을 지고 있습니다. 그런데 목사(牧使) 이수일(李守一), 부사(府使) 유철(柳澈),[67] 현감(縣監) 이정회(李廷檜),[68] 이보(李輔)[69] 등이 심사(心思)를 다해 자식같이 백성을 사랑하면서 어루만지고 기르는 도(道)와 대응책을 마련하는 업무에 각기 정성을 다하니, 이로써 백성들이 그 괴로움을 잊었고, 뒤를 기약할 수 없어 유랑하는 백성들이 날로 모이게 하여 차마 죽어도 떠나지 않도록 하였습니다.

진보(眞寶)는 작은 고을[70]입니다. 피폐한 나머지에 다행히 읍재

67 유철(柳澈) : 정유년(1597, 선조30)에 선산 부사로 부임하여 피폐한 백성들을 어루만져 잘 다스렸다. 관직이 원주 목사에 이르렀다. 정묘년(1627, 인조5)에 선산부로 와서 살다가 세상을 떠났다.

68 이정회(李庭檜) : 1542~1612. 본관은 진보(眞寶), 자는 경직(景直), 호는 송간(松澗)으로, 이황(李滉)의 문인이다. 임진왜란 때 의병을 모집하여 많은 전공을 세웠다. 1597년 체찰사 유성룡(柳成龍)의 추천으로 의흥 현감에 임명되어 난리 수습에 공이 많았다. 저서로는 《송간집(松澗集)》이 있다.

69 이보(李輔) : 1545~1608. 본관은 연안(延安), 자는 경임(景任), 호는 남계(南溪)로, 당진 현감·인동 현감 등을 역임하였다.

70 작은 고을 : 원문은 '십실지읍(十室之邑)'으로, 열 가구쯤이 사는 작은 마을이라

(邑宰) 이진(李軫)[71]이 잔폐함에서 소생시키고 흥기시킨 덕에 백성들이 그 생업을 회복하였고 소부(召父)[72]같이 받들었습니다. 이제 장차 다른 고을로 부임하리라는 소식을 듣고는 정히 부모 잃은 아이와 같이 하니, 백성이 모이고 흩어짐은 수령에게 달렸음을 여기에 근거해 알 수 있습니다. 측달(惻怛)의 인사는 6년을 다스려도[73] 오히려 어렵고 괴로워하지만, 탐욕스럽고 잔악한 관리에게는 하루아침에 흩어지기를 니사(泥沙)와 같이 하니 애통함을 이길 수 있겠습니까.

더구나 지금 징수하고 거둠이 날로 급하고 가지가지 명목이 고슴도치 털처럼 일어나는데도 백성들이 감히 위를 원망하지 못하는 것은 나라의 재정이 비고 모자라 형세상 마지못해서입니다. 넘어지고 엎어지며 지고 이고 나르는 나머지에 또 큰 쥐[74]에게 약탈

는 말이다. 《논어》 〈공야장(公冶長)〉에 "십실지읍에도 나처럼 충신한 사람은 반드시 있겠지만, 나처럼 학문을 좋아하는 사람은 없을 듯하다.〔十室之邑, 必有忠信如丘者焉, 不如丘之好學也.〕"라는 공자의 말이 있다.

71 이진(李軫) : 1536~1610. 본관은 연안(延安), 자는 군임(君任), 호는 송오(松塢)이다. 이황(李滉)의 문인이다. 임진왜란 당시 좌랑(佐郞)으로 의주에서 경성까지 양곡을 수송하는 임무를 맡았고, 정유재란 당시에는 진보 현감(眞寶縣監)으로 고을을 다스렸으며, 치적이 최고라는 것으로 개령 현감에 제수되었으나, 병으로 사양하였다. 《龜窩續集 卷5 松塢李公墓碣銘》

72 소부(召父) : 한나라 때 남양 태수(南陽太守)가 되어 선정을 많이 베푼 소신신(召信臣)을 말하는데, 후한의 두시(杜詩)와 함께 선정을 베풀자 남양 사람들이 사모하여 "전에는 소신신 아버지가 계시더니, 나중에는 두시 어머니가 있네.〔前有召父, 後有杜母.〕"라고 칭송한 말이 있다. 《後漢書 卷61 杜詩列傳》

73 6년을 다스려도 : 수령의 임기 6년을 다 채워 백성을 다스렸다는 말이다. 조선시대 지방 수령의 임기는 6년이었다.

을 당하는데도, 몰래 그 명목을 빙자하여 사사로이 잉여를 취하면서, 키로 거두어 갈[75] 때는 국가의 명령에 가탁하고, 등보(謄報)[76] 할 즈음에는 그 두곡(斗斛)의 수를 줄여서, 부족할 때마다 마구 거둬들이며 징수 독촉을 끝없이 하니, 군축〔軍儲〕이 이 때문에 더욱 고갈되고 민심은 이 때문에 더욱 원망합니다.

전하께서는 어찌 정직한 신하를 한 번 파견해서 주현(州縣)을 살피고 다녀, 그 가운데 심한 자를 들어 팽아(烹阿)의 솥[77]에 부쳐 그 나머지를 다스리지 않으시는지요. 분탕(焚蕩)질한 지역에 수령을 제수함은 더욱 마땅히 자세히 살펴 발탁해야 합니다. 그런

74 큰 쥐 : 《시경》 〈석서(碩鼠)〉에 "큰 쥐야 큰 쥐야, 내 기장을 먹지 말지어다. 삼년이나 서로 알고 지냈거늘, 나를 돌보아 주지 않을진댄, 장차 너를 버리고 떠나서, 저 즐거운 땅으로 가 버리련다.〔碩鼠碩鼠, 無食我黍. 三歲貫女, 莫我肯顧. 逝將去女, 適彼樂土.〕"라고 한 시가 있다. 이 시는 폭정에 시달리는 백성의 고달픔을 읊었다.

75 키로 거두어 갈 : 원문은 '기렴(箕斂)'이니, '두회기렴(頭會箕斂)'에서 온 말로 집집마다 식구 숫자대로 곡식을 내게 하여 키로 거두어 간다는 뜻인데, 부세(賦稅)가 과중한 것을 표현하는 말이다. 《사기(史記)》 권89 〈장이진여열전(張耳陳餘列傳)〉에 "안과 밖이 소란스러워 백성들이 피폐하였는데도, 두회기렴하여 군비를 조달했다.〔外內騷動, 百姓罷敝, 頭會箕斂, 以供軍費.〕"라는 말에서 가져왔다.

76 등보(謄報) : 원본의 내용을 그대로 필사하여 동급 또는 상급의 관사에 보고하는 것, 또는 그러한 문서를 말한다.

77 팽아(烹阿)의 솥 : 탐관(貪官)을 처벌하는 극형을 의미한다. 전국 시대 제(齊)나라 위왕(威王)이 처음에 모든 지방 정치를 경대부(卿大夫)에게 위임했는데, 경대부 중 아 대부(阿大夫)가 정치를 가장 잘한다고 소리가 날로 들리기에, 사람을 보내어 아(阿) 땅을 살펴보았더니, 실제로는 정치는 가장 못하고 왕의 좌우에 뇌물을 써서 여론을 조작한 것이었다. 그리하여 아 대부를 불러다 가마솥에 삶았다는 일에서 유래하였다. 《史記 卷46 田敬仲完世家》

데 법을 어기고 교묘히 피함이 습관이 되어 그 결원을 구차히 충당함에, 만약 배척되어 버림받아 유배된 이가 아니면 대부분 무인을 차출해 보내니, 탐욕스럽고 잔악하며 이익을 좋아하여 전도(前途)를 돌아보지 않습니다. 스스로 공론에 용납되기 어렵다고 생각하고 오직 자신을 살찌움에만 급급히 힘쓰며, 갖은 방법으로 수탈하고는 파척(罷斥)됨도 스스로 감수합니다. 이 때문에 탕패(蕩敗)한 관리는 그 관직을 물고기를 잡는 전제(筌蹄)[78]에 비기니, 국가가 궁한 백성에게 원망을 사는 것은 군사를 일으키는 데 있는 것이 아니고 탐관오리에게 있는 것이 또한 분명합니다.

또 무부(武夫)가 모두 탐포(貪暴)한 것은 아니지만 청렴하고 삼가는 자는 백에 한둘입니다. 만약 전쟁터이기 때문에 무인이 아니면 막을 수 없다고 한다면, 곧 지난날의 변고에 싸우지도 않고 먼저 달아난 자가 유독 무인이 아니었습니까. 지금 적이 이르지도 않았는데 먼저 민심을 흩어 버리고, 칼날이 아직 부딪히지도 않았는데 먼저 재력(財力)을 고갈시키면, 곧 이들이 과연 질시하는 백성을 친히 거느리고 강회(江淮)의 보장(保障)[79]을 담당할 수 있겠습니까. 자애롭고 검소하며 청렴하고 명철한 사람을 선택하여 백성 다스리길 맡기시어, 활을 끼고 말을 달리는 날래고 건장한 사람이 강장(疆場)에서 힘을 다하게 하면 무슨 불가함이 있기에 반

78 전제(筌蹄) : '전(筌)'은 물고기를 잡는 통발이고 '제(蹄)'는 토끼를 잡는 덫이다. 토끼와 물고기를 얻는 것이 목적이므로 "토끼와 물고기를 얻은 뒤에는 제와 전을 잊어야 한다.〔得兎忘蹄, 得魚忘筌.〕"라고 한 말에서 가져왔다. 《莊子 外物》

79 강회(江淮)의 보장(保障) : 국가를 지키는 든든한 울타리를 뜻한다. 장순(張巡)과 허원(許遠)의 일에서 가져왔다. 《新唐書 卷192 張巡列傳》

드시 쓰고 버림을 바꾸어 두는 데 이르렀는지요.

신은 원하옵건대, 주현(州縣)의 관안(官案)을 항상 어전(御前)에 두시어 각각 명록(名錄) 아래에 반드시 치관(治官)의 사장(事狀)과 민정(民情)의 향배와 호구(戶口)의 증감과 전야(田野)의 황치(荒治 황폐함과 다스려짐)와 정리(政理)의 근타(勤惰 삼감과 태만)를 적어서 마치 천 리 밖을 직접 순시하여 살피듯 해서, 능한 자는 포상하여 드날리고 그렇지 않은 자는 주벌하여 엄중하게 해야 합니다. 그리고 배척당한 수령과 죄를 범하고 뇌물을 탐한 자는 비록 서용(敍用)을 거쳤더라도 주의(注擬)[80]케 하지 마시고, 무관 가운데 문덕(文德)이 함께 우수하고 다스린 공로가 이미 드러남이 있지 않은 이에게는 백성 다스리는 임무를 허여하지 않으신다면, 사람들은 면려하길 생각하고 청렴과 삼감을 힘써 행할 것입니다. 그러면 잔폐한 백성이 조금 되살아나서 나라의 근본이 흔들리지 않을 것입니다.

신은 국가 재정이 날로 위축됨은 제치(制置 처치)가 마땅함을 잃었기 때문이라고 생각합니다.

대저 적을 제어하는 요체는 반드시 형세를 잘 살펴야 하고, 수자리를 주둔하는 병영은 반드시 둔전(屯田)을 넓혀야 합니다. 형세를 잘 선택하면 겹겹의 관문 이중의 잠금이 되는 험함이 있어서 근본이 굳건하고, 둔전이 넓으면 비만전수(飛輓轉輸 군량 운송)

80 주의(注擬) : 관원을 임명할 때에 먼저 문관은 이조(吏曹), 무관(武官)은 병조(兵曹)에서 임용 예정자 수의 3배수〔三望〕를 정하여 임금께 올리는 글을 말한다.

의 노고를 덜어서 농사에 오롯이 힘쓸 수 있으니, 옛날의 좋은 장수 가운데 누가 요해지에 주둔하고 둔전을 개척함을 전투와 수비의 좋은 계책으로 삼지 않았겠습니까. 축성(築城)의 부역은 거행하지 않을 수 없고, 둔전의 계책은 강구하지 않을 수 없습니다만, 택함에 지리(地利)를 살피지 않고 임무를 맡김에 마땅한 사람을 얻지 못하면 한갓 책임만 때우는 헛된 문서나 만들어 마침내 볼 만한 이룬 효과가 없을 것입니다. 그러므로 일을 함에는 처음을 잘 도모함을 귀하게 여기지만 잘 끝내기는 더욱 어렵습니다.

천하의 군대〔명나라 군대〕를 우리나라[81]에 주둔시킴에 십만의 군사가 하루에 천금을 소비하는데, 수레가 깨지고 말이 죽어도 황급히 공급하지 못해서, 힘은 굴절되고 재력은 다하여 고액(膏液)이 이윽고 고갈되어, 대병(大兵)이 한 번 흩어지매 적들이 그 폐한 틈을 타고 공격하면, 비록 지혜를 지닌 자라도 그 뒤를 잘 해결할 수 없습니다. 적의 교활한 계책은 바로 우리가 이와 같게 하고자 함이니, 우리가 할 계책은 마땅히 반드시 그 닥칠 형세를 헤아려 이어 갈 만한 방법을 내어서 먼저 근본을 견고히 하는 계책을 만들어야 하니, 이것이 곧 전략 전술의 상책입니다. 저들이 비록 용병(用兵)에 뛰어나고 나라를 넘어뜨릴 병사를 일으켜 바다를 건너 곡식을 운송한다 해도, 만약 우리에게 군량을 얻어 내지

81 우리나라 : 원문은 '탄환지지(彈丸之地)'로, 땅이 탄환만 하게 좁다는 의미이다. 《전국책》 권20 〈진공조어장평(秦攻趙於長平)〉의 조 왕과 누완(樓緩)의 대화 중에, 누완이 한 말로 "실로 진나라의 힘이 아직 그렇게 되지 않았다는 것을 알면서도, 이 총알만큼 작은 땅을 주지 않았다.〔誠知秦力之不至, 此彈丸之地, 猶不予也.〕"라고 한 데서 가져왔다.

못하면 그 형세가 또한 어찌 오래갈 수 있겠습니까. 우리가 버틸 어떤 계책을 가지고 있느냐에 달렸을 뿐입니다.

신은 가만히 생각하옵건대, 경성(京城)은 사방의 근본인 곳이고, 뿔뿔이 흩어진 뒤에 아직 완선히 보일 겨를이 없었습니다. 그런데 지금 도성(都城) 안에 대병(大兵)을 모아 스스로 그 근본을 깎는 것은 좋은 계책이 아닙니다. 양남(兩南)은 나라의 방패이자 근간[82]으로, 만약 회복(恢復)하고자 한다면 반드시 이로부터 시작하여야 합니다. 사망하고 옮겨 간 나머지 백에 하나도 남아 있지 않은데, 텅 빈 땅에 대병을 모아 백성들로 하여금 공돈(供頓)과 군량 수송의 노고에 지쳐 농사를 지을 수 없게 하고 사방으로 유랑하여 흩어지게 하니, 이는 양식의 길을 스스로 끊고 방패와 근간을 스스로 거두는 것입니다. 뒷날 비록 크게 회복할 형세가 있더라도 어느 지역에 의지하여 착수할 수가 있겠습니까.

어리석은 신은 생각하옵건대, 충주(忠州)는 곧 양령(兩嶺 조령과 죽령)의 목구멍에 해당하고, 청주(淸州)와 연산(連山) 또한 호·령(湖嶺)이 모이는 곳으로, 모두 경성의 옷깃에 해당하고 적로(賊路)의 요충지입니다. 청컨대 천병(天兵) 각 일만으로 그 험한 요충지를 택하여 축성해서 군사를 주둔시키게 하면 밖으로는 남방의 적을 제압할 수 있고, 안으로는 경성을 호위하여 막을 수 있습

82 방패이자 근간 : 원문은 '병한(屛翰)'이다. 병풍과 기둥을 뜻하는 말로, 여기서는 방패와 기둥의 의미로 쓰였다. 《시경》 〈판(板)〉에 "대덕의 사람은 나라의 울타리이고 많은 무리는 나라의 담이며, 큰 나라는 국가의 병풍이고 대종은 나라의 기둥이다.〔价人維藩, 大師維垣. 大邦維屛, 大宗維翰.〕"라고 한 데서 가져왔다.

니다. 영남은 대로(大路)가 셋이 있으니, 문경(聞慶)에서 조령(鳥嶺)을 넘어 충주(忠州)에 닿는 것이 일로(一路)이고, 풍기(豐基)에서 죽령(竹嶺)을 넘어 단양(丹陽)에 닿아 충주에 도달하는 것이 일로이고, 금산(金山)에서 추풍령(秋風嶺)을 넘어 청주(淸州)에 도달하는 것이 일로입니다. 삼로를 틀어잡고서 산에 의지해 요해를 설치하면 적의 목을 조르고 등을 치는 형세가 되니, 백이(百二)의 진관(秦關)[83]에 뒤지지 않습니다. 천병(天兵)이 이미 삼로에 주둔해 점거한 뒤에는 하나의 진영 안에 나누어 삼번(三番)을 만들어서 각각 삼천 명으로 남변(南邊)의 적이 가까운 지역을 교대로 지키게 해서, 우리 군과 서로 기각(掎角)[84]이 되어 출몰하는 적을 막으며, 휴군(休軍) 일천 명으로 읍내에 둔전(屯田)하도록 하여 지구전의 형세를 이루어야 합니다. 더구나 세 고을은 바로 장강(長江)의 상류 같음에 해당하여 조운(漕運)의 길로 편리하고 어염(魚鹽)의 이로움을 통할 수 있으니, 급한 일이 있으면 쉽게 이어 갈 수 있습니다.

고개 아래〔領底 조령 아래〕의 여러 고을로 문경, 함창(咸昌), 용

83 백이(百二)의 진관(秦關) : 진(秦)나라는 땅이 매우 험고(險固)하여 진나라 군사 2만 명으로 제후의 군사 백만 명을 당해 내기에 충분하다고 한 데서 온 말로, 이 또한 전하여 요새의 험고함을 의미한다. 《史記 卷8 高祖本紀》

84 기각(掎角) : '기(掎)'는 다리를 잡아당긴다는 의미이고, '각(角)'은 뿔을 잡아당긴다는 의미로서, 병력을 나누어 견제하거나 적군을 협공하는 것을 말한다. 《춘추좌전(春秋左傳)》 양공(襄公) 14년에 "비유하자면 사슴을 잡는 것과 같다. 진나라 사람은 뿔을 잡아당기고, 여러 융인(戎人)은 다리를 잡아당길 때, 진나라 사람과 더불어 일제히 공격한다.〔譬如捕鹿, 晉人角之, 諸戎掎之, 與晉掊之.〕"라고 한 데서 유래하였다.

궁(龍宮) 같은 곳과 금산(金山), 지례(知禮), 개녕(開寧) 등과 같이 산을 의지해 하나의 띠를 이루는 6, 7군은 토지의 비옥함이 남쪽 고을에서 으뜸이니, 생업을 잃은 백성이 누가 그 들판에서 농사짓기를 원하지 않겠습니까. 나반 수송하는 중도에 있음으로써 군현(郡縣)이 시들고 잔폐하였고, 작은 고을에 부역이 헤아릴 수 없이 많아 백성들이 고통을 견디지 못해서 아침에 모였다가 저녁에 흩어집니다. 만약 문경·함창·용궁을 합하여 하나의 부(府)로 만들어 조령 길을 맡게 하고, 금산·지례·개녕을 합하여 하나의 부로 만들어 추풍령 길을 맡게 하고, 풍기·영천(榮川)을 합하여 하나의 부로 만들어 죽령 길을 맡게 하면, 3부가 삼령(三嶺) 아래에 솥발처럼 버티어서 둔경(屯耕)을 크게 열어 개척할 수 있습니다. 부지런히 일하며 청렴하고 명철한 사람으로 성주 목사(星州牧使) 이수일(李守一), 의흥 현감(義興縣監) 이정회(李廷檜) 같은 사람을 발탁하여 자격(資格)의 높고 낮음에 따르지 말고 오직 그 사람의 그릇됨이 마땅한지의 여부를 보아 지방관과 둔전(屯田)의 일을 맡기시고, 겸하여 군사 훈련과 방어 절제의 일을 다스리게 하고서, 그 평정(平定)을 기한으로 삼아 성과를 거두도록 책임지우십시오.

또 감사(監司)에게 명하여 바닷가의 적과 가까이에 흩어져 있는 백성들을 불러다가 타일러서 3부에 옮겨 모아서 둔전에 소속시키십시오. 만약 농부 만 명을 얻어 농가 양식 수만 석이 되면 한 해에 수십만의 곡식을 얻을 수 있고, 위임할 마땅한 사람을 얻고 그 해 농사가 만일 조금 풍년이 들면, 소비하는 바도 또한 여기에 그치지 않겠지만, 얻는 바는 이 수보다 넉넉할 것입니다. 하지만 반드시 대병이 그 뒤에서 든든하게 주둔하고 소진(小陣)이 그 앞에서 막아 준 다음에야 적이 출입하며 약탈할 수 없을 것이고, 우리가 밭 갈아 씨를 뿌리는 데 오롯이 힘을 쓸 수 있으리니, 가을에 추수할 때가 되면 벼가 장차 알곡을 맺을 수 있을 것입니다. 대진(大陣)의 병사를 동원하여 남도(南道)에 방어 능력을 증강해서 들끓는〔充斥〕 적을 미리 막아, 적에게 양식을 대 주는 근심이 없도록 하여야 하는 것, 이것이 곧 병사로 농부를 호위하고 농부로 병사를 기른다는 뜻이었습니다.[85] 양호(兩湖)의 연산(連山)과 전주(全州)도 또한 두 진(鎭)을 두어 서로 수미(首尾)가 되게 해서 그 사이에서 둔전의 농사짓기를 영남의 예처럼 하면, 몇 년 되지 않아 병농(兵農)이 서로 의지하고 백성의 힘이 조금 완화되어서, 우리의 재정은 절로 넉넉하고 적의 기세는 절로 궁해질 것입니다.

신은 또 원하옵건대, 우리나라의 여러 장수 또한 머무는 바의 곳에 명하여 둔전을 편의(便宜 형편에 따라 적절히 일을 처리함)로 처리해서 군량을 넉넉하게 하고, 병사(兵使)에게는 곧 본 읍의 임무를 아울러 맡게 하면 양식과 기계(器械 무기 등)를 거의 마련해 낼 길이 있습니다. 따로 휴군(休軍)으로써 둔전을 크게 개척하여 사졸을 기르도록 하면 백성의 힘을 번거롭게 하지 않고도 변방의 저축이 넉넉해질 수 있습니다.

85 병사로……뜻이었습니다 : 원문에서 '유의(遺意)'라고 말한 것은, 서애(西厓) 유성룡(柳成龍)이 "병으로써 농을 보호하게 하고 농으로써 병을 기르게 한 것은 그 형세가 그러하였기 때문입니다.〔使兵以衛農, 農以養兵, 其勢然也.〕"라고 말한 데서 가져왔기 때문에 이렇게 표현하였다.《西厓集 卷5 陳時務箚》

대개 십만의 병사는 한 해에 드는 재정이 쌀 육십만 석인데, 수송하는 비용이 그 수의 열 배이니, 이것이 어찌 이어 갈 만한 방법이겠습니까. 지금 만약 몇 진(鎭)을 나누어 배치해서 가까운 땅에 둔전을 경작하게 하면, 한 해에 오반 석의 쌀을 수확하여 만 명의 식량을 공급할 수 있습니다. 설혹 반을 수확한다 해도 오히려 민력(民力)의 반을 줄이면서 군사 식량의 반을 공급할 수 있습니다. 멀리 수송함과 둔전을 경작함은 그 노고와 편안함이 현격히 다르니, 금성(金城)과 위빈(渭濱)의 계책[86]이 어찌 고금의 다름이 있겠습니까. 바야흐로 지금 적과 서로 대치함에 형세가 양립하지 못하니, 여력이 있는 경우에는 남을 제어할 수 있겠지만, 불행하게 적이 만약 먼저 형세의 편리함에 의거하여 요해에 나누어 주둔하면 주객(主客)이 도치되는 형세가 오늘에 그치지 않을까 저어됩니다.

의론하는 자들이 오히려 말하기를, "성패(成敗)가 순식간에 결정되어 공억(供億)[87]하기에도 힘이 넉넉하지 못한데, 어느 겨를에 둔전을 별도로 경영하여 수년(數年)의 계책〔재정〕으로 삼을 수 있

86 금성(金城)과 위빈(渭濱)의 계책 : '금성'은 한 무제(漢武帝) 때 조충국(趙充國)이 중국을 침략해 온 오랑캐를 치기 위해 금성에 들어가 둔전을 경영할 것을 강력히 주장하여 성공한 일이 있음을 말한다. '위빈'은 제갈량(諸葛亮)이 사마의(司馬懿)와 위남(渭南)에서 대치하고 있을 때 군량의 부족을 염려하여 군사를 나누어 둔전을 경영해서 장기적으로 주둔할 계책을 세운 것을 말한다. 《漢書 卷69 趙充國傳》《三國志 卷35 蜀書 諸葛良傳》

87 공억(供億) : 필요한 물건을 헤아려 지급하는 것, 또는 지급하여 안심시키는 것을 말한다. 《吏文輯覽 卷3》

겠는가."라고 합니다. 이는 이른바 '7년 된 병에 3년 묵은 약쑥을 저축하지 않았다.'[88]라는 것입니다. 다행히 성패가 금년에 결판나지 않고, 적이 지구전의 형세로 우리가 스스로 폐(斃)하기를 기다린다면, 명년(明年)의 재정은 어떤 계책을 내어야 할지 알지 못합니다. 당량(唐糧 중국 군량)과 민력(民力)이 오히려 혹 1년을 지탱할 수 있다고 해도, 1년 뒤에는 좋은 후속 계책이 다시 없으리니, 이때 이르러서는 하지 못하면 하지 못하는 데서 끝날 따름입니다.

오호라, 이미 다 소진한 민력으로 끝없는 비용에 대응하고자 하고 기렴(箕斂)[89]한 약간의 곡식으로 이미 노쇠한 병사를 부지하고자 하여, 조도(調度 세금을 징수함)의 사신(使臣)이 연달았지만 한관(漢關)[90]의 식량 운반은 항상 모자라고, 매작(賣爵)하는 각인(刻印)은 이미 다 닳았는데도 초나라 병졸은 반숙(半菽)[91]도 잇지

88 7년……않았다 : 맹자(孟子)가 말하기를 "지금 천하에 왕 노릇을 하려는 것은 마치 7년 된 병에 3년 묵은 약쑥을 구하는 것과 같으니, 진실로 약쑥을 저축하지 않으면 종신토록 얻지 못할 것이다.〔今之欲王者, 猶七年之病求三年之艾也, 苟爲不畜, 終身不得.〕"라고 한 데서 원용한 것이다. 《孟子 離婁上》

89 기렴(箕斂) : '두회기렴(頭會箕斂)'에서 온 말로 집집마다 식구 숫자대로 곡식을 내게 하여 키로 까불듯이 싹 쓸어 간다는 뜻인데, 부세(賦稅)가 과중한 것을 표현하는 말이다. 《사기(史記)》 권89 〈장이진여열전(張耳陳餘列傳)〉에 "안과 밖이 소란스러워 백성들이 피폐하였는데도, 두회기렴하여 군비를 조달하였다.〔外內騷動, 百姓罷敝, 頭會箕斂, 以供軍費.〕"라는 말에서 가져왔다.

90 한관(漢關) : 오랑캐들의 침입을 막기 위해 사막 지역에 설치한 관문을 가리킨다.

91 각인(刻印)은……반숙(半菽) : 《논어》 〈요왈(堯曰)〉에, 자장(子張)이 사악(四惡)에 대해 물으니, 공자가 허(虛)·포(暴)·적(賊)·유사(有司)를 말했는데, 그 가운데 유사에 대한 주자의 주에, "항우가 사람을 부려서 공로가 있어 봉작을 하게 되면 인장을 새겨 놓은 것이 닳도록 차마 주지 못하다가, 끝내 이 때문에 패망을 취

못하는 격입니다. 그런데도 오히려 구차히 시월(時月)을 끌면서 강한 도적이 스스로 섬멸되기를 기다린다면 조정의 계책이 미리 정해졌다고 말할 수 있겠습니까.

의논하는 자가 또 이르기를, "군현(郡縣)을 합병함은 그 일이 연혁(沿革)에 관계되니 갑자기 행하기 어렵다."라고 하였습니다. 이 또한 한 가지를 고집하는 논리입니다. 군현을 설치함에 비록 그 구역을 나눔이 있기는 하나, 그것을 이어 가고 혁신함〔沿革〕과 줄이고 더함〔損益〕은 시대마다 각각 동일하지 않아서 백대(百代)토록 바꿀 수 없는 금석(金石) 같은 법령이 아닙니다. 하물며 병란(兵亂)을 겪은 뒤에 혹 수백 리에 인적이 없는〔無煙火 밥 짓는 연기가 없음〕 경우가 있고, 혹 수십 호가 하나의 현(縣)이 되는 경우가 있음이겠습니까. 수령이 된 자가 한갓 빈 그릇만 가지고 있어서 모양을 만들 방법이 없다면, 스스로 받들 길과 대응책의 수단을 형세상 백성에게서 강구하지 않을 수 없습니다. 이는 정히 열 마리 쥐가 한 말의 곡식을 먹는 것과 같으니, 백성들이 어찌 빈궁하여 또한 도둑질하지 않겠습니까.

지금 규모를 조금 세워 병사용 징세를 정리하여 처리하고자 한다면 마땅히 호(戶)를 계산해서 군(郡)을 두어야 합니다. 그리하여 혹 천 가(千家)를 읍(邑)으로 만들고 혹 만 락(萬落)을 부

하였다.〔項羽使人, 有功當封, 刻印刓, 忍弗予, 卒以取敗.〕"라고 하였다. '반숙'은 채소와 콩을 반씩 섞어서 끓인 죽으로, 아주 조악한 음식을 말한다. 《한서(漢書)》 〈항적전(項籍傳)〉에 "금년엔 농사는 흉년이 들고 백성들은 가난하여 사졸들이 반숙을 먹고 있다."라고 한 데서 가져왔다.

(府)로 만들어, 그 남음이 있는 것을 덜어 부족한 데 보충하도록 하면 물력(物力)이 고르게 되고 공부(貢賦)가 한결같게 되어 민력이 조금 완화되고 조발(調發 군사를 징발함)도 또한 쉬워지거늘, 어찌 다만 연혁(沿革)이 중대한 일이라는 것에만 내맡기고 변통(變通)을 하지 않을 수 있겠습니까.

더구나 영외(嶺外)의 몇 고을은 지역이 상류에 의거하여 가장 요해지에 해당이 되니, 합병의 계책이 의당 이곳으로부터 먼저 해야 합니다. 그래서 수년 내에 완전히 모아 높다랗게 쌓아〔積峙〕 변방에 급한 일이 있으면 몇 고을의 곡식을 배를 나란히 하여 실어 내려야 합니다. 설혹 변방의 성을 지키지 못하더라도 여러 장수와 사졸이 물러나 삼관(三關)을 보호하여 그 험함을 견고함으로 삼는다면 적들이 승승장구하며 고개 넘기를 마치 임진년의 형세와 같이 할 수는 없을 것입니다. 비유컨대 성도(成都)의 검각(劍閣)[92]과 삼진(三秦)의 함곡(函谷)[93] 같은 곳이니, 경성의 제일 긴요한 문호로 가장 먼저 힘을 다해야 할 땅입니다.

삼가 원하옵건대, 전하께서는 미적거리는 의론에 구애되지 마시고, 병한(屛翰 방패와 기둥)의 계책을 유념하시어 명나라 병사로 하여금 삼로(三路)에 주둔해 의거토록 해서 형세가 절로 굳세게

92 검각(劍閣) : 사천성(四川省) 검각현(劍閣縣)에 있는 관문(關門)의 이름이다. 이 관문은 장안(長安)에서 촉(蜀)으로 들어가는 길목에 위치하는데, 검각현의 북쪽에 있는 대검(大劍)과 소검(小劍)의 두 산 사이에 있는 잔교(棧橋)가 요해처(要害處)로 유명하다. 성도는 사천성에 소재한다.

93 함곡(函谷) : 진(秦)나라 관(關)의 이름이다. 산곡(山谷)이 함(函)과 같아서 함곡관이라 하였는데, 지금의 하남성(河南省)에 있다. 《史記 卷7 項羽本紀 注》

하고, 병사(兵使)에게는 본 읍을 겸하여 다스려서 군졸이 먹을 게 있도록 하시옵소서. 그리고 영로(嶺路)의 여러 읍을 병합하고 삼부(三府)의 둔전을 넓게 두어, 절박한 처지의 민력(民力)을 해소하여 남문(南門)의 빗장을 견고하게 하면 반드시 적을 막아 내는데 일조(一助)가 되지 않지는 않을 것입니다.

오호라, 물에 빠진 사람을 구할 적에는 느긋하고 조용하게 할 수가 없고, 불에 타는 사람을 구할 적에는 예를 갖추기를 기다릴 수가 없습니다. 혁파할 만한 폐단은 때를 넘기지 않고 개선하고, 강구할 만한 계책은 하루가 되지 않아 시행해도, 오히려 뒤늦었다는 탄식이 있고 창졸간의 우환을 구하지 못하거늘, 어찌 폐습(弊習)을 그대로 따르며 오로지 고식적인 방편에만 힘쓸 수 있겠습니까.

지금 중외(中外)가 시끄러워 인심이 흩어져 꺾이고 중론(衆論)이 모순되어 절충에 기약이 없으니, 만약 비변의 의론이 정해지기를 기다린다면 하나의 계책을 시행하기도 전에 성문이 이미 닫히게 될 것입니다. 옛날 쇠퇴해질 즈음에서 떨쳐 일어나 바야흐로 기세가 오르는 적들에게 치욕을 씻은 자는 진실로 오늘날같이 맥 빠지고 우유부단하지는 않았습니다. 이런 까닭으로 눈을 부라리고 노여움을 분발하면 곧 짧은 채찍이라도 사나운 호랑이를 당해 낼 수가 있고,[94] 옷을 풀고 혼미하게 졸면 분육(賁育)[95]이라도 동자

94 짧은……있고 : 송나라 소순(蘇洵)의 〈심술(心術)〉에 "한 자의 짧은 채찍이라도 있으면 사나운 호랑이를 만나더라도 분투하여 소리 지르며 채찍을 잡고 공격할 것이다.〔尺箠當猛虎, 奮呼而操擊.〕"라고 한 데서 가져왔다. 《唐宋八大家文抄 蘇洵 卷7》

95 분육(賁育) : 전국 시대 제(齊)나라 용사 맹분(孟賁)과 주(周)나라 역사(力士) 하육(夏育)을 가리키는데, 맹분은 맨손으로 쇠뿔을 뽑았고, 하육은 천균(千鈞)의 무

(童子)에게 제압을 당합니다.

태공(太公)이 말하기를, "선(善)을 보고도 태만하며, 때가 이르렀는데도 의심하며, 잘못을 알면서도 그대로 머무는, 이 세 가지는 도(道)가 그치는 이유이다."[96]라고 하였습니다. 삼가 원하옵건대, 전하께서는 노하거나 게으르지 않아서 지사(志士)의 기세를 고무시키고, 결단하고 의심하지 않아서 어렵고 위급한 일을 구제할 수 있기를 바라옵니다.

신이 진술한 바는 조목이 아홉이지만 이를 행하는 바의 것은 한 가지〔一〕입니다. '한 가지'라는 것은 무엇이겠습니까. 곧 이른바 '성(誠)'입니다. 성이란 말은 고인(古人)이 이미 진술한 조박(糟粕)[97]이고 마을의 어린아이들도 외우는 바이니, 진실로 기이한 계

게를 들어 올렸다고 한다. 한(漢)나라의 충신(忠臣) 급암(汲黯)의 절의(節義)를 칭송하면서 "분육이라고 하더라도 그의 뜻을 빼앗을 수 없을 것이다.〔雖賁育, 不能奪之矣.〕"라고 한 말이 있다. 《漢書 卷50 汲黯傳》

96 선(善)을……이유이다 : 원문은 "見善而怠, 時至而疑, 知非而處, 此三者, 道之所止也."로, 중국 주(周)나라 때 태공망(太公望)이 지은 병서(兵書)인 《육도(六韜)》에 나오는 구절이다.

97 조박(糟粕) : 고인(古人)의 언행이 담긴 서책을 가리킨 말이다. 춘추 시대 제 환공(齊桓公)이 대청 위에서 글을 읽고 있을 때, 수레바퀴를 깎는 편(扁)이란 장인(匠人)이 대청 아래에서 수레바퀴를 깎고 있다가 제 환공에게 묻기를 "공께서 읽으시는 것이 무슨 말입니까?〔公之所讀者何言耶〕" 하자, 환공이 성인(聖人)의 말씀이라고 대답하니, 그가 또 성인이 살아 있느냐고 물으므로, 환공이 이미 돌아갔다고 대답하자, 그가 "그렇다면 왕께서 읽으시는 것은 옛사람의 찌꺼기일 뿐입니다.〔然則君之所讀者, 古人之糟粕已夫.〕"라고 했다는 데서 가져온 말이다. 《莊子 天道》

책 새로운 어구로 완급 간에 쓸 만한 것이 아닙니다. 그래서 미천한 신의 우활한 말이 당시 사람에게 비웃음을 취하기에 알맞고, 전하께서도 또한 반드시 심상하게 여겨 추슬러 보지 않으리라 여깁니다. 하지만 금일의 근심은 정히 형식적인 것에 힘쓰면서 실질을 버리는 데 있습니다. 허술한 경륜이 지면상의 공허한 말에 그치고, 총총한 기무(機務)가 도리어 몽중에 행하는 일인 듯함에, 처음에는 마치 볼 만한 듯하나 끝내는 얻을 게 없습니다. 만일 이와 같다면 비록 장량(張良)과 진평(陳平)에게 지혜를 빌리고 관우(關羽)와 장비(張飛)에게 용기를 빌리더라도, 아마 능히 구제할 날이 없을 것입니다. 신은 그래서 실질에 힘쓰고 성(誠)을 보존함을 금일 하늘을 고인 돌[98]로 삼아 시종 바치려 합니다.

삼가 원하옵건대, 전하께서는 이미 아는 바라고 해서 그 생각을 소홀히 하지 말고 반드시 행하기를 기약하며, 이미 행한 바라고 해서 그 뜻을 태만히 하지 말고 반드시 정성스럽게 하기를 기약하시옵소서. 진실로 이미 아는 바를 행하고 이미 행한 바를 힘쓸 수 있으면 굳이 특이한 사람을 멀리서 구하거나 좋은 계책을 별도로 생각하지 않고도 회복(恢復)의 근본 터전이 설 것입니다. 신은 영외(嶺外)의 포의(布衣)[99]로 성군의 은택을 입었지만, 본디

98 하늘을 고인 돌 : 상고(上古) 여와(女媧) 때 그의 제후(諸侯) 공공씨(共工氏)가 축융(祝融)과의 싸움에 패하자, 화가 나서 머리로 부주산(不周山)을 받아 산이 무너지는 바람에 하늘 기둥이 부러지고 지구를 맨 끈이 끊겼는데, 이때 여와씨가 오색돌을 녹여 기둥을 만들어서 하늘을 고이고, 큰 자라 등에 얹혀 흔들거리는 지축을 고정시키기 위해 자라의 네 발을 잘라 움직이지 못하게 함으로써, 동서남북의 위치를 고정시켰다고 한 데서 가져왔다. 《司馬貞 補史記 三皇本紀》

경(經)에 통달한 학문이 없고 또 시대를 다스릴 재주도 모자라며, 한갓 유자(儒者)란 이름만 빌리고서 일없이 지내며 양식만 축내고 있으니, 천지의 한 마리 좀이 되었고 성군 시대의 죄인입니다. 하지만 구구한 저의 우국(憂國)의 정성을 한미하고 천하다고 해서 스스로 저지할 수 없어서 지위를 벗어난 광언을 앙옥(仰屋)[100] 한 끝에 드러내었습니다. 문장이 번거로워 전하의 마음을 움직이기에 부족하고 사(辭)가 속되어 능히 심회를 계달(啓達)하지는 못하겠지만, 그 체(體)를 버리고 그 봉(葑)을 캐심[101]은 오직 명철하신 주상께서 재량하시옵소서.

99 포의(布衣) : 베옷이라는 뜻으로 벼슬하지 않은 선비의 이칭(異稱)이다.

100 앙옥(仰屋) : '앙옥절탄(仰屋竊歎)'에서 온 말로, 좋은 계책이 없어서 그저 들보를 쳐다보며 한숨 짓는 것을 말한다. 《후한서(後漢書)》 〈한랑열전(寒朗列傳)〉에, 한량이 "집에 돌아가 입으로 말도 하지 못하고 들보를 쳐다보며 가만히 탄식하였다.〔及其歸舍, 口雖不言而仰屋竊歎.〕"라고 한 데서 유래하였다.

101 그 체(體)를……캐심 : 나쁜 것은 버리고 좋은 것은 취함을 의미한다. 《시경》 〈곡풍(谷風)〉에 "순무를 캐고 무를 캐는 것은 뿌리 때문이 아니다.〔采葑采菲, 無以下體.〕"라고 하였는데, 그 주에 "하체는 뿌리이다. 봉비는 뿌리와 줄기를 다 먹을 수 있으나, 뿌리는 때로 좋고 나쁠 수가 있다.〔下體, 根也. 葑菲, 根莖皆可食, 而其根則有時而美惡.〕"라고 하였다.

인재집

제3권

소疏

소 疏

속히 진주사 보내기를 청하는 의소 무술년(1598, 선조31)

6월 도하에 있을 때 경리 양호가 정응태[1]의 무고를 받아 장차 돌아가려 한다는 소식을 들었기 때문에 지었지만 결국 올리지는 못하였다.

擬請速遣陳奏使疏 戊戌六月 在都下 聞楊經理鎬被丁應泰誣奏將還 故作不果上

신은 삼가 생각하옵건대, 시기는 늦추어서는 안 되는 기회가 있고, 일은 쉽게 해서는 안 되는 경우가 있으니, 처음에 잘 도모하면 성공으로 나아갈 수 있지만, 이미 지나고 나서 후회하면 곧 재앙과 근심에서 구할 수가 없습니다. 더구나 뿔뿔이 흩어지고 어지러운 즈음에 순식간에, 이로움과 해로움이 만 번 변함에 있어서이겠습니까. 하나의 일의 득과 실이 국가의 편안함과 위태로움〔安危〕에 관계될 수 있고, 한 사람의 떠나고 머무름이 천하의 경중(輕重)에 관계될 수 있으니, 곧 마땅히 황급하게 나라의 온 힘을

1 정응태(丁應泰) : 병부 주사(兵部主事)로 경략 형개(邢玠)의 막료가 되어 찬획(贊畫)으로 있었다. 1598년(선조31) 울산성 전투에 대해 말하면서 전과가 없고 도리어 군량을 소비했으며 전사자가 많았다는 것으로 양호(楊鎬), 마귀(麻貴), 이여매(李如梅) 등을 탄핵했다. 이 무고 사건은 이듬해 조선 조정에서 중국 조정에 변무하여 진상이 밝혀졌고, 정응태는 삭탈관직되었다.

다 기울여 도모해야 하고, 진실로 안이하게 대처해서 후회를 남겨서는 안 됩니다.

신은 삼가 생각하옵건대, 양 경리(楊經理)[2]가 체직되어 떠남은 실로 국가의 불행이니, 일이 돌아가는 단서에 더욱 크게 우려할 만한 점이 있습니다. 진주사(陳奏使)의 행차는 참으로 이 일 때문이었고 묘당(廟堂)에서 진실로 이미 익히 헤아렸을 것입니다. 다만 일이 엄중하면 마땅히 엄중하게 대처하고 일이 가벼우면 의당 가볍게 대처해야 하는데, 알지 못하겠습니다만, 양 경리의 이번 일이 심히 국가의 일에 경중이 되지 못하고, 그래서 한 미미한 신하의 구구한 표장(表章)이 조정의 의론을 되돌리고 천청(天聽 임금이 신하의 말을 들음)을 움직일 수 있다[3]고 여긴 것인지요. 그렇지 않다면 신은 관계된 바의 것이 중하고도 급한데 여기에 대처하는 바의 것이 가볍고도 느슨하였을까 두렵습니다.

신은 먼 지방의 한미하고 천한 사람으로 발걸음이 도성 문에 막혔는지라, 진실로 양 경리가 어떠한 사람이며 그가 꾀하는 계책

2 양 경리(楊經理) : 1597년(선조30) 정유재란(丁酉再亂) 때에 경리사(經理使)로 파견되어 온 명나라 장수 양호(楊鎬)를 가리킨다. 왜적을 맞아 많은 전공을 올렸으나 병부 주사 정응태의 모함을 받아 파직당하고 본국으로 소환되었다. 1598년(선조31)에 우리나라에서는 7월에 최천건(崔天健)을, 8월에 이원익(李元翼)을 진주사(陳奏使)로 삼아 양호를 변론하는 주문(奏文)을 중국에 보냈다. 《燃藜室記述 卷17 宣祖朝故事本末 楊鎬劾去遣使辨誣》

3 한 미미한……있다 : 1598년 7월 1일 최천건이 양 경리에 대한 주문을 가지고 떠나고 나서, 장령 홍경신(洪慶臣)이, 양 경리의 일은 국가의 위망에 관계되기 때문에, 품계가 더 높은 대신을 진주사로 보내야 한다고 계문을 올린 일을 말한다. 《宣祖修正實錄 31年 7月 3日》

과 생각하는 책략이 과연 모두 행할 때마다 군기(軍機)에 딱 맞는지, 그의 제도와 약속이 과연 변화에 대응하는 권도에 모두 통하는지, 그가 포치하고 구획함이 과연 모두 일의 마땅함에 합당한지를 알지 못합니다. 다만 원근의 보고 기억한 바로써 말해 보면, 그의 강개하고 적개(敵愾)한 뜻과 과단 예리하고 용감히 전진하는 기상과 주선하고 두루 보호하는 정성은 해와 별처럼 환히 밝아서 사람들이 귀로 듣고 눈으로 보았으니, 비단 한 나라의 백성들이 거의 다 감복할 뿐만이 아니고, 또한 해외(海外)의 오랑캐 우두머리들도 두려워하는 바입니다.

지난해 가을에 양원(楊元)[4]이 남원(南原)에서 군사를 잃어서 여러 보루가 삼도(三道)에서 바람처럼 스러지자, 적의 칼끝이 예리한 기세를 타고 진격해서 도성 근교에 다다르니 도성의 사람들이 매우 놀라고 형세가 장차 와해되려 하였습니다. 그런데 문무의 신료들이 감히 싸우기를 말하는 사람이 없었으니, 임진년과 같은 재앙이 아침이 아니면 저녁에 일어날 것이었습니다. 다행히 양 경리가 기세를 북돋우고 싸우기를 독려한 데 힘입어, 여기저기를 돌아보며 채찍질하는 사이에 무리의 뜻이 절로 안정되었고, 천자의 창을 한번 휘두름에 적들의 기마가 밤중에 달아났으니, 천토(天

4 양원(楊元) : 명(明)나라 장군으로, 임진왜란 때 이여송(李如松)을 따라 참전하였으며, 1597년(선조30) 정유년에 흠차비왜우익부총병(欽差備倭右翼副摠兵) 원임도독첨사(原任都督僉事)로 와서 남원(南原)에 주둔하였다. 7월에 적의 포위 공격을 받아 우리나라 장사(將士)가 많이 죽었는데, 양원이 홀로 1백여 기와 함께 포위망을 뚫고 나왔다. 그러나 결국 성을 함락당하였다는 죄로 요양(遼陽)에 잡혀가 군전(軍前)에서 효시(梟示)되었다.

討)[5]를 봉행하매 종묘사직에 힘이 있도록 함이 매우 컸습니다. 적을 물리친 공을 논함에 전연(澶淵)[6]의 계책에 뒤지지 않으니, 절로 자신의 몸을 잊고 순국(殉國)하면서 의(義)를 행함에 용감한 자가 아니면 이와 같이 할 수 있겠습니까.

그렇지 않으면 흉악하고 교활하고 매우 사나운 가등청정이 막힘없는[7] 기세를 타고 있는데 어찌 기꺼이 삼로(三路)를 넘어 한수(漢水)에까지 다다라 바닷가 모퉁이에서 스스로 궁지에 몰리는 일을 하였겠습니까. 그가 말하기를, "다만 50일을 기한으로 곧장 삼도(三道)를 공격하고, 강을 건널 뜻은 없다."라고 한 것은 곧 둔사(遁辭)[8]로 스스로 과장함일 뿐이었고, 그 본뜻이 아니었습니다.

5 천토(天討) : 《서경》 〈고요모(皐陶謨)〉에 "하늘이 죄가 있는 이를 토벌할 적에는 다섯 가지 형벌로 다섯 가지 등급을 써서 징계한다.〔天討有罪, 五刑五用哉.〕"라고 한 데서 가져왔다.

6 전연(澶淵) : 1004년 요(遼)나라 성종(成宗)이 대군을 이끌고 남침하자 이를 막기 위해 출전했던 송(宋)나라 진종(眞宗)이 황하 북쪽의 전주(澶州 : 전연(澶淵))에서 결국 매년 비단 20만 필과 은 10만 냥을 세폐(歲幣)로 요나라에 주고, 양국의 국경은 현상을 유지하며 거기에 근접하여 군사시설을 구축하지 않는다는 것을 핵심으로 하는 강화조약을 체결했던 데서 가져온 말이다. 이를 전연의 맹〔澶淵之盟〕이라고 한다.

7 막힘없는 : 원문은 '건령(建瓴)'으로, 한나라 전긍(田肯)이 고조에게 용병의 유리한 형세에 대해 진언을 하면서 "마치 지붕 꼭대기에 앉아 물병을 거꾸로 들고 아래로 쏟을 때처럼 막힘이 없을 것입니다.〔譬猶居高屋之上建瓴水也〕"라고 말한 데서 유래하였다. 《史記 卷8 高祖本紀》

8 둔사(遁辭) : 회피하는 말로, 《맹자》 〈공손추 상(公孫丑上)〉에 "한쪽으로 치우친 말에서 그의 마음이 가려 있음을 알며, 지나친 말에서 마음이 빠져 있음을 알며, 부정한 말에서 마음이 도(道)와 멀리 떨어져 있음을 알며, 회피하는 말에서 논리가 궁함을 알 수 있다.〔詖辭知其所蔽, 淫辭知其所陷, 邪辭知其所離, 遁辭知其所窮.〕"라고

동월(冬月)의 거사(擧事)에 이르러서는 사람들이 모두 몹시 심한 추위를 무릅쓰고 호랑이 굴을 범하는 것을 위태롭게 여겼지만, 양 경리는 홀로 무리의 의론을 물리치고 반드시 적을 때려잡아 없앨 것을 기약하였으며, 말을 치달려 기꺼이 진격함에 병사들이 머물러 있지 아니하고 행진하였습니다. 그리하여 울산(蔚山)에서 선봉에 서고 외로운 성첩에서 원흉(元兇)을 잡았으니, 7, 8명의 건장한 왜장들이 속수무책으로 죽기를 기다림이 마치 고양이가 구멍에 다다르자 무리 지은 쥐들이 서로 슬퍼하는 것과 같았고, 가등청정의 머리가 이윽고 도마 위의 고기가 될 판이었습니다.

그러나 애석하게 그 상황에 알맞게 하는 계략이 주밀하지 못하여 교활한 토끼가 그물을 빠져나갔고, 긴 뱀이 잘리지 않은 채 대군(大軍)이 조수처럼 물러났으며, 병사와 말들이 죽은 것도 또한 대략 서로 비슷하였으니, 실로 사람의 계책이 좋지 못함으로 말미암아 배꼽을 물어뜯는 후회[9]를 초래하였던 것입니다. 하지만 앞으로 돌격할 장군이 없는[10] 적을 뇌정(雷霆)의 아래에서 반이나 섬

한 데서 가져왔다.

9 배꼽을 물어뜯는 후회 : 후회해도 소용없다는 말이다. 《춘추좌씨전》 장공(莊公) 6년에 "등국을 멸망시킬 자는 반드시 이 사람일 것입니다. 만일 일찍 도모하지 않으면 후일 군주께서 마치 사향노루가 제 배꼽을 물어뜯는 격이 될 것입니다.〔亡鄧國者, 必此人也. 若不早圖, 後君噬臍.〕"라고 한 데서 유래하였다.

10 앞으로……없는 : 원문은 '돌장무전(突將無前)'이다. 적진으로 돌진해 들어갈 장군이 없다는 말로, 제갈공명(諸葛孔明)의 〈후출사표(後出師表)〉에 "조운, 양군, 마옥, 염지,……부곡의 우두머리 및 둔병 부대의 장수 70여 명을 잃어 앞으로 돌격할 장군이 없습니다.〔喪趙雲陽群馬玉閻芝,……曲長屯將七十餘人, 突將無前.〕"라고 한 데서 가져왔다.

멸하여, 강한 오랑캐의 날카로운 기세를 깨부수고 명나라 군사의 위엄한 풍기를 크게 떨쳤으니, 동쪽 모퉁이〔울산〕에서의 하나의 실수를 가지고 그가 적의 간담을 서늘하게 한 공을 가려서는 안 됩니다.

사람은 재능이 완전하지 않으니 누군들 허물이 없을 수 있겠습니까. 더구나 양 경리에게도 어찌 실수한 바가 없겠습니까. 가만히 그의 행동거지를 살펴보건대, 뜻이 크고 기상이 예리하나 기변(奇變 기묘한 변화)의 방법에는 부족합니다. 그래서 절제(節制)하는 사이에 약속이 분명하지 않고, 상벌을 행하는 즈음에 무리의 마음이 자못 원망하였으니, 다만 병사(兵事)에 엉성하여 정 주사(丁主司 정응태)의 탄핵을 불러왔던 것입니다. 진실로 양 경리는 장부(丈夫)이니 어찌 책려를 받아 능히 용감하게 앞의 실수를 징계하고 뒤의 공에 힘쓰지 않았겠습니까. 이와 같이 한다면 정 주사의 탄핵이 곧 그 기상을 격발하고 그 아름다움을 이루어 줄 것입니다.

사람을 관찰할 때는 반드시 대절(大節)을 보아야 하고, 공과 과실 또한 마땅히 서로 준용해야 하니, 어찌 두세 번 허물과 잘못이 있다고 해서 그 순국 적개한 정성을 폐(廢)할 수 있겠습니까. 옛날 구준(寇準)은 쇄약(鎖鑰)을 맡고 있으면서[11] 촛농이 무더기를 이룬 실수가 있었고,[12] 장준(張浚)[13]은 교악(喬岳) 같은 존재이

11 구준(寇準)은……있으면서 : 쇄약은 수어(守禦)하는 중책을 의미하는 말이다. 송(宋)나라 구준(寇準)이 대명부(大名府)를 맡아 지킬 때 요(遼)나라 사신이 와서 구준에게 "상공(相公)은 명망이 높은데 어찌하여 중서(中書)에 있지 않고 여기 있습니까?"라고 하니, 구준이 "주상께서 북문의 쇄약은 구준이 아니면 안 된다고 하시기 때문입니다."라고 하였다. 《宋史 卷281 寇準列傳》

면서 여러 번 출정하여 병사를 상하게 하고 장군 곡단(曲端)을 잘못 죽인 죄가 있으니, 한때 소홀한 실수는 현자(賢者)도 면하지 못하는 바입니다.

말세의 인정(人情)은 쉽게 원망하여 동요하고, 시끌벅적하게 다투어 힐난함은 군중(軍中)이 더욱 심하니, 칼을 뽑아 기둥을 치는 일[14]이 옛날에도 있었습니다. 지금은 곧 십만의 병사를 총괄하여 그들을 필사의 땅으로 몰고 가는데, 공(功)을 논할 즈음에 무리의 마음이 한결같지 않으니, 이·곽(李郭)[15]이 다시 살아난다 한들 어찌 비방이 들끓어 오름을 면하겠습니까. 고금에 장수가 된 자는 많이들 그 침탈[16]을 마음대로 행하고 형살(刑殺)을 방자히

12 촛농이……있었고 : 구준이 어려서부터 부귀하게 자랐고 성품이 호방하였다. 평소 밤에 잔치 여는 것을 좋아하였으며 뒷간 갈 때 촛불을 들고 갔는데, 그가 관직을 마치고 돌아가고 나서 사람들이 관사에 들어가 보니 뒷간에 촛농이 무더기를 이뤘다고 한다. 《宋史 卷281 寇準列傳》

13 장준(張浚) : 송 효종(宋孝宗) 때 추밀사(樞密使), 도독강회군사(都督江淮軍事)에 제수되고 위국공(魏國公)에 봉해졌다. 장군 곡단(曲端)을 등용하였다가 뒤에 역심을 품었다고 의심하여 옥관(獄官)에게 넘겼는데, 옥관이 가혹하게 다루어 옥사(獄死)하게 만든 일이 있었으므로 좋지 않은 평을 들었다. 《宋史 卷361 張浚列傳》

14 칼을……일 : 쓸쓸하고 참담한 심경을 뜻한다. 남북조 시대 강엄(江淹)의 〈한부(恨賦)〉에 "이릉 장군이 흉노에게 항복해서 명예는 수치스럽고 자신은 원통하게 되었네. 칼을 뽑아 기둥을 쳐 본들 자신의 그림자만 위로하며 부끄러운 마음뿐이네. 〔至如李君降北, 名辱身冤. 拔劍擊柱, 弔影慚魂.〕"라고 한 데서 유래하였다.

15 이·곽(李郭) : 당(唐)나라 명장 이광필(李光弼)과 곽자의(郭子儀)를 가리킨다. 안사(安史)의 난을 평정한 중흥 제일의 공신들로, 천하의 안위(安危)가 한 몸에 달려 있던 위걸(偉傑)들이다.

16 침탈 : 원문은 '침어(侵漁)'로, 그물로 물고기를 잡듯이 백성을 침탈함을 말한

행함이 있어서 사졸들에게 원망을 쌓고 인민들에게 해를 끼쳤는데, 양 경리는 이런 점이 하나도 없습니다. 또 사졸을 금하고 그치게 하여 침탈하고 어지럽히는 행동을 하지 않도록 하였고 군량 운반선을 재촉하여 다 소진되고 모자란 양식을 이어 가게 하였습니다. 무릇 우리나라를 지탱하고 보호한 바의 것에 남긴 힘이 있지 않았으니, 이것이 더욱 마음먹고 일을 행한 최선이었고 다른 장수들은 하기 어려운 바였습니다.

지금 만약 하나의 작은 실수 때문에 거의 이루어 놓은 공훈마저 빼앗는다면 이는 이른바 '이란(二卵) 때문에 간성(干城)의 장수를 버린다.'[17]라는 것입니다. 그러니 다만 인심을 복종시키지 못할 뿐 아니라, 또한 오랑캐들에게도 경시를 받을 것이거늘, 하물며 지금은 가을바람이 이미 높이 불고 오랑캐의 분위기가 정히 험악하여 틈을 엿보는 계책이 이미 하루 이틀이 아니어서 안위(安危)의 기미가 조만간에 결판날 것임에 있어서이겠습니까. 그런데 바야흐로 중병(重兵)을 장악한 신하를 갑자기 전곤(專閫 지방 군무를 전결(專決))의 직임에서 해임하여 병영의 방비가 겨우 정리되

다. 한 무제(漢武帝) 때에 자사(刺史)가 주군(州郡)을 순행하면서 여섯 가지 조항에 해당하는 자를 염찰(廉察)한 것이 있었는데. 그중 둘째에 백성들의 재물을 침탈한 것〔侵漁百姓〕이 있다.

17 이란(二卵)……버린다 : 《자치통감(資治通鑑)》 1권 〈주기(周紀)〉에 전국 시대 위(衛)나라 임금이 그의 장수 구변(苟變)이 남의 계란 두 개를 먹었다는 죄로 그를 버리고 등용하지 않자, 자사(子思)가 임금에게 "계란 두 개 때문에 간성(干城)의 장수를 버리시니, 이것은 이웃 나라에 알려지게 해서는 안 될 일입니다.〔以二卵棄干城之將, 此不可使聞於鄰國也.〕"라고 한 데서 가져왔다.

자 이강(李綱)[18]이 떠나 버리고, 격즙(擊楫)[19]한 지 얼마 되지 않아 대연(戴淵)[20]이 장차 대신하니, 인정(人情)이 놀라 그 까닭을 헤아리지 못합니다.

도시에서는 머리를 맞대고 서로 말하기를, "화의(和議)를 물리치는 데 힘쓰고 적을 토벌하는 데 예리한 뜻을 가진 자는 양 경리이다. 그런데 지금 곧 까닭도 없이 어진 장수를 바꾸는 것은, 천조(天朝 명나라)에서 반드시 우호를 맺고 군사를 돌릴 의논이 있어서 전쟁을 주장하는 사람을 먼저 바꾸는 것이다."라고 합니다.

18 이강(李綱) : 송(宋)나라 명신으로, 고종(高宗) 때 금나라의 군사들을 피해 동남쪽으로 수도를 옮겨야 한다는 의론에 대해 극력 반대했는데, 화의론자들이 득세하여 황제의 뜻이 그쪽으로 기울어지자, 어찌할 수 없다는 것을 알고 고종에게 "한 번 중원을 버리고 떠나간 뒤에는 이루 말할 수 없는 후환이 있을 것이니, 폐하께서는 종사와 백성들을 생각하여 신이 떠났다고 해서 천도하는 의론을 따르지 마소서. 신이 비록 떠난다 해도 어찌 감히 하루인들 폐하를 잊을 수가 있겠습니까."라는 상소를 올리고 조정을 떠났다. 《宋史 卷358 李綱列傳上》

19 격즙(擊楫) : '격즙이서(擊楫而誓)'에서 온 말로, 빼앗긴 강토를 수복할 것을 다짐하는 맹세를 이른다. 진(晉)나라 조적(祖逖)이 중원을 수복할 것을 맹세하고 북벌할 때 군사를 거느리고 양자강을 건너면서 중류에서 뱃전을 치며 "내가 중원(中原)을 깨끗이 소탕하지 않고는 다시 이 강을 건너오지 않을 것이니, 대강을 두고 맹세한다."라고 말한 데서 유래하였다. 《通鑑節要 卷之26》 조적은 북벌을 단행하여 석륵(石勒)을 여러 번 패배시키고 하남을 수복하여 그 공으로 진서장군(進西將軍)에 올랐다. 이어 하북을 수복하려던 참에 대연(戴淵)이 도독(都督)이 되어 자신의 상관으로 오고, 조정에 내분이 일어나 자신의 뜻을 이루지 못할 듯하자 울분 끝에 병사했다. 《晉書 卷62 祖逖列傳》

20 대연(戴淵) : 진(晉)나라 때 처음에는 도적의 괴수로서 육기(陸機)의 행장을 약탈했는데, 육기는 그가 비범한 사람임을 알아차리고 타일러 항복을 받았다. 그는 마침내 명장이 되었다.

와전된 말이 서로 두렵게 함은 가까운 데서부터 멀리 전하여 여러 사람의 마음이 흩어지고 풀리어 뜻을 견고히 함이 없어질까 하는 점입니다. 백성들이 비록 지극히 어리석으나 끝내 또한 신(神)과 같으니, 뒷날의 근심이 과연 백성들이 추측하는 것과 같지 않을지 어찌 알겠습니까.

신이 이른바 "한 사람의 떠나고 머묾에 천하의 경중이 매여 있고, 한 가지 일의 득과 실에 국가의 안위(安危)가 관계되어 있으니, 안이하게 대처해서는 불가합니다."라고 한 것은 이를 지나치게 염려해서입니다. 지금 소홀히 여기고 도모하지 않다가 일이 지나간 뒤에 시비가 한번 뒤바뀌면 작은 나라 사신(使臣)의 구설(口舌)로써 문득 천조가 이미 정한 의론을 되돌리기는 어렵습니다. 신의 어리석은 생각으로는 마땅히 문장과 명망이 모두 넉넉한 대신으로 명나라에 중망을 받을 수 있는 사람을 보내야 하니, 기일을 정해 길에 올라 정성을 다해 의견을 아뢰고 이해(利害)를 극력 진술하여 반드시 청이 받아들여지기를 기약한 뒤에 그쳐야 합니다. 이것이 곧 어떤 일인데 느린 발걸음으로 느긋하게 관례에 따라 차견(差遣)하겠습니까. 때는 기회를 놓치면 어렵고 일은 기회 잡음을 귀하게 여깁니다. 그 도모함을 한 번 잘못하면 후회막급이니, 지난날의 재앙이 어찌 전철(前轍)[21]이 되지 않겠습니까.

21 전철(前轍) : 전인(前人)의 실패를 보고 후인이 경계한다는 뜻이다. 《한서(漢書)》〈가의전(賈誼傳)〉에, "속담에 '앞 수레가 뒤집히매 뒤 수레가 조심한다.' 하였으니, 진나라가 빨리 망하게 된 그 자취를 볼 수 있습니다. 그런데 피하지 않으니, 이는 뒤 수레가 또 장차 뒤집힐 것입니다.〔鄙言曰前車覆後車戒, 秦氏所以亟絶者, 其轍跡可見, 然而不避, 是後車又將覆也.〕"라고 한 데서 가져왔다.

이미 지나간 것은 진실로 돌이킬 수 없지만 후환(後患)은 또한 혹 조심할 수 있으니, 헤매면서도 회복하지 않으면 흉하고, 후회하면서 고칠 줄 알면 길(吉)합니다.

풍신수길이 해도(海島 일본)를 장악하였을 때 교만하고 도리에 어긋난 언사로 우리에게 교린(交隣)의 도(道)를 요구하고 우리에게 받아들이기 어려운 말을 요구하였으니, 이는 말꼬리를 잡아서 병사를 움직일 기미였습니다. 마땅히 오랑캐 사신을 베어서 장대에 끼워 고가(藁街)[22]에 매달고, 상국(上國)에 급히 아뢰어 부산 동래(東萊)에 병사를 주둔시키는 것이, 참으로 전략 전술로 마음을 치는[23] 상책이었는데, 통신(通信)을 가볍게 보고 자물쇠를 열어 도적을 불러들였으니, 이것이 전거(前車)의 첫째 후회입니다.

기성(箕城)에서 승첩이 이르렀던 날, 명나라의 위세를 빌려 삼도(三都)를 크게 유린하였으니, 이는 참으로 건곤을 돌릴 기회[24]

22 고가(藁街) : 한나라 장안성(長安城) 거리 이름으로, 본보기로 효수(梟首)하는 것을 말한다. 《한서(漢書)》 〈진양전(陳湯傳)〉에 "질지(郅支)의 목과 명왕(明王) 이하의 목을 베어 고가(藁街)에 매달아 모든 나라에 보여 주어야 한다."라고 한 데서 가져왔다.

23 마음을 치는 : 원문은 '공심(攻心)'으로, 삼국 시대 촉한(蜀漢)의 장수 마속(馬謖)이 제갈량에게 심전론(心戰論)을 주장하면서 "용병의 도는 마음을 공격하는 것이 상책이고 성을 치는 것은 하책이며, 심전이 상책이고 병전은 하책이다.〔用兵之道, 攻心爲上, 攻城爲下, 心戰爲上, 兵戰爲下.〕"라고 한 말에서 가져왔다. 《資治通鑑綱目 卷70》

24 건곤(乾坤)을 돌릴 기회 : 원문은 '선건전곤(旋乾轉坤)'으로, 천하의 형세를 바꾸어 국면을 전환한다는 의미이다. 당나라 한유(韓愈)의 〈조주자사사상표(潮州刺史謝上表)〉에 "폐하께서 즉위한 이래 몸소 정사를 처리하여 건곤을 돌리셨습니다.〔陛

였습니다. 마땅히 새알을 짓누르는 기세[25]를 타고 곧장 시랑(豺狼)의 소굴을 공격하여 남쪽으로 돌아보는 근심을 영원히 끊어야 했는데, 경솔하게 이익을 좋아하는 유경(惟敬)[26]이 도리어 원수의 교활한 계책에 빠져, 무너져 돌아가는 왜적을 보호해 보내 주어서 끝내 범을 기르는 근심을 이루었으니, 이것이 전거의 두 번째 후회입니다.

적들이 변방 근처로 물러났음에 정히 머리를 친 뱀[27]과 같아서, 물고자 하면 지혜와 용기가 모두 부족하고 달아나고자 하면 남은 독이 여전히 맺혀 있었습니다. 그래서 비속한 말 과장된 어투로 반복해 장황히 늘어놓으며 구차히 세월을 끌고, 힘을 축적하며 칼

下卽位以來, 躬親聽斷, 旋乾轉坤.〕"라고 한 데서 가져왔다.

25 새알을 짓누르는 기세 : 무서운 기세로 압박한다는 의미로 쓰였다. 《구당서(舊唐書)》 권169 〈왕애열전(王涯列傳)〉에 "조서를 아침에 내리면 여러 진이 저녁에 군사를 몰고 올 것이니, 죄를 추궁하는 용맹한 군대를 동원하여 절의를 잃고 미쳐 날뛰는 도적을 소탕하는 것은, 산을 기울여 새알을 짓누르는 것과 같고, 바닷물을 끌어와 반딧불을 끄는 것과 같을 것이다.〔詔書朝下, 諸鎭夕驅, 以貔貅問罪之師, 當猖狂失節之寇, 傾山壓卵.〕"라고 한 말에서 가져왔다.

26 유경(惟敬) : 임진왜란 때 일본과의 화의(和議)를 주선한 명(明)나라 사신 심유경(沈惟敬)을 말한다. 그는 왜적의 말을 듣고, 한성(漢城) 등의 지역으로부터 부산의 주둔지로 물러나 왜적들을 머무르게 하면서 마치 예전의 왜호(倭戶)처럼 대우해 주려고 하였다.

27 머리를 친 뱀 : 고대 전설에 나오는 상산(常山)의 뱀이 있으니 머리와 꼬리가 서로 호응하여 몸을 잘 보호한다고 한다. 전하여 수미(首尾)가 서로 호응하도록 펼치는 진법(陣法)을 또한 상산진(常山陣)이라고 한다. 《손자(孫子)》 〈구지(九地)〉에 "용병을 잘하는 사람은 비유하자면 마치 솔연과 같으니, 머리를 치면 꼬리가 이르고, 꼬리를 치면 머리가 이르며, 허리를 치면 머리와 꼬리가 함께 이른다."라고 하였다.

끝을 숨기고서 대국(大國)의 원조가 끊어지기를 기다렸습니다. 이는 우리가 저들이 지친 틈을 타서 진격해 달릴 기회였는데, 오히려 기미(羈縻)[28]의 계책에 이끌리어 지구전의 형세를 양성하였고, 책봉사(冊封使)를 보내 절도(絶島)를 향해하여 위엄과 신령함을 손상시켜서 비웃음과 모욕을 당하였으니, 스스로 담장을 평평하게 낮추고 오랑캐에게 다시 마음을 열었으니, 이것이 전거의 셋째 후회입니다.

이미 세 번의 큰 기회를 잃고도 오히려 후회할 줄 모르고서 버젓이 위태로움에 처하고도 편안하다고 여기며, 이(利)와 해(害)의 길에 현혹되며 의심과 비슷한 말에 동요합니다. 오늘 전쟁을 논하다가 다음 날 강화를 의논하고, 오늘 장군을 임명하였다가 다음 날 장수를 바꾸니, 군정(軍情)이 해체되고 원수(元帥)의 권한이 가벼워, 적들의 예리한 기세만 한갓 길러 주고 자신의 위풍(威風)을 줄어들게 합니다. 그러니 신은 어리석어 이것이 또한 어떤 기회이며 끝내 어떤 후회가 있을지는 알지 못하겠습니다.

저 적들도 또한 용병(用兵)을 매우 잘하니 어찌 적진에 임한 장수를 바꾸고 멀리서 군기(軍機)를 통제함이 병가(兵家)에서 가장 꺼리는 것인 줄 알지 못하겠습니까. 이는 적들로 하여금 천금(千金)으로 이간함이 없이도 우리 군신(君臣)을 분리시켜, 그 두

28 기미(羈縻) : '기(羈)'는 말의 굴레이고, '미(縻)'는 소의 코뚜레로, 우마(牛馬)를 얽어매듯이 왜적을 회유하여 복속시킨다는 뜻이다. 기미는 원래 중국의 이적(夷狄)에 대한 외교 정책으로, 관계를 끊지도 않고 친근하게 하지도 않게 하여 반발하지 않도록 얽어매어 두는 것이다. 《한서》 권25 〈교사지 하(郊祀志下)〉에 "천자는 오히려 기미 정책을 쓰고 끊어 버리지 않는다.〔天子猶羈縻不絶〕"라고 하였다.

려워하는 것을 제거하고자 하는 바를 이루도록 해 주는 것입니다. 틈을 살펴보고 계책을 축적하며 요양(遼陽)에서 말을 기르던 계책은 가만히 저어컨대 금일에 더욱 확장해야 할 듯합니다. 경중(輕重)과 이해(利害)가 매우 분명하니, 진실로 이 뜻을 가지고 사총(四聰)[29]의 아래에 간절히 아뢰어서, 양 경리를 칙령으로 깨우쳐 법률을 어긴 죄를 문책하고, 전적으로 결단하는 부월을 주어 동쪽 정벌의 임무를 다시 맡겨야 합니다. 그래서 마치 진 목공(秦穆公)이 맹명(孟明)[30]을 폐하지 않았던 것과 광 무제(光武帝)가 풍이(馮異)[31]를 다시 보냈던 것과 같이 하면 곧 하수를 건너고 나서 배를 불태우고 상유(桑榆)에서 깃을 떨쳐 날아오르듯 함이, 오

29 사총(四聰) : 임금이 환히 들을 수 있음을 말한다. 《서경》 〈순전(舜典)〉에, 순 임금이 즉위하고서 "사악에게 자문을 구하며 사방 문을 활짝 열어 놓아 사방의 눈으로 자신의 눈을 밝게 하고 사방의 귀로 자신의 귀를 통하게 하였다.〔詢于四岳, 闢四門, 明四目, 達四聰.〕"라는 말에서 가져왔다.

30 맹명(孟明) : 춘추 시대 진(秦)나라의 장수로, 진(晉)나라와 효(殽)에서 싸워 크게 패하자, 진(秦)나라의 좌우 신하들이 진 목공(晉穆公)에게 패한 것은 맹명의 죄이니 반드시 죽이라고 하였으나, 목공이 말을 듣지 않았으며, 그 뒤에 세 번이나 패전했는데도 오히려 다시 등용하였다. 이에 맹명은 하수(河水)를 건너 진(晉)나라를 치면서 자신의 군사들이 타고 온 배를 불살라 물러설 곳이 없게 한 다음 사력을 다해 싸워 승리를 거두어 진 목공이 패자(霸者)가 되게 하였다. 《春秋左氏傳 文公2年》

31 풍이(馮異) : 후한(後漢) 때 장수로, 적미(赤眉)의 난을 토벌하기 위해 나섰다가 처음 싸움에서 대패하고, 얼마 뒤에 다시 군사를 정비하여 적미의 군대를 격파했는데, 황제가 친히 글을 내려 위로하여 "처음에는 비록 회계에서 깃을 드리웠으나 끝내 민지에서 떨쳐 비상했으니 '동우에서 잃었다가 상유에서 거두었다.'라고 할 만하다.〔始雖垂翅回谿, 終能奮翼黽池, 可謂失之東隅, 收之桑榆.〕"라고 하였다. 《後漢書 卷17 馮異列傳》

직 이전 시대에만 아름다운 일이 되지는 않았을 것입니다.

옛날에 나라에 대사(大事)가 있어서 이웃 나라에 사신을 보낼 적에 반드시 마땅한 사신을 택하여 그 사명(辭命)을 중하게 한 것은 관계된 바가 크기 때문이었습니다. 이웃 나라도 오히려 그러한데, 하물며 상국에 있어서이겠습니까. 삼가 원하옵건대 전하께서는 스스로 깊이 마음을 결단하시어 사신의 임무를 감당할 재주를 가진 대신에게 특명을 내려 빨리 황조(皇朝)에 아뢰고, 금일에 그 기회를 다시 잃어 전거(前車)의 전철을 또 밟게 하지 마시옵소서.

회재 선생[32]을 신변하는 소 갑진년(1604, 선조37)

伸辨晦齋先生疏 甲辰

삼가 아뢰옵니다. 우리 동방(東方)은 징험할 문헌(文獻)이 없어 수천 년을 지나도록 진유(眞儒)라고 불리는 사람으로 그에 마땅한 이가 적었습니다. 우리 조선에 이르러 열성(列聖)께서 서로 계승하여 유신(儒臣)을 높이고 장려하였으니, 이로써 많은 선비가 표준으로 삼을 수 있었습니다. 그러므로 도학(道學)을 자신의 임무로 삼는 자가 전후로 배출되어 우리 학문에 몽매한 선비를 계도하여 지향할 방향이 있음을 알도록 하였습니다. 이는 열성께서 떨쳐 일으키고 교육한 은혜가 아님이 없지만, 창도하여 밝힌 바의 것은 또한 모두 유신(儒臣)들이 친절하게 계도한 힘 때문이었으니, 그 이륜(彛倫)을 부지하고 도(道)를 호위한 공은 언어로 형용할 수가 없는 것입니다. 그 가운데 탁월하고 순수(純粹)하여 한결같이 바른 데서 나온 자로 오신(五臣)[33] 같은 이들이 있으니, 어

32 회재 선생(晦齋先生) : 이언적(李彦迪, 1491~1553)을 가리킨다. 본관은 여강(驪江), 자는 복고(復古), 호는 회재이다. 외숙 손중돈에게 수업하고, 1514년(중종9) 문과 급제하고, 대사간・좌찬성 등을 역임하였다. 1547년(명종2) 양재역 벽서 사건으로 강계로 귀양을 가서 유배지에서 죽었다. 저서로는 《회재집(晦齋集)》, 《중용구경연의(中庸九經衍義)》 등이 있다.

33 오신(五臣) : 사림파(士林派)의 오현으로 일컬어지는 한훤당(寒暄堂) 김굉필(金宏弼), 일두(一蠹) 정여창(鄭汝昌), 정암(靜庵) 조광조(趙光祖), 회재(晦齋) 이언적(李彦迪), 퇴계(退溪) 이황(李滉)을 가리킨다.

찌 이른바 한 시대의 진유(眞儒)이며 후학들의 사범(師範)이 아니겠습니까.

이언적(李彦迪)의 깊은 학문과 훌륭한 행실 같은 데 이르러서는 한 국가의 사람들이 존경하고 믿어 복종함에 다른 말이 있지 않습니다. 신들은 이언적에게는 동도(同道)의 사람에 해당이 되니, 비록 시대는 선후의 차이가 있어서 그 문하에서 직접 가르침을 받지는 못하였지만, 듣고 본 바는 혹 다른 사람보다 깊은 점이 있습니다. 그래서 신들은 매양 성묘(聖廟)에 종사(從祀)하지 못하고 있는 것을 크게 사문(斯文)의 불행으로 여겼습니다. 지난번에 들으니 성균관 유생(儒生)들이 소를 올려 청한 것[34]이 마침 묘우(廟宇)가 새로 완성된 날에 있었다고 하여, 신들은 모두 눈을 닦고 성대한 의식을 보기를 기다렸습니다. 그런데 유음(兪音)을 내리심에 인색할 뿐 아니라, 편치 않은 교서를 도리어 승정원에 내리시기에 이르렀으니, 이는 진실로 전혀 생각하지도 않았던 천만뜻밖의 일이었기에, 대소(大小)가 모두 당황하고 놀라면서 그 연유를 알지 못하였습니다.

신들은 가만히 생각하옵건대, 전하께서 평일에 혹 이언적이 행한 일에 대해 의아해하시는 바가 있다가 우연히 종사(從祀)를 계청(啓請)하는 즈음에 의문을 제기하고 따져 물어 끝까지 궁구함

34 성균관……것 : 《조선왕조실록》 선조수정실록 37년(1604) 3월 1일에 "관학 유생이 연이어 소장을 올려 오현을 문묘에 종사하기를 청하였다.〔館學儒生連上疏, 請以五賢從祀文廟.〕"라는 기사가 있다. 이후 여러 번 상소하였다. 그 뒤 6월 1일에 경상도 생원 김윤안 등이 상소를 올려 이언적의 일을 분변해 밝히고, 이어 오현(五賢)을 문묘에 배향할 것을 청하자, 임금이 조정에서 의논한 뒤에 조처하겠다고 답하셨다.

으로써 신하 된 몸을 지키고 도(道)를 행하는 큰 방도를 보이신 것이라면, 대현(大賢)에게 완전히 구비하기를 요구하는[35] 바의 방도가 지극하고 극진합니다. 다만 성명(聖明)께서 내리시는 한마디 말씀은 법이 되는데, 엄하신 뜻이 한 번 내려옴에 여러 사람의 바람에 크게 부족하고 의아스러움이 집중되어 선비들의 추향이 정해지지 않으니, 이것은 진실로 사문(斯文)이 크게 근심할 만한 것입니다.

신들은 영외(嶺外)의 몽매한 학자로 고적한 먼 곳에 살고 있다 보니, 올라와 대궐문을 두드림에 매우 번잡하고 소란스럽게 한 혐의가 있습니다. 그러나 시대를 근심하고 임금을 사랑하는 정성은 소원(疏遠)하다고 해서 차이가 있는 것은 아니기에, 천 리를 멀다 않고 와서 외람되게 위태한 심정을 진달하는 것은, 또한 부득이한 점이 있어서입니다.

대개 이언적의 학문(學問)과 심적(心迹)에 대해서는 성균관 유생들의 상소에 이미 그 대략을 진달하였고, 옥당(玉堂 홍문관)에서도 이미 그 전말을 논하였습니다. 성명(聖明)께서 또한 마음을 열어 정성을 보이셔서 무리의 논의를 넉넉히 가납하신다면, 종전에 원근에서 의혹스럽게 여기던 자들이 진실로 이윽고 의심을 풀 근거를 가질 것이니, 지금 사소한 곡절을 가지고 마치 송사할 적에

35 대현(大賢)에게……요구하는 : 원문은 '책비대현(責備大賢)'으로, 현자에게는 작은 결점까지도 모두 통렬하게 지적하고 고치게 하여 완전한 인격을 갖추게 한다는 뜻이다. 《당서(唐書)》 태종기(太宗紀)에 "《춘추》의 법을 보건대, 현자에게는 항상 완전무결하게 되기를 요구한다.〔春秋之法, 常責備於賢者.〕"라는 말에서 가져왔다.

올바르기를 요구하듯이 변론할 필요는 없겠습니다.

신들이 삼가 전후로 내리신 전하의 비답을 보건대, 그 이언적에 대해 부족하게 여기시는 바가, 어찌 "이언적 같은 현명함으로 군신 간에 뜻이 잘 맞는 융성한 때를 만났으면서도 나아가서는 의연(毅然)히 우뚝 서서 재앙이 일어날 기미를 억제하지 못하고, 물러나서는 기미를 보고 용감히 가서 산림에서 자신을 깨끗이 하지 못하는가 하면, 차마 죄 없는 사람들이 무참한 화를 당하는 현장을 보고도 입을 다문 채 반열을 따라다니면서 혹여 바로잡거나 저지하지 않음으로써 선왕께서 의지하셨던 뜻을 외롭게 저버렸다."라는 것으로 여겨서가 아니겠습니까.

오호라, 그 행적을 따라 그 일을 논해 보면 참으로 성상께서 분부하신 것과 같은 점이 있습니다. 그러나 그 마음가짐을 찾아보고 그 실상을 고찰해 보면 또한 크게 그렇지 않은 점이 있습니다. 충신이 임금을 섬김에는 그 도(道)가 하나가 아니고, 만나는 바의 변고도 그 시기가 일정하지 않으니, 대성(大聖)께서 사람을 논함에 각각 마땅히 여기는 바가 있었습니다. 그러므로 삼인(三仁)[36]은 행한 것이 같지 않았지만 지극한 정성과 측은한 마음에서 똑같이 나왔으니 곧 모두 인(仁)이라고 하였고, 영무자(甯武子)[37]는

36 삼인(三仁) : 은(殷)나라 말기의 미자(微子), 기자(箕子), 비간(比干)을 말한다. 《논어》〈미자(微子)〉에 "미자는 떠나가고, 기자는 종이 되고, 비간은 간하다가 죽었다. 공자는 '은나라에 세 분의 인자가 있었다.〔殷有三仁〕' 하였다."라고 하였다.

37 영무자(甯武子) : 《논어》〈공야장(公冶長)〉에, 공자가 말하기를 "영무자는 나라에 도가 있을 때는 지혜롭고, 나라에 도가 없을 때는 어리석었으니, 그 지혜는 따를 수 있으나 그 어리석음은 미칠 수 없다."라고 했는데, 주희의 주에 "어리석다는

나라가 난리를 당하였을 때 그 사이에서 주선하면서 어렵고 험함을 피하지 않았으니 곧 미칠 수 없다고 특별히 칭찬하였습니다. 무릇 군자가 난리에 임하고 변고에 대처함은 요컨대 자신을 지키면서 그 도(道)를 다하는 데 있을 따름입니다. 안위(安危)와 성패(成敗)는 사람의 힘으로 할 수 있는 것이 아니니 또한 장차 어찌 하겠습니까.

오호라, 이언적이 만난 바가 과연 어떤 시대였던가요. 첫 번째로 중종 때를 만났지만 갑자기 정호(鼎湖)의 애통함[38]을 당하였고, 두 번째로 효릉(孝陵 인종 능호) 때를 만났지만 또 조회(洮頮)의 변고[39]를 당하였습니다. 간사한 이들이 수렴청정하는 날을 틈타고 새 왕이 등극했을 때 참소하는 말을 쉽사리 행하였기에 종묘사직의 위태함이 겨우 한 개 머리털 같았으니, 세속을 버리고 멀리 가 버리기에는 그 때가 옳지 못한 점이 있었습니다. 그러한즉 위태로운 조정에서 애를 써서 사군(嗣君)을 보좌하고 인도함에, 반드시 중정(中正)의 도를 행하고, 조용하고 차분하게 유지시

것은 국가를 위해 모든 험난한 일을 피하지 않는다는 뜻이다."라고 하였다.

38 정호(鼎湖)의 애통함 : 임금이 승하하여 애통하다는 의미이다. 《사기(史記)》 권28 〈봉선서(封禪書)〉에 "황제(黃帝)가 수산(首山)에서 동(銅)을 채취하여 형산(荊山) 아래 정호(鼎湖)에서 솥을 주조하였다. 그 솥이 완성되자, 용이 하늘에서 수염을 내려 황제를 맞이하니, 황제가 그 용의 등에 올라탔는데, 70여 인의 신하와 후궁들도 따라가 올라탔다.……황제가 하늘로 올라간 뒤에 백성들이 용의 수염과 활을 붙들고 통곡하였다."라고 한 데서 유래하였다.

39 조회(洮頮)의 변고 : 《서경》 〈고명(顧命)〉에 이르기를 "왕이 물로 손을 씻고 얼굴을 씻자 부축하는 상이 면복을 입히니, 옥궤에 기대었다.〔王乃洮頮水, 相被冕服, 憑玉几.〕"라고 한 데서 가져와 임금이 승하한 것을 의미한다.

키며, 임금의 마음을 열어 인도하여 재앙의 기미를 가라앉혀 소멸시킨 그런 뒤라야 간사한 모의가 그칠 수 있고 종묘사직이 부지될 수 있었습니다. 이는 마치 병세가 여위고 약함이 극에 달함에 갑자기 맹렬한 약제를 투약하면 병의 근원을 뽑지도 못한 채 소중한 목숨이 먼저 끊어지게 되므로, 치료를 잘하는 자가 그 맥을 살펴보아 혈(血)을 통하게 하고 때맞게 약을 처방하여 점차 원기(元氣)를 회복시킨 그런 뒤라야 침을 놓을 수 있는 것과 같은 것입니다.

이런 까닭으로 이언적이 바른 얼굴색으로 조정에 서서 사의(辭意)를 온화하게 하고 일을 처리함에 있어서도 바름을 잃지 않았으므로 군소(群小)들이 두려워 꺼리는 바가 있고 양전(兩殿)께서도 의지하여 중히 여기는 바가 있었습니다. 심지어 충순당(忠順堂)[40]에 입시(入侍)했던 날은 일의 기미가 이미 헤아릴 수 없는 지경에 이르렀는데도 오히려 "섬기는 바에 마음을 오로지해야 하고, 일 처리는 마땅히 밝게 드러나도록 하여야 한다."[41]라는 등의

40 충순당(忠順堂) : 중종의 계비인 문정왕후(文定王后)가 1545년 명종이 12세의 나이로 왕위에 오르자 8년간 수렴청정한 곳으로 경복궁에 있다. 그녀는 동생 소윤(少尹) 윤원형(尹元衡)에게 정권을 쥐게 했는데, 소윤은 인종의 외척인 대윤(大尹) 윤임(尹任) 일파를 제거하기 위하여 을사사화를 일으켜 윤원로(尹元老)를 해남(海南)으로 귀양 보내고 윤임 등을 사사하게 하였다. 《明宗實錄》

41 섬기는……한다 : 윤원형이 밀지(密旨)에 칭탁해 대간(臺諫)을 유도하여 윤임을 공격하게 했으나 대간들이 따르지 않았다. 이기 등이 합문(閤門)에 나아가서 아뢰려고 하자, 양전(兩殿)이 충순당(忠順堂)에 납시니, 재추(宰樞)들을 이끌고 들어가 윤임 등에게 죄를 가하려고 하였다. 이때 대왕대비가 크게 진노했으므로 사람들이 감히 조금도 거역하지 못했는데, 이언적이 차분히 "신하의 의리는 자신이 섬기는

말로 뇌정(雷霆)의 위엄을 곧바로 범하였는데, 자전(慈殿 문정왕후)께서는 또한 짐짓 포용하시어 "경(卿)의 말이 참으로 그러하다. 사림(士林)의 화를 일으키려는 것이 혐의할 것이 아니니다."라고 하였습니다. 그래서 여러 간신이 또한 감히 그 흉악한 계책을 크게 마음대로 하지 못하였고, 세 신하의 죄는 찬축(竄逐 먼 지방으로 귀양 보냄)에 그쳤습니다.

낭서(囊書)가 날조되고 계림군(桂林君)[42]이 망명(亡命)하기에 이르러서는 큰 화가 하늘에 닿아 형세를 막을 수 없었습니다. 그리고 세 신하가 머리를 나란히 하고 죽음에 나아갔고 사림들이 어육(魚肉)이 되었으니,[43] 곧 권벌(權橃)[44]의 올곧은 논의와 백인

군주에게 마음을 다해야 합니다. 그 당시 대행왕에게 마음을 다했던 자들에게 어찌 깊이 죄를 물을 수 있겠습니까. 또 일 처리는 밝게 드러나도록 해야만 하니, 그렇지 않으면 사림이 화를 많이 입게 될 것입니다.〔人臣之義, 當專於所事, 當彼時專心於大行王者, 豈宜深罪. 且擧事當顯明, 不然恐士林多罹禍.〕"라고 하였다. 《晦齋集 附錄 文元公晦齋李先生神道碑銘》

42 계림군(桂林君) : 성종(成宗)의 둘째 아들 계성군(桂城君) 이순(李恂)의 양자 이유(李瑠)로, 명종 즉위년(1545)에 대윤·소윤의 정권 쟁탈이 치열하던 가운데 윤원형 일파, 즉 윤원로(尹元老)가 대윤 윤임이 봉성군(鳳城君)에게 왕위를 계승시키려 했다가 인종(仁宗)이 죽을 당시는 계림군을 추대하려 했다고 모략한 사건. 이 사건으로 이유(李瑠)는 거열형을 당하였고 대윤이 숙청되었는데, 이를 을사사화(乙巳士禍)라 한다.

43 사림들이 어육(魚肉)이 되었으니 : 선비들이 해를 당한 것을 비유하는 말로, 어육은 《후한서(後漢書)》 권79 〈중장통전(仲長統傳)〉에 "백성들을 어육으로 만들어 그 욕심을 채웠다.〔魚肉百姓, 以盈其欲.〕"라고 한 데서 유래하였다.

44 권벌(權橃) : 1478~1548. 본관은 안동, 자는 중허(仲虛), 호는 충재(冲齋), 시호는 충정(忠定)이다. 기묘사화에 연루되어 파직당하고 귀향하여 15년간 고향에서 지내다가 복직되었다. 소윤 세력에 대항하여 윤임, 유인숙, 유관 등을 적극 구하는

걸(白仁傑)[45]의 밀지(密旨)에 대한 계사(啓辭)가 비록 늠름하기가 추상(秋霜)같아 신명(神明)에게 질정할 만하였으나, 마침 살모사의 머리를 건드리는 정도였을 뿐이었습니다. 앞서 이언적이 주선하고 두루 보호한 힘이 아니었다면, 저어컨대 세 신하가 죽임을 당함은 이덕응(李德應 윤임(尹任)의 사위)의 거짓 자복을 기다릴 것도 없었고, 봉성군(鳳城君)[46]이 원통한 죄에 걸린 것도 또한 정미년 가을의 고변[47]을 기다릴 것도 없었을 것입니다.

계사(啓辭)를 올리기도 하였으며, 양재역 벽서 사건에 연루되어 유배지인 삭주(朔州)에서 죽었다. 저서로는 《충재집(冲齋集)》이 있다.

45 백인걸(白仁傑) : 1497~1579. 본관은 수원, 자는 사위(士偉), 호는 휴암(休菴)이다. 조광조(趙光祖)의 문인이다. 기묘사화 후 명종 대까지 계속되는 훈구 세력의 발호에 맞서 사림파를 유지하는 데 중요한 구실을 하였으며, 특히 1545년 을사사화 때 일신을 돌보지 않고 윤원형의 음모에 대항한 것이 후대에 길이 칭송되었다. 인조 때 충숙(忠肅)의 시호를 받았으나 뒤에 문경(文敬)으로 고쳐졌다. 저서로는 《휴암집(休菴集)》이 있다.

46 봉성군(鳳城君) : 중종의 서자(庶子)로, 이름은 완(岏), 자는 자첨(子瞻), 시호는 의민공(懿愍公)이다. 중종의 후궁 희빈(熙嬪) 홍씨의 소생, 홍경주(洪景舟)의 외손자이다. 1545년(인종1) 윤원형, 이기(李芑)에게 아부하는 경기 관찰사 김명윤(金明胤)의 무고로, 계림군 유(瑠)와 함께 반역을 꾀했다는 죄목으로 경상도 울진에 유배되었다. 가는 도중 발병하여 강원도 평창으로 유배지가 변경되었으며, 1547년(명종2) 사사(賜死)되었다. 1570년(선조3) 영의정 이준경(李浚慶)의 청으로, 을사사화 때 화를 입은 사람들과 함께 신원되었다.

47 정미년 가을의 고변 : 정미년(1547, 명종2)의 양재역 벽서(良才驛壁書) 사건으로, 부제학 정언각(鄭彦慤)과 선전관 이로(李櫓)가 경기도 과천(果川)의 양재역에서 "위로는 여주(女主)가 정권을 잡고 아래로는 간신 이기(李芑)가 권력을 농간하고 있으니 나라가 장차 망할 것을 서서 기다릴 수 있겠다. 어찌 한심하지 않은가."라는 내용으로 된 익명의 벽서를 발견해 임금에게 바쳤다. 이에 지난날 윤원형을 탄핵한

옛날 주공(周公)이 치효(鴟鴞)의 변[48]을 만나 동토(東土)에서 어려움을 당하였을 때[49] 이 공[50]이 조정에 있으면서 변명(卞明)을 급하게 하지 않은 것은 성왕(成王)이 감발하여 스스로 깨닫기를 기대하였던 것이었습니다. 송조(宋朝) 희녕(熙寧) 연간에 이르러서는 소식(蘇軾)과 장전(張戩)[51]은 기휘(忌諱)하지 않고 과감히 말하다가 서로 이어 쫓겨났는데, 명도(明道)[52]는 곧 조용히 담소(談

바 있는 송인수(宋麟壽), 윤임 집안과 혼인 관계에 있는 이약빙(李若氷)을 사사하고, 이언적·노수신(盧守愼)·유희춘(柳希春)·백인걸·권응정(權應挺)·이천계(李天啓) 등 30여 명을 유배 보냈다. 《明宗實錄 2年 9月 18日》

48 치효(鴟鴞)의 변 : 주 성왕(周成王) 초기에 성왕의 삼촌 관숙(管叔), 채숙(蔡叔)이 주(紂)의 아들 무경(武庚)과 함께 주나라를 배반하여 "주공(周公)이 장차 어린 성왕에게 불리할 것이다."라는 유언비어를 퍼뜨리자, 주공이 이에 군대를 일으켜 관숙과 무경을 잡아 죽였는데, 성왕은 주공의 참뜻을 알아차리지 못하므로, 주공이 성왕을 깨우치기 위해 시를 지어 "부엉아 부엉아, 이미 내 새끼를 잡아먹었으니, 내 집마저 헐지 말지어다.〔鴟鴞鴟鴞, 旣取我子, 無毁我室.〕"라고 노래한 데서 가져온 것이다. 《詩經 豳風 鴟鴞》 진퇴양난의 처지를 당해서 조금도 동요함이 없이 상도(常道)를 잃지 않고 변고에 잘 대처했던 일을 읊은 시이다.

49 어려움을 당하였을 때 : 원문은 '낭발(狼跋)'로, 《시경》 〈낭발(狼跋)〉에 "이리가 앞으로 가다가 제 턱을 밟고, 뒷걸음치다가 제 꼬리 밟아 넘어지네. 공은 큰 아름다움을 사양하시니, 그 붉은 신이 편안도 하시어라.〔狼跋其胡, 載疐其尾. 公孫碩膚, 赤舃几几.〕"라고 한 데서 가져왔다.

50 이 공(二公) : 소공석(召公奭)과 필공고(畢公高)를 가리킨다.

51 장전(張戩) : 송(宋)나라 유학자 장재(張載)의 아우로, 자는 천기(天祺)이다. 문향주부(閿鄕主簿), 금당지현(金堂知縣) 등을 지냈다. 관중(關中)의 학자로 형 장재와 함께 이장(二張)으로 일컬어졌다. 희녕(熙寧) 초 감찰어사(監察御史)가 되었을 때, 왕안석이 법을 어지럽힌다고 누차 소장을 올렸다.〔累章論王安石亂法〕《宋史 卷427 道學一 張戩》

52 명도(明道) : 송나라 정호(程顥)의 호이다. 낙양(洛陽) 사람으로 자는 백순(伯

笑)하면서 왕안석(王安石)의 편견(偏見)을 돌리려 하였습니다. 그러한즉 유언(流言)을 변명하지 않았으니 이것이 어찌 원성(元聖 주공(周公))에게 의심이 있어서겠으며, 신법(新法)을 비난하지 않음이 또한 어찌 당시에 화를 피하기 위한 것이었겠습니까. 참으로 말단을 다스리는 것은 그 근본을 바르게 하는 것만 한 것이 없고, 유언을 다스리는 것은 그 근원을 막는 것만 한 것이 없습니다.

이때에는 임금의 면전에서 과감히 쟁변하는 것이 어려운 일이 아니었고 양전(兩殿)을 돕는 것이 어려운 일이었으며, 원통함을 신설(伸雪)함이 가벼운 일이고 종사(宗社)를 보호하는 것이 중요한 일이었습니다. 이언적은 자신이 위태롭고 의심받는〔危疑〕 자리에 있었고 또한 궁액(宮掖)의 변까지 만나 장차 닥칠 화를 예측해 알 수 없었던 점이 있었으니, 우려한 바가 어찌 대신들을 주살(誅殺)하고 왕자(王子)를 금방(禁防)하는 일에만 그쳤겠습니까. 그러므로 나아가 자전(慈殿)께 말씀드릴 적에는 교양(敎養)과 보도(輔導)를 급히 해야 한다고 하였고, 또 학문을 강론하고 이치에 밝아서 현명한 사람을 친애하고 간사한 사람을 멀리해야 한다는 것으로 사왕(嗣王)에게 정성을 다해 아뢰었습니다. 그 말들이 오활한 듯하지만 실지는 절실하고도 가까우며 느슨한 듯하지만 실지는 간절하니, 어찌 고집스럽게 한 가지 절개를 지닌 선비가 일을 당하였을 때 문득 간하여 스스로 한때 충성을 바치는 것에 견줄 수 있겠습니까.

淳), 시호는 순공(純公)이다. 감찰어사(監察御史), 부구 지현(扶溝知縣) 등을 역임하였다. 저서로는 《이정전서(二程全書)》가 있다.

삼가 살피건대, 이언적의 문집 중에 을사년(1545, 인종1) 가을에 올리려 하였던 차자(箚子)의 원고가 있었습니다. 그 내용은 형제간에 우애하는 도리에 대해 극력 논하였고 전일 면대(面對)하였을 때의 일을 들어 자신의 뜻을 증명하기까지 하였습니다. 그가 미처 이를 올리지 못한 것은 비록 '물러나게 되면 초고를 불태우려는 뜻이었다.'라고 하지만, 면대하여 논계(論啓)한 일에 대해서는 또한 후세 사람들의 이목(耳目)에 없어지는 데는 이르지 않을 것입니다. 그렇다면 그 원통함을 힘껏 변명할 수 없었던 것은 아마 그때 봉성군의 죄가 금방(禁防)에까지 이르렀는지라, 노여움을 격발시켜 드디어 그 화를 더 무겁게 하고자 하지 않았음일 뿐이니, 이와 같다면 이언적이 고심(苦心)하고 인성(忍性)[53]하면서 머뭇거리고 가지 못한 것이 어찌 다른 속셈이 있어서이겠습니까. 오히려 이 성(二聖)[54]을 감오(感悟)시켜 그 화가 전복(顚覆)되는 데 이르지 않도록 하기를 바란 것이니, 그 간절한 충성이 대개 또한 지극한 것이었습니다. 어찌 반드시 유정(留正),[55] 진의중(陳宜

53 인성(忍性) : 어떤 고난에도 흔들리지 않고 자신을 굳게 지키는 것을 말한다. 《맹자》 〈고자 하(告子下)〉에, 하늘이 큰 소임을 맡긴 사람에게 혹독한 시련과 좌절을 겪게 하는 것은 "경각심을 일깨우고 참을성 있는 기질로 만들어 그가 해내지 못했던 일을 더욱 많이 할 수 있도록 하기 위해서이다.〔所以動心忍性, 曾益其所不能.〕"라고 한 데서 가져왔다.

54 이 성(二聖) : 인종(仁宗)과 명종(明宗)을 가리킨다.

55 유정(留正) : 남송(南宋)의 문신으로, 자는 중지(仲至), 시호는 충선(忠宣)이고 벼슬이 좌승상(左丞相)에 이르렀다. 효종(孝宗)이 죽은 뒤 광종(光宗)이 병을 칭탁하고 나오지 않자, 그는 국상을 주관하도록 태자를 세우자고 요청하였다. 광종이 이를 들어주지 않자 병을 핑계하고 시골로 도망갔다. 《宋史 卷391 留正列傳》

中)[56]처럼 난리에 임하여 구차스럽게 피한 다음에야 신하 된 도리를 할 수 있었다고 하겠습니까. 자신의 힘으로는 어떻게 할 수가 없고 또한 그 사이에 어찌할 수 없는 데 이르러서는 신장(訊杖 고신 때 쓰는 장)의 대소(大小)에 대해 말하였습니다. 이렇게 함으로써 외람된 형벌이 행해지는 화를 조금이나마 완화시킬 수 있다고 여겨서가 아니라, 깊은 근심과 지극한 아픔을 스스로 억제할 수 없어서 이런 말을 하게 된 것이니, 이언적의 심사가 처연했다고 말할 수 있습니다.

녹훈(錄勳)하는 하나의 일 같은 것은, 비록 강경하게 반대하였던 권벌(權橃)로써도 면할 수 없었습니다. 저 충순당에 입시(入侍)한 일 때문에 아울러 훈호(勳號)가 더해졌으니, 그 형세가 진실로 벗어 버릴 수 없었습니다. 이런 까닭으로 훈호를 사양한 전문(箋文) 중에 "당세에 기롱을 받고 만년토록 비웃음거리를 남기게 된다."[57] 라는 말로써 그 본심을 드러내고, 외로운 충성을 간직한 채 도성을 떠나니, 삭제하자는 논계(論啓)가 뒤따라 나왔습니다. 이러한데 과연 이언적이 녹훈을 가지겠다고 하였겠습니까.

56 진의중(陳宜中) : 남송 말기의 재상으로, 자가 여권(與權)이다. 그는 남송이 멸망하였을 때 식솔을 데리고 지금의 월남에 있던 점성(占城)으로 갔다. 그곳에서 군대를 빌려 원(元)나라에 대항할 수 있기를 희망하였으나 꿈을 이루지 못하였다. 점성이 원나라에 점령되자, 다시 섬라(태국)로 달아나 그곳에서 생을 마쳤다. 《宋史 卷418 陳宜中列傳》

57 당세에……된다 : 《회재집》 연보에 "훈작(勳爵)을 간곡히 사양한 전문에, '당세에 기롱을 받을 뿐만 아니라 만년토록 웃음거리가 되고 말 것이 두렵습니다.'라는 등의 말이 있었지만 전편은 유실되었다.〔其懇辭勳爵箋文, 有非但取譏於當世, 直恐貽笑於萬年等語, 而全篇遺失.〕"라는 말이 있다.

그렇다면 서쪽 변방으로 유배 가야 했던 것은 형세상 벗어날 수 없었던 바였고, 안치(安置)시키는 법률은 부처(付處) 된 권벌보다 더 심한 점이 있으니, 간흉(奸兇)들에게 거슬림을 받은 것이 다만 권벌과 같을 뿐이 아니었습니다. 흰머리가 될 때까지 곤궁했던 생애였지만 임금을 향한 단심(丹心)은 더욱 견고하여 항상 "군친(君親)을 섬김에 성실하지 못한 점이 있었다."라는 것을 안상(案上)에 놓고 자신을 경계하는 말로 삼았으니, 한결같이 임금을 친애하면서 원망하거나 후회하는 바가 없었음을 또한 충분히 알 수 있습니다. 그리고 《구경연의(九經衍義)》, 《진수팔규(進修八規)》와 《구인록(求仁錄)》, 《봉선잡의(奉先雜儀)》 등과 같은 글은 모두 귀양살이하던 중에 지은 것이었으니, 확고하게 자신을 지켜 태평한 때나 어려운 때나 한결같아서 도학(道學)을 자신의 임무로 삼아 생사간(生死間)에 변하지 않은 것이 비록 옛사람이라 하더라도 또한 이보다 더할 수는 없을 것입니다.

《대학》의 장구(章句)를 바꾸어 놓은 것에 대해서는, 동괴(董槐)·왕백(王栢)·방효유(方孝孺) 등이 이미 이런 논의를 한 것이 있었는데,[58] 소견이 서로 부합(符合)하였던 것으로, 이는 이언적에게서 비롯된 것이 아닙니다. 대개 이언적은 학문을 축적하여

58 대학(大學)의……있었는데 : 송나라 여조겸(呂祖謙)의 문하인 노재(魯齋) 왕백(王柏)이 "《대학》에 착간(錯簡)은 더러 있어도 애초에 빠진 것은 있지 않았다."라면서 주희(朱熹)의 보망장(補亡章)을 반대하고는, 경문(經文)의 '지지이후유정(知止而后有定)'과 '물유본말(物有本末)' 및 '청송장(聽訟章)'의 구절을 취하여 격치(格致)의 전문(傳文)으로 삼았는데, 그 이후로 동괴·방효유 등이 여기에 동조하였다. 이언적도 이에 동조하였다.

완미하고 탐색한 나머지 마음에 터득한 점이 있었기에, 경(經)의 뜻에서 찾아보고 혹은 구본(舊本)에 의거하기도 하며 혹은 정자(程子)가 편차(編次)해 놓은 것에 의거하기도 하여 자신의 소견을 덧붙여 놓고 뒷날의 군자들에게 바로잡기를 바란 것입니다. 이것이 어찌 억지 생각으로 두찬(杜撰)[59]하여 주자(朱子)의 논의에 이의를 제기하는 것이겠습니까.

신들이 삼가 옥당(玉堂)의 차자에 내리신 비답(批答)을 살펴보니, 그 품은 마음을 비우고 그 깊은 성충(聖衷)을 드러내어 전일 내리신 교서의 뜻에서는 혹 그 상세함을 얻어 그 사실을 다 알 수 없었던 점을 보여 주셨습니다. 그러한즉 여기에서 대성인(大聖人)께서 일을 처결하고 사물을 응접(應接)하는 즈음에 진실로 모두 확연하고 지극히 공평하시어 조금도 사사롭고 인색한 생각이 혹여 그 사이에 끼여 있지 않았다는 것을 더욱 알 수 있었습니다. 신들은 모두 문교(文敎)를 높이는 성대한 뜻을 우러르면서 또한 감격이 지극함을 견딜 수 없었습니다.

우리 명나라 고황제(高皇帝)가 맹자의 위판(位版)을 제거하라고 명하자, 소신(小臣) 전당(錢唐)[60]이 죽을 각오로 과감히 간하

59 두찬(杜撰) : 사실에 근거함이 없이 억측으로 지어내는 것을 일컫는다. 송(宋)나라 왕무(王楙)의 《야객총서(野客叢書)》에 "두묵이 시를 짓는데 율격에 맞지 않는 것이 많았기 때문에 일이 격에 맞지 않는 것을 두찬이라 한다.〔杜默爲詩, 多不合律, 故言事不合格者, 爲杜撰.〕"라는 내용이 있다.

60 전당(錢唐) : 명(明)나라 사람으로, 사람됨이 강직하였다. 명 태조(明太祖)가 《맹자》 〈이루 하(離婁下)〉에 있는 "임금이 신하를 개와 말이나 길 가는 사람처럼 본다면 신하는 임금을 초개나 원수처럼 본다."라는 구절을 보고 신하가 할 수 있는 말

여 화살을 맞는 것도 달갑게 여기면서 후회하지 않았으니, 고황제가 곧바로 깨닫고서 마침내 예전대로 두게 하였습니다. 이는 비유컨대 해와 달이 다시 밝아져 모든 경물(景物)이 함께 빛나는 것과 같았습니다. 학문을 흥기시킨 교화가 진실로 고황제에게 조금도 모자람이 없고, 맹자의 도(道) 또한 조금도 더하거나 덜어짐이 없었으니, 성인(聖人)이 하시는 일은 진실로 보통 사람의 심정으로는 헤아릴 수 있는 것이 아닙니다.

삼가 원하옵건대, 전하께서는 이언적의 학문이 함양(涵養)한 끝에 체득한 점이 있음을 살피시고, 이언적의 충성(忠誠)이 위태하고 어지러운 즈음에 두루 보호한 것임을 애긍하게 여기시옵소서. 그리하여 어진 이를 좋아하는 성의를 더욱 돈독히 하고, 존숭하여 장려하는 은전(恩典)을 변함없이 베푸시어 한 시대의 선비들로 하여금 모범으로 삼아 흥기할 바가 있게 하신다면, 국가에 매우 다행이겠고 사문(斯文)에도 매우 다행이겠습니다.

임금께서 답하시기를, "상소의 내용은 잘 살펴보았다. 참으로 가상하게 여기노라."라고 하셨다.

이 아니라고 하며 맹자를 문묘(文廟)에서 출향할 것을 논의하였다. 또 간언을 하는 자는 대불경죄(大不敬罪)로 논하겠다는 조서를 내리고 금오(金吾)에 명하여 간언하는 자를 활로 쏘게 하였다. 당시 형부 상서(刑部尙書)였던 전당은 항소(抗疏)를 올리고 들어가 "신이 맹자를 위하여 죽는다면 죽어도 영광스러울 것입니다."라고 간언하며 맨가슴으로 화살을 맞았다. 태조는 그 정성과 간절함을 보고 태의(太醫)에게 명하여 치료하게 하였을 뿐 아니라 처벌하지 않았으며, 맹자를 다시 배향하도록 하고 유신에게 《맹자절문(孟子節文)》을 찬수하도록 명하였다. 《明史 卷139 錢唐列傳》

왕세자 관례 때 올린 소 경술년(1610, 광해군2) 지평 재임 시
王世子冠禮時疏 庚戌持平時

삼가 생각하옵건대, 잡되고 좀스런 미신(微臣)은 성대한 시대를 만났습니다. 오늘 왕세자 서빈(筮賓)[61]하는 날, 조정[62]의 반열에 끼여 모시면서 용과 봉황 같은 자태를 우러러 바라보았더니, 세자의 나이 어려 비록 묘령이지만 슬기로운 자질을 하늘에서 타고나서, 주선(周旋)하여 나아가고 물러남에 움직일 때마다 규범에 맞으며, 행동거지와 언어가 모두 법도에 합당하였습니다. 그래서 조정에 있는 신료들이 머리를 모아 하례를 하면서 다들 우러러 전하께서 일찍 국본(國本)을 정하시어 종묘사직과 백성들을 위한 계책으로 삼으심이 백왕(百王)보다 매우 뛰어나다고 하였습니다. 그리고 또 궁료(宮僚 세자시강원의 관원)를 많이 선발하여 그들로 하여금 조석으로 학문을 강론하도록 하시니, 보필하여 기르는 도리가 지극하고도 극진합니다.

대개 사대부 집안도 그 자제를 성취시키고 싶으면 오히려 또한 현명한 스승과 어진 벗을 택함에 천 리 길도 꺼리지 않고 가서 공부하기를 권하였습니다. 더구나 제왕의 저이(儲貳 세자)께서는

61 서빈(筮賓) : 관례(冠禮)에서, 장차 관을 쓸 장관자(將冠者)에게 관을 씌워 주는 역할을 하는 빈(賓)을 점치는 절차이다.

62 조정 : 원문은 '원로(鵷鷺)'로, 원추새와 백로, 두 새의 의용(儀容)이 한아(閑雅)하다 하여 조정 백관의 질서 정연한 반열에 비유한 것이다.

실로 뒷날 국가의 치란(治亂)이 관계된 바가 있으니, 보익(輔翼)의 방법을 소홀히 할 수가 있겠습니까. 옛날 성스러운 제왕, 명석한 왕이 일찌감치 태자를 세워 미리 길렀던 까닭은 먼 미래를 생각하였기 때문입니다. 기(記)에 이르기를, "한 사람이 크게 선하면 만방(萬邦)이 바르다."[63]라고 하였습니다. 또 선유(先儒)가 말하기를, "천하의 명은 태자에게 달려 있고, 태자가 훌륭하게 되는 것은 어릴 때 깨우쳐 주고 가르침에 달려 있으니, 마음이 넘치기 전에 먼저 깨우쳐 주고 가르치면 교화가 쉽게 이루어진다."[64]라고 하였습니다. 오호라, 이 도(道)가 세상에 행해지지 않은 지가 오래되었는데, 오늘에 이를 다시 보니, 이것이 신이 국가를 위해 하례를 드리는 까닭입니다.

비록 그렇지만, 보필하고 기르는 도리는 다만 서사(書史)를 섭렵하고 구두(句讀)를 분명히 하는 데 있을 뿐만이 아닙니다. 요컨대 조금 걷고,[65] 먹고 쉬는 사이에도 바른말을 듣고 바른일을 행하

63 한 사람이……바르다 : 《서경》 〈태갑 하(太甲下)〉에, "한 사람이 크게 선하면 만방이 바르게 될 것이다.〔一人元良, 萬邦以貞.〕"라는 말이 있고, 《예기》 〈문왕세자(文王世子)〉에 "한 사람의 원량이 있으면 만국이 바르게 된다는 것은 세자를 이른 것이다.〔一有元良, 萬國以貞, 世子之謂也.〕"라는 말이 있다.

64 천하의……이루어진다 : 《한서(漢書)》 권48 〈가의전(賈誼傳)〉에 "천하의 명은 태자에게 달려 있고, 태자가 훌륭하게 됨은 어릴 때 깨우쳐 주는 가르침과 좌우를 선발하는 데에 달려 있으니, 대저 마음이 넘치기 전에 깨우쳐 주고 가르치면 교화가 쉽게 이루어지고, 가르침이 제대로 이루어지고 좌우의 사람이 바르면 태자가 바루어져서 천하가 안정된다.〔天下之命, 縣于太子, 太子之善, 在于早諭教與選左右, 夫心未濫而先諭教則化易成也, 教得而左右正則太子正而天下定矣.〕"라고 한 말에서 가져왔다.

65 조금 걷고 : 원문은 '규보(跬步)'로, 《순자(荀子)》 〈수신편(修身篇)〉의 "반 발짝

도록 하고, 편안히 거처하거나 그윽이 홀로 있을 때도 편녕(便佞 말만 앞세우고 실속이 없음)을 멀리하고 비벽(非僻)을 끊게 해야 합니다. 날마다 정인(正人)을 가까이하고 날마다 도의(道義)를 들어서 기질을 훈도(薰陶)하고 덕성을 함양하게 하며, 간사한 소리와 어지럽히는 여색이 이목(耳目)에 닿지 않도록 하고, 음란한 음악과 사특한 예(禮)가 심술(心術)에 들어오지 못하도록 합니다. 그래서 근골이 이윽고 견고하고 본원이 이윽고 수립되도록 합니다. 그런 뒤에 서연에 참석하여 강석(講席)에서 의리(義理)를 논설하매 모두가 다 귀에 순하게 들리어 마음에 기뻐하고, 마음으로 터득하여 행동으로 실천을 하여야 바야흐로 제왕의 학(學)이라 할 수 있으니, 한갓 구이(口耳)의 학문[66]을 일삼아서는 안 됩니다.

더구나 우리 저궁(儲宮)은 나이가 아직 장성하지 않았고 신기(神氣)가 아직 완전하지 못하니, 진실로 진종일 책을 읽고 외우기만 하여 심신을 피곤하게 해서는 안 될 것입니다. 요컨대 넉넉하게 학문의 깊은 뜻을 완미하여 게으르고 방탕한 데 흐르지 않도록 해야 할 따름이니, 이는 곧 동정(動靜)하고 섭양(攝養)하는 공부가 글을 읽고 외우는 것보다 더욱 절실한 때이기 때문입니다. 그러나 춘추가 비록 어리다고는 하나 세월은 쉽게 흐르나니, 지금

씩 쉬지 않고 나아가면 절름발이도 천 리를 갈 수 있다.〔跬步而不休, 跛鼈千里.〕"라는 말에서 가져왔다.

66 구이(口耳)의 학문 : 원문은 '구이지학(口耳之學)'으로, 배운 것을 그대로 남에게 옮길 뿐 자신에게 아무런 도움이 되지 않는 천박한 학문을 말한다. 《순자》 〈권학(勸學)〉에 "소인의 학문은 귀로 들어왔다가 곧장 입으로 나간다.〔小人之學也, 入乎耳出乎口.〕"라고 한 데서 가져왔다.

과 같이 뜻과 생각이 집중되고 전일(專一)하며 기호가 아직 형성되지 않았을 때는 몽양(蒙養 어린이를 교육함)의 공부를 두루 깊숙하게 하지 않아서는 안 됩니다. 만약 한 푼만큼 더 힘쓴다면 한 푼만큼의 효과가 나타날 것이며, 한 푼만큼 게으르게 하면 한 푼만큼의 해로움이 있을 것입니다. 한 푼이 쌓여서 자〔尺〕와 촌(寸)에 이르고, 자와 촌이 쌓여서 심(尋)과 장(丈)에 이르니, 성인(聖人)이 되거나 광인(狂人)이 되는 갈림길은 바로 오늘에 있다고 하겠습니다. 비유컨대 좋은 곡식이 잘 길러지는 날에는 김을 매고 북돋워 주는 공(功)을 하루라도 급하게 해야 하고, 삽시간 동안 근면한가 나태한가에 따라 조만간 곡식의 모실(耗實 수확이 줄었는지 열매가 실한지)이 매우 멀어지며 한 번 기회를 잃으면 뒷날 비록 그 힘의 열 배를 쓰더라도 이미 미칠 수가 없는 것과 같습니다.

지금 우리 동궁(東宮)께서는 옥 같은 자질을 천성으로 타고나 조탁(彫琢)을 기다릴 것도 없고, 좌우의 여러 빼어난 이들이 조석으로 면려하고 보익하니, 미관말직의 소신(小臣)이 지나치게 염려할 필요는 없습니다. 다만 이른바 '학문(學問)'이라는 것은 의당 총명을 개발(開發)함을 위주로 하고 문자의 음과 해석에 있지 않으며, 이른바 '보익(輔翼)'이라는 것은 의당 성덕(聖德)을 성취함을 위주로 하고 추향함의 말단에 있지 않습니다.

삼가 살펴보건대, 요즈음 시강(侍講)하는 관원의 수가 비록 많기는 하지만 혹은 다른 직책을 겸하고 있어서, 분주하게 직무에 종사한 나머지 학문 연마에 전념(專念)할 수가 없습니다. 그래서 예전에 배운 학문은 거칠어지게 되고 새로 터득한 것도 적어서 자기의 소견이 반드시 투철하지 아니하니, 입시하는 즈음에 어떻게 짧은 시간 동안 그 온축한 깊은 뜻을 환히 풀어낼 수 있겠습니까. 조종조(祖宗朝)에 경전(經傳)을 강론하는 신하를 별도로 선발하여 세월을 두고 길러서 그들로 하여금 마음을 오롯이 쏟아 학문을 강론하도록 하였던 것은 그 뜻이 이유가 있어서였습니다.

무릇 세상에서 이른바 '널리 배우고 예를 좋아한다.〔博學好禮〕'라는 자는 간혹 산림에 묻혀 있으면서 일상적인 규례에 빠져 시강의 관원에 반열하지 아니하고, 이른바 '영주 학사(瀛洲學士)'[67]라는 자는 한묵(翰墨)의 장소에 출입하면서 혹 경의(經義)의 학문을 할 겨를이 없으니, 이렇게 하고서는 스승과 벗으로 삼을 만한 어진 이와 끝내 친할 수 있는 날이 없습니다. 그리고 서연에 참석하는 신하 또한 경전과 사서를 넉넉히 완미할 겨를이 없어 범범하고 아득하게 형식을 갖추는 데서 벗어나지 못하니, 도리어 사대부의 집안에서 자제를 위해 스승과 벗을 택하여 책 상자를 짊어지고[68] 그들을 따라가 배우게 하는 것만도 못합니다.

신은 본디 어리석고 비루한 데다 몸은 먼 지방에 있고 벼슬에 종사한 날이 얼마 되지 않아 조정의 사체(事體)를 잘 알지 못합

67 영주 학사(瀛洲學士) : 영주는 본디 선경(仙境)을 가리키는 말인데, 당 태종(唐太宗)이 일찍이 인재들을 망라하여 문학관(文學館)을 설치하고 두여회(杜如晦), 방현령(房玄齡) 등 18인의 문관(文官)을 학사(學士)로 임명하고서 한가한 때면 이들에게 정사(政事)를 자문하기도 하고 함께 전적(典籍)을 토론하기도 하면서 이들을 십팔학사(十八學士)라 불렀으므로, 당시 사람들이 그들을 사모하여 '영주에 올랐다.〔登瀛洲〕'라고 일컬었던 데서 유래한 말이다.

68 책 상자를 짊어지고 : 원문은 '부급(負笈)'으로, 책 상자를 지고 수학하러 가는 것을 말한다. 후한(後漢) 때 이고(李固)가 훌륭한 스승이 있다는 소문을 들으면 책 상자를 짊어지고〔負笈〕 찾아갔다는 일에서 유래하였다. 《後漢書 卷93 李固列傳》

니다. 다만 치우친 소견을 가지고 성명(聖明)께 진달하고자 하는 것은, 오직 일상적인 규례를 깨고 옛날의 도를 보존하시어, 보익(輔翼)하는 책무를 다하시기를 바라서일 따름입니다. 산림에서 지내면서 신실로 학문이 넓고 흡족하며 행의(行誼)가 도탑고 신실한 선비가 있으면 발탁하여 시강의 직책에 두되, 다만 빈객(賓客)이나 보양(輔養) 등의 관직뿐만이 아니라, 보덕(輔德)이나 필선(弼善)[69] 이하의 자리 같은 경우도 간간이 이러한 사람을 의망(擬望)에 올려 앉히시옵소서. 그리고 조정 관원으로 춘방(春坊 세자시강원)에 소속된 자는, 실직(實職)인 경우에는 다른 관직을 겸하지 못하도록 하고, 겸직인 경우에는 다만 옥당의 직책만 겸하게 하여, 항상 관원(館院)에서 숙직하면서 학업에만 전념하여 세월을 두고 연마하도록 하시옵소서. 그리하여 그 알지 못하는 바를 더욱 구하고 그 정미롭지 못한 바를 더욱 궁구하도록 해서, 이미 고문(顧問)에 대비한 나머지에 겸하여 보필하고 인도하기를 돕는 책무를 가지도록 하시옵소서.

전하께서는 간혹 맑은 아침, 고요한 밤 시간이나 일을 마치고 한가하게 거처하시는 여가에, 혹 강원(講院)으로 친히 납시거나 혹 편전으로 불러들이시되 또한 궁료들도 아울러 입시하도록 허락한 다음 질문하고 따지시어 배운 바를 시험하시옵소서. 그러면 다만 시위(侍衛)하는 신하가 강학에 게으르게 하지 않을 뿐만 아니라, 세자 또한 일깨워지고 경각심을 불러일으키는 여지가 많이

69 보덕(輔德)이나 필선(弼善) : 세자시강원(世子侍講院)의 벼슬로 보덕은 종3품으로 뒤에는 정3품으로 올렸고, 필선은 정3품이다. 《大典通編 吏典》

있을 것입니다.

또 서연에서 올리는 규계는 그 공이 심히 얕고, 한가하게 거처함에서 서로 자뢰하는 것은 그 유익함이 가장 크며, 무릇 사람이 엄한 스승의 곁에 있으면 공경을 다하지 않을 수 없고, 붕우의 사이에 처하면 쉽게 태만하거나 소홀함에 이릅니다. 그러므로 진실한 벗과 절차탁마하는 유익함이 어진 스승의 가르침보다 나으니, 이는 함께 거처하면서 서로 규계하기 때문입니다.

경(經)에 말하기를, "태자는 나가면 사(師)가 있고, 들어오면 보(保)가 있다. 사(師)는 일로써 가르쳐서 덕을 깨우치게 하는 자이고, 보(保)는 그 몸을 삼가하여 보익해서 도(道)에 귀결되게 하는 자이다."[70]라고 하였습니다. 대저 이른바 '보는 그 몸을 삼간다.'라는 것은 다만 모시고 호위하며 보호할 뿐만이 아닙니다. 그 행동거지를 삼가고 기거(起居)를 알맞게 하여 도(道)를 위배하지 않도록 함을 말한 것입니다. 또 말하기를, "소보·소부는 태자와 함께 지내는〔宴〕 자이다.〔少保少傅, 與太子宴者.〕"라고 하였으니, 이른바 '연(宴)'은 즐긴다〔宴樂〕는 것을 말함이 아닙니다. 곧 서로 함께 지내고 거닐면서 잘 깨우쳐 주는 것입니다. 옛날 송나라 철종(哲宗)이 어린 나이로 신립(新立)하여 궁정의 버드나무를 꺾으

70 태자는……것이다 : 《예기(禮記)》 〈문왕세자(文王世子)〉에 "태부가 앞에 있고 소부가 뒤에 있으며, 들어오면 보가 있고 나가면 사가 있다. 이로써 가르쳐 깨우쳐서 덕이 이루어진다. 사는 일로써 가르쳐 덕을 깨우치게 하는 자이고, 보는 몸을 삼가 보익해서 도에 귀결되게 하는 자이다.〔大傅在前, 少傅在後, 入則有保, 出則有師, 是以教喩而德成也. 師也者教之以事而喩諸德者也, 保也者愼其身以輔翼之而歸諸道者也.〕"라고 하였다.

니, 정자(程子)가 "한창 자라는 초목은 꺾어서는 안 됩니다."[71]라는 말로 간하여, 살리기를 좋아하는 마음을 발현하게 하였습니다. 생각건대 편히 지내며 유희할 때도 또한 반드시 신료들이 그 선후가 되었던 것[72]입니다. 지금의 시점에서 말해 보면 궁정은 들어갈 수 있는 곳이 아니니 '버드나무를 꺾음'에 대해 어찌 간언을 올릴 때가 있겠습니까.

신이 일찍이 본원에 있으면서 자주 서연에 참석해 스승을 모셨습니다. 진강(進講)할 때는 예모(禮貌)가 존엄하여 엎드려 숨을 죽이고서 겨우 숨소리만 낼 수 있었습니다. 강습하고 토론할 때는 조용하고 여유로움을 중히 여기는데, 몸을 움츠리고 앉아 짧은 시간에 어떻게 그 온축한 뜻을 모두 펼 수가 있겠습니까. 더구나 강(講)을 마치고 난 뒤에는 궁문과 멀리 떨어져 있어서 궁중 안의 동정을 알 길이 없으니, 또 함께 지내며 노닐 때 배웠던 것 중에 혹 그 요지를 잊었는지, 실천하는 것 중에 혹 바름이 아닌 게 있는지를 어찌 알 수 있겠습니까.

대개 하루 동안에 신료들이 모실 수 있는 것은 얼마 안 되고

71 한창……안 됩니다 : 송나라 철종 때 이천(伊川)이 한림강관(翰林講官)을 역임한 적이 있었는데, 어느 날 강(講)을 마치고 퇴조하기 전에 철종이 난간에 기대어 버드나무 가지를 꺾는 것을 보고서 나아가 진언하기를 "봄이 되어 만물이 생동하는 때에 까닭 없이 가지를 꺾어서는 안 됩니다."라고 했다고 한다. 《續資治通鑑 卷79 宋哲宗》

72 그 선후(先後)가……것 : 앞뒤에서 이끌어 주고 밀어 주어 돕는다는 말이다. 당나라 한유(韓愈)의 〈송석처사서(送石處士序)〉에 "마치 네 마리 말이 가벼운 수레를 끌고 익숙한 길을 가는데, 왕량과 조보가 선후가 된 듯하다.〔若駟馬駕輕車就熟路, 而王良造父爲之先後也.〕"라고 한 데서 가져왔다.

근습(近習 임금 가까이 모시는 사람)들이 가까이 모시는 시간이 많으니, 의리(義理)에 마음을 침잠하기를 오래 하기가 어렵고 외모(外慕)에 치달림에 항상함이 없었습니다. 그러니 경의(敬義)와 태욕(怠慾)의 승부(勝負)가 갈리려는 기미를 두려워하지 않을 수 있겠습니까. 이런 때에 비록 사부(師傅)와 빈료(賓僚)들이 본원을 가득 채워도 또한 필위(弼違)[73]하고 가르침을 바치는 데 도움이 될 것이 없습니다.

신은 원하옵건대, 동궁(東宮)께서는 스승을 대하는 예로서 빈부(賓傅)를 대하고 붕우를 대하듯이 궁료들을 보아, 수시로 불러들여 의심나고 어려운 것을 질문하소서. 그리하여 앉고 눕거나 기거하는 동안에도 반드시 그들과 함께하여, 날마다 서로 친밀히 지내기를 마치 집안 식구나 부자 사이와 같이 한다면 행동하고 말을 할 즈음에 보탬이 되는 공부가 많이 있을 것입니다.

가의(賈誼)가 말을 두어 이르기를, "천하에 단정한 선비로서 효제(孝悌)하고 학문이 넓고 도술(道術)이 있는 자를 선발하여 태자를 호위하고 보익하게 하고, 그들로 하여금 태자와 함께 거처하고 출입하도록 해서, 좌우 전후에 올바른 사람이 아닌 자가 없게 한다면 비록 바르지 않게 되려고 하더라도 그렇게 되지 못할 것이다."[74]라고 하였습니다. 이것이 신이 이른바 '산림의 어진 스승

73 필위(弼違) : 임금의 잘못을 바로잡는 시신(侍臣)의 지위를 말하는데, 여기서는 동궁을 도와 바로잡음을 말한다. 《서경》 〈익직(益稷)〉에 "내가 잘못하거든 그대가 바로잡아 나를 도우라.〔予違汝弼〕"라고 한 말에서 가져왔다.

74 가의(賈誼)가……것이다 : 《통감절요(通鑑節要)》 권7 한기(漢紀)에 있으니 가의가 태종효문황제께 올린 상소에 나오는 구절이다. 가의(賈誼)는 최연소 박사가 된

을 널리 선택해서 궁료로 발탁해 앉혀 놓고, 항상 좌우에서 모시고서 보필하여 기르는 도리를 극진히 하자.'라는 것입니다. 삼가 바라옵건대, 성명께서는 일상적인 규칙에 구애되지 마시고 단호하게 이를 시행하시어 성왕(聖王)의 도를 오늘에 다시 볼 수 있도록 하고, 국가의 복이 끝없이 오래 할 수 있게 하신다면 실로 종묘사직과 신민의 태평 만세의 복이 될 것입니다.

신은 분수에 넘치는 짓[75]을 하여 지위를 벗어난 죄가 있지만, 성대한 예식을 눈으로 보고 감격해서 지극히 기쁜 마음을 이기지 못하여 감히 이렇게 말씀을 올리오니, 삼가 성명께서는 유의(留意)하시옵소서.

중국 전한(前漢) 문제(文帝) 때 사람으로, 문제가 그를 불러 박사(博士)를 삼았다가 태중대부(太中大夫)로 승진시켰다. 그 뒤 자신의 견해를 말하다가 대신의 미움을 사 쫓겨나 장사태부(長沙太傅)로 나갔다. 《漢書 卷48 賈誼傳》

75 분수에 넘치는 짓 : 원문은 '월조치포(越俎治庖)'로, 분수를 넘어 직분 밖의 일을 간섭함을 말한다. 《장자(莊子)》 〈소요유(逍遙遊)〉에 "요리하는 사람이 주방에서 일을 잘 처리하지 못한다고 해서 시동이나 축관이 제기를 뛰어넘어 와서 그 일을 대신할 수는 없는 일이다.〔庖人雖不治庖, 尸祝不越樽俎而代之矣.〕"라는 말에서 가져왔다.

원수의 종사관 재임 시에 폐단을 진달하는 소 신해년(1611, 광해군3)

元帥從事時陳弊疏 辛亥

신은 삼가 비변사(備邊司)가 바야흐로 주사(舟師 수군(水軍))를 다스리는 것을 급하게 여기고 있는데, 신이 영중(嶺中) 사람인지라 남쪽 변방의 일에 대해 혹 아는 바가 있다고 생각하여, 그릇되이 종사(從事)로 임명하였다고 생각합니다.

종사관의 직분은 다만 조정의 분부를 듣고서 왕래하고 검칙(檢飭)할 따름이고, 별도로 그 사이에 하는 바가 없습니다. 그러나 호령을 받들어 행하는 즈음에 진실로 마땅한 사람을 택하여 맡기지 않는다면 또한 반드시 일을 그르치고 폐단을 만드는 근심이 있습니다. 이것은 신이 크게 두려워하는 바이고, 본사(本司)에서 저에게 위임함도 또한 엉성하다고 하겠습니다. 본사에서 파견하길 계청(啓請)한 것이 지금 이미 여러 날이 되었으니, 신이 마땅히 그날 즉시 길을 떠나야 하였는데, 다만 주사구관사(舟師句管司) 당상관 장만(張晩)[76]이 평안도 병마사로 교체 임명됨으로 인하여, 모름지기 다른 당상관이 차출되기를 기다렸다가 직접 지휘를 받은 뒤에라야 비로소 출발할 수 있습니다. 그래서 이렇게 지체하기

76 장만(張晩) : 1566~1629. 본관은 인동(仁同), 자는 호고(好古), 호는 낙서(洛西), 시호는 충정(忠定)이다. 1591년(선조24) 문과에 급제하여 팔도도원수, 평안병마절도사, 병조 판서 등을 역임하였다. 저서로는 《낙서집(洛西集)》이 있다.

에 이르렀습니다. 그리고 다만 신이 여기에서 반드시 품의를 거쳐야 할 것이 있어서 부득불 한두 가지를 조목조목 진술하여 우러러 소의간식(宵衣旰食)[77]하시는 임금께 진달합니다.

가만히 생각하옵선대, 둔전(屯田)과 모군(募軍)의 일은 모름지기 가을과 겨울의 교체기에 시행해서 모병에 응하는 백성으로 하여금 농기구를 수리하여 관리해 놓고 여막(廬幕)을 거두어 옮겨 그 거처할 곳을 정하게 한 다음 밭을 태우고〔焚田〕 땅을 일구어〔起土〕 보리를 파종하고 벼를 심기를 시기에 맞추어 할 수 있도록 하여야 합니다. 그런데 지금은 농인(農人)이 각각 구혈(區穴)을 정하여 잠시도 쉬지를 못하였고, 남방은 철이 일러 농사를 이미 시작하였으니, 헤아려 보건대 신이 남방에 가서 호소(呼召)할 즈음에는 바로 농민이 쟁기를 손질하느라 여가가 없을 것인데, 어찌 순일(旬日) 내에 불러 모아 흩어져 사는 영내 백성으로 하여금 식량을 넉넉히 구비하여 따르기를 원하도록 할 수 있겠습니까. 만약 신에게 단지 순칙(巡飭 순시)하고 방신(防汛 방비)하면서 민정(民情)을 살펴 미리 내년의 둔전 모병의 계책을 마련할 수 있도록만 하시는 것이라면 할 수 있겠지마는, 만약 올해 안에 책임지고 처리하라고 명하신다면 이미 늦어져서 해내지 못할 것입니다.

또 신이 가만히 전날 계하(啓下)한 사목(事目)[78]을 살펴보았습

77 소의간식(宵衣旰食) : 임금이 새벽에 일어나고 밤늦게 밥을 먹는다는 뜻으로 임금이 정치에 부지런한 것을 말한다.

78 계하(啓下)한 사목(事目) : 임금의 재가를 받은 공사(公事)에 관하여 정한 관아의 규정이나 규칙을 말한다.

니다. 그 가운데 반드시 행할 수 없어서 쓸데없이 심사(心思)만 허비할 것이 있으니 그에 해당하는 일이 하나가 있고, 행하지 않아서는 안 되는데 빠뜨리고 거행하지 않는 것이 있으니 그에 해당하는 일이 셋이 있었습니다.

무릇 지금의 백성 가운데 그 본관(本貫)을 버리고 다른 고을로 유랑해 옮기는 자는 모두 군역(軍役)에서 도피한 자들입니다. 군역 중에는 수군(水軍)이 가장 힘이 들기 때문에 한 번 이름이 올라가게 되면 구족(九族)이 나뉘어 헤어지게 되니, 격군(格軍 노질을 능숙하게 함)으로 모병에 응하는 자는 천백(千百)에 하나도 없습니다.

지난날 동래(東萊)에서 소모(召募)하던 때는 체찰사(體察使) 신(臣) 이덕형(李德馨)[79]이 바야흐로 도내(道內)에 있으면서 종사관 3인으로 하여금 나누어 삼진(三陣)을 관장하게 하여 옷과 식량과 농구를 오직 그들이 하고자 하는 대로 해 주고, 신역(身役)과 호역(戶役)을 일체 견면(蠲免 부세 감면)하여 무릇 보호하고 구휼하는 바의 것을 지극히 넉넉하고 후하게 해 주었습니다. 그리고 또한 전쟁과 기근(饑饉)을 당한 뒤인지라, 유리(流離)하고 안정되지 못하였으므로 모병에 응하는 사람이 자못 많아 삼진(三陣)의 군사가 거의 이천(二千)에 이르렀습니다. 그러나 모병에 응하였던 자들이 대부분 다 부역을 피하는 군사이거나 주인을 배반한 노비였는지라, 일의 형세가 조금 안정된 뒤에는 곧 부득불 각자 본역

79 이덕형(李德馨) : 1561~1613. 본관은 광주(廣州), 자는 명보(明甫), 호는 한음(漢陰), 시호는 문익(文翼)이다. 1580년(선조13) 문과에 급제하여 대사간, 대사성, 대제학, 영의정 등을 역임하였다. 저서로는 《한음문고(漢陰文稿)》가 있다.

(本役)으로 되돌아가야 하였기 때문에 지금은 이미 흩어져 거의 다 가 버렸고, 남아 있는 자들 또한 스스로 원망하고 후회하여 모두 돌아서는 형세가 되었습니다. 지금은 토지가 점차 개척되어 사람들이 각각 농촌으로 돌아가서, 불러 모을 형세가 지난날과 다른 점이 있습니다. 또한 바닷가의 여러 고을에는 인물(人物)이 드물지만, 이미 소모진(召募陣)이 있고 또 통영(統營) 둔전(屯田)이 있으며, 각 진영(鎭營)과 여러 관사(官司)에 둔전이 있지 않은 곳이 없으니, 이 밖에 남은 백성들이 능히 얼마나 있겠습니까. 더구나 수병(水兵)의 고초는 육군에 비할 바가 아니어서 사람들이 싫어하고 피하기를 사지(死地)를 보듯이 하니, 누가 기꺼이 복호(復戶)[80]를 해 준다는 영을 좋아하며 듣고 그 단속(團束 통제)함을 따라 뱃사공이 되기를 원하겠습니까.

게다가 호패법(號牌法)은 아침에 영이 내렸다가 저녁에 거두어들여 일에 단서가 없고 착수할 여지가 없으며 이름이 장부에 오른〔籍名〕 백성은 바야흐로 후회와 근심을 품으니, 차후에 비록 다시 집집마다 타일러〔家置一喙〕[81] 백 가지 단서로 회유하더라도, 사람들은 모두 팔을 내저으며 마음으로 비웃을 것입니다. 설령 약간의 둔민(屯民)을 모집할 수 있다 하더라도 그 수는 얼마 되지

80 복호(復戶) : 국가가 호(戶)에 부과하는 요역 부담을 감면하거나 면제해 주는 제도이다.

81 집집마다 타일러 : 원문은 '가치일훼(家置一喙)'로, 당나라 유종원의 〈초여소한림면서〉에 "내가 비록 천하의 집집마다 입을 하나씩 두어 나를 변명하고 두둔하게 하더라도 나를 욕하는 사람은 더 많아질 것이다.〔余雖家置一喙, 以自稱道, 詬益甚耳.〕"라고 한 데서 가져왔다. 《唐宋八大家文 柳宗元 卷1 鈔與蕭翰林俛書》

않아 모양이 나지 않을 것이니, 한두 척(隻) 배를 더 보충하는 데 그치는 것 같은 경우는 있겠지마는, 어찌 이를 믿고 십 년 내의 일에 완급(緩急)을 대비하는 것으로 삼을 수 있겠습니까.

무릇 일을 하고자 하는 자는 먼저 뒤를 좋게 하는 계책을 강구하여야 합니다. 만약 혹 목전에서만 처리하여 이어 갈 만한 방법이 되지 않는 것을 취한다면 이루는 데로 곧바로 무너지리니, 일에 무슨 보탬이 되겠습니까. 국가에서 만약 주사(舟師)는 무익해서 설치하지 않겠다고 한다면 그만이겠지만, 만약 설비하고자 한다면 변방 바닷가 약간의 고을을 떼어 내어 영원히 주사에 소속시켜 오로지 방수(防守)의 책무를 맡기지 않을 수가 없습니다.

전선(戰船) 한 척은 격군(格軍) 백 명과 사부(射夫) 이십오 명을 씁니다. 지금 남방 삼도(三道)의 수군(水軍)이 현재 호보(戶保)[82] 이만 삼천여 명을 보존하고 있으니, 이를 나누어 4, 5번(番)으로 만든다면, 겨우 오십 선(船)의 격군을 충족할 정도입니다. 이 외에는 비록 남은 전선이 있다 하더라도 충당할 만한 병사가 없어 얕은 항포에 헛되이 내버려 두어 끝내 썩어 버리게 될 것입니다. 지금 백 척의 전선을 정비하고자 한다면 반드시 먼저 격군 이만여 명을 얻은 뒤라야 비로소 조선(造船)을 의논할 수 있습니다.

지난 경자년(1600, 선조33) 간에는 주사(舟師)에 소속된 각 관(官)의 공물을 아울러 모두 견감하고 양남(兩南)의 육군과 각 관

82 호보(戶保) : 군호(軍戶)에 지급하는 보인(保人). 보인에게서 받아들인 쌀이나 베를 그 군호에게 지급하였다.

청의 노비들에게 혹 상번(上番)[83]을 면제하고 혹 신공(身貢)[84]을 면제해서 모두 주사에 소속시켜 겨우 백 척을 갖추었습니다. 그런데 지금은 곧 영남 상도(上道)의 군사는 태반이 상번이고, 호남의 육군과 결군(結軍)은 이울러 모두 감원하였으며, 주사(舟師) 각 관의 공물 또한 이미 다시 설비한즉, 격군에 충당된 사졸은 단지 각 포(浦)의 수군일 따름이니 방수(防守)할 형편이 없음이 진실로 그러합니다. 그런데 이전의 법규를 회복하지 않고 주사를 갖추고자 하니, 알지 못하겠습니다만, 어떤 뛰어난 계책이 있어 수만의 군졸을 마련할 수 있겠습니까. 신이 말한 '반드시 행할 수 없고 심사(心思)만 쓸데없이 허비한다.'라고 한 것이 바로 이것입니다.

지금 주사를 정돈하고자 한다면 마땅히 다음과 같이 하는 것만한 것이 없습니다. 연해의 각 관(官)을 떼어 내어 주사에 소속시키고, 한결같이 옛 법규에 의거하여 전결(田結)로써 격군을 세우고 그 결군의 다소에 따라 전선(戰船)을 건조하여 공급하도록 합니다. 그리하여 주사가 있는 고을은 공부(貢賦)와 요역(徭役)을 감해 주고, 힘을 다해 방수(防守)함은 수령에게 맡겨서, 관할 지역[85]의 변고에 대비하고 항상 끊임없이 훈련시켜서, 혹 급한 일이 있을 때 수령으로 하여금 거느리고 전소(戰所)에 달려가게 합니

83 상번(上番) : 정군(正軍)들이 교대로 현역 복무를 하는 차례 중, 군영(軍營)으로 들어가는 것을 말한다.

84 신공(身貢) : 노비(奴婢)가 신역(身役) 대신에 바치던 공물(貢物)을 말한다.

85 관할 지역 : 원문은 '신지(信地)'로, 땅을 지키는 관원이 각각 부신(符信)을 가지고 관할하는 땅을 말한다.

다. 그러면 수령은 감히 사졸을 어루만지고 배를 수리하는 일에 마음을 다하지 않음이 없고, 군은 농사를 그만두고 도피하는 근심이 없으리니, 이것이 상책입니다.

주사가 있는 각 고을의 기·보군(騎步軍)과 각 관청 내의 노비를 모두 격군에 소속시켜 별갑병(別甲兵)[86]으로 정하고 출신이 군공(軍功)이면 곧 사부(射夫)로 충당하고서 후하게 돌보고 기르기를 육군 병사보다 배로 합니다. 그리하여 군의 다소에 따라 배를 건조해서 대비하며 달마다 한 번 본지(本地)에서 연습하고, 해마다 한 번 통영(統營)에서 도습(都習)하며, 변고를 들으면 달려오도록 하는 것, 이것이 중책(中策)입니다.

지금 해변의 여러 고을의 기·보군과 각 관청의 노비와 군공(軍功) 출신의 수를 헤아려 보면 이만여 명에 이를 수 있습니다. 만약 원수군(元水軍)과 통융(通融)하여 하나로 만들면 그 수가 4만보다 적지 않으리니, 비록 내지(內地)의 힘을 소비하지 않더라도 오히려 나누어 사 번(四番)으로 만들어 백 척의 격군에 충당할 수 있습니다. 그다음은 곧 호남 해변의 여러 섬에 모두 둔전을 설치하고, 해척(海尺)[87]을 격군으로 충당하여 어염(漁鹽)의 이익을 그들 스스로 취하게 맡겨 두고 그 부세와 요역을 면제합니다. 제궁(諸宮) 및 호우(豪右 고을 세력가)의 집과 사사로이 바다 섬이

86 별갑병(別甲兵) : 15세 이상에서 60세 이하로, 군적에서 빠진 남정(男丁)과 전직 조관, 생원 진사, 교생(校生), 좌수(座首), 재인, 백정 등으로 이루어진 상비 병력을 말한다.

87 해척(海尺) : 바닷가에서 고기잡이를 전업(專業)으로 하는 사람을 말한다.

나 염장을 차지한 자는 중한 법률로 다스리고 엄하게 법조문을 만든다면 또한 격군을 모집하여 그 부족함을 보충할 수 있으니, 이것이 하책(下策)입니다. 신이 말한 "행하지 않아서는 안 되는데 빠트리고 거행하지 않는다."라고 한 것이 바로 이것입니다.

하지만 상책을 행하고자 한다면 경비가 부족함으로써 탁지(度支 나라의 재정수지를 담당한 관서)에 막히게 되고, 중책을 행하고자 한다면 노비의 신공(身貢)과 상번(上番)의 병사가 해당 부서에 막히게 되고, 하책을 행하고자 한다면 법금(法禁)을 시행하지 못하도록 궁가(宮家)와 지방 세력가들이 무리 지어 일어나 다투리니, 다만 조정에서 그 행하기 어려움을 염려할 뿐만 아닐 것이며, 신 또한 그것은 반드시 행하기 불가함을 알겠습니다. 하지만 이 세 가지 계책을 버리고 다시 행할 만한 것이 없습니다. 지혜가 짧고 재주가 졸렬한 신과 같은 자는 비록 열 사람이 가더라도 한갓 주전(廚傳 음식과 역마)의 폐만 끼치고 일에는 도움이 없으니, 이해득실(利害得失)을 앉아서 헤아릴 수 있는데 어찌 반드시 몸소 그 땅에 가서 도인(道人 길가는 사람)에게 물은 뒤라야 그 성패를 알겠습니까.

삼가 원하옵건대, 성명(聖明)께서는 하신(下臣)의 이 소장을 해당 부서에 명하시어 세 가지 계책 중에서 택하여 반드시 행할 만한 것을 먼저 하고 행하기 불가한 것을 뒤로 하소서. 그리하여 처지를 헤아려 군을 얻고, 군을 헤아려 전선을 갖추며, 전선을 헤아려 군량과 무기를 갖춘다면 그 경비(經費)의 수요에 비록 혹 조금 손실이 있더라도 음우주무(陰雨綢繆)[88]의 대비책이 되어 곧 보익이 클 것입니다.

오호라, 물력(物力)은 한계가 있고 할 일은 무궁하니, 그 일의 형세를 헤아려 봄에 겸하여 거행할 수 없다면 경중(輕重)의 사이에서 반드시 택해야 할 바가 있습니다. 중(重)함이 날마다 일정하게 쓰는 경상비용에 있고 남은 힘으로 변방을 다스린다면, 마땅히 불필요한 일에 쓰는 경비가 많아져서 힘이 외적을 막을 경황이 없을 것입니다. 중함이 변방 일에 있고 남은 힘으로 비용을 이어 쓴다면, 비록 군신 상하가 해진 옷을 입고 거친 밥을 먹으며 흙집에서 거처하더라도 또한 사양하지 못할 바이니, 무슨 의장(儀章) 도수(度數)의 족함이 있다고 할 수 있겠습니까. 그렇다면 이른바 '경비가 모자라고 고갈되어 병력(兵力)에 힘쓸 경황이 없다.'라는 것은 곧 '완게(玩愒)'[89]의 말입니다. 만약 섬 오랑캐가 동쪽 바다에서 돛을 올리고, 갈노(羯奴)가 북쪽 변방에서 격문을 날리면, 중외(中外)가 허둥대며 음식을 먹어도 목구멍에서 내려가지 않을 것입니다. 이러한 때에 또한 경비가 부족함을 핑계로 밖으로 외적을 물리침에 아무 일이 없겠습니까.

신은 전쟁을 새로이 겪고 나서 연이어 큰 변고가 있어서 혹독

88 음우주무(陰雨綢繆) : 유비무환(有備無患)을 말한 것으로, 《시경》 〈빈풍(豳風) 치효(鴟鴞)〉에 "하늘이 비를 내리지〔陰雨〕 않을 때, 저 뽕나무 뿌리를 주워다가 둥지 창문을 칭칭 감는다면,〔綢繆牖戶〕 지금 너희 하민들이 혹시라도 나를 업신여기랴." 라고 한 데서 유래하였다.

89 완게(玩愒) : '완세게일(玩歲愒日)'에서 온 말로, 안일을 탐하고 세월을 허송한다는 의미이다. 《춘추좌씨전(春秋左氏傳)》 소공(昭公) 원년 조에 "후자가 나와서 사람에게 고하기를 '조맹은 머지않아 죽을 것이다. 백성의 주인이 되어, 세월을 허송하며 안일만을 탐하니, 그가 얼마나 살 수 있겠는가.' 하였다.〔后子出而告人曰趙孟將死矣. 主民, 琓歲而愒日, 其與幾何?〕"라고 한 데서 가져왔다.

하고 많은 부역과 필요한 경비가 해를 이어 그치지 않아서 재력(財力)이 고갈됨이 사람이 불러온 것이 아닌 줄 진실로 아옵니다. 더구나 진풍(進豐)[90]을 마련함은 실로 위로하고 기쁘게 하려는 지극한 정성에서 나온 것이고, 봉릉(封陵)[91]의 일도 또한 추모의 효사(孝思)에 말미암았으며, 영선(營繕) 의물(儀物)을 갖춤에 이르러서는 모두 온갖 일이 폐추(廢墜)된 나머지에 마땅히 거행하여서 그만두어서는 안 되는 것입니다.

하지만 국가의 일이 비록 내외가 없기는 해도 시행하고 조치하는 즈음에 완급이 현격히 다르니, 일이 비록 지극히 중하더라도 급한 바가 이보다 심한 것이 있으면, 우선 정지하고 뒷날을 기다리는 것만 함이 없습니다. 설령 변방 방비〔邊備〕가 소홀한 잘못이 있어 방수(防守)가 견고치 않다면 비록 온갖 법도를 모두 펼쳐서 문구(文具)가 일신(一新)하게 하더라도 하루아침 창졸간에 하는 것은 모두 믿을 수 없습니다. 금일의 일이 과연 어느 것이 늦출 것이며 어느 것이 급히 해야 할 것인지요.

신의 입장에서 헤아려 보건대, 급하지 않은 일을 다 없애고 쓸데없는 비용을 줄이고서 한결같은 뜻으로 변방을 견고히 하는 계책에 오로지 힘을 쏟아야 합니다. 각사(各司)의 공물은 판조(版曹 호조(戶曹))에 돌아가게 하지 말고 병력(兵力)을 기르는 데 힘쓰도록 하며, 군사(軍士)의 가포(價布)[92]는 기성(騎省 병조(兵曹))에 들

90 진풍(進豐) : 진풍정(進豐呈). 풍정을 올린다는 뜻으로, 풍정은 임금이 웃전〔上殿〕에 올리는 잔치이다. 이 잔치는 여느 때의 잔치보다 규모가 크다.

91 봉릉(封陵) : 왕릉(王陵)을 봉축(封築)하는 것을 말한다.

이지 말고 방수(防戍)에 모두 달려가게 하여야 합니다. 그리하여 변방 수비가 조금 정리되고 두서가 점차 성취됨을 기다린 뒤에 천천히 그 외의 것을 의논해도 아마 늦지는 않을 것입니다.

또 속히 변통하지 않을 수 없는 하나의 폐단이 있습니다. 평시에는 진포(鎭浦)에 들어가 방어하는 군사가 모두 일정한 수가 있었고, 이미 소속된 뒤에는 오직 진장(鎭將)이 하는 바를 따랐으며, 그 능한지의 여부를 관찰하여 상과 벌을 주었습니다. 그런데 난리가 일어난 뒤에는 변방 수자리에 나아가는 군사를 한결같이 감사(監司)에게 맡겨 여탈권을 주어, 이미 일정한 장소가 없고 또 일정한 수가 없으며, 전선(戰船)을 지키는 군사를 조금 공급해 주고는, 나머지는 모두 군포(軍布)를 거두어 함부로 낭비하였습니다. 이 때문에 영성(零星)[93]한 사졸이 또 수사(水使)가 깎아 내어 줄여 버리는 탓에 각 포(浦)는 빈 진(鎭)이 되고, 전선은 빈 배가 되어 바다 입구에 내팽개쳐 쉽게 썩고 부서지는 데에 이르렀으니, 진포의 장수 가운데 비록 염려하는 계책을 내는 자가 있더라도 속수무책으로 앉아서 보기만 할 뿐 배를 수리하여 적을 막고 끊는 일에 뜻을 둘 수가 없습니다. 이것이 어찌 꼴과 콩을 공급하지도 않고 목어사(牧圉司)를 맡아 말 기르기를 요구하는 것과 다르겠습니까. 각 진(鎭)이 형편없는 것은 주로 여기에서 말미암는 것이니, 지금 만약 각 도에 신칙(申飭)하여 과조(科條)를 분명히 세

92 가포(價布) : 국가에 일정한 신역(身役)을 치러야 할 사람이 출역(出役)하지 않고 그 신역의 대가로 바치는 포목(布木)을 말한다.

93 영성(零星) : 영쇄(零碎)와 같은 말로서 정수(整數)를 이루지 못한 것을 말한다.

우지 않는다면 방졸(防卒)을 삭감하고 군포(軍布)를 거두어 낭비하는 폐단이 여기에만 그치지 않을 것입니다.

어리석은 신은 원하옵건대, 지금부터는 군의 다소를 헤아려 나누어 각 진(鎭)에 소속시키고서 옮기지 말도록 함을 길이 항구의 법이 되게 하고, 전선을 수리하고 무기를 정리함은 오로지 진장(鎭將)에게 맡겨서 훼손되면 보수하고 오래되면 고치도록 하시옵소서. 그리하여 잘 해내지 못하는 자는 법으로 다스려 태거(汰去)[94]하고, 방백(方伯)과 주장(主將)이 그 사이에 뒤흔들어 빼앗는 바가 있도록 하지 않는다면, 변경의 장수가 신칙하고 힘써 전쟁의 도구를 스스로 정비할 것입니다. 또 바닷가 여러 고을의 군(軍)에게는 그들의 땅을 스스로 지키도록 한다면 여가의 날을 얻어 그 전리(田里)를 잘 다스려서 출정하는 자는 양식을 싸 가지고 가야 하고 집에 있는 자는 보내 주어야 하는 폐단이 또한 조금 줄어들 것입니다.

지금은 곧 그러하지 않고 본진(本鎭)의 방어를 버리고 다른 진으로 옮겨 달려가고, 가까이를 버리고 멀리에 수자리를 가서 편히 해도 되는 일을 수고롭게 하니, 그 계책이 매우 졸렬하여 이치상 고쳐야 합당합니다. 지금 바닷가 여러 고을에 주사(舟師 수사(水師))가 있는 곳은 모두 본 고을의 군(軍)이 입방(立坊 입번하여 방수함)하도록 하고, 부족하면 인근의 관(官)으로써 더하도록 하며, 통영(統營)의 여러 섬으로 변고에 대비한 곳에 이르러서는 모두 내지의 군으로써 방소(防所)에 들어가게 하여 추가로 번수(番數)

94 태거(汰去) : 죄과가 있는 하급 관리를 파면하는 일을 말한다.

를 정한다면 해변의 쇠잔한 사졸들이 거의 혹 조금 되살아날 것입니다.

미관말직의 소신(小臣)이 감히 어리석고 망녕된 견해를 가지고 우러러 전하의 귀를 더럽혔으니, 참람되이 분에 넘치는 짓을 한 죄가 진실로 용서받기 어려울 줄 압니다. 다만 신이 맡아 처리할 일이 이미 군사를 모집함과 둔전을 설치함이 중심인데 현실과 잘 맞지 않아 성공하기가 어려움이 위에 진달한 바와 같으니, 가서 시험해 보고 효험이 없기보다는 차라리 시종 할 수 있는 것을 헤아려 착실히 행하는 것이 낫겠습니다. 지금 절하고 인사드리며 떠날 날이 당도하여 감히 이렇게 그 이해(利害)를 조목조목 진달하고서 조정에서 재량하여 채택하기를 기다리겠습니다.

임술년(1622, 광해군14) 의소 폐조〔광해군〕 때

壬戌擬疏 廢朝時

신들은 삼가 살피옵니다. 기자(箕子)가 무왕(武王)에게 고(誥)하여 말하기를, "오직 임금만이 복을 짓고, 오직 임금만이 위엄(威嚴)을 짓고, 오직 임금만이 옥식(玉食)을 할 수 있으니, 신하는 복을 짓고 위엄을 짓고 옥식을 하는 일이 있어서는 안 된다."[95] 하였고, "신하이면서 복을 짓고 위엄을 짓고 옥식을 하는 일이 있는 경우는, 네 집에 해롭고 네 나라에 흉하다."[96]라고 하였습니다. 가령 기자가 성인(聖人)이 아니라고 한다면 그 말이 천하 후세의 법이 되기에 부족하여 경계하는 바의 말이 믿지 못하는 데 가까우니, 그 말을 다 믿을 필요는 없을 것입니다. 그러나 가령 기자가 성인이라고 한다면 그가 서술한 구주(九疇)[97]의 도(道)는 곧

95 오직……안 된다 : 원문은 "惟辟作福, 惟辟作威, 惟辟玉食, 臣無有作福作威玉食."으로, 《서경》 〈홍범(洪範)〉에 나오는 구절이다.

96 신하이면서……흉하다 :《서경》 〈홍범〉에 "신하이면서 복을 짓고 위엄을 짓고 옥식을 하는 일이 있는 경우는, 네 집에 해롭고 네 나라에 흉하여, 지위에 있는 관리들은 바르지 못하고 기울고 편벽되며 백성들은 참람하고 어긋나게 될 것이다.〔臣之有作福作威玉食, 其害于而家, 凶于而國, 人用側頗僻, 民用僭忒.〕"라고 한 데서 가져왔다.

97 구주(九疇) : 홍범구주(洪範九疇)를 말한다. 구주는 아홉 가지 종류를 말하는데, 하(夏)나라 우(禹)임금 때, 낙수(洛水)에서 나온 신귀(神龜)의 등에 나타났다는 구장(九章)의 글로 천하를 다스리는 대법(大法)을 말한다. 이는 기자(箕子)가 주 무왕(周武王)의 물음에 응답한 것으로, 오행(五行)·오사(五事)·팔정(八政)·오기(五紀)·황극(皇極)·삼덕(三德)·계의(稽疑)·서징(庶徵)·오복(五福)을 말한다. 《書經 周書 洪範》

만고의 떳떳한 윤리를 서술한 바여서, 천리(天理)로써 성인에게 주고 성스러움으로써 성인에게 전해 준 것이 이와 같이 간곡하니, 곧 이를 따르는 자는 길(吉)하고 거스르는 자는 흉(凶)한 것이 필연의 이치입니다. 어찌하여 그렇겠습니까.

대개 위엄(威嚴)과 복(福)이라는 것은 군주가 아랫사람을 다스리는 큰 자루이니, 군주가 그 자루를 잃으면 아랫사람을 다스릴 수가 없고, 신하가 그 자루를 마음대로 행하면 끝내 윗사람을 핍박하는 데 이릅니다. 진(晉)나라의 육경(六卿),[98] 노(魯)나라의 삼환(三桓),[99] 제(齊)나라의 전씨(田氏),[100] 양한(兩漢)에서의 왕·량(王梁)과 동·조(董曹),[101] 위진(魏晉)에서의 사마(司馬)와

98 진(晉)나라의 육경(六卿) : 춘추 시대 진(晉)나라의 대부 범씨(范氏)·중항씨(中行氏)·지씨(智氏)·한씨(韓氏)·위씨(魏氏)·조씨(趙氏)로, 권신으로서 정사를 천단(擅斷)하였다. 진나라 정공(定公) 때에 중항씨와 범씨가 축출되고 그 뒤에 지씨가 내분으로 몰락하자 한·위·조만 남았는데 위열왕(威烈王) 23년(B.C. 403)에 천자를 협박하여 각각 제후로 인정받음으로써 진나라는 삼분되어 사라졌고, 마침내 전국 시대가 시작되었다.

99 노(魯)나라의 삼환(三桓) : 춘추 시대 노(魯)나라의 맹손씨(孟孫氏)·숙손씨(叔孫氏)·계손씨(季孫氏)로, 이들은 모두 노 환공(魯桓公)의 후손이므로 삼환이라 일컬었고, 문공(文公)이 죽은 뒤에 무도하게 노나라의 국정을 장악하여 권세를 차지하였다.

100 제(齊)나라의 전씨(田氏) : 춘추 시대 제(齊)나라 전화(田和)를 말한다. 제 환공(齊桓公) 때 진 여공(陳厲公)의 아들 전완(田完)이 제나라로 망명하여 환대를 받았는데, 그 후손 전걸(田乞)이 제 경공(齊景公) 때에 대부가 되어 백성들에게 음덕(陰德)을 쌓았지만, 경공이 대우를 해 주지 않아 화근을 만들었다. 그 뒤에 전걸의 아들 전상(田常)이 제 간공(齊簡公)을 시해하고 정권을 장악하였고, 전상의 증손 전화(田和) 때에 이르러 천자의 승인을 받고서 제나라의 제후(諸侯)가 되었다.

양·가(楊賈)[102]가 그 자루를 거꾸로 잡아 나라를 멸하고 집을 망하게 하였던 것들임을 명백하게 알 수 있으니, 성인(聖人)의 말씀이 어찌 만세의 큰 법이 되지 않겠습니까.

오호라, 위 복(威福)의 자루를 신하에게 빌려주고서 스스로 멸망에 이르는 일이 어찌 당세 임금이 하고자 한 것이었겠습니까. 다만 처음에는 그 영합함을 좋아하고 그들의 거짓 변명을 믿으며, 그들의 작은 청렴과 굽은 행실과 화려한 말솜씨와 꾸미는 얼굴빛을 보고서는 이를 어질다고 여기고, 그들의 정직한 이를 소원케 하고 이간하며 아첨하는 이를 끌어들여 나아오게 함을 보고서는

101 왕·량(王梁)과 동·조(董曹) : 왕은 전한(前漢) 효원 황후(孝元皇后)의 조카로서 평제(平帝)를 죽이고 한조(漢朝)를 빼앗아 신(新)나라를 세운 왕망(王莽)을 가리키고, 량은 후기에는 외척으로 부자가 계승하여 정권을 잡았다가 정사를 천단한 양기(梁冀)를 가리킨다. 동은 후한(後漢)의 장군으로 정권을 장악한 뒤 헌제(獻帝)를 세워 허수아비로 만들고 전횡을 일삼다가 여포(呂布)·왕충(王充)에게 살해된 동탁(董卓)을 가리키고, 조는 후한 때의 권신(權臣)으로 손자 조비(曹丕)가 헌제(獻帝)를 폐위한 뒤 무제(武帝)라 추존한 조조(曹操)를 가리킨다. 이들 모두는 왕위를 찬탈하거나 찬탈에 관계한 자들이다.

102 사마(司馬)와 양·가(楊賈) : 사마는 삼국 시대 위(魏)나라의 장수로 문제(文帝) 때 승상의 자리에 올라 손자 사마염(司馬炎)이 제위(帝位)를 찬탈할 기초를 닦은 사마의(司馬懿)를 가리키고, 양은 남북조 시대 진(晉) 무제(武帝)의 장인이자 무도양황후(武悼楊皇后)의 아버지로, 무제가 죽고 혜제(惠帝)가 즉위하자 국정을 도맡아서 자기의 친당(親黨)만을 등용하여 정권을 전횡한 양준(楊駿)을 가리킨다. 가는 진(晉)나라 무제 때 대도독(大都督)까지 되었으나 일생을 아첨과 불의로 일관하였으며, 사태(史太)를 시켜 임금인 고귀향공(高貴鄕公)을 죽이기까지 한 가충(賈充)을 말하는데, 그의 딸이 진 혜제(晉惠帝)의 황후 가후(賈后)로, 선대(先代) 무제(武帝)가 죽고 혜제가 즉위하자 선황후 무도양황후(武悼楊皇后)를 역모를 꾀했다는 무함하여 폐위시켜서 서인(庶人)으로 만들었다.

이를 충(忠)이라고 여깁니다. 그리하여 좌우에서 명성을 퍼트리고 당여(黨與)들이 가리고 막으면 또 따라서 현혹시키니, 대저 어찌 믿고 총애하지 않을 수 있겠습니까. 깊이 믿고 오로지 총애하면 고굉(股肱)의 신하[103]로 의지하고 주석(柱石)의 신하[104]로 의탁하여 그들에게 여탈(予奪)의 자루와 생살의 권한으로써 맡기니, 형세가 진실로 그러합니다.

당여가 이미 형성되었고 조아(爪牙)[105]가 이미 펼쳐졌는데도 오히려 군주에게 의심을 받을까 두려워하여, 곧 또 그 무리로 하여금 공론(公論)을 빌려서 주공(周公), 관중(管仲), 곽광(霍光), 제갈량(諸葛良)이 전정(專政)하였던 고사(故事)를 인용하여 장황하게 칭송하고 찬미하면서 군주의 마음을 견고케 하고 언로를 막아서 군주로 하여금 깊이 믿어 의심치 않도록 하며, 충성스럽고 어진 신하를 원수 보듯이 하여 도리어 위력을 행사하고 참수하여 베

103 고굉(股肱)의 신하 : 팔다리처럼 임금이 가장 믿는 중요한 신하로, 《서경》 〈익직(益稷)〉에 "제순이 노래를 지어 '하늘의 명을 삼갈진댄 때마다 삼가고 기미마다 삼가야 한다.' 하고, 마침내 노래하기를 '고굉 같은 신하가 기뻐하여 일하면 원수가 되는 임금의 다스림이 흥기하여 백공이 기뻐할 것이다.' 하였다.〔帝庸作歌曰勅天之命, 惟時惟幾, 乃歌曰股肱喜哉, 元首起哉, 百工熙哉.〕"라고 한 데서 유래하였다.

104 주석(柱石)의 신하 : 기둥과 주춧돌처럼 나라의 중임을 맡은 신하를 일컫는 말이다. 《한서(漢書)》 〈원후전(元后傳)〉에 "왕상은 내행이 돈독하여 위중함이 있고 지위가 장상을 두루 거쳤으니 나라의 기둥과 주춧돌 같은 신하이다.〔王商內行篤, 有威重, 位歷將相, 國家柱石臣也.〕"라고 한 데서 가져왔다.

105 조아(爪牙) : 《시경》 〈기보(祈父)〉에 "기보야 나는 왕의 발톱과 이빨인데, 어찌하여 나를 근심 속에 전전하여 머물러 살 곳이 없게 하는가.〔祈父, 予王之爪牙, 胡轉予于卹, 靡所止居?〕"라고 한 데서 가져왔다. 심복을 의미한다.

기를 행하게 합니다. 그리하여 세상의 도가 변하여 투박하고 사치스럽게 되며 정직한 이가 변하여 부화뇌동하게 되기에 이르면 군자는 입을 닫고 말을 하지 않으며,[106] 나라 사람들은 바람을 따라 쏠리듯 아부하게 됩니다. 이런 때를 당하여서는 비록 제어하고자 하더라도 또한 그렇게 할 수가 없습니다. 그래서 경방(京房)[107]이 눈물을 흘리며 비유해서 간언을 하였고, 매복(梅福)[108]이 글을 올려서 기자(箕子)가 양광(佯狂)한 이유에 대해 말하였으며, 장강(張綱)[109]이 비분강개하며 수레바퀴를 묻었고, 진동(陳東)[110]이 올

106 입을……않으며 : 말을 조심한다는 의미이다. 오대(五代) 때 풍도(馮道)는 다섯 왕조에 열한 명의 임금을 섬기면서, 재상으로서 73세의 장수를 누리는 동안, 인생을 살아감에 있어서 입이 화근(禍根)임을 깨닫고 〈설(舌)〉을 지어 "입은 재앙을 불러들이는 문이고, 혀는 몸을 자르는 칼이다. 입을 닫고 혀를 깊이 감추면, 가는 곳마다 몸이 편안하다.〔口是禍之門, 舌是斬身刀, 閉口深藏舌, 安身處處牢.〕"라고 하였는데, 여기에서 가져온 말이다.

107 경방(京房) : 한(漢)나라 때 사람으로 초연수(焦延壽)에게 《주역》을 배워 자연현상을 보고 미래를 점치는 것으로 원제(元帝) 때 당시의 폐단을 말하였는데, 유왕(幽王), 여왕(厲王)과 제 환공(齊桓公), 진 이세(秦二世)의 일을 예로 들어 원제에게 간언을 했지만, 받아들여지지 않고 도리어 당시 총애를 받던 권신 홍공(弘恭)과 석현(石顯)에 의해 위군(魏郡) 태수로 좌천되었다. 《漢書 卷75 京房傳》

108 매복(梅福) : 한나라 때 사람으로, 경학(經學)에 밝아 군(郡)의 문학(文學)이 되었고 남창위(南昌尉)를 역임하였다. 성제(成帝) 때 외척 왕씨(王氏)가 득세하고 왕망(王莽)이 권력을 독차지하매, 글을 올려 은(殷)나라 때 기자(箕子)가 거짓 미친 짓하고 홍범구주를 찬했던 것을 언급하며 천하의 언로(言路)를 열고 외척의 강성한 권력을 억제하라고 간언하였으나 받아들여지지 않자, 벼슬을 그만두고 회계(會稽)에 숨어서 성명을 바꾼 채 문지기 노릇을 하였다. 《漢書 卷67 梅福傳》

109 장강(張綱) : 후한(後漢) 순제(順帝) 때의 사람으로, 지방 풍속을 순찰하라는 명을 받자, 타고 갈 수레의 바퀴를 낙양(洛陽) 교외의 땅에 묻고서 "승냥이와 이리가

곧은 말로 상소하고서 형장(刑場)으로 나아갔던 것들이 끝내 군주의 청취를 돌려 위망(危亡)해 가는 재앙에서 구하지 못하였으니, 도도하게 흐르는 고금에 애통하여 곡함을 이길 수 있겠습니까.

오호라, 저 주공(周公)의 성스러움과 관중(管仲)의 인(仁)과 곽광(霍光)의 근신(謹愼)과 제갈량(諸葛良)의 충정(忠貞)을 어찌 사람마다 다 헤아려 오로지 행하기를 요구할 수 있겠습니까. 진실로 그에 마땅한 사람이 아닌데 위엄과 복을 빌려주면 마음대로 농단함이 극에 달해서 나라를 해치고 집을 흉하게 함에 이르지 않을 자가 드뭅니다.

신들은 삼가 보옵건대, 이이첨(李爾瞻)[111]은 곧 간인(姦人)의 괴수입니다. 천지의 음습하고 악한 기운을 모으고 역대 간사한 성질을 합하여 이것이 뭉쳐 한 몸이 되었으니, 참혹하고 독하기는

요로에 버티고 있는데, 어찌 여우와 살쾡이 따위를 따질 것이 있겠는가.〔豺狼當路, 安問狐狸.〕"라고 하고 가지 않고, 곧바로 당시의 권간(權奸)인 대장군 양기(梁冀)를 탄핵하여 경사(京師)를 진동시켰다. 《後漢書 卷56 張綱列傳》

110 진동(陳東) : 송(宋)나라 때 단양(丹陽) 사람으로, 사람됨이 강직하여 조금도 굽힘이 없었다. 흠종(欽宗)이 즉위하자, 당시의 권신(權臣) 채경(蔡京)과 동관(童貫) 등 여섯 사람을 육적(六賊)이라 탄핵하여 죽이기를 청하였고, 황잠선(黃潛善)과 왕백언(汪伯彦)을 파면시킬 것을 청하였으나 뜻을 이루지 못하고 도리어 그들의 참소를 입어 피살되었다. 《宋史 卷455 忠義列傳 陳東》

111 이이첨(李爾瞻) : 1560~1623. 본관은 광주(廣州), 자는 득여(得輿), 호는 관송(觀松)이다. 1608년(광해군 즉위년) 문과에 급제하였다. 광해군의 옹립을 주장한 대북파의 영수로, 예조 판서·대제학을 겸임하고 광창부원군(廣昌府院君)에 봉해졌다. 권세를 장악한 후 정인홍(鄭仁弘)과 함께 소북파를 숙청하고 영창대군(永昌大君)의 살해를 주도하였으며 인목대비(仁穆大妃)를 서궁(西宮)에 유폐하는 등 많은 악행을 저질러, 1623년 인조반정 때 참형되고 족멸되었다.

뱀이나 독사 같으며 속이고 숨김은 귀신이나 물여우 같고, 변하고 미혹함은 늙은 여우 같으며 잔꾀를 부림은 거미 같습니다. 험함은 임보(林甫)[112]와 같으면서 재주는 그 이상이고, 속임은 진회(秦檜)[113]와 같으면서 악함은 더 심합니다. 진실로 그 마음의 자취를 분명하게 살피지 아니하고 오래도록 정사의 권한을 빌려주면 국가의 화가 이루 다 말할 수도 없는 점이 있을 것입니다.

일을 행할 때 드러나는 것은 형체를 감추고 자취를 없애니, 비록 혹 보기가 어렵다고 하더라도, 그의 마음속에 온축한 것은 기회를 틈타고 화를 요행으로 여겨 그 위복(威福)을 이루려는 것이 아님이 없습니다. 그런데 전하께서는 한갓 충(忠)인 듯한 그 행적만을 믿고 기망(欺罔)하는 그 형상을 살피지 않으시고서, 의지하여 복심(腹心)으로 삼으면서 다른 사람의 말을 돌아보지 않으십니다. 또 혹 심적(心跡)의 사이에 믿기에는 의심하다가도 음사(陰邪)가 막고 가림에 곧바로 미혹되시어, 이이첨의 형세가 더욱 확

112 임보(林甫) : 이임보(李林甫, 683~752)로, 당나라의 종실 사람인데 음률에 뛰어나고 임기응변에 능하였다. 당 현종(唐玄宗)의 총비(寵妃) 및 환관 등과 결탁하여 황제의 의중을 잘 알아맞혔는데, 19년간 재상으로 있으면서 정치를 전횡하고 언로(言路)를 막아 안사(安史)의 난을 조성하였다. 병으로 죽었으나 장례도 치르기 전에 양국충(楊國忠)의 모함을 받아 관직을 모두 삭탈당하였으며, 관이 쪼개지고 시신의 입에 들어 있던 반함(飯含)이 모두 꺼내진 뒤 작은 관에 서인(庶人)의 예로 장례를 치렀다고 한다. 《新唐書 卷223 姦臣列傳 李林甫》

113 진회(秦檜) : 송(宋)나라의 간신(姦臣)으로, 금(金)나라와의 외교 정책에 있어 화평을 진행하고 강화를 주창하였지만, 그 과정에서 주전파인 악비(岳飛) 등 수많은 충신을 모함하여 죽이고, 그 후도 스스로의 권력 유지를 위해 공포정치를 동반했기 때문에 후세에 매국노〔漢奸〕로 지탄받았다. 《宋史 卷473 秦檜列傳》

장되어 날로 성대하여 제어할 수 없는 지경에 이르도록 하니, 이른바 "타오르는 불을 완전히 끄지 못해서 끝내 들판을 태우는 데 이른다."[114]라는 것입니다.

이이첨의 간사한 성질과 마음대로 농단하는 형상을 전후로 상소한 유자(儒者)들과 좌우의 여러 신하가 비록 혹 이에 대해 말하기는 하였지만, 또한 그 정상(情狀)을 다 진달할 수는 없거늘, 하물며 신들은 폐기된 지 10년이 되었고 발걸음이 조정에 끊겼음에 말해 무엇하겠습니까. 간사한 신하가 행하는 바는 지극히 비밀스럽고 극도로 은밀하니 비록 행하고 말한 것이 있더라도 또한 정확하게 지적하기 어렵습니다. 그러니 어찌 그 심적(心跡)을 다 드러내어 임금의 청취를 되돌릴 수가 있겠습니까. 비록 그렇지만, 이이첨의 속마음의 정상(情狀)이 사람들의 이목에 드러난 것은, 비록 먼 지방의 삼척동자라도 한둘을 손으로 꼽을 수 있습니다. 사람을 아는 법은 말을 많이 하는 데 있는 것이 아니니, 이 한두 가지를 가지고 보면 그 나머지는 미루어 알 수 있습니다.

삼가 원하옵건대, 전하께서는 멀리 있는 순박하고 곧은 사람이 하는 말을 가지고 중신(重臣 이이첨을 지칭)을 비방한다고 여기지 마시고, 좌우의 측근들과 그 간당(奸黨)으로 이이첨의 완협(緩頰)[115]이 된 자들을 믿을 만하다고 하지 마시옵소서. 조고(趙高)

114 타오르는……이른다 : 《서경》 〈반경 상(盤庚上)〉에 "마치 불이 들판에 타오르는 것과 같아서 향해 가까이 갈 수가 없는데, 어떻게 오히려 완전히 없앨 수 있겠는가.〔若火之燎于原, 不可嚮邇, 其猶可撲滅.〕"라고 한 데서 가져왔다.

115 완협(緩頰) : 말 잘하는 변사로, 《한서(漢書)》 고제기(高帝紀)에 "한왕이 형양(滎陽)에 가서 역이기(酈食其)에게 '완협(緩頰)은 가서 위왕(魏王) 표(豹)를 달래

가 "고신(故臣)을 다 제거하고서 친애하고 믿는 바의 사람을 바꾸어 두면, 베개를 높이 베고 마음대로 하면서 종신토록 영광을 누릴 것이다."라고 한 말[116]로 그 기망을 행하도록 하지 마시고, 노성한 대신에게 맡기고 안락함을 경계하심을 염두에 두시옵소서. 한(漢)나라 때 소신(小臣)이 조정에서 사부(師傅)를 모욕함에 진노해서 크나큰 불경(不敬)으로 죄를 주었던 것[117]을 행하지 마시고, 송(宋)나라 때 유생(儒生)이 육적(六賊)을 주벌하길 청함에 진노해서 비방한다고 지목하여 간흉으로 여겨 원한을 갚았던 것[118]을 행하지 마시옵소서. 한찬남(韓纘男),[119] 박정길(朴鼎吉)[120]

라.' 하였다."라고 한 데서 가져왔다.

116 조고(趙高)가……말 : 조고가 이세(二世)에게 "폐하께서 법을 엄하게 하고 형벌을 까다롭게 하여 선제(先帝)의 옛 신하들을 모두 제거하시고, 폐하께서 친애하고 믿는 사람으로 바꾸어 두신다면 베개를 높게 하고 마음을 펴고 영광과 즐거움을 누릴 것입니다.〔陛下嚴法而刻刑, 盡除先帝之故臣, 更置陛下之所親信, 則高枕肆志寵樂矣.〕"라고 하였다. 《通鑑節要 卷3 後秦紀 二世皇帝》

117 한(漢)나라……것 : 한 성제(漢成帝) 때 직신(直臣) 주운(朱雲)이 일찍이 천자(天子)를 알현하기를 청하여 그 앞에서 아뢰기를 "신은 바라건대, 상방참마검을 내려 주시면 아첨하는 신하 한 사람을 베어 죽여서 다른 신하들을 면려하겠습니다.〔臣願賜尙方斬馬劍, 斷佞臣一人以厲其餘.〕"라고 하므로, 임금이 그가 누구냐고 묻자, 그가 안창후(安昌侯) 장우(張禹)라고 하였다. 그러자 임금이 크게 진노하여 "신하가 아래 지위에서 윗사람을 헐뜯고, 조정에서 사부를 모욕했으니, 죽을죄로 용서할 수 없다.〔小臣居下訕上, 廷辱師傅, 罪死不赦.〕"라고 한 데서 가져왔다. 《漢書 卷67 朱雲傳》

118 송(宋)나라……것 : 송나라 선화(宣和) 7년에 태학생 진동(陳東) 등이 당화(黨禍)를 일으킨 채경(蔡京)·동관(童貫)·왕보(王黼)·양사성(梁師成)·이언(李彦)·주면(朱勔) 등 6인을 육적(六賊)으로 지목하고 주살하기를 청했지만, 도리어 유배되어 죽었다. 《宋史 卷23 欽宗本紀》

등이 소장 중에 촉휘(觸諱)의 말을 끄집어내어 무군부도(無君不道 임금을 경멸하는 무도한 자라는 뜻)하다고 지적한 것을 믿고서 끝내 나라에 선류(善類)를 텅 비게 하여 이이첨의 마음을 흔쾌하게 해 주고 시사를 말하는 자가 경계하도록 하지 마시옵소서.

예로부터 소인 중에 나라의 권한을 마음대로 농락하는 자가 어찌 모두 탐욕스럽고 용렬하며 비열하고 졸렬한 자이겠습니까. 재주는 명예를 낚아채기에 충분하고 은혜는 사람들을 얻기에 충분하며, 신의는 요군(要君 세력을 믿고 임금에게 요구함)을 하기에 족하고 지혜는 상대의 마음을 헤아리는 데 충분합니다. 그러므로 위로는 임금의 마음을 얻고 아래로는 무리에게 칭찬을 얻을 수 있으니, 기이한 공로를 취하여 한 시대를 농락하고 그 하고자 하는 바를 마음대로 하려고 합니다.

그들은 총애와 지위가 이미 융성하고 권세가 이미 성대하게 되어서는 심적(心跡)은 가리우기가 어렵고 대중의 마음이 불만스러워하매, 두려워하는 바는 올바른 사람〔正人〕이고 꺼리는 바는 공론(公論)입니다. 이에 위복(威福)을 만들어 내어 사당(私黨)을 심

119 한찬남(韓纘男) : 1560~1623. 광해군 때 이이첨(李爾瞻)의 심복으로 도승지, 대사헌, 형조 판서 등을 역임하였다. 소북파를 제거하기 위해 이이첨의 사주로 해주옥사(海州獄事)를 일으키고, 폐모론(廢母論)을 주도하였다. 인조반정이 일어나자 주살되었다.

120 박정길(朴鼎吉) : 1583~1623. 본관은 밀양(密陽), 자는 양이(養而)이다. 광해군 때 급제하여 사헌부, 사간원, 홍문관 관원 등을 역임하였다. 폐모론을 주장하였다. 인조반정이 일어나자 주살되었다. 광해군 13년(1621) 8월, 유생들이 이이첨을 죄줄 것을 상소한 것에 "이이첨은 한마디로 말한다면 무군부도한 자입니다."라고 하였다. 《국역 광해군 13년 8월 12일》

고, 기관과 함정을 많이 설치하여 충성스럽고 어진 사람을 빠뜨립니다. 그리하여 조아(爪牙 심복)를 널리 펼치고 자신과 다른 사람을 배격하여 한 세대의 사람으로 하여금 위엄과 재앙을 두려워하여 감히 성내긴 해도 감히 말하지는 못하도록 합니다. 또 궁궐의 내전(內殿)에 의탁하여 궁궐 안에서의 지원을 받아 임금의 동정(動靜)과 호오(好惡)를 먼저 엿보지 않음이 없고 임금의 지의(旨意)에 영합하여 발언하매 적중하지 않음이 없으며, 헌폐(軒陛 군주)의 좌우에 있는 사람들로 하여금 모두 복심(腹心)이 되게 하여 밖의 말이 움직일 수 없도록 한, 그런 뒤에 그 부귀를 구차히 보전할 수 있습니다.

그런데 지위가 극에 달하고 총애가 지나쳐서 실정이 드러나고 형세가 꺾임에 참람한 행적이 주상에게 의심을 받게 되면, 노륙(孥戮)[121]의 화가 장차 구족(九族)에까지 미칠 것입니다. 이런 때에 부귀를 벗어 버리고자 한즉, 계륵(鷄肋)[122] 같아서 마음에 흡족한 것이 없고, 형장(刑章)에서 달아나고자 한즉, 천하가 함께 형벌을 주겠으니, 권세의 이로움에 대한 생각과 두려움이 다가오는

121 노륙(孥戮) : 본인의 죄로 인해 처자가 모조리 죽임을 당하는 형으로, 《서경》 〈감서(甘誓)〉에, "명을 잘 받드는 사람은 조상들에게서 상을 받을 것이고, 어기는 자는 사직에서 죽음을 받게 되는데, 자신뿐 아니라 처자까지 죽게 될 것이다.〔用命賞于祖, 不用命戮于社予則孥戮汝.〕"라고 한 데서 인용한 말이다.

122 계륵(鷄肋) : 닭의 갈빗대로, 버리기는 아까워도 먹을 것은 없는 것이니, 취할 만한 가치도 없지만 그렇다고 차마 버릴 수도 없는 사물을 비유한다. 삼국 시대 위(魏)나라 양수(楊脩)의 말에 "대저 닭갈비란 버리자면 아까운 생각이 들고, 먹자면 또한 먹을 것이 없다.〔夫鷄肋棄之如可惜, 食之無所得.〕"라고 한 데서 유래하였다.

심정이 가슴속에 교차하여 애가 탑니다. 그리고 악행을 함께하고 서로 도와 화복(禍福)을 더불어 함께한 자들이, 따라서 선동(煽動)하여 밤에는 도모하고 새벽에는 모여서 백 가지 계책 천 가지 생각을 냅니다. 그리하여 마침내 흉한 위세를 크게 자행하며 군상(君上)을 협박하고 제어하여, 크게는 곧 육경(六卿)·삼환(三桓)이 되고, 작게는 곧 조고(趙高)·동탁(董卓)이 됩니다. 이들은 천고(千古)의 간사한 사람으로 화란(禍亂)을 불러올 정상(情狀)이, 마치 하나의 궤적(軌跡)에서 나온 것과 같으니, 지금 이이첨이 곧 그런 사람입니다.

전하께서 깊이 믿으면서 의심하지 않는 것은, 보호해 주고 역당을 주벌했다는 공으로써 함에 불과합니다. 고금 천하에 기이한 공으로 총애를 구함으로써 남의 나라를 망친 자가 어찌 한량이 있겠습니까. 한(漢)나라 역사에서 고찰해 보니, 양기(梁冀)[123]가 정책(定策 새 임금을 옹립하는 계책)으로 봉함을 더 받았는데도 끝내 발호(跋扈)하여 거의 한실(漢室)의 국운을 바꿀 뻔하였습니다. 환자(宦者) 선초(單超)[124] 등이 이미 양기를 주살하고 나서는 오후

123 양기(梁冀) : 후한 순제(後漢順帝)의 왕후 양씨(梁氏)의 오라비로, 누이동생인 양 태후(梁太后)가 임조(臨朝)하면서 정권을 독점하였다. 충제(冲帝)가 죽자 질제(質帝)를 세웠는데, 질제는 총명하여 양기의 난폭함을 알고 조정에서 "이 사람이 발호장군이다.〔此跋扈將軍也〕"라고 평한 것을 듣고, 앙심을 품고 독살하고 환제(桓帝)를 세웠다.《後漢書 卷64 梁冀傳》

124 선초(單超) : 후한 환제 때 조칙을 받들어 대장군 양기와 그 도당을 소탕하고 봉후를 받은 사람이다. 선초와 함께 중상시(中常侍)에 봉해진 5인이 있으니 선초, 서황(徐璜), 구원(具瑗), 좌관(左悺), 당형(唐衡)으로 오후(五侯)라 하였다. 이를 계기로 환관이 내정에 간섭하고 지방관을 독점하여 갖은 횡포를 자행하니, 당시 사

(五侯)가 권세를 마음대로 부려서 결국 한나라가 망하였지만, 조정에는 선인(善人)이 없었습니다. 송(宋)나라 역사에서 고찰해 보니, 한탁주(韓侂冑)[125]가 정책(定策)으로 총애를 얻어 흉포하고 방자하여 만족함이 없었고 그 구석(九錫)[126]을 받고자 하는 데까지 이르렀습니다. 고려 말기에는 간신(奸臣) 정중부(鄭仲夫),[127] 척준경(拓俊京),[128] 임연(林衍),[129] 기철(奇轍),[130] 이의민(李義旼),[131]

람들이 "한 명의 장군이 죽고, 다섯 명의 장군이 나왔다.〔一將軍死, 五將軍出.〕"라고 비꼬아 말하였다. 《後漢書 卷78 宦者列傳》

125 한탁주(韓侂冑) : 남송(南宋)의 권신(權臣)으로, 영종(寧宗) 옹립에 공을 세우고 외척으로서 정계에 등장하였다. 송나라 영종이 즉위하여 수렴청정한 오 태후(吳太后)의 신임을 받아 평원군 왕(平原郡王) 평장군국사(平章軍國事)가 되었는데, 전횡이 극심하였다. 《宋史 卷474 韓侂冑列傳》

126 구석(九錫) : 천자가 특별한 공로가 있는 사람에게 하사하는 아홉 가지 물품이다. 곧 거마(車馬), 의복(衣服), 악칙(樂則), 주호(朱戶), 납폐(納陛), 호분(虎賁), 궁시(弓矢), 부월(鈇鉞), 거창(秬鬯)이다.

127 정중부(鄭仲夫) : 1106~1179. 고려 무신정권기의 집권 무신이다. 무신에 대한 차별 대우와 문신 위주의 정치에 불만을 품고 1170년에 의종이 보현원에서 놀이를 즐기는 기회를 이용하여 이의방(李義方), 이고(李高) 등과 반란하여 문신들을 죽이고 정권을 잡았다. 이어 의종을 폐위하고 왕제(王弟)인 익양공(翼陽公) 호(晧 : 명종)를 즉위시키고 의종은 거제(巨濟)에, 태자는 진도(珍島)에 각각 유배시키고 무신정치를 시작하였다.

128 척준경(拓俊京) : ?~1144. 고려시대 무신으로 곡산 척씨(谷山拓氏)의 시조이다. 이자겸과 함께 반란했다가 인종의 밀명을 받은 최사전이 이자겸과 척준경의 사이를 떼어 놓는 데 성공하였고, 권신 이자겸(李資謙)을 제거하는 데 공로가 있었으나 권력을 남용하였다.

129 임연(林衍) : ?~1270. 고려의 권신이다. 원종(元宗)을 폐하고 안경공(安慶公) 창(淐)을 즉위시킨 뒤 교정별감이 되어 실권을 장악했다. 몽골의 위협에 안경공을 폐위시키고 원종을 복위시켰다. 몽골병과 함께 귀국하게 되자 야별초를 각 지방

최충헌(崔忠獻)[132] 등의 무리가 모두 왕을 옹립하고 역당을 주살함으로 서로 이어서 권력을 잡았으나 끝내 고려를 망하게 하였습니다. 그러므로 "총애가 지나치면 상(賞)이 없고 위세가 떨쳐지면 화(禍)가 된다."라고 하였습니다. 전하께서는 현명한지 사특한지를 살피지 않고 다만 한때 보호하고 역당을 주벌한 공만을 헤아리시어 이날의 위급존망의 화를 빚어내시겠습니까.

전하께서 잠저(潛邸)에 계실 적에 나라의 모든 신민(臣民)들이 다들 인효(仁孝)의 덕을 받들었고, 천심(天心)에 따라 간택이 되어, 동궁(東宮)에 반듯이 자리하고서 덕을 축적하고 역량을 길러 끝내 대통(大統)을 이었으니, 마치 푸른 하늘의 밝은 해와 같아 만물이 다 보듯이 하였습니다. 불행하게도 비록 혹 간사한 신하가

에 보내어 몽골에 끝까지 항전하다가 병으로 죽었다.

130 기철(奇轍) : ?~1356. 누이가 원나라 순제(順帝)의 제2황후가 되어 태자를 낳고 세력이 강대해지자, 정동행성 참지정사에 임명되었고, 고려로부터 정승에 임명된 뒤 덕성부원군(德城府院君)에 봉해졌다. 이후 일족이 수탈을 일삼아 남의 토지를 빼앗는 등의 불법행위를 자행하여 많은 원성을 샀다. 공민왕 즉위 후 원나라가 세력이 쇠약해지고 반원 개혁 정책이 시행되자 역모를 꾀하였으나, 사전에 발각되어 주살되었다.

131 이의민(李義旼) : ?~1196. 고려 중기의 무신, 군인, 정치가. 정중부의 난에 가담했고 의종의 복위 음모와 조위총의 난을 평정했으며 경대승이 죽자 무신정권의 최고 실권자가 되었다. 후에 미타산(彌陀山) 별장에서 최충헌(崔忠獻)에게 살해되었다.

132 최충헌(崔忠獻) : 1149~1219. 고려 시대 무신으로, 이의민 일당을 숙청하고 정권을 장악, 폐정의 개혁을 위한 시무(時務) 10조를 왕에게 올렸다. 1198년 사노 만적(萬積)의 난을 토벌하고, 군사권과 인사권을 장악하고 신변 보호를 위해 도방(都房)을 설치했다. 교정도감(敎定都監)을 설치하고 우두머리인 교정별감(敎定別監)을 차지해 실질적인 최고 권력자가 된 후 아들 최우(崔瑀)에게 권력을 물려주었다.

위험을 도모하거나 역당들이 난리를 선동하여 그 사이에 간사함을 부리는[133] 경우가 있었지만, 명분이 분명하였으니 어찌 감히 간사함을 실현할 수 있었겠습니까. 하늘의 그물이 높이 펼쳐 있어 절로 섬멸되었으니, 이는 곧 인심(人心)이 함께 분발하여 사사로움과 거짓을 용납하지 않음이 있어서입니다.

이이첨은 무신년(1608, 선조41) 봄에 박건(朴楗)[134]을 추천하고 몰래 통한 뒤에, 스스로 말하기를 돕고 보호한〔扶護〕 힘이 있으니, 마땅히 전하께서 의지하여 심려(心膂)[135]로 삼아야 한다고 하였는데, 이이첨이 하늘을 탐하는 공을 끌어와서 자신의 이로움으로 삼은 것이니, 어찌 신하로서 할 도리이겠습니까. 이로부터 이후로 전하께서는 보호한 공을 오로지 이이첨에게 돌리시고, 이이첨은 불세(不世)의 공훈을 스스로 그 자신이 차지하였습니다. 다만 자신만 스스로 차지하였을 뿐 아니라, 또한 그 무리로 하여금

133 간사함을 부리는 : 원문은 '체동(螮蝀)'으로, 무지개의 이칭(異稱)이다. 무지개는 음양의 기운이 어울리지 않아야 하는데 어울린 것이므로 천지의 음기(淫氣)를 표상한다. 이는 사람에 비유하면 해를 가리는 무지개처럼 음흉하고 간사한 무리를 가리키고, 인사(人事)로 치면 사람의 변사(變邪)에 해당한다. 《시경》 〈체동(蝃蝀)〉에 "무지개가 동쪽에 있으니, 감히 이를 가리킬 수 없네.〔蝃蝀在東, 莫之敢指.〕"라고 한 말이 있다.

134 박건(朴楗) : 본관은 고령(高靈), 자는 자한(子閑)이다. 1596년(선조29) 문과에 급제하였고, 무신년 2월 8일에 장령(掌令)에 임명되었다.

135 심려(心膂) : 중요한 역할을 하는 신하라는 의미로 쓴 말이다. 《서경》 〈군아(君牙)〉에 "지금 그대에게 당부하노니, 그대는 나를 도와 나의 다리와 팔과 심장과 허리가 되어, 옛날에 하던 일을 이어 그대의 조고를 욕되게 하지 말라.〔今命爾, 予翼, 作股肱心膂, 纘乃舊服, 無忝祖考.〕"라는 말에서 가져왔다.

차지하게 하여, 한 사람이 두셋이 되고, 두셋이 십백이 되어 반부(攀附)[136]를 망라하였고, 오직 자신이 좋아하고 사랑하는 바로 하였으며, 사람들 중에 그 시비를 논의하는 경우가 있으면 이를 들어 자신을 구제하고 남을 공격하는 우익(羽翼)으로 삼았습니다.

또한 '역당(逆黨)을 돕고 보호한다', '역적을 토죄〔討逆〕한 이를 함정에 빠뜨린다.'라는 하나의 큰 제목(題目)을 들어다가 은총을 요구하면서 논의를 발의한 이를 배척하여 내쫓는 것이 마치 이이첨이 홀로 토역(討逆)을 하였고, 그 과실(過失)을 공격한 자는 모두 역당을 보호함이 되도록 만드는 듯하니, 곧 이는 온 나라 사람을 모두 역당으로 여기는 것입니다. 이 어찌 전하를 위해 토역한 자는 이렇듯 작으며, 전하께서 신하를 대우함이 이렇듯 야박한 것인지요. 이 어찌 이이첨이 군주를 사랑하고 나라를 걱정함에, 나라의 현재(賢才)를 등용해서 하지 아니하고 오직 그 사당(私黨)과 더불어 하는 것이란 말입니까. 하지만 이것은 곧 소인(小人)이 공(功)을 믿고 총애에 의지하는 보통의 모습이니, 시샘이 심한 성질과 좁은 도량[137]을 가진 이이첨이 어찌 공도(公道)를 넓고 크게

136 반부(攀附) : '반룡부봉(攀龍附鳳)'의 준말로, 제왕 혹은 명사(名士)에게 몸을 의탁해서 이름을 이루는 것을 말한다. 한(漢)나라 양웅(揚雄)의 《법언(法言)》〈연건(淵騫)〉에 "용의 비늘을 끌어 잡고, 봉의 날개에 붙는다.〔攀龍鱗, 附鳳翼.〕"라는 말에서 가져왔다.

137 좁은 도량 : 원문은 '두소(斗筲)'로, 두는 한 말들이 그릇이고 소는 한 말 두 되들이 대그릇이니, 모두 근소한 분량을 담을 수 있는 도구이므로, 전하여 도량이 아주 협소한 사람을 비유한 말이다. 공자가 이르기를 "도량이 두소 같은 사람이야 어찌 따질 것이나 있겠는가.〔斗筲之人, 何足算也.〕"라고 한 데서 유래하였다. 《論語 子路》

하길 마치 이준경(李浚慶)[138]이 그 녹권(錄券)을 불태우고 바라던 바를 거둔 것처럼 할 수 있겠습니까.

정인홍(鄭仁弘)[139]이 진언(進言)하여 무신년 당시의 신하를 신임하고서 이에 의지해 심복(心腹)으로 삼으라고 하기에 이르러서는, 전후의 장차(章箚)가 이이첨을 위해 계책하고 은혜에 보답하는 것으로 삼지 않은 것이 없었습니다. 이는 바로 장우(張禹)[140]

138 이준경(李浚慶) : 1499~1572. 본관은 광주(廣州), 자는 원길(原吉), 호는 동고(東皐), 시호는 충정(忠正)이다. 병조 판서, 대사헌, 영의정 등을 역임하였다.

139 정인홍(鄭仁弘) : 1535~1623. 본관은 서산(瑞山), 자는 덕원(德遠), 호는 내암(來菴)이다. 북인의 영수(領首)로서, 광해군이 즉위하자 대북정권을 수립하였으나 1623년 인조반정으로 참형되고 가산이 적몰(籍沒)당했다. 저서로는 《내암집(來菴集)》이 있다. 정인홍이 임자년(1612, 광해군12)에 올린 〈우의정사직차자〉에 "무신년(1608) 어려울 때 전하를 높이 추대할 것을 알아 반드시 흉악하고 반역한 자를 토벌하려고 한 사람은 비록 대소는 달랐지만 그 취사는 정대하였고, 비록 반드시 모두 충성스럽고 현명하지는 않았지만 호오는 분명했습니다.……근래 역적 괴수가 임금 주변의 악한 사람이라고 배척한 몇 명은 전하께서 의지하고 신임하셨지만 간사한 적은 매우 시기했습니다. 이 또한 위태하고 어지러울 때 절로 구별되는 것이 아니겠습니까?〔戊申之難, 知尊戴殿下, 而必欲誅兇逆者, 雖大小不同, 其趨舍則正大, 雖未必皆忠賢, 其好惡則明正.……近日逆魁所斥君側之惡若干人, 是殿下之所倚信, 而奸賊之所甚忌疾, 此亦非危亂中自別者乎.〕"라고 하였다. 《來庵集 卷8 辭右議政箚》

140 장우(張禹) : 한 성제(漢成帝) 때 사부(師傅)로 있던 인물로, 경학(經學)에 밝았다. 성제(成帝)가 즉위한 후 승상이 되고 안창후(安昌侯)에 봉해졌으며, 은퇴한 뒤에도 국가에 중요한 사안이 있을 때마다 황제가 그에게 자문을 구하였다. 성제 말엽에 천재지변이 자주 발생하자 관리와 백성들이 외척인 왕씨(王氏)가 권력을 휘두르고 있기 때문이라고 상소하였다. 황제가 왕씨를 의심하여 장우에게 비밀리에 물었으나, 장우는 왕씨를 두려워하여 직언하지 않고 도리어 상소하는 자들에게 잘못을 돌렸다. 이로 인해서 황제가 다시는 왕씨들을 의심하지 않았다. 《漢書 卷81 張禹傳》

가 왕씨(王氏)에게 의탁하여 춘추 시대를 유원(幽遠)하다 여기고, 서생(書生)은 도(道)를 어지럽히는 자[141]라고 여겨 성제(成帝)로 하여금 왕씨를 깊이 믿게 하고 유향(劉向)[142]이 남긴 뜻을 소원하게 여기도록 한 것과 같습니다. 정인홍은 산림에서 지내는 높은 의(義)가 있다는 명성을 자부하였지만, 권세의 이로움에 빠져 이이첨의 농락(籠絡)을 받아 나라를 저버림이 이와 같았으니, 하물며 다른 사람이야 말해 무엇하겠습니까.

전(傳)에 이르기를, "군자는 두루 화합하고 편당을 만들지 아니하며, 소인은 편당을 만들고 두루 화합하지 아니한다."[143]라고 하였으니, 두루 화합함은 공(公)이고 편당을 만드는 것은 사(私)라는 것입니다. 군자와 소인의 구분은 공과 사의 사이에 있으니, 진실로 그 행하는 바를 살펴보면 어찌 분별하기 어려움이 있겠습니까. 가령 이이첨이 진실로 나라에 몸을 바칠 정성이 있었다면, 곧 이 당시에는 윗사람에게 신임을 얻고 아랫사람에게 믿음을 주어 말은 들어주고 계책은 따라 주었으니, 그 공(功)을 주장하지 않아서 총애를 받으면서도 위태로움을 생각하며, 진퇴를 결정해야 함

141 서생(書生)은……자 : 장우가 성제에게 한 말에 "신학소생은 도를 어지럽히고 사람을 그릇되게 하니, 마땅히 신용하지 마소서.〔新學小生, 亂道誤人, 宜無信用.〕"라고 하였다. 《漢書 卷81 張禹傳》

142 유향(劉向) : 한 성제(漢成帝) 때 사람으로, 춘추 시대로부터 한(漢)나라 초기까지 모든 전기(傳記)와 이문(異聞)을 유취한 《설원(說苑)》을 지었으니, 군도(君道)와 신술(臣術)을 20편으로 분류하여 명인(名人)들의 일화(逸話)를 열거하였다.

143 군자는……아니한다 : 공자가 한 말로, 원문은 "君子周而不比, 小人比而不周."이다. 《論語 爲政》

에 한결같이 공도(公道)를 따를 수 있었을 것입니다. 그리고 사람들이 그 허물을 공격하면 물러나 자책(自責)하고, 좋은 말 듣기를 즐거워하고 용감하게 고치기를 꺼리지 않았을 것입니다. 그리하여 중정(衆正 바른 행실을 많이 함)의 문을 크게 열고, 요행으로 신하가 된 사람들의 길을 막고 끊으며, 어진 이를 추대하고 능한 이를 등용해서 그들과 더불어 국정을 함께하면서 허물과 잘못을 바로잡아 주고[144] 성덕(聖德)을 도왔을 것입니다. 그래서 하여금 조정에서 충성스러운 계책을 날마다 진달하고, 사방에서 피폐한 정사를 날마다 제거하여, 뿔뿔이 흩어진 인심을 거두어들이고 포상(苞桑)[145]에 나라의 형세를 조치하도록 하였다면, 이이첨은 위임한 중한 임무를 저버림이 없이 국가의 원훈(元勳)이 됨을 잃지 않았을 것입니다.

만약 그가 중한 임무를 감당하지 못하고 여론(輿論)이 합치하지 않음을 스스로 알았다면, 마땅히 분수를 헤아려 어진 이에게 양보하고, 요직을 사양하고 한가한 직으로 가서, 같고 다름의 정쟁(政爭)을 버리고 사당(私黨)을 심는 마음을 끊어야 하였으니, 그렇게만 해도 오히려 이름이 기상(旂常)[146]에 새겨지고 질직이

144 바로잡아 주고 : 원문은 '필위(弼違)'로, 임금의 잘못을 바로잡는 시신(侍臣)의 지위를 말한다. 《서경》 〈익직(益稷)〉에 "내가 잘못하거든 그대가 바로잡아 나를 도우라.〔予違汝弼〕"라는 말에서 가져온 것이다.

145 포상(苞桑) : 뽕나무의 뿌리로, 뿌리가 깊으면 밑바탕이 견고함을 비유한다. 《주역(周易)》 〈비괘(否卦) 구오(九五)〉에 "망할까, 망할까 하고 노심초사해야만 떨기진 뽕나무에 매어 놓은 듯하리라.〔其亡其亡, 繫于苞桑.〕"라고 한 데서 가져왔다.

146 기상(旂常) : 기(旂)와 상(常)은 왕실에서 사용하는 깃발이다. 용의 형상을 서

높은 반열에 올라 금초(金貂)[147]로 장식한 것을 쓰고 훈부(勳府 공신의 일을 맡은 관청)의 녹을 먹으며 여유롭게 노닐고 편안하게 즐기며 그 일생을 마쳤을 것입니다. 그러면 비록 불초한 자손일지라도 또한 음보의 직책에 반열해서 직무에 충원되어 길이 십 세의 은혜를 받았을 것입니다. 이와 같았다면 국가는 공신을 대우하는 도리를 잃지 않고, 그 신하 또한 부귀한 세신(世臣)이 됨을 잃지 않았을 것입니다. 정인홍은 이이첨을 위하여 잘 도모하였다고 하지만, 이러함을 경계로 삼지 않고 오직 당인을 심고 남을 해치는 짓을 돌아보고 돌아보며 반복하면서, 그 위세를 조장하고 화의 조짐을 양성하였으니, 다만 국가를 저버렸을 뿐만 아니라, 또한 이이첨도 저버렸다고 말할 만합니다.

지금 시험 삼아 이이첨이 행한 바를 살펴보건대, 위임하여 맡긴 중한 임무에 부합하였다고 말할 수 있겠습니까. 은혜로 대우한 분수에 편안하였다고 말할 수 있겠습니까. 또 그 마음에 하고자 한 바가 공도(公道)를 좋아함이었습니까. 사당(私黨)을 좋아함이었습니까. 허물 듣기를 기뻐하였습니까. 시기하며 이기길 좋아하였습니까. 또 뜻을 얻은 뒤에 더불어 함께 일을 한 자는 어떤 사람이었으며, 배척한 바의 사람은 어떤 사람이었습니까. 지위에 있던 자는 어떤 사람이었으며, 배척을 당한 사람은 어떤 사람이었습

로 어긋나게 그린 것을 기라 하고, 일월의 무늬를 그린 것을 상이라고 하는데, 신하 가운데 왕조에 공덕(功德)이 있으면 여기에 기록하였다고 한다. 《周禮 春官 司常》

147 금초(金貂) : 황금당(黃金璫)과 초미(貂尾)의 준말로, 임금을 측근에서 모시는 시신(侍臣)의 관에 붙이는 장식이다. 한(漢)의 시중(侍中)과 중상시(中常侍)가 황금당(黃金璫)에 매미를 붙이고 초미(貂尾)로 관식(冠飾)하였다.

니까. 세상의 도는 어떠하였고 나라의 형세는 어떠하였으며, 인심은 어떠하였고 여론(輿論)은 어떠하였습니까. 어찌 길인(吉人)이 조정에 있는데도 세도와 인심이 이런 극한 지경에 이르도록 하고, 우뚝이 자신이 옳다고 떠들면서 "내 탓이 아니라 임금이 그런 것이다."라고 말하도록 합니까. 이를 가지고 살펴보면 이이첨이 충성을 하였는지 간사한 짓을 행하였는지, 잘 다스렸는지 어지럽혔는지를 알기 어렵지 않습니다.

이와 같은데도 국정을 맡기며 말하기를, "이미 마땅한 사람을 얻었으니 의당 그에게 맡기고 의심하지 말아야 한다."라고 할 수 있겠습니까. 이와 같은데도 물의(物議)을 휘둘러 물리치며 말하기를, "그대는 조보(趙普)[148]가 사직을 보호한 신하였음을 듣지 않았는가."라고 할 수 있겠습니까. 이와 같은데도 그 교만하고 방자함을 그대로 두며 말하기를, "곽씨(霍氏)[149]의 공로를 잊을 수 없다."

148 조보(趙普) : 중국 송(宋)나라의 개국 공신으로, 자는 칙평(則平)이다. 사후에 위국공(魏國公)에 봉해졌고, 시호는 충헌(忠獻)이다. 후주(後周) 때 조광윤(趙匡胤)의 막료가 되어 송나라의 개국을 도왔고, 송 태조(宋太祖)를 도와 이균(李筠)과 이중진(李重進) 등 할거 세력의 반란을 평정하는 데 참여하였으며, 숙위(宿衛)나 절진(節鎭) 등 권신들의 병권(兵權)을 폐지하는 데 큰 공을 세웠다. 중앙 집권을 강화하여 재정을 안정시키고 북방 정책을 건의하는 등 송나라 초기의 통치기반을 튼튼히 다지는 데 중요한 역할을 하였다. 《宋史 卷256 趙普列傳》

149 곽씨(霍氏) : 전한(前漢) 때 곽광(霍光)을 가리킨다. 그는 무제(武帝)의 유조(遺詔)를 받들어 대사마 대장군(大司馬大將軍)으로서 소제(昭帝)를 도왔고, 다음 창읍왕(昌邑王)이 음란하므로 그를 폐위시키고 선제(宣帝)를 세웠다. 전후 20년 동안 나라의 정권을 잡았는데, 그의 딸은 선제의 황후가 되어 온 집안이 부귀를 누렸으나, 이로써 그의 사후(死後)에 선제는 곽씨의 병권(兵權)을 거두고, 모반(謀反)하려 하였다고 해서 친족(親族)을 멸하였다. 《漢書 卷68 霍光傳》

라고 할 수가 있겠습니까. 신들이 이른바 "그 적임자가 아닌데 대권(大權)을 빌려주면, 마음대로 농락함이 극에 달하여 반드시 집을 해치고 나라를 재앙에 빠뜨리기에 이른다."라는 것에 불행히도 가깝습니다.

오호라, 이이첨이 스스로 낸 계책 또한 잘못된 것이라고 하겠습니다. 예로부터 소인은 작은 꾀에는 밝고 큰 계책에는 어두우며, 임금을 속이는 데는 교묘하고 스스로 속이는 데는 서투릅니다. 이이첨이 처음에야 어찌 반드시 즐거운 마음으로 악행을 저질러 국가를 재앙에 빠뜨리고 싶어 하였겠습니까. 스스로 그 작은 행실을 자랑하고 스스로 그 작은 재주를 믿고서, 언론(言論)을 수식하고 꾸미며 힘써 억지로 선(善)을 행하면서 생각하기를, '아무개는 어질기는 하나 아무 단점이 있으니 제거하고 대체하여야 한다. 아무개는 재주는 있지만 모의 과실이 있으니 밀쳐 내어 쫓아야 한다. 아무개는 나와 뜻을 같이하니 내가 함께 일을 할 만하고, 아무개는 나와 논의가 합치하니 내가 후원할 만하다. 나는 국가에 이미 특별한 공로가 있으니, 주상께서 나에게 마땅히 특별한 사랑이 있으리라 여긴다. 내가 이러한 때에 빛나는 공적을 세우지 아니하고 자손의 기업(基業)을 수립하지 않아서야 되겠는가.'라고 하였을 것입니다. 그래서 날카로운 뜻으로 홀로 담당하면서 남의 말을 돌아보지 않고, 인물을 나오게 하고 물러나게 함에 여러 사람과 의논을 하지 않았습니다.

그 이름과 지위가 점차 높아져서 작은 그릇이 이미 가득 차 버리게 되어서는, 편벽되고 사특한 성질은 바꾸기 어렵지만 억지로 힘써 행하는 마음은 변하기 쉬운지라, 논의(論議)가 치우치고 편벽되며 용사(用舍)가 전도되어, 자신을 인정해 주는 평판이 적고 여정(輿情)이 좋지 않았습니다. 그러자 곧 사납게 성내는 기운을 더욱 방자히 하여, 부승(負乘)[150]의 경계를 유념하지 않으며, 얻을 것을 근심하고 잃을까 근심[151]하는 생각이 가슴속에 온통 차 있고, 독하게 시기하고 강하게 시샘하는 마음이 아교처럼 굳어 떨어지지 않습니다. 마침내 같은 파당을 끌어들여 공론(公論)에 대적해서, 바름〔正〕을 사특하다고 하고 사특함을 바르다고 하여, 시비를 현혹하고 어지럽히며 임금의 귀를 막고 가렸습니다. 그리하여 권세를 좇아 견강부회(牽强附會)하는 자는 공충(公忠)이라 여기고, 강직한 말 곧은 논의를 하는 자는 참소하고 이간함이라 여깁니다. 자신에게 붙는 자는 비록 억세고 우둔하며 부끄러움을 몰라 행실이 마치 개돼지 같은 자라 할지라도 이끌어 주기를 오히려 미치지 못할까 근심하고, 자신과 다른 자는 비록 행실이 순정하고 마음이 발라서 당시에 중하게 여겨지는 자라 할지라도 배척하여 조금의 힘조차 남겨 두지 않습니다. 그러니 충성스럽고 진실한 사람은 주먹을 불끈 쥐고[152] 자취를 감추며, 사특하고 아첨하는 자는

150 부승(負乘) : 《주역》 〈해괘(解卦) 육삼(六三)〉에, "등에 지고서 또 수레를 탔으니 도적을 오게 한다.〔負且乘, 至寇至.〕"라고 한 데서 가져와, 짐을 지고 다녀야 할 소인이 수레를 타고 앉아 있다는 것으로, 분수에 넘치는 자리에 앉아 있음을 의미한다.

151 얻을……근심 : 원문은 '환득환실(患得患失)'로, 《논어》 〈양화(陽貨)〉에 "비루한 사람과 함께 임금을 섬길 수 있겠는가? 부귀를 얻기 전에는 얻을 것을 걱정하고, 이미 얻고 나서는 잃을 것을 걱정하니, 만일 잃을 것을 걱정한다면 못하는 짓이 없게 된다.〔鄙夫可與事君與哉. 其未得之也患得之, 旣得之患失之, 苟患失之無所不至矣.〕"라고 한 말에서 가져왔다. 지위를 얻지 못하여서는 어떻게 하면 얻을까 하고 근심하고, 얻고 나서는 잃어버릴까 걱정하여 못하는 짓이 없는 소인배를 가리킨다.

팔을 걷어붙이고 구름처럼 모여듭니다.

이런 때에는 이이첨 또한 소인이 됨을 면하지 못할 줄 알았습니다만, 마치 길을 잃고 억지로 가던 사람이 높은 데 올라가서 내려오기 어려운 형세와 같았습니다. 그래서 스스로 헤아리기를, "형세가 이미 이런 지경에 이르렀으니 어찌할 수가 없다. 한번 그 세력을 잃으면 많은 죄가 나에게 모일 것이니, 내 차라리 남을 제어할지언정 남에게 제어받을 수 없으며, 내 차라리 뒷날 망국(亡國)의 죄를 질지언정 목전에서 처자가 죽는 재앙을 받을 수 없다."라고 하였습니다. 그래서 마침내 오로지 제 마음대로 할 계책에 마음을 다하고 힘을 다해 천직(天職)을 훔쳐 농단하고 사당(私黨)을 널리 심었으며, 위복(威福)을 성대하게 펼치고 반드시 은혜와 원한을 갚아서 심은 뿌리가 이미 견고하였습니다.

그런데도 오히려 하루아침에 주상에게 발각될까를 두려워하여 '토역(討逆)'이라는 한마디 말로 임금께 요구하고 총애를 견고히 하는 기화(奇貨)로 삼았습니다. 요행히 한 사람의 말이 자신에게 저촉이 되면 몰래 사주하여 죄를 만들어 내고[153] 끝까지 찾고 끝

152 주먹을 불끈 쥐고 : 원문은 '액완(扼腕)'으로, 당(唐)나라 조군언(祖君彦)의 〈위이밀이군현격(爲李密移郡縣檄)〉에 "의로운 남자는 몹시 분하여 이를 갈고, 장사는 화가 나서 주먹을 불끈 쥔다.〔夫兵猶火也, 不戢將自焚.……復矢相顧, 鬘弔成行, 義夫切齒, 壯士扼腕.〕"라고 하였다.

153 죄를 만들어 내고 : 원문은 '나직(羅織)'으로, 무고한 사람을 무함하여 죄에 얽어 넣는 것을 말한다. 당나라 무후(武后) 때 죄수를 고문하고 유도 심문하여 죄를 만드는 방법을 기술한 책 《나직경(羅織經)》에서 유래하였다. '나직'은 《통감절요(通鑑節要)》 권39 당기(唐紀) 중종(中宗) 조에, "내준신이 만국준과 함께 나직경 수천 언을 지어 그 무리들로 하여금 무고한 이를 그물로 잡아 반장을 엮게 하였다.〔來俊

까지 탐색해 내어 대역부도(大逆不道)의 법률로 몰아넣습니다. 그리하여 위로는 임금의 노여움을 격발하고 아래로는 자신의 위세를 멋대로 부리어 한 세대를 겁박하고 제어하며 사람들의 이목(耳目)을 막아서, 충성스런 말이 날로 구중궁궐에서 멀어지게 하고 성총(聖聰)이 사방에 이르지 못하도록 합니다. 삼사(三司)[154] 후설(喉舌)[155]의 관료는 이이첨의 복심(腹心)과 조아(爪牙 심복) 아닌 자가 없고, 풍헌(風憲)[156]과 전선(銓選)[157]을 맡은 이는 이이첨의 자제 문생이 아닌 자가 없습니다. 한번 그 칼날에 걸리면 자신은 베이고 친족은 멸족이 되니, 그 기염(氣焰)이 불꽃처럼 타올라 산악이 모두 타는 지경입니다. 노(魯)나라의 삼환(三桓)과 진(晉)나라의 육경(六卿)이 어찌 이보다 더하였겠습니까.

오호라, 적(賊)을 토벌하는 대의(大義)는 사람들이 함께 분격하는 바이니, 전하의 조정 신하 중에 누가 토역(討逆)에 마음이 없겠으며, 나라의 모든 신민(臣民) 중에 누가 토역할 사람이 아니겠습니까. 나라의 운명이 불행하여 역당의 옥사가 여러 번 일어남

臣, 與萬國俊共撰羅織經數千言, 教其徒, 網羅無辜, 織成反狀.]"라고 한 말이 있다.

154 삼사(三司) : 조선 시대에 법을 맡아 다스리던 세 관청인 형조(刑曹), 사헌부(司憲府), 한성부(漢城府)를 이른다.

155 후설(喉舌) : 승지(承旨)를 말한다. 왕명의 출납과 정부의 중대한 언론을 맡았다는 것으로 붙여진 말로, 《서경》 〈순전(舜典)〉에 "너로 납언을 삼는다."라는 구절의 주에 "납언은 후설의 관직(官職)으로 아래의 말을 들어 위에 들리고 위의 말을 받아 아래에 선포하는 것이다."라고 한 데서 유래하였다.

156 풍헌(風憲) : 풍교(風教)와 법을 맡은 관리로, 사헌부를 말한다.

157 전선(銓選) : 인사행정을 맡은 관부로, 문관은 이조(吏曹)에서 무관은 병조(兵曹)에서 맡았다.

에 뜨거운 화염의 아래 옥석(玉石)을 구분하기 어려우니, 반드시 출입의 정위(情僞)를 분명히 하고 경중의 권형(權衡)을 자세히 살펴야 합니다. 그리하여 원흉(元兇)의 큰 괴수로 하여금 왕법에서 달아날 데가 없게 하고, 죄가 없고 무고(無辜)한 이로 하여금 또한 횡액에 걸리는 지경에 이르지 않도록 한 그런 뒤에 민심이 요동하지 않고 나라의 근본이 평안해질 것입니다. 이는 실로 임금을 사랑하고 나라를 근심하는 마음이고, 역적을 토벌함이 그 바름을 얻은 것입니다.

이이첨의 경우는 그렇지 않습니다. 국가의 재앙을 요행으로 여겨 위세를 세우는 계기로 삼고, '토역'이라는 이름을 빌려다가 사람을 빠뜨리는 함정을 설치해 놓고서는, 논의가 조금 다른 자에게는 문득 역적을 보호한다〔護逆〕는 이름을 더하고, 언어가 저촉되고 거슬리는 자에게는 반드시 부도(不道)의 법률[158]로 다스렸습니다. 이 이름이 이미 세워지자 사사로이 서로 원한을 갚으려는 자가 다투어 달려가 고알(告訐 남의 잘못을 들추어내어 고발함)하는 탓에, 한번 악명(惡名)이 더해지면 스스로 해명할 길이 없습니다. 조정에 있는 신하는 스스로 노예처럼 비굴하게 아첨하며 그 문에서 아양을 떨지 않으면 모두 일망타진되는 데서 벗어나지 못하고, 원근의 선비는 만약 혹 형적이 절로 각별하여 시의(時議)에 부화하지 않으면 반드시 체포되는 명목에 걸리게 되니, 인심이 어찌

158 부도(不道)의 법률 : 《대명률(大明律)》에서 가장 나쁜 범죄 행위를 사항별로 분류한 십악(十惡) 중 하나로, 이 부도지율(不道之律)은 정도(正道)를 위배한 사람을 사형에 처하는 법률을 말한다.

요동하지 않을 수 있겠으며, 나라의 근본이 어찌 평안할 수가 있겠습니까.

전하께서 이이첨을 의지하고 믿으시는 것은 바로 역적을 토벌하는 의(義)를 엄하게 하였다고 해서이지만, 이이첨이 시종 권세를 마음대로 농단함이 실로 모두 '역적을 토벌한다.'라고 하는 위세를 빌렸던 것입니다. 전하께서 정히 그 교활한 계책에 빠져 나라의 기맥이 날로 상실되어 가고 대병(大柄)이 가만히 옮겨 가는 것을 알지 못하시니, 이는 예로부터 권세를 부리는 간신이 군부(君父)를 협박하고 제어하면서 위복(威福)의 기이한 계책을 마음대로 농단하는 것으로, 이이첨보다 심한 경우가 있지 않았습니다. 나라 사람들이 성스러운 임금의 총명이 거의 이루어지길 날마다 바라지만 오히려 깨닫지 못하시는 것은 어찌해서입니까.

흉악한 위세가 이미 축적되고 사람들의 마음이 심하게 무너지자 과거(科擧)와 좋은 관작으로 인물을 농락하여 사당(私黨)을 더욱 세우고자 하였습니다. 근래에 과거는 공적인 도리를 따르지 않고, 작위(爵位)는 잘하고 잘못함을 묻지 않음이 이미 폐습(弊習)을 이루어 마침내 변화시킬 수가 없게 되었으니, 세력에 달려가고 이익을 좋아하는 무리가 마치 시장으로 가듯 돌아갑니다. 소장을 품어 소매에 넣고 뜻에 순응하여 바치는 자는 일찍이 하루 한 달이 되기도 전에 곧 상제(上第)에 선발되며 몸이 죄악을 지고 사람 축에 들지도 못하는 자가 잇달아 과거에 급제하여 중요한 자리를 차지해서 벌려 있어, 국가의 명기(名器)를 죄를 짓고 도망간 자들의 집합소〔淵藪〕로 만들었습니다.

근일에 이종영(李宗英)은 이이첨을 위하여 한 도(道)의 사류

(士類)를 무고로 함정에 빠뜨리면서 '활을 잡고 화살을 끼고서 수륙이 아울러 나아간다.'라는 말이 있기에 이르렀는데, 임금께서 알아주어 곧 급제하게 되었으니, 만약 돌아보고 꺼림이 있었다면 감히 이런 짓을 하였겠습니까. 이와 같은 인간들이 과거 합격자 명부에 나열해 적혀 있으니, 과거가 이미 정해짐에 미리 명자(名字)를 헤아려 보았다가, 그 방(榜)이 나오기에 이르면 하나도 혹 차이 나는 것이 없었습니다. 그렇지 않으면 비록 연운(淵雲)[159]의 재주와 반마(班馬)[160]의 필설로써도 선발에 뽑히게 될 리가 만에 하나도 없으니, 조금이라도 염치가 있고 개결함을 품은 자는 과거에 응시할 뜻이 없습니다.

이런 까닭으로 속여 꾀는 데 걸려들어 간 자는 곧 말하기를, "마땅히 목전의 부귀를 누릴 것이지 어찌 내가 죽은 뒤의 꽃답고 추함을 생각하겠는가." 하고, 또 말하기를, "군자와 소인이 다 마찬가지로 진토(塵土)로 돌아간다. 우리나라 역사책을 누가 능히 말할 수 있겠는가."라고 합니다. 수치를 무릅쓰고 과거시험에 응시하는 자는 곧 말하기를, "황하 물이 맑기를[161] 기다리지만, 사람

159 연운(淵雲) : 한(漢)나라 왕포(王褒)와 양웅(揚雄)의 병칭이다. 왕포의 자는 자연(子淵)이고 양웅의 자는 자운(子雲)으로, 모두 부(賦)를 잘 짓기로 유명하였다. 남조 양(南朝梁)의 강엄(江淹)이 〈별부(別賦)〉에서 "왕포와 양웅의 신묘한 글재주, 엄안과 서락의 훌륭한 글씨.〔淵雲之墨妙, 嚴樂之筆精.〕"라고 하였다.

160 반마(班馬) : 후한(後漢)의 문장가로 《한서(漢書)》를 지은 반고(班固)와 전한(前漢)의 문장가로 《사기(史記)》를 지은 사마천(司馬遷)을 가리킨다.

161 황하 물이 맑기를 : 오랜 시간이 필요함을 의미한다. 삼국 시대 위(魏)나라 이강(李康)의 〈운명론(運命論)〉에 "황하가 맑아지면 성인이 출현한다.〔黃河淸而聖

의 수명이 얼마나 되겠는가. 만약 우리 조정이 맑고 밝기를 기다린다면 나는 궁귀(窮鬼)가 되었으리라." 하고, 또 말하기를, "나는 내 몸을 일으키는〔發身 출세〕 데 그칠 따름이고 즐거운 마음으로 악당을 편들지는 않으니, 다만 나의 만년 시절이 어떠한가만 보라."라고 합니다.

대저 이와 같은 까닭으로 혹 이름이 드러난 뒤에는 조금씩 등지고 떠나고, 혹 겉으로는 좇아 부회하는 모습을 보이지만 속으로는 다른 마음을 품으며, 복심(腹心)이 되기를 결심하여 견고한 관계가 풀리지 않는 자는 비록 등지고 떠나고자 하더라도 갈 만한 곳이 없어서 부득불 사생(死生)을 같이하면서 방자하게 불의(不義)를 행합니다. 이에 한찬남(韓纘男), 박정길(朴鼎吉), 정조(鄭造),[162] 윤인(尹訒),[163] 이위경(李偉卿),[164] 이창후(李昌後) 등의 무리는 조정의 중요한 관직을 두루 점거하고서 그 계책을 주도하였습니다. 허균

人〕"라는 말이 있는데, 그 주(註)에 "황하는 천 년에 한 번 맑아지는데, 맑아지면 성인이 그때 나온다.〔黃河千年一淸, 淸則聖人生於時也.〕"라고 한 말에서 원용하였다.

162 정조(鄭造) : 1559~1623. 본관은 해주(海州), 자는 시지(始之)로, 정언각(鄭彦慤)의 증손이다. 1605년(선조38) 문과에 급제하였다. 이이첨의 주구가 되어 인목대비를 서궁에 유폐시키는 데 적극 가담하였고, 대사성·형조 참판·부제학 등을 역임하였으나, 인조반정 뒤에 사형에 처해졌다.

163 윤인(尹訒) : 1555~1623. 본관은 파평(坡平), 자는 인지(訒之)이다. 1601년(선조34) 문과에 급제하고, 대사간에 이르렀으며, 인목대비를 서궁에 유폐시키는 데 주도적 역할을 하였다.

164 이위경(李偉卿) : 1586~1623. 본관은 전의(全義), 자는 장이(長而)이다. 1613년(광해군5)에 계축옥사가 일어나자 성균관 유생으로서 앞장서서 윤인(尹訒)·정조(鄭造) 등과 연이어 소를 올려 인목대비를 폐출할 것을 청하였다.

(許筠),[165] 김개(金闓), 원종(元悰), 이강(李茳), 백사형(白士珩), 황덕부(黃德溥), 박종주(朴宗胄) 등의 부류는 표리(表裏)가 되어 서로 선동해서 그 계책을 이루도록 하였습니다. 정준(鄭遵 정조의 아우), 한옥(韓玉), 대엽(大燁)과 익엽(益燁), 이정원(李挺元), 오여은(吳汝檼) 등의 무리는 전조(銓曹)[166]를 번갈아 장악하여 그 당여를 심기에 힘썼습니다. 서국정(徐國楨),[167] 홍요검(洪堯儉), 황중윤(黃中允), 오익환(吳益煥), 안응노(安應魯), 채겸길(蔡謙吉), 강수(姜燧), 한색(韓涑), 이금(李坅), 정결(鄭潔) 등의 무리는 그 응견(鷹犬)[168]이 되어 치받고 물어뜯는 짓을 주도하였습니다. 하인준(河仁俊), 김우성(金佑成), 황정필(黃廷弼), 여후망(呂後望), 형효갑(邢孝甲), 곽유도(郭有道), 서신(徐兟), 이평(李坪), 민심(閔深), 정기(鄭淇), 손우(孫佑), 이점(李蒧), 이모(李慕) 등의 유들은 무리 지어 소리치며 끼리끼리 모여 장소(章疏)를 올렸습니다.

165 허균(許筠) : 1569~1618. 본관은 양천(陽川), 자는 단보(端甫), 호는 교산(蛟山)·성소(惺所)이다. 1617년 폐모론을 주장하는 등 대북파의 일원으로 활동한 일로 3년 뒤 조카사위인 의창군(義昌君)을 왕으로 추대한다는 역모 혐의를 받았다. 김개(金闓), 하인준(河仁俊), 김우성(金宇成) 등과 반란을 계획하다가 탄로되어 1618년 가산이 적몰(籍沒)되고 참형되었다. 저서로는 《교산시화(蛟山詩話)》, 《성소부부고(惺所覆瓿藁)》 등이 있다.

166 전조(銓曹) : 조선 시대 문무관의 선발을 담당하는 이조(吏曹)와 병조(兵曹)를 일컫는 말이다.

167 서국정(徐國楨) : 1580~1623. 본관은 남평(南平), 자는 방언(邦彦)이다. 1615년(광해군7) 문과에 급제하여 정언, 이조 정랑 등을 역임하였다.

168 응견(鷹犬) : 매와 개를 가리킨다. 사냥할 때 매와 개를 사용하여 짐승을 잡았으므로 이것을 빌려 남의 사주(使嗾)를 받아 사나움을 부리는 것을 말한다.

그 외에 풍지(風旨)를 희망하며 향기를 찾고 냄새를 쫓아 내달리고 엿보는 자는 이루 헤아릴 수가 없습니다.

청렴함도 없고 부끄러움도 없으며 충성스럽지도 않고 의롭지도 않은 사내로 귀신〔鬼〕 같고 물여우〔蜮〕 같아 가소롭고 괴이하게 여길 인간이 그 문에 모두 모여 그 부추김을 받고 그 비식(鼻息 눈치를 살핌)을 엿보고서 영광과 오욕으로 삼습니다. 그리하여 중요한 관직에 등급을 뛰어넘어 올라가서 하고 싶은 것을 이루지 않음이 없고, 중외(中外)의 관직에 높이 올라 기염을 토해내니, 사람들이 모두 두려워 피하고 감히 바로 보지 못하였습니다. 혹은 죽이거나 약탈함을 즐거운 마음으로 행하여 묵은 혐의를 갚고, 혹은 뇌물을 받고서 천거하고 발탁해서 그 은혜를 베풀어서, 탐욕과 비루함을 공공연히 행하면서 돌아보고 꺼리는 바가 없습니다. 공가(公家)의 재물 취하기를 마치 사적으로 보관해 놓은 것을 취하듯 하며, 민간의 장획(臧獲 노비)을 빼앗던 눈길이 이웃의 일가친척에까지 미쳐서, 관부(官府)가 텅 비고 백성들이 유랑하고 흩어지기에 이르렀습니다. 그러니 공적 논의가 어디로부터 일어날 것이며, 억울함을 어디에 인연하여 하소연하겠습니까. 전하께서 만약 신들의 말이 지나치다고 여기신다면 시험 삼아 이위경(李偉卿)과 황길남(黃吉男)의 일[169]을 통하여 미루어 보시옵소서. 경관

169 이위경(李偉卿)과 황길남(黃吉男)의 일 : 광해군 13년(1621)에, 좌승지(左承旨) 이위경이 집의 노비가 소를 잃은 것을 핑계로 부솔(副率) 황길남의 집에 가서 소란을 피우고 갑자기 그 아내를 끌어내어 치마와 버선을 벗기기까지 하고, 그 집과 마주 있는 도승지 유경종(柳慶宗)의 집까지 분노를 옮겨 그 부부에게 욕을 하고, 그 아들과 손자를 때려서 상처를 입히니, 유경종이 글을 올려 사직하였다. 이위경도 또

(京官)이 이와 같으니 어리석은 백성이 어떨지 알 수 있고, 도성(都城)이 이와 같으니 외방(外方)이 어떨지 알 수 있습니다.

전조(銓曹)의 의망(擬望)[170]과 고시관(考試官)의 시취(試取 시험을 보여 인재를 뽑음)에 이르러서는 그 고하(高下)에 따라 모두 정해진 값이 있으니, 혹은 백금(白金)으로써, 혹은 노비로써 하였으며, 혹 자제를 위해서 사사로이 서로 손을 바꾸고 혹 서척(書尺)을 통하여 다만 선후를 정하였습니다. 옛날에는 몰래 통하더니 지금은 드러내 놓고 받으며, 옛날에는 어두운 밤에 하더니 지금은 백주 대낮에 합니다. 옛날에는 무부(武夫)의 무지(無知)함으로써도 오히려 또한 부끄러워할 줄 알았는데, 지금은 문관(文官)의 무거운 이름으로도 또한 부끄러워하지 않습니다. 금을 안고 벽옥을 수레에 싣고 가서 종들에게 부탁하고, 부유한 상인에게 대출을 받아서 급한 수요를 충족하며, 관직을 얻은 뒤에는 그 이자를 배로 갚고 권문세가에 정성을 바치는 것도 그 수가 또 곱절이니, 백성들의 고혈이 아니면 어디에서 마련할 수 있겠습니까. 궁한 물고기가 마른 곳에서 울고[171] 탁한 물결이 하늘에 닿으며, 탐욕스러운

한 상소하기를, "동료를 업신여기며 사주하는 글이 잇달아 일어나니, 뻔뻔스럽게 조정에 나갈 수가 없습니다."라고 하였다. 황길남도 또한 상소하기를, "위경이 나무하는 종을 잡아가고 임자 있는 소를 겁탈하며, 여종을 놓아서 소란을 피우고 사대부의 아내를 구타하였습니다."라고 하였다. 《燃藜室記述 第21卷 廢主光海君故事本末 論劾李爾瞻等》

170 의망(擬望) : 관원(官員)을 임명할 때 이조(吏曹)와 병조(兵曹)에서 세 사람의 후보자〔三望者〕를 추천하던 일을 말한다.

171 궁한……울고 : 궁한 물고기는 '궁린(窮鱗)'으로, 물이 없어 생명이 위급한 물

자가 조정을 가득 메우고 비린내가 사방으로 퍼져서, 입에 올리자니 말이 추해집니다.[172]

《시경(詩經)》에 이르기를, "붉지 않다고 여우가 아니겠으며, 검지 않다고 까마귀가 아니랴."[173]라고 하였습니다. 한 마리 여우가 성(城)에 구멍을 뚫으면 많은 여우가 모여 곡을 하며, 한 마리 까마귀가 고기를 두고 다투면 여러 까마귀가 어지러이 쪼아 먹으니, 시인의 풍자가 대개 이를 지적한 듯합니다. 지금은 사람사람이 탐욕스럽고 포악함에 오직 이이첨뿐만이 아니지만, 전도되고 어지러움이 실로 이이첨으로부터 시작되었으니, 곧 조정에 가득한 탐욕스럽고 포악함이 이이첨의 탐욕과 포악함이 아니겠습니까. 사람사람이 불의를 저지름이 다만 이이첨뿐만이 아니지만, 교만하고 사나움을 양성함이 오로지 이이첨으로 말미암았으니, 곧 온 나라의 불의가 이이첨의 불의가 아니겠습니까.

인심(人心)과 세도(世道)가 이런 극한 지경에 이르러서 나라의 운명이 내몰리고 엎어져서 부지할 수가 없게 되었으니, 이는 누구

고기라는 뜻으로 곤경에 처한 사람을 의미한다. 《장자(莊子)》 〈외물(外物)〉에, 수레바퀴 자국에 고인 얕은 물 속에서 말라 들어가며 헐떡이는 붕어〔鮒魚〕가 약간의 물〔斗升之水〕만 부어 주면 살 수 있겠다고 한 구절에서 원용한 것이다.

172 입에……추해집니다 : 《시경》 〈장유자(牆有茨)〉에 "담장에 가시나무가 있으니 쓸어버릴 수가 없도다. 중구의 말이여 입에 올릴 수 없도다. 입에 올린다면 말이 추해지도다.〔墻有茨, 不可掃也. 中冓之言, 不可道也. 所可道也, 言之醜也.〕"라고 한 데서 가져왔다.

173 붉지……않으랴 : 《시경》 〈북풍(北風)〉에 "붉지 않다고 여우가 아니겠으며, 검지 않다고 까마귀가 아니랴. 우리 서로 정다운 사람끼리, 손잡고 한 수레 타고 가리라.〔莫赤匪狐, 莫黑匪烏. 惠而好我, 携手同車.〕"라고 한 데서 가져왔다.

의 죄이겠습니까? 실정의 자취가 모두 드러나면 대중들의 노여움을 막기 어렵고, 한 사람의 손을 가지고 천하 사람들의 눈을 가리기가 어렵습니다.[174] 그런데도 오히려 하루아침에 하늘의 거울이 어둠을 밝히면 분명한 것을 속인 죄〔欺明之戮〕를 입이 백 개라도 변명할 말이 없을까 두려워하였습니다. 그래서 또 안으로 원조하는 통로를 만들어 좌우의 사람에게 은밀히 부탁해서 혹 근거 없는 말을 만들어 성상의 노여움을 풀고, 혹은 위태한 말을 하여 임금의 마음을 움직였습니다. 그런 뒤에 비통한 말과 괴로운 언어로 서서히 스스로 변명하는 차자를 진달하고, 몰래 대관(臺官)을 사주하여 공격하는 사람을 혹독하게 배척하였습니다. 비밀스런 생각과 교묘한 계책이 행할 때마다 기회(機會)에 들어맞고, 늦추고 당기며 닫고 여는 모습이 천태만상으로 신출귀몰하여 그 단서를 헤아릴 수가 없습니다.

온 나라 사람이 이이첨의 위세를 두려워할 줄만 알고 하늘의 노여움을 두려워해야 함을 알지 못하며, 여러 관료가 이이첨의 은혜를 갚을 줄만 알고 임금의 은혜에 도모해 보답할 것을 생각하지 않습니다. 왜 그런 것일까요? 한번 이이첨에게 붙으면 작위(爵位)를 보전할 수 있고, 한번 이이첨의 마음을 잃으면 화란을 벗어나기 어려우며, 조종(操縱)하는 권세의 자루가 이이첨에게 있

174 한 사람의……어렵습니다 : 이업(李鄴)의 〈독이사전(讀李斯傳)〉에 "어두움을 속이는 것도 오히려 옳지 않거든, 밝음을 속이니 마땅히 스스로 죽어야 하네. 한 사람의 손을 가지고, 천하 사람들의 눈을 가리기 어렵다오.〔欺暗常不然, 欺明當自戮. 難將一人手, 掩得天下目.〕"라고 한 데서 인용하였다. 《古文眞寶 前集 卷1》

고, 임금은 빈 그릇을 안고 있기 때문입니다. 이이첨의 위세는 아래에서 날로 성대해지고 전하의 형세는 위에서 날로 외로워지니, 비록 지록(指鹿)[175]의 도모가 있다 하더라도 사람들이 감히 지적하지 않을 것이니, 전하께서는 어디로부터 알 수가 있겠습니까.

이익(李瀷)[176]이 처음 천거 발탁되어 한림(翰林)이 되고 나서 그 마음대로 농단하는 행태를 보고 마침내 태아검을 거꾸로 쥔다는 논의를 발언하였는데,[177] 임금께서 하문하심에 이르러 사람들이 두려워하고 겁을 내고 전율하면서 머뭇거리고 말하지 아니하

175 지록(指鹿) : 진(秦)나라의 간신 조고(趙高)가 권력을 독단하기 위하여 이세황제(二世皇帝)를 속인 말이다. 조고가 이세황제에게 사슴을 바치면서 말이라고 말하자 이세황제가 신하들에게 물었는데, 사슴이라고 옳게 말하는 자도 있었고 조고의 비위를 거스르기 어려워 침묵을 지키거나 말이라고 대답하는 자도 있었다. 그 후 조고가 그때 사슴이라고 말한 자를 골라 은밀히 제거하니, 이후로 신하들은 감히 그의 말을 거역하는 자가 없게 되었다. 《史記 卷6 秦始皇本紀》

176 이익(李瀷) : 1579~1624. 본관은 경주(慶州), 자는 형여(泂如), 호는 간옹(艮翁), 옥포(玉浦)이다. 1612년(광해군4) 문과에 급제하여 정언, 예조 좌랑 등을 역임하였다.

177 태아검을……발언하였는데 : 권한을 남에게 넘겨주고 해를 받는다는 뜻이니, 임금이 대권을 신하에게 뺏기는 것을 비유한 말이다. 《한서(漢書)》 권67 〈매복전(梅福傳)〉에, 진(秦)나라가 "태아를 거꾸로 잡고서, 초나라에게 칼자루를 넘겨주었다.〔倒持太阿, 授楚其柄.〕"라는 말에서 가져왔다. 《국역왕조실록》 광해군 7년(1615) 5월 18일에, 정언 이익이 아뢰기를 "성상께서 즉위하신 이래로 지금 8년이 되었으나, 한 번도 경연을 열어 도를 강론했다는 말을 듣지 못하였으니, 궁첩과 환관들이 얼마나 성상의 마음을 흔들어 댈 것이며, 신하들과의 거리가 어찌 천 리만 되겠습니까.…… 궁중이 엄하지 못하여 안팎이 결탁해서 태아의 칼자루가 이미 거꾸로 잡히었고, 사사로이 바치는 것이 줄을 잇는데 다투어 서로 본받아 민생의 곤궁함이 날로 더해지고 있습니다."라고 하였다.

였지만,[178] 공은 이를 말하였기에 삼 년을 옥에 갇혀 있다가 끝내 변방의 먼 곳에 유배되었습니다.[179]

이극건(李克健),[180] 원이곤(元以坤)[181]은 과거가 공정하지 않음에 대해 소장을 한 번 올렸는데, 한찬남의 무리가 번갈아 소장을 올려 죄주기를 청하면서 "근래의 과거는 지극히 공정하고 사사로움이 없습니다."라고 하며 드러내 놓고 기망하였지만, 사람들이 감히 말하지 못하였으며, 이극건 등이 도리어 엄한 형벌을 받아 멀리 절역으로 유배 갔습니다

178 임금께서……아니하였지만 : 이익의 〈묘갈명〉에 "주상이 노하여 불러 하문하여 '태아검을 거꾸로 든 자 누구이며, 내외에서 체결한 것은 무슨 일이냐. 누구의 지시로 했는지 들어 보겠다.' 하고 명을 내리니, 사람들은 모두 두려워 떨었다.……7번 하문하고 7번 대답함에 조금도 흔들리지 않았고, 또 외척이 권세를 마음대로 함을 말하니, 주상이 더욱 노하여 삼성에 추국하라고 명하였다."라는 내용이 있다. 《明谷集 卷23 李公墓碣銘》

179 삼 년을……유배되었습니다 : 묘갈명에 "삼 년을 갇혀 있다가, 무오년(1618) 겨울에 이르러 흉론이 더욱 격발하여 동시에 결박된 자들이 혹 장살됨에 이르렀는데, 공은 사형을 면하고 제주에 안치되었다."라고 하였다. 《明谷集 卷23 李公墓碣銘》

180 이극건(李克健) : 《택당집(澤堂集)》 속집(續集) 권4에 〈진사 이극건에 대한 만사〔挽進士李克健〕〉가 실려 있는데, 이식(李植)의 자주(自註)에 "처음에 상소를 올려 이이첨을 배척하였다가 종성에 장류되었고, 방환된 지 몇 달이 지나지 않아서 이번에는 또 형의 아들이 역적죄로 복주(伏誅)된 데 연루되어 연일로 귀양을 갔다가 통천으로 이배되었다.〔初以上疏斥李爾瞻, 杖流鍾城, 放還未數月, 坐兄子伏逆, 流延日移通川.〕"라는 말이 있다.

181 원이곤(元以坤) : 광해군 때 실시한 식년시(式年試)의 강경과(講經科)에서 과거시험에 응시한 세도가의 자제들과 시관(試官)이 짜고 미리 출제될 경문을 알려 주고 한 구절씩을 외우면 합격시키니, 원이곤이 광해군 8년(1616) 11월 27일에 과거시험의 부정에 대한 상소를 올렸다가 위원(渭源)으로 귀양 갔다.

진사(進士) 윤선도(尹善道)[182]는 초야에서 지내는 강개한 선비이고, 귀천군(龜川君) 수(晬)[183]와 금산군(錦山君) 성윤(誠胤)[184]은 종실과 행불행을 함께하는 신하입니다. 종국(宗國)이 위태롭게 망하는 것을 차마 보지 못하여 맨 먼저 이이첨의 간사함을 말하였다가, 부도(不道)하다는 죄에 걸려서 아울러 절도(絶島)에 귀양가게 되었습니다.

소명국(蘇鳴國)[185]은 신경희(申景禧)의 음모를 고함으로써 곧바

182 윤선도(尹善道) : 1587~1671. 본관은 해남(海南), 자는 약이(約而), 호는 고산(孤山)이다. 남인으로서 몇 차례 유배 생활을 하다가 1657년(효종8) 다시 벼슬길에 나섰으나, 복제(服制)에 관해 상소한 일로 삼수(三水)에 유배되어 10여 년 동안 귀양살이를 하였다. 저서로는《고산유고(孤山遺稿)》가 있으며, 광해군 8년(1616) 12월 21일에 이이첨의 행태를 비판하는 상소를 올렸다.《國譯王朝實錄》

183 귀천군(龜川君) 수(晬) : 이수(李晬, 1569~1645). 중종(中宗)의 증손으로, 이이첨(李爾瞻) 등의 죄를 극렬히 논하다가 순천에 유배되었으며 인조반정 이후 사옹원 제조로 복직하였다. 광해군 9년(1617) 1월 4일 종실인 귀천군, 금산군 등 19인이 이이첨을 탄핵하는 상소를 올렸다.《國譯王朝實錄》

184 금산군(錦山君) 성윤(誠胤) : 이성윤(李誠胤, 1570~1620). 자는 군실(君實)이고, 익양군(翼陽君)의 증손(曾孫)이다. 이이첨 등의 죄를 극렬히 논하다가 외딴 섬에 위리안치되었다.《國譯王朝實錄》

185 소명국(蘇鳴國) : 광해군 7년(1615)에 선조(宣祖)의 손자이자 인조(仁祖)의 동생인 능창군이 신경희(申景禧)의 추대를 받아 왕이 되려 한다고 고한 일이 있다. 그 사실은《속잡록(續雜錄)》권1 을묘년(1615, 광해군8) 조에 실려 있으니, "진사 소명국은 천성이 음험하여 고향에 있을 때는 패악한 행동이 많았고, 성균관에 있을 때도 흉악하고 간사한 일이 있었다. 본군(本郡)의 선배들이 연명으로 상소하여 알리고, 양사(兩司) 대관(臺官)들이 합계하여 죄주기를 청하였다. 그래서 의금부에 체포해다가 가두고 추국을 하니, 소명국이 은밀하게 고하기를, '장령 윤길과 정언 양시진 등이 부사 신경희와 몰래 역모를 꾀하여 능창군을 추대하려고 하였습니다. 신이 그

로 곤장을 맞아 죽었고, 곽영(郭瓔)[186]은 이이첨의 죄를 말함으로써 옥중에서 억울하게 죽었습니다. 이 두 사람이 비록 순정(醇正)한 선비는 아니라 할지라도 나라를 위하여 간사한 자를 고발하였는데, 죽는 것은 명백하지 않으니, 나라 사람들이 모두 이이첨과 한찬남이 옥관(獄官)을 사주하여 죽였다고 말합니다. 소명국이 죽음에 임하여 부르짖은 말을 사람들은 모두 들을 수 있었고, 곽영이 전염병에 감염되어 약을 마셨다는 설은 환하게 드러나 덮을 수가 없습니다.

한마디 말이 자신을 핍박한다고 문득 사지에 두어, 설령 충신(忠臣) 의사(義士)로 결의를 일으키고 뜻을 굳게 하여 상방검(尙方劍)[187]을 청하려고 할지라도 그 말이 입에서 나오기 전에 큰 화가 바로 이르니, 그래서 처자(妻子)와 친족과 벗들이 옷을 잡아당

일의 본말을 듣고 알았으므로 먼저 신을 제거하여 말 뿌리를 없애려고 하였습니다.' 하니, 즉시 윤길 등 여러 사람을 잡아다가 국문하였으나 불복하였는데도 모두 극형에 처하고, 능창군은 교동에 안치하였다가 죽였다. 소명국은 용서를 받았으나, 뒤에 나라를 원망한 죄로 죽었다."라는 내용이 있다.

186 곽영(郭瓔) : 이이첨을 공격하는 상소를 올렸는데, 상소의 내용은 《광해군일기》 무오년(1618, 광해군10) 윤4월 갑자일에 있다. 이이첨이 형신을 가한 뒤 옥에 가두었는데, 마마에 걸려 옥사(獄死)하였다.

187 상방검(尙方劍) : 한(漢)나라 성제(成帝) 때, 주운(朱雲)이 괴리(槐里)의 수령(守令)으로 있으면서 성제에게 "상방참마검(尙方斬馬劍)을 주면 간신 한 사람을 참수하여 나머지 사람들을 경계하겠습니다." 하니, 성제가 "누구냐?"라고 묻자, 바로 성제의 사부인 안창후(安昌侯) 장우(張禹)라 하였다. 이에 성제가 크게 노했지만, 주운은 굽히지 않고 직간(直諫)하며 어전(御殿)의 난간을 잡아당겨 부러뜨렸다. 성제가 뒤에 주운의 말이 옳음을 깨닫고 난간을 그대로 두어 직간하는 신하의 본보기로 삼게 하였다. 《漢書 卷67 朱雲傳》

기고 부르짖어 울면서 저지합니다. 그러므로 부자 형제와 친밀한 사람 중에 이이첨의 당(黨)을 언급하기에 이르면 손을 내젓고 입을 가리면서 멸족될 것을 서로 경계합니다. 예로부터 간신이 위복(威福)을 방자하게 행한 것이, 이와 같은 자는 있지 않았습니다.

이이첨의 선조 이극돈(李克墩)[188]은 무오년(1497, 연산군4)의 명신들을 마구 죽였고, 정조(鄭造)의 선조 정언각(鄭彦慤)[189]은 을사년(1545, 명종 즉위년)의 큰 화를 도모해 일으켰습니다. 하지만 나라가 온전히 성대한 시대여서 원기(元氣)가 그대로 남아 있었기에, 뜻을 얻은 것이 오래지 않아 공론이 곧바로 일어났습니다. 그 흉악한 기미와 독한 화염이 여러 세대에 배태하여 그 후손에 이르러 하늘에 닿습니다. 조정의 자리에서 꺼리는 바를 모두 제거하고, 초야 사람의 말은 전달될 수 있는 길이 없었는데, 꺼렸지만 감히 제거하지 못한 자는 유희분(柳希奮),[190] 박승종(朴承

188 이극돈(李克墩) : 1435~1503. 본관은 광주(廣州), 자는 사고(士高)이다. 대사헌, 형조 참판 등을 역임하였다. 전례(典禮)에 밝고 사장(詞章)에 능한 훈구파의 거물로서 성종 이후 정계에 진출한 사림파와 항상 반목이 심했고, 1498년(연산군4) 무오사화를 일으킨 원흉으로 일컬어진다. 사화가 있은 뒤에 잠시 파직되었다가 다시 광원군에 봉해졌다. 시호는 익평(翼平)이라 하였으나, 뒤에 다시 관직과 함께 추탈되었다.

189 정언각(鄭彦慤) : 을사사화 때 윤원형·이기·정순붕 등이 대윤(大尹) 일파와 사류(士流)를 제거하기 위해, 당시 수렴청정하던 문정왕후에게 "명종의 나이가 어리므로 대신들이 어진 이를 가려서 왕으로 추대하려는 뜻이 있다."라고 하여 봉성군(鳳城君) 완(岏)과 여러 대신을 죽이고 귀양 보냈다. 그 2년 뒤인 정미년에는 부제학 정언각이 양재역(良才驛)의 벽 위에 붙어 있었다는 글을 가지고 상변(上變)하였다. 《燃藜室記述 卷10 乙巳士禍》

宗),[191] 남이공(南以恭)[192] 등 몇 사람들일 따름이었습니다.

이 몇 사람은 전하께서 의지하고 중히 여겨 동궁(東宮)을 돕게 한 자들입니다. 얽어 모함하고 함정에 빠뜨리려는 계책을 잠시도 잊지 아니하고 주야로 도모하였지만, 미처 뜻을 이루지 못하였던 것은 성상의 사랑을 바꿀 수가 없고 좌우 사람을 이간시킬 수가 없어서였습니다. 만약 이 몇 사람이 외로운 뿌리를 약하게 내린 채 그들과 더불어 대항하도록 하였다면 이미 부서져 가루가 되었을 것입니다. 박승종과 유희분의 교만하고 사치하며 탐욕스럽고 비루함은 당시 무리와 다름이 없어서 모두 사람들의 바람을 채우지는 못하였지만, 그럼에도 인심이 오히려 믿고 의지하는 점이 있었으니, 이 몇 사람이 만약 제거되었다면 이이첨과 한찬남의 기세

190 유희분(柳希奮) : 1564~1623. 광해군의 장인 문양부원군(文陽府院君) 자신(自新)의 아들이다. 1617년(광해군9)에 병조 판서로서 인목대비(仁穆大妃)를 폐위시키기 위하여 이이첨, 박승종 등과 함께 대북의 언관과 유생들을 앞세워 폐모론을 일으킨 뒤 이듬해 1월 인목대비를 서궁(西宮)에 유폐시키고 이에 반대하는 사람들을 투옥, 유배시켰다. 1623년 인조반정으로 참형되었다.

191 박승종(朴承宗) : 1562~1623. 자는 효백(孝伯), 호는 퇴우당(退憂堂)이다. 이이첨의 사주로 윤인(尹訒), 이인경(李寅卿) 일당이 경운궁(慶運宮)에 난입하여 인목대비를 죽이려 할 때, 죽음을 무릅쓰고 이들의 난동을 저지했고 1617년 폐모론이 제기되자 극력 반대하였다. 1623년 인조반정이 일어나자 아들 자흥(自興)의 딸이 광해군의 세자빈이 되어 그 일족이 오랫동안 요직에 앉아 권세를 누린 사실을 자책하다가 아들과 함께 목매어 자결하였다.

192 남이공(南以恭) : 1565~1640. 본관은 의령(宜寧), 초명은 이경(以敬), 자는 자안(子安), 호는 설사(雪蓑)이다. 1590년(선조23)에 문과에 급제하여, 대사헌・함경도 관찰사・이조 판서 등을 지냈다. 정인홍 등과 함께 북인의 우두머리로서 유성룡을 탄핵 파직시켰다.

는 더욱 제어할 수 없어서 다만 여기에 그칠 뿐만이 아니었을 것입니다.

조정에 있는 신하들은 참혹한 화를 보고서 벌벌 떨면서 조석을 보장하지 못하였습니다. 혹은 구신(舊臣)으로서 성상의 돌봐 줌을 가장 많이 입었지만 간담이 떨어지고 혼비백산하여 지키던 바를 잃어버리고, 악행을 함께하길 마음에 달게 여기면서도 수치를 알지 못하는 자였습니다. 혹은 처음에는 그 당을 잘못되었다고 하며 자못 신중함을 일컫다가 위세와 화를 두려워하여 혼인에 의탁해서 구차히 면하기를 바라는 자가 있었습니다. 혹은 이이첨과 더불어 시작은 부자같이 하였다가 늦게는 심사를 달리하여 느슨한 관계로 나누어져 스스로 서로 공격하는 자였습니다. 혹은 이미 이이첨의 부추김을 당하였지만 또한 악당과 한패가 되어서는 용납되기 어려울 줄 알고서 세력과 이익에 대한 생각, 그리고 수치와 창피한 마음이 마음속에서 서로 다투어 잠깐 합하였다가 잠깐 이탈하면서 머리를 내미는 쥐[193]처럼 그 성패를 관찰하면서 스스로 벗어날 계책을 만드는 자가 있었습니다. 혹은 그 집안에서 키우다시피 하여 그 지시를 따랐는데 단맛을 보고 함께 좋아하다가 마음이 변하여 서로 등을 돌리고서 악을 제거하는 공을 세워 자신의 죄를 씻어 내려는 자가 있었습니다.

193 머리를 내미는 쥐 : 원문의 '수서(首鼠)'는 진퇴와 거취를 결정하지 못하고 기회를 엿보는 것을 비유한 것이니, 쥐가 의심이 많아 동굴 속에서 머리를 밖으로 내놓고 형세를 관망하는 것처럼 양편 중에 어느 편을 택해야 좋을지 몰라 망설인다는 의미의 '수서양단(首鼠兩端)'에서 가져온 말이다.

이런 인물들은 비록 경중(輕重)에는 한결같지 않은 점이 있지만, 모두 임금을 잊고 나라를 저버린 죄를 면하지 못합니다. 그들이 이이첨과 이합(離合)한 것은 형세에 따라 관망하면서 스스로 자신을 위해 도모한 것이지 나라를 근심하는 정성스런 마음에서 나온 것이 아닙니다. 하지만 본래 충의(忠義)와 정직으로 지키던 바를 변치 않은 사람이 아니라면 어찌 위세에 눌리고 세력에 부합하여 돌아보고 관망하면서 앞으로 갔다 뒤로 물러났다 함을 면할 수 있겠습니까. 그 나머지 물결을 따르고 무리를 따른 자는 허물을 숨기고 죄를 면하기에도 겨를이 없는데, 어찌 탁한 물결이 내달려 흐르는 가운데에서 자립할 수 있겠습니까.

이런 까닭으로 비록 죄과가 있더라도 시종 간사한 사람과 패거리를 짓는 데 이르지 않았다면 혹 용서할 만한 본심이 있고 혹 쓸 만한 재주와 국량을 지녔을 것이니, 만약 조정이 엄숙하고 맑아져 공론이 행해질 수 있으면 어찌 시대에 쓰일 재주와 국량을 갖춘 이가 없겠습니까. 안위(安危)를 의지할 만한 원로(元老)이거나 완급에 쓸 만한 인재 같은 경우는 죽지〔鬼簿 귀신 명부〕 않았다면 모두 죄적(罪籍)에 들어 있어 거의 아득하고 황량한 곳에서 늙어 죽었습니다. 곽태(郭泰)가 말을 두어 이르기를, "'현인이 이제 사라졌으니 나라가 병들게 되었다.'라는 시가 있는데, 이제 한(漢)나라도 망하게 되겠구나."[194]라고 하였습니다. 옛일을 생각하

194 곽태(郭泰)가……되겠구나 : 후한 때 고당(錮黨)의 화가 있었는데, 영제(靈帝)가 환관들의 전횡을 막기 위해 진번(陳蕃)과 이응(李膺) 등이 대장군 두무(竇武)와 함께 환관을 모살(謀殺)하려다가, 오히려 실패한 나머지 진번과 이응 등 100여

고 지금을 상심하자니, 저도 모르게 처마를 우러러보면서 눈물에 옷깃을 적십니다.

바야흐로 지금은 구차히 편하고 무사하길 바라면서 권간(權姦)에게 정사를 맡기고 그들이 마음대로 농단하도록 내버려 두고 있으니, 불행히 하루아침에 큰 종기가 안에서 곪아 터지고 변방의 먼지〔邊塵 변방의 어지러움. 곧 적이 침입함〕가 한 번 일어나게 되면 전하께서는 누구와 더불어 흩어지고 떠나간 사람을 불러 보존할 계책을 도모하시겠습니까. 지금 간신을 제거하고 어진 사람을 임용하여 재난이 닥치기 전에 미리 대비[195]하지 못한다면, 국사(國事)가 이미 지나간 뒤에는 비록 애통한 교서를 내려 이이첨을 참수하는 등의 온갖 수단을 동원한들 오히려 어찌 해결할 수 있겠습니까. 더구나 이와 같이 행하는 것으로 지금의 형세를 보고 사람들이 모두 말하기를, "외부의 도적이 이르기 전에 내부의 변고가 반드시 나오리라." 합니다. 이것은 요사한 말이 아니라, 이치가 혹 그러한 것입니다.

오호라, 산동(山東)에 도적[196]이 일어나지 않았을 때 조고(趙

인이 피살당한 뒤를 이어 계속 사형과 유배를 당하고 수금된 자가 700여 인에 이르렀던 일이 있다. 이때 곽태가 당인(黨人)들이 죽었다는 말을 듣고 혼자서 그들을 위해 통곡하면서, 이렇게 말하고 탄식한 일이 있다. 《後漢書 卷67 黨錮列傳》《資治通鑑 卷56 李靈皇帝 上之上》 시는 《시경》 〈첨앙(瞻卬)〉의 구절이다.

195 재난이……대비 : 원문은 '주무미우(綢繆未雨)'로, 《시경》 〈치효(鴟鴞)〉에 "하늘이 비를 내리지 않을 때, 저 뽕나무 뿌리를 주워다가 둥지 창문을 칭칭 감는다면, 지금 너희 하민들이 혹시라도 나를 업신여기랴."라고 한 데서 가져와 일이 일어나기 전에 대비함을 말한다.

高)[197]의 유들이 먼저 진(秦)나라 왕실을 망하게 하였고, 황건적(黃巾賊)이 이르지 않았을 때 동탁(董卓)[198]의 무리가 먼저 한(漢)나라 왕실을 위태롭게 하였습니다. 간신의 재앙이 이적(夷狄)의 재앙보다 더 참혹하니, 임금이 된 사람이 소홀히 여기고 두려워할 줄 모른다면, 어찌 죽어 사라짐을 싫어하면서 쓴 씀바귀[199]를 좋아하는 것과 다르겠습니까.

이이첨의 죄는 머리털을 뽑아서도 다 헤아리기 어려운데, 오히려 그 언사를 교묘히 꾸미고 그 마음의 자취를 덮고자 하여 이미 군부(君父)를 속였고 또 후세조차 속이고자 하여 모두 그 간당으로 하여금 사관(史官)에 충원해 넣도록 하였습니다.

196 산동(山東)에 도적 : 중국 산동 어양(漁陽)에서 농민 봉기를 일으킨 진승(陳勝)을 가리킨다. 진(秦)나라 말기에 백성들이 가혹한 정사에 시달리자, 진승과 오광(吳廣)이 농민들을 모아 반란을 일으키면서 무기가 부족하여 괭이 자루를 잡고 반란을 일으켰는데, 이로 말미암아 각지에서 반란이 일어나 끝내 진나라가 망하게 되었다.

197 조고(趙高) : 진(秦)나라의 환관으로, 진 시황(秦始皇)이 죽자 이사(李斯)와 함께 이세(二世) 호해(胡亥)를 세웠고, 이어 이사를 죽인 뒤에 국정의 대소사를 모두 제 마음대로 처리하였으며, 이세 황제 때 각처에서 반란이 일어났음에도 조고는 황제를 속여 "관동(關東)의 도적은 능히 일을 할 수가 없습니다."라고 하였다. 관동은 진(秦)나라의 서울인 함양(咸陽)의 입구 함곡관(函谷關) 동쪽의 땅이다.

198 동탁(董卓) : 후한(後漢) 환제(桓帝) 때 우림랑(羽林郎)으로 여러 번 전공(戰功)이 있었고 영제(靈帝) 때는 병주목(幷州牧)으로 있었는데, 영제가 붕어하자 하진(何進)의 부름에 응하여 군사를 이끌고 경사에 들어가 곧 스스로 상국(相國)이 되어 소제(少帝)를 폐하고 하태후(河太后)를 시해하고서 헌제(獻帝)를 세우는 등 모든 권병을 마음대로 하였다.

199 쓴 씀바귀 : 원문은 '근다(堇荼)'로, 쓰고 독하여 식용하기 어려운 식물로, 정치에서 독이 되는 존재를 상징한다.

지난번 노추(奴酋)가 거리낌 없이 날뛰고[200] 요동과 심양이 함락되었을 때, 버릇없고 도리에 맞지 않는 언사를 내뱉으며 와서 화의를 하자고 협박함에, 우리에게 방어를 엄중히 하고 화의를 끊을 뜻이 있었습니다. 그래서 이이첨이 사신을 베고 서신을 불태우고자 한다는 차자가 다른 사람이 말한 것으로써 본다면, 흡사 정직한 듯하였습니다. 하지만 그의 본심은 나라를 위함에 있는 것이 아니었고, 지극히 교묘한 태도가 그 사이에 있었습니다. 이이첨은 스스로 "죄악이 넘쳐[201] 천지간에 용납되기 어려우니, 차라리 여러 사람이 의논하여 의심하고 두려워할 때 붓을 떨쳐 잡고 직언을 해서 천하에 의로운 성토를 창도하고 후세에 아름다운 이름을 얻자. 그러면 주상께서 비록 가볍게 견책은 하시겠지만, 반드시 심한 벌을 주지는 않을 것이고 전날의 죄악도 씻을 수 있겠다."라고 생각하였습니다. 그래서 조정에서 큰 소리를 내고 밖에서도 비등하게 전파하여, 중국에서 간행하여 사방에 전해 읽도록 해서 아름다운 명예가 자신에게 귀결되도록 하고, 군왕은

200 노추(奴酋)가……날뛰고 : 노추는 청 태조(淸太祖) 누르하치를 가리킨다. 원문의 '도량(跳梁)'은 《장자(莊子)》 〈추수(秋水)〉에 개구리가 동해에 사는 자라에게 "나는 즐겁다네. 밖에 나오면 우물 난간 위에서 깡충 뛰놀고, 안에 들어가면 깨어진 벽돌 끝에서 쉰다네.〔吾樂與, 出跳梁乎井幹之上, 入休乎缺甃之崖.〕"라고 한 데서 인용하였다.

201 죄악이 넘쳐 : 원문은 '죄악관영(罪惡貫盈)'으로, 죄악이 가득 차서 마치 돈이 꿰미의 마지막까지 가득 찬 것에 비유함이다. 《서경》 〈태서(泰誓)〉에 "상나라의 죄가 관통하여 가득하기에, 하늘이 명하여 주벌하게 하시니, 내가 하늘의 뜻을 순종하지 않으면 그 죄가 주왕(紂王)과 같을 것이다.〔商罪貫盈, 天命誅之, 予弗順天, 厥罪惟鈞.〕"라고 한 데서 가져왔다.

원수 오랑캐와 교통한 악명에 빠뜨리기에 이르렀으니, 스스로를 도모함에는 교묘하였다고 할 만하지만, 장차 전하를 어느 곳에 두고자 한 것이었겠습니까.

서궁(西宮)의 일[202]을 나라 사람들이 모두 "불가하다."라고 하면, 이이첨 또한 말하기를 "불가하다." 하고, 혹 "하지 않을 수 없다."라고 하면, 이이첨 또한 "하지 않을 수 없다."라고 하였습니다. 이렇게 말하고 저렇게 말하여 변환(變幻)이 백출하니, 후(后)에게 들어가 고하였던 것이 어떠하였는지 알 수가 없는데, 조정에서 공공연히 말한 것은 곧 "이것은 주상의 뜻이지, 내가 아는 바가 아니다. 이 일은 지극히 커서 결코 해서는 안 되는 것이다."라고 하였습니다. 만약 결코 해서는 안 되는 줄 알았다면 어찌 감히 안에서 진달하지 아니하고 밖에서 큰 소리로 말하였겠습니까. 그가 말한 것은 옳은 듯하지만, 그 마음은 그러하지 않습니다. 그 자신은 후세의 의론에서 벗어나게 하고 군부(君父)는 허물이 있는 곳에 빠뜨리게 하고자 함이니, 스스로를 도모함에는 교묘하였다고 할 만하지만, 또한 장차 전하를 어느 곳에 두고자 한 것이겠습니까.

저주의 변고[203]가 대궐 안에서 자행됨은, 진실로 만고(萬古)의

202 서궁(西宮)의 일 : 1613년(광해군5) 정인홍, 이이첨 등이 계축옥사(癸丑獄事)를 일으켜 영창대군(永昌大君)을 역모죄로 몰아 죽이고 1618년 인목대비(仁穆大妃)를 폐위하여 서궁에 유폐한 사건을 말한다.

203 저주의 변고 : 선조가 정미년(1607) 10월에 병을 앓아 대군(大君) 방으로 가서 요양했을 때, 박동언(朴東彦) 집의 여종이 어떤 일로 대군 방으로 갔다 온 일이 있는데, 그녀가 박동언의 처에게 "대군 방의 사람들이 선왕이 병환에 시달리는 이유가 의

큰 변고입니다. 오랑캐로 오랑캐를 부른 것은 그 유래가 있습니다. 저주를 잘하는 복동(福同)이 그 문을 출입한 것은 나라 사람들이 아는 바입니다. 나라에 홍복(鴻福)이 있어 실정의 자취가 먼저 드러나기에 이른 뒤에, 이이첨이 겉으로 엄히 국문하자는 논의를 함이 마치 동궁을 보호하는 듯이 하였으나, 이는 뒷날 자신이 벗어날 계책으로 삼은 것이었습니다. 이이첨은 전하께서 엄하게 국문을 하지 않을 줄 먼저 알고서 이런 거짓 논의를 발언하였으니, 만약 실제로 엄하게 국문을 하였다면 그가 벗어날 수 있었겠습니까. 그의 말은 곧 옳은 듯하나 그 마음은 곧 그러하지 않습니다. 이이첨이 비록 교묘하지만, 어찌 옳은 듯한 말로써 그의 폐부를 가릴 수 있겠습니까.

이이첨은 또 크게 부도(不道)한 죄가 있습니다. 신들이 감히 그 은밀하고 작은 일을 모두 들어 말하지는 못하겠지만, 청컨대 조보(朝報)에 드러난 것 가운데 한두 가지 일을 통하여 밝히겠습니다.

성(城)에 가득한 사대부로 집을 지은 자들이 매우 많이 있지만, 오히려 감히 능침(陵寢)의 나무에 마음대로 부근(斧斤)을 가까이하지 않았던 것은 마음에 온당치 않은 바가 있기 때문이었습니다. 그런데 이이첨의 5, 6명 부자(父子)의 집이 한 골에 지붕을 나란히 하고 있었는데 교산(喬山)[204]의 재목을 모두 다 가져다

인왕후(懿仁王后) 탓이라고 하여, 요망한 무당들과 함께 유릉(裕陵 : 의인왕후 능)에 가서 대대적으로 저주(咀呪)를 하였다."라고 한 일이 있다. 광해군 때에 간신들이 이를 선조의 계비 인목대비(仁穆大妃)와 국구 김제남(金悌男)에게 돌려 일어난 사건을 말한다. 《국역왕조실록 광해군 5년(1613) 5월 16일》

204 교산(喬山) : 옛날에 황제(黃帝)를 장사 지낸 곳으로, 지금의 섬서성(陝西省)

쓰면서 전혀 돌아보고 거리낌이 없었습니다. 간당을 적발함을 발언할 때에 이르러서는 가리고 놔두어 법을 왜곡하여 비호하고서 실제로써 고하지 않았습니다. 성중에 가득한 신하들이 만약 이이첨의 당(黨)이 아니면 모두 위세를 두려워하고 핍박을 두려워하는 무리이니, 어찌 그 법을 범한 것을 적발해 낼 수가 있겠습니까. 사슴을 가리켜 말〔指鹿爲馬〕이라고 함에 그 뜻을 따랐는데도 오히려 가만히 법망에 걸려드는 것을 면하지 못하거늘, 더구나 그의 화를 거스르면서 그가 범한 죄를 드러낼 수 있겠습니까. 이이첨이 비록 혹 한때 군부(君父)를 속여 넘길 수는 있을지라도, 성 가득한 사람들이 귀로 듣고 눈으로 보는 것을 다 속여 넘길 수 있겠습니까.

압도(鴨島)[205]의 갈대를 사람들이 사사로이 채취함을 금지한 것은 그 유래가 오래되었습니다. 본감인 선공감(繕工監)이 베어 채취할 때 이르러 혹 그 남은 풀을 사사로이 구하는 경우는 있었지만, 공공연히 베어 가는 경우가 있지 않았던 것은 나라에서 금지함이 있었기 때문입니다. 사사로이 갈대를 베어 가는 것도 감히 해서는 안 되거늘, 하물며 감히 전답을 개간해서야 되겠습니까. 이이첨은 평일에 작은 염치로 이름을 얻더니, 금일 세력이 커진 뒤에는 곧 감히 나라의 섬을 사전(私田)으로 여기니, 이는 전날의 작은 염치가 곧 큰 탐욕의 매개체였던 것입니다. 오늘날 마음대로

지역에 있으니, 여기서 유래하여 왕릉이 있는 곳을 가리키는 말이다.

205 압도(鴨島) : 고양(高陽) 남쪽 강(江) 안에 있는 섬이다. 선공감(繕工監)이 갈대를 채취하던 곳이었다. 《世宗實錄 地理誌》《新增東國輿地勝覽 卷11 高陽郡》

나라의 섬을 취하면서도 거리낌 없이 하는 것이 또한 그것을 감히 고하지 아니할 줄 알아서였던 것입니다. 스스로 그 위세를 믿고 임금을 가벼이 여기는 부도(不道)한 자가 아니라면 감히 이와 같이 할 수 있겠습니까. 윤인(尹訒)[206]의 소장은 이이첨을 왜곡되게 비호하며 가리고 꾸몄으니, 군부를 우롱하는 것이 아니고 무엇이겠습니까.

이이첨이 화의(和議)를 끊자고 한 차자를 중국에서 간행한다는 말이 사람들의 입에 자자하게 올랐습니다. 그런데 사신(使臣) 이정귀(李廷龜)[207]가 돌아와서 이 일로써 직간하고자 한다는 소식을 듣고는, 이이첨이 몰래 그 당인을 사주하여 사신과 서장관이 먼저 스스로 상국(上國)에서 사사로운 원고를 간행한 죄를 공격하도록 하였는데, 그 말이 이이첨을 위해 먼저 그 근거를 마련해 줌이 아닌 것이 없었습니다. 사신이 먼저 논박을 당하였으니 형세상 감히 발언하지 못할 것이고, 비록 혹 이를 발언한다 할지라도 반드시

206 윤인(尹訒) : 1555~1623. 자는 인지(訒之), 본관은 파평(坡平)이다. 선조 34년(1601) 문과에 급제하고, 함양 군수·장령·대사간·대사헌 등을 역임했다. 1618년(광해군10) 대사간으로서 대사헌 이각(李覺)과 함께 인목대비를 서궁에 유폐시키는 데 주도적 역할을 하였다.

207 이정귀(李廷龜) : 1564~1635. 본관은 연안(延安), 자는 성징(聖徵), 호는 월사(月沙)이다. 1590년(선조23) 문과에 급제했고, 여러 차례 명나라에 사신으로 다녀왔다. 1616년(광해군8)에 공성왕후(恭聖王后) 관복주청사(冠服奏請使)로, 1619년에 진주청사(陳奏請使)로 명나라에 다녀왔다. 1616년에 사행을 다녀온 기록인 〈병진조천록(丙辰朝天錄)〉을 비롯하여 〈무술조천록〉, 〈갑진조천록〉, 〈경신조천록〉, 〈경신조천기사(庚申朝天紀事)〉 등의 기록을 남겼는데, 모두 그의 문집 《월사집(月沙集)》에 실려 있다.

사신이 남의 사주를 듣고서 스스로 간행하였다고 무고함이 될 것이니 이정귀에게 죄를 돌리는 그 계책이 교묘하다고 말할 만합니다만, 정상(情狀)을 또한 알 만합니다. 본국의 시문(詩文)은 상국 사람들이 보고 창수(唱酬)하기를 좋아하여 모음집을 만들어 간행한 것이 즐비합니다. 어찌 이미 지난 허균(許筠)을 공격하지 않고, 지금 오직 미래의 이정귀를 급히 치려는 것인지요.

명나라 칙사 양·유(楊劉)[208]가 왔을 적에 일의 기미에 근심할 만한 점이 있었으니, 주상께서도 교통과 왕래를 엄하게 금지하신 것은 그 뜻한 바가 있어서였습니다. 이이첨은 자신이 빈접사(擯接使)가 되었으니 직분이 창수하는 데 있었을 따름이었는데, 무슨 사사로이 부탁할 음사(陰事)가 있었는지 그 가인(家人)으로 하여금 명나라 사신의 관(館)에 몰래 교통하다가 붙잡히는 데 이르게 하는지요.

원수 같은 도적 이이첨의 집안 노비는 어보(御寶)를 훔쳐 주조하여 이로써 차관(差官)을 칭탁해서 주군(州郡)을 제멋대로 다니면서 혹은 직첩(職帖)을 팔아넘기고 혹은 은을 주조하여 사사로이 판매하여 더불어 이익을 나누었습니다. 그러다가 왕옥(王獄)에 갇히게 되기에 이르러서는 그 노복으로 하여금 말과 옷을 뇌물로 주도록 하여 공공연히 방면되게 하였으니, 속이고 비밀스러

208 양·유(楊劉) : 양방형(楊邦亨)과 유용(劉用)을 가리킨다. 양방형은 1595년(선조28) 1월에 풍신수길(豊臣秀吉)을 책봉하기 위해 명나라의 책봉사가 우리나라에 왔을 때 부사로 왔고, 정사는 이종성(李宗城)이었다. 유용은 1609년(광해군1)에 명(明)나라 사신 사례감 관문서 내관감 태감(司禮監管文書內官監太監)으로 광해군의 책봉조서(冊封詔書)를 가지고 왔다.

운 자취와 제멋대로 방자하게 행한 것이 남김없이 모두 드러났습니다. 그렇지만 진실로 이른바 교활한 늙은 여우가 때때로 함정을 밟는 형국이라, 여우가 함정을 밟고도 끝내 그 틀을 벗어나니, 죄인을 잡을 수 있는데도 놔두고 죄를 묻지 않음이 귀신을 부리는 술수가 있지 않고서야 이와 같을 수가 있겠습니까. 만약 이이첨이 행하는 짓이 아니라면 어찌 법으로 금하는 것을 아랑곳하지 않고서 상국의 사람과 몰래 결탁하고 나라의 도적을 숨겨 두었다가 제 뜻대로 놓아주며, 명을 어기어 노복을 숨겨 끝내 대면해 문책하지 않고 불문(不問)에 부치도록 하는 바가 있겠습니까. 전하께서 불문에 부칠 것을 헤아려 알고서, 이를 믿고 이렇듯 제멋대로 하니, 이것은 임금을 가벼이 여기는 부도(不道)함이 심한 것이 아니겠습니까.

심지어 이이첨의 가신(家臣)인 신경희(申景禧), 이이첨의 복심(腹心)인 간적(奸賊) 허균(許筠)은 크고 작은 모의(謀議)를 함께 통하지 않음이 없었습니다. 신경희는 그 집에 붙잡혔다가 문에 다다라 송별할 적에 사사로운 말로 부탁을 하여, 국청(鞫廳)에서 공초(供招)할 적에 천위(天威 임금)가 지척에 계시는데도 그 죄인이 진술한 내용을 삭제하였습니다. 만약 이이첨이 아니었다면 그 또한 불문(不問)에 붙일 수가 있었겠습니까.

신들이 길 가는 사람들의 말을 가만히 들어 보니, "윤선도(尹善道)의 소장이 먼저 들어갔고 종실(宗室) 사람 19명의 소장이 계속 진달되었으며, 성명(聖明)께서도 또한 그 정상을 의심하시어 대신들에게 의논을 수렴하기에 이르렀다. 그러자 이이첨은 간담이 떨어지고 심장이 서늘하지만 스스로 해명할 계책이 없음에, 그의 네 아들과 더불어 머리를 모아 눈물을 흘리며 은밀히 허균을 불러 그에 대한 계책을 애달피 청하였다. 간적 허균이 말을 타고 이이첨의 집에 가서 곧장 침실로 들어가 여러 시간 동안 은밀히 말을 하였다. 그리곤 마침내 금산군(錦山君) 성윤(誠胤)과 박홍도(朴弘道)[209]가 서궁(西宮)을 추억하면서 창화한 시[210]를 지었다고 만들어 내어서는 밥을 가지고 가는 박홍도의 비자(婢子)에게 속여서 주고, 대간(臺諫)의 서리(書吏)로 하여금 그를 붙잡게 하고 대관(臺官 사헌부 관원)이 아뢰도록 하여 장차 대역(大逆)으로 빠뜨리려 하였다. 이어서 종실이 사류(士類)와 결탁한 죄를 아뢰어 위태로운 말로 임금의 마음을 움직여 극악한 죄로 논함으로써 임금께서 용서해 주심에 힘입어 사형의 죄를 면할 수 있었다."라고 합니다. 간적 허균이 이이첨을 위하여 기이한 계책을 획책하여 세 사람을 일망타진하고 이이첨을 구해 냄이 한 번 손을 뒤집는〔反手 매우 쉬움〕 사이에 있었으니, 두 도적이 마음속으로 결탁한 형

209 박홍도(朴弘道) : 1576~1623. 본관은 죽산(竹山), 자는 자수(子修)이다. 1610년(광해군2) 문과에 급제하고, 사헌부 지평(司憲府持平)·세자시강원 문학(世子侍講院文學)·홍문관 수찬(弘文館修撰) 등을 역임하였다.

210 서궁(西宮)을……시 : 서궁창화시(西宮唱和詩)를 가리킨다. 《광해군일기》 정초본 9년(1617) 1월 10일 기사에 "'묵직한 자물쇠로 서궁을 잠갔는데, 아들 생각하는 대는 비어 저녁 바람 부네. 임금께서 승하하여 끝내 돌아오지 않으시니, 외로운 신하는 목릉 가에 눈물 뿌리네.〔沈沈牡鑰鎖西宮, 思子臺空起夕風. 仙馭乘雲攀不得, 孤臣淚盡穆陵東.〕'라는 시를 인용하였는데, '이 시는 모두 허균(許筠)이 지은 것인데, 박홍도가 지은 시라고 하면서 모함할 계책을 꾸몄다. 박홍도는 본디 시를 지을 줄 몰랐으니 어떻게 이와 같은 시를 지을 수 있었겠는가?〔此皆許筠之作, 而指爲弘道之詩, 以爲謀陷之計者也. 弘道素不能詩, 安能作詩如許?〕'"라고 하였다.

상을 이를 통하여 알 수 있습니다. 설령 전하는 말이 혹 모두 사실이 아니라 해도 밤에 모였다가 낮에 흩어진 행적이 있지 않았다면 이 말이 어디에서 일어나 나왔겠습니까.

신경희의 음모(陰謀)는 행하기 전에 발각되었지만 이미 엄하게 국문하지를 못하였고 또 올바른 형벌도 청하지 못하였습니다. 간적 허균의 역모(逆謀)는 행한 뒤에 발각이 되었지만 그 당여가 핍박하여 죽이고 멸구(滅口 말이 누설되지 않게 죽이는 것)한 죄를 묻지 않았습니다. 황정필(黃廷弼)은 일찍이 이이첨을 위하여 송덕(頌德)의 글을 올렸고, 그 뒤에 간적 허균을 위하여 제일 먼저 반역을 도모하였으니, 이것이 어찌 죄를 물어서는 안 될 간적이겠습니까. 한찬남, 박정길과 더불어 옥관(獄官)을 사주해서 죽이고 또 전하를 기망하였으니, 죽기 전에 취초(取招)[211]해야 할 듯한 자입니다. 한찬남은 또 황정필이 형벌을 받을 적에 처를 불렀다는 말로써 소장을 진달하여 스스로 변별하며 방자하게 기망하였습니다. 옥사(獄事)를 처리하는 근본은 엄하게 국문해서 실정을 얻는 것이니, 만약 반역에 관계되는 것이라면 비록 죽음에 다다라 굳게 숨기더라도 혹 압형(壓刑)에, 혹 낙형(烙刑)에 처하여 반드시 끝까지 국문하기를 기약해야 합니다.

간적 허균과 황정필이 반역을 하였다는 것은 의심이 없으며 그 시종의 정상은 당여들이 함께 도모하였으므로 반드시 물어야 할 바가 있는데, 두 간적의 입에서 어떤 말이 나올까 두려워 핍박해

211 취초(取招) : 사안(事安)을 종결하는 공초(供招)를 받는 것, 즉 자복(自服)하는 공초를 받는 것을 말한다.

죽여서 말이 누설되지 않도록 막기를 이와 같이 급급하게 하였는지요. '토역(討逆)'은 한가지인데, 완급을 조종하여 오직 하고 싶은 대로 하여 이미 지나간 것에는 엄히 하고 이날에 대해서는 불문에 부치니, 삼사(三司)에서 논하지 아니하고 나라 사람들이 말을 하지 않습니다. 그래서 드러나지 않은 것은 엄폐하고 이미 드러난 것은 말이 누설되지 않도록 죽이고서 그 당여를 불문에 부치니, 그 까닭이 무엇이겠습니까. 이이첨의 당에서 나왔기 때문입니다. 전하께서 이이첨이 토역(討逆)을 엄하게 한 신하라고 여기심은 또한 미혹된 것이 아니겠습니까.

신들은 앞서 가만히 들으니, 전하께서 삼사(三司)에 답하여 말씀하시기를, "너희는 이이첨의 응견(鷹犬)[212]으로 등창을 빨고 치질을 핥는 짓[213]을 무엇이든 아니한 바가 없었다."라고 하시었다고 하니, 곧 이른바 '응견을 사주하였다.〔指嗾鷹犬〕'는 자는 과연 이이첨이 아니겠습니까. 전하께서 이미 응견함이 작은 것인 줄 아신다면 지시함이 큰 것임도 또한 이미 분명히 아셨을 것이고, 이미 등창을 빨고 치질을 핥음이 비루한 사내의 짓인 줄 아신다면 군

212 응견(鷹犬) : 매와 개를 가리킨다. 사냥할 때 매와 개를 사용하여 짐승을 잡았으므로 이것을 빌려 남의 사주(使嗾)를 받아 사나움을 부리는 것을 말한다.

213 등창을……짓 : 비굴하고 악착같이 윗사람에게 아첨하는 행위를 뜻한다. 《논어》 〈양화(陽貨)〉에 "비루한 자들과 함께 임금을 섬길 수 있겠는가. 부귀를 얻기 전에는 얻으려고 안달하고, 얻고 나서는 잃을까 걱정하니, 참으로 잃을까 걱정한다면 못하는 짓이 없게 될 것이다."라고 하였는데, 거기에 주자(朱子)의 주(註)에 "작게는 등창을 빨고 치질을 핥는 것과 크게는 아비와 임금을 시해하는 것이 모두 부귀를 잃을까 걱정하는 데서 생길 뿐이다.〔小則吮癰舐痔, 大則弑父與君, 皆生於患失而已.〕"라고 하였다.

부(君父)를 시해함이 큰 간적이라는 것도 또한 이로 인하여 미루어 알 수 있을 것입니다. 전하께서 저치(咀痔)와 응견(鷹犬)이 싫어할 만한 것인 줄 아시면서도 조종하고 사주하는 이이첨을 죄주지 아니하신다면 곧 좋아하고 싫어함에 그 바름을 얻었다고 말할 수 있겠습니까. 아니면 전하의 마음은 이미 좋아하고 싫어함의 바름을 얻었고, 장차 좌우 측근들과 나라 사람들이 모두 "가히 죽여야 합니다."라고 말하기를 기다렸다가 큰 형벌을 내려 분명하게 보이려 하시는 것입니까.

좌우에서 하는 말은 신들이 알지 못합니다만, 관학(館學)에서 일제히 떨쳐 일어나고 초야에서도 같은 말을 하며 여러 번 역적을 토벌하자는 청[214]을 올렸으니, 곧 나라 사람들의 마음은 또한 살펴 알 만합니다. 아니면 지난날 이른바 '관학(館學)'이라 한 것과 이른바 '초야(草野)'라 한 것이 모두 이이첨과 허균과 한찬남의 문객인지라 그 간사한 마음으로 스스로 지은 소장을 소매에 넣어 와서는 공론에 가탁하여 임금의 귀를 혼탁하게 해서, 이 때문에 온 나라 사람의 말을 모두 믿지 못해서인지요. 이는 곧 그렇지 않습니다. 시세에 좇아가는 말은 따르기 쉽고 자신이 영화로우며, 위엄을 저촉하는 말은 지극히 어렵고 자신이 위태롭게 되니, 시세

214 역적을 토벌하자는 청 : 원문은 '목욕지청(沐浴之請)'으로, 춘추 시대 제(齊)나라 진항(陳恒)이 제 간공(齊簡公)을 시해하자, 공자(孔子)가 목욕재계하고 조회에 나아가 노 애공(魯哀公)에게 그를 토벌하자고 청한 데서 나온 말이다. 《논어》 〈헌문(憲問)〉에 "공자가 목욕을 하시고 조정에 나아가 애공에게 고하여 '진항이 그의 임금을 시해하였으니, 그를 토벌하시기 바랍니다.〔孔子沐浴而朝, 告於哀公曰陳恒弑其君, 請討之.〕"라고 하였다.

의 어렵고 쉬움과 인정(人情)의 영화롭고 욕됨에서 말한 바의 공(公)과 사(私)를 분별할 수 있습니다.

이이첨이 용사(用事)한 뒤로부터 신들은 온 나라 사람들이 입을 열어 발언함에 서로 이어 재앙에 걸림을 익히 보았습니다. 비록 마을 거리에서 우연히 말하는 즈음이나 학교에서 여러 사람이 거처하는 중에서라도 손을 들고 발을 움직일 때마다 문득 무고로 얽는 것에 걸리니, 문을 닫고 묵묵히 함구하며 교유를 끊고 머물면서, 흉한 화염에 닿고 그을려 한갓 간사한 사람의 손에 죽고 싶어 하지 않습니다. 그리고 국가의 형세는 날로 위태하고 백성의 마음은 날로 흩어져 남이(南夷) 북로(北虜)가 틈을 엿보고서 움직이므로, 위태함이 누란(纍卵)처럼 심하고 재앙이 눈썹을 태우듯 다가오는데, 승냥이 여우가 무리 지어 모여서 마구 날뛰기를 그치지 않아, 썩어 문드러질 것 같은 형세가 단지 목전에 있으니, 생령(生靈)들이 칼날에 도륙이 되고 가시나무가 큰길에 생겨남을 차마 보고만 있겠습니까. 그러한즉 신들이 설령 잠깐 생명을 연장한다 한들 끝내 어느 곳에서 구차히 살겠습니까. 차라리 위태한 정성을 한 번 진달하여 임금 계신 대궐에 애달피 부르짖으며, 우러러 현명한 군주께서 만에 하나라도 살피기를 바람이 낫지 않겠습니까. 만약 혹 그렇게 되지 않아 뇌정(雷霆)의 아래에서 죽더라도 오히려 어지러운 창에 죽는 것보다는 낫지 않겠습니까.

옛날 오자서(伍子胥)는 그 뜰의 풀이 이슬에 젖었음[215]을 알고

215 오자서(伍子胥)는……젖었음 : 나라가 망한다는 말이다. 춘추 시대 오왕(吳王) 부차(夫差)가 미인 서시(西施)를 위해 고소대(姑蘇臺)를 세우고는 날마다 이곳

조대(朝臺)에서 옷을 들었고, 굴원(屈原)은 큰 집〔夏屋 왕실〕이 불타는 듯함[216]을 참지 못하여 스스로 상수(湘水)에 빠져 죽었으니, 충신이 나라를 근심하는 지극함은 자신의 몸이 있음을 알지 못하였습니다. 신들은 재앙이 닥쳐도 피하지 않는 그 정(情)에 감탄하고 또한 슬퍼합니다.

오호라, 말세의 사람 중에는 군자가 적고 소인이 많습니다. 범인(凡人)은 시세를 좇아 구차히 함께하고, 지사(智士)는 기미를 보고 높이 세상을 벗어나 지냅니다. 그 시세를 헤아리지 않고 망령된 말로 화를 부르는 자는 오직 직사(直士)와 우부(愚夫)인데, 직사 또한 시세의 변화를 관찰하면서 억지로 벙어리가 되고, 어리석은 사내도 오히려 귀와 눈이 있어서 조금 자애(自愛)할 줄 압니다. 그러므로 말하기를, "세도(世道)가 극에 달함에 언로가 막힌다."라고 합니다. 지금 중인(衆人) 이하는 모두가 시세에 영합하고 식견이 있는 선비는 시사(時事)를 말하지 않으니, 이로써 살

에서 노닐며 정사를 돌보지 않았다. 이에 오자서가 간절히 간했는데도 듣지 않자, 오자서가 "신은 이제 오나라가 망하여 고소대 아래에서 사슴이 노니는 것을 보게 될 것입니다.〔臣今見麋鹿游姑蘇之臺也〕"라고 간언했는데, 과연 얼마 지나지 않아 월(越)나라에게 멸망을 당했다. 또 한나라 때 회남왕(淮南王) 유안(劉安)이 장군(將軍) 오피(伍被)와 함께 모반을 계획할 적에 오피가 회남왕에게 "천자께서 대왕을 관대히 용서하셨는데, 왕이 어떻게 다시 망국의 말씀을 할 수 있습니까."라고 하며 오자서의 일을 들어 말하고, 또 "지금 신 또한 이 궁중에 가시나무가 나고 이슬이 옷을 적시는 것을 보았습니다." 했다고 한다. 《史記 卷118 淮南衡山列傳》

216 큰 집이……듯함 : 《시경》 〈여분(汝墳)〉에 "방어의 꼬리가 붉거늘, 왕실이 불타는 듯하도다.〔魴魚赬尾, 王室如燬.〕"라고 한 데서 온 말로, 여기서는 나라가 혼란함을 말한다. 큰 집은 왕실을 의미한다.

펴보건대, 세도가 극에 달하였음을 알 수 있습니다.

하지만 전날 종실(宗室)을 선도(善道)했던 소장은 직사의 충성스런 말이었고, 오늘 신들의 소장은 우부(愚夫)의 망령된 말입니다. 망령된 말이라도 그치지 않는다면 세도가 그래도 한 푼 행할 만한 것이 있습니다. 전하께서는 이 한 푼 행할 만한 것이 남아 있는 때에 이르러 진실로 나라 사람의 정(情)을 살펴서 호오(好惡)의 바름을 분명히 보이시옵소서. 또 기자(箕子)의 가르침을 생각하시어 위복(威福)의 권병을 잃지 않아서, 도모하기 어려운 상황에서 원흉을 제거하고, 이미 위태로운 상황에서 종묘사직을 안정시키며, 해이해진 상태에서 인심을 거두어 모으고 끊어지려는 상황에서 국가의 맥을 수립하여, 신인(神人)의 분노를 흔쾌히 씻어 내고 조야의 사람이 바라는 것을 크게 위로하시옵소서. 그리하여 오래 오염되었던 것을 깨끗이 씻어 내어 기강을 한 번 새롭게 하면, 백성들의 마음이 다 감복하고 하늘의 명이 되돌아올 것입니다. 그렇지 않고 악행을 싫어하기만 하고 제거하지 않고, 화를 알면서도 피하지 않으며, 충언(忠言)에 자만하고 간사한 사람을 보양(保養)하여, 위복(威福)의 권병으로 하여금 오랫동안 빌려주고도 되돌려 받지 않는다면 전하를 위해 말하는 자가 다시 없을 것입니다. 그리고 한 푼 아직 끊어지지 않은 맥조차도 아울러 끊어질 것은 의심이 없으며, 화복(禍福) 존망(存亡)의 기미가 이날에 결정이 될 것입니다. 삼가 원하옵건대 성명(聖明)께서는 종묘사직을 위해 유념하시옵소서.

지은이 **최현(崔晛)**

1563년(명종18)~1640년(인조18). 경북 선산 해평 출신으로, 본관은 전주(全州), 자는 계승(季昇), 호는 인재(訒齋)이다. 어릴 적에는 두곡(杜谷) 고응척(高應陟)에게 수학하였고, 그 뒤에 학봉(鶴峯) 김성일(金誠一)과 한강(寒岡) 정구(鄭逑)에게 수학하였다. 1588년(선조21)에 생원시에 합격하고, 1592년 봄에 금오랑에 추천되었다. 그해 여름에 임진왜란이 일어나자 의병을 일으켜 노경임을 의병장으로 삼고 자신은 장령으로 활동했다. 1606년 문과에 급제하여 예문관 검열에 제수된 뒤, 여러 관직을 역임하였다. 남긴 글과 저서로는 1598년 고향에 물러나 있으면서 당시의 폐단을 비판하고 나라를 구하는 방책을 논해 올린 〈진시무구조소(陳時務九條疏)〉가 있다. 임진왜란으로 고향 선산이 폐허가 되자 역사적 유물들이 소실됨을 걱정하여, 1618년(광해군10)에 지리・역사・인물・정치・경제・문화 등을 소상하게 기술한 《일선지(一善誌)》를 완성하였다. 또한 평안도 암행어사로 나갔을 때 압록강변의 군사 상황을 살펴보고 돌아와 《관서록(關西錄)》을 지었다. 그 외 가사문학 작품으로 〈용사음(龍蛇吟)〉, 〈명월음(明月吟)〉이 있고, 몽유록계 소설 작품으로 〈금생이문록(琴生異聞錄)〉이 있다.

옮긴이 **김영옥(金英玉)**

경북대학교 한문학과 박사과정을 수료하고, 영남문화연구원 국역연수실 강좌에 강의를 하고 있다. 현재 한국고전번역원 권역별거점연구소 경북대학교 영남문화연구원 선임연구원으로 재직 중이다. 역서로 《경당일기》(한국국학진흥원, 공역), 《목재집1》, 《구사당집2》, 《입재집1》 등이 있다.

한국고전번역원 권역별거점연구소협동번역사업
경북대학교 영남문화연구원 연구진

연구책임자 정병호(경북대학교 한문학과 교수)
공동연구원 황위주(경북대학교 한문학과 교수)
책임연구원 송희준
선임연구원 김영옥
김숭호
보조연구원 정지아

인재집 1

최현 지음 | 김영옥 옮김

2022년 12월 31일 초판 1쇄 발행

편집·발행 경북대학교출판부 | 등록 1973년 10월 10일 ㉣97호

주소 대구광역시 북구 대학로 80

전화 053-950-3830 | 팩스 053-953-4692 | 이메일 press@knu.ac.kr

값 30,000원

ISBN 978-89-7180-589-3 94810
978-89-7180-588-6 (세트)